No.1

全球教育评价研究报告

RESEARCH REPORT ON GLOBAL EDUCATION EVALUATION

主　编　刘云生
副主编　胡　方　田海林　贾　玲

社会科学文献出版社
SOCIAL SCIENCES ACADEMIC PRESS (CHINA)

主编简介

刘云生 教育学博士，研究员，现任重庆市教育评估院党总支书记、院长，重庆市基础教育质量监测中心主任，著有《探寻法教育学之根——法的教育尺度研究》等著作13部，发表论文300余篇，其中30余篇被《新华文摘》、人大复印资料《教育学》等全文转载，获国家和省级教学、教研与社科成果奖30多项，记省部级一等功1次。

序
勾勒全球教育评价图景　携手共创人类美好教育

刘云生

当今世界正处于百年未有之大变局中，变乱交织、相互激荡，世界怎么了？人类怎么办？构筑人类命运共同体，是中国为世界描绘的愿景，也是中国为世界找到的人类相处之道。教育是孕育全球公民的沃土，肩负着培育人类命运共同体筑造者的神圣使命。教育评价事关人类命运价值导向，影响共同体建设成败，是具有先导性、战略性、支撑性的重要力量。勾勒全球教育评价图景，既是深入了解世界教育的切入点，也是推动全球教育联结、互鉴、共创的着力点，更是构筑人类命运共同体教育的基础工程。重庆市教育评估院作为教育评价专业机构，虽地处中国西部，人手和水平都很有限，但怀揣“学为天下、教为大同、评为未来”的梦想，愿献绵薄之力。

两年来，我们一方面广泛联合研究单位，邀请了教育部国别和区域研究基地（备案中心）等 25 家单位撰写世界其他国家（地区）的教育评价研究报告，呈现了不同对象国家（地区）教育评价实践中的具体做法、有益经验、实际问题等；另一方面，组建专门团队进行整体研究，深入探讨全球教育评价的地位价值、分布特征、关键议题、使命任务及未来走向等主题，完成总体研究报告。经组织专家论证、审慎筛选和反复修订，将研究所得的 1 篇总报告和 22 篇国家（地区）教育评价研究报告结集成书，公开出版发行，与海内外教育评价同仁交流、探讨。

全书力图完整呈现全球教育评价的主要面貌。采取总分结构，首先以总报告的形式呈现 2019~2023 年“全域扩展　在地平衡”的全球教育评价图景，然后分 4 个篇章分别呈现各国家（地区）基础教育、高等教育、职业教育、综合教育评价发展情况。总报告以“全景+细节”的方式呈现，既通过大规模文献计量分析呈现全球教育评价影响力的分布特征，又结合具体案例分析全球教育评价共同关注的领域和主题，力图使整个研究既有硬朗的“骨架”，也有丰满的“血肉”。

“全球”的范围十分宽广，涉及221个国家和地区、数十亿人口。即使是在同一个国家的不同区域，或者教育的不同阶段，教育评价的发展状况都可能是千差万别的，全球教育评价的全貌更是难以穷尽。为了尽可能客观、丰富地呈现教育评价在全球不同地区的发展状况，我们在研究对象国家（地区）的选择、教育评价领域的选取上，都尽力追求一定程度的“平衡”：不仅关注美国、英国等教育评价发展较早、评价体系较为健全的发达国家和地区，而且关注巴布亚新几内亚、斯里兰卡等教育评价发展较晚、评价体系尚未健全完善的发展中国家和地区；不仅关注历史悠久、备受瞩目的高等教育评价领域，也关注发展较晚，但影响日益显著的基础教育评价、职业教育评价等领域。通过在每篇研究报告中对不同国家和地区教育评价的一个或几个领域的深入挖掘，多维视角呈现全球教育评价发展的现状、面临的问题、改革的走向，期待引发读者对教育评价的应然状态、应然使命、应然价值等进行深度思考和广泛交流。

教育评价是指向人类未来的生成性实践。通过开展全球教育评价研究，我们更加确信，教育评价绝不仅仅是“马后炮”式的测量与判断，而是可以更多地发挥价值牵引、价值赋能的作用。其一，应发挥教育评价“护航者”的作用，以合理的尺度匡正教育的价值方位，以明确的标准规范教育的行为，确保教育沿着正确的方向前行。其二，应发挥教育评价“解放者”的作用，以评价创新教育生产力，赋能教育自主发展、深度发展、广延发展、可持续发展。其三，应发挥教育评价“黏合剂”的作用，通过教育评价理念与实践的广泛交流互鉴来凝聚共识。构建人类命运共同体的价值达成离不开人类教育价值底层逻辑的牵引。此前，我们联合香港教育评议会、澳门中华教育会共同成立了华夏教育评价联盟，团结凝聚内地和港澳研究力量，为教育强国战略献计出力。在本研究展开过程中，联盟专家团队发挥了重要作用，为报告的修订提供了许多意见和建议。在本书出版之际，我们还在筹建“一带一路”教育评价联盟，以期扩大交流范围，共同为全球教育高质量发展添砖加瓦。

虽然我们已经广泛汇集专业力量来开展研究，尽可能修订、完善书中的每一篇报告，但是面对“全球教育评价”这样一个宏大的命题，的确很难做到尽善尽美。教育评价分报告中，无论是研究对象的选取，还是教育评价领域的选择，抑或是研究年份跨度的选段，难免有挂一漏万和不尽合理之处；总报告的撰写，也更多的是基于公开出版的文献和国别与区域教育评价研究报告，缺乏实地调研材料的支撑。书中不当之处在所难免，敬请批评指正。

尽管如此，我们仍然希望，这份在数据和案例基础上加入了研究者深度反思的全球教育评价图景，能引发所有关心、支持教育事业，关注教育评价发展的有识之士的思考和对话，能为教育评价发展尚不完善的国家和地区构建教育评价体系提供一些参考。

全球教育评价值得我们长期研究、深入研究，本书仅为抛砖引玉之作，期待全世界更多的同仁加入研究的行列，以教育评价的全球交流互鉴促进文明的交流融通，以更好的评价牵引更好的教育，为共创人类美好教育贡献力量！

（作者系重庆市教育评估院党总支书记、院长）

目　　录

基础教育评价篇

高等教育评价篇

职业教育评价篇

综合教育评价篇

全域扩展　在地平衡：2019～2023年全球教育评价图景

总报告课题组[*]

摘　要： 本文基于教育评价的普遍性、参照性、互动性、时代性等特征，运用文献研究和案例分析等方法研究了2019～2023年全球教育评价发展状况，勾勒出全球教育评价“全域扩展、在地平衡”的框架图景：全球教育评价拥有先导、战略、支点地位，具有保障、建构、变革和支撑价值，其分布具有全球性分层、区域差异性和全球化特征，共同关注教育主体、政策、技术、产出端相关评价，涉及的关键议题主要是教育评价的生本性、发展性、专业性、公正性、智能性和可比性，由此推知全球教育评价的重要使命是“牵引赋能、追求共益”，未来走向是“平衡尺度、标正教育”，并以此牵引教育朝着“优质智能、美美与共”方向发展，共同构建适合人类命运共同体的教育。

关键词： 教育评价　全球图景　尺度平衡　牵引赋能　优质智能　人类命运共同体

---

* 执笔人：刘云生，重庆市教育评估院党总支书记、院长；田海林，重庆市教育评估院教育综合评估所副所长（主持工作）；贾玲，重庆市教育评估院教育综合评估所副所长；邓世碧、谭画、周师宇，重庆市教育评估院教育综合评估所研究人员。

教育本身是关于价值的活动，受教育者接受教育、教育者实施教育，都离不开价值尺度，需要接受价值的判断，谓之“评价”。作为教育不可或缺的组成部分之一，教育评价的发展状况反映着教育的发展状况；而且，基于评价的导向、激励、控制等作用，教育评价的走向甚至在很大程度上牵引着教育的未来走向。面对世界百年未有之大变局，人类将如何追寻美好未来？联合国教科文组织把教育视为“全球共同利益”，呼吁打造新的教育社会契约，蕴含了对人类美好未来的希冀。既然联合国教科文组织希望教育承担如此重要的使命，那么，作为教育的重要组成部分，教育评价具备怎样的价值？立足全球，教育评价的发展呈现怎样的特征？面向未来，教育评价肩负什么使命，将朝什么方向发展？教育评价的发展，又能把未来的教育引向何方？

本文首先聚焦教育评价的全球发展，从 3 个维度揭示当前教育评价在全球的发展状况。第一，教育评价的地位和价值是什么，亦即各国家和地区如何看待和“使用”教育评价；第二，教育评价在全球的分布图景与特点，即教育评价在不同国家和地区呈现的发展状况；第三，全球的研究者和实践者普遍关注的教育评价的热点领域和关键议题。在揭示全球教育评价发展现状的基础上，研究者试图将教育评价置于全球发展大势中，探讨教育评价肩负的使命，重构教育评价的合理走向，并对教育评价牵引之下未来教育的发展方向进行剖析。

研究的开展具备充分的必要性和可行性。就必要性而言，深入分析教育评价的全球发展状况与趋势，一方面，是出于研究者作为教育人的责任感。希望在描绘教育评价全球发展图景的过程中，探寻教育评价和教育整体的发展规律，用好教育评价工具，促进教育公平与质量提升，为全球教育发展贡献力量。另一方面，是出于研究者作为中国教育评价人的使命感。2020 年 9 月 22 日，习近平总书记在教育文化卫生体育领域专家代表座谈会上强调，要抓好深化新时代教育评价改革总体方案出台和落实落地，构建符合中国实际、具有世界水平的评价体系。[1]全面了解教育评价的全球发展现状与趋势，能为构建符合中国实际、具有世界水平的评价体系提供有益参考。

就可行性而言，教育评价本身的特性决定了对其全球发展状况与趋势进行分析是可能的。一是教育评价具有普遍性，广泛存在于当今世界各个国家和地区的教育体系中，包括学生测评、教师考核、学校评估、专业认证、学校领导考核、教育系统评估等多个对象、多个维度的测评与评价。二是教育评价具有参照性，世界各个国家和地区之间的教育评价结果可以相互参照和比较，越来越多的国家开始关注与研究国际大规模教育评价，通过国际教育评价来参照本国教育，了解本国教育在全球的水平，发现自身的优势和问题。三是教育评价具有互动性，正是不同国家和地区之间持续不断地交流互动，推动了现代教育评价理念与实践的广泛传播、深化发展。四是教育评价具有时代性，不同时代的社会经济背景、文化理论思潮差异巨大，显著影响着教育评价的理论、工具、方法等。教育评价的四大特性，使得“全球教育评价图景”成为一个值得研究，同时也可以研究的真命题。

然而，要清晰地描绘教育评价在全球的发展图景，对比呈现区域之间的一致性和差异性，面临的困难不言而喻。由于人力和物力资源有限，基本不可能对全球所有国家和地区的教育评价实践开展实地调研，甚至想要全面调查清楚某个国家或地区的教育评价发展状况都是非常困难的。不过，当前已有丰富的资料可供参考和分析。基于广泛的文献研究和案例分析，研究者可以大致了解全球教育评价的发展状况，并据此重构其发展走向，达成本研究的目的。

文献研究建构了本报告的基本内容框架，使用的主要文献资料包括：2019年以来以“教育评价”为主题的论文，包含来自Web of Science的3847篇英文期刊文章和来自中国知网的1507篇中文核心期刊文章；联合国教科文组织的教育报告和全球教育监测报告；经济合作与发展组织（OECD）关于教育评价的著作《为了更好的学习——教育评价的国际新视野》，以及PISA 2022结果报告等。文献研究主要包含两个方面。一方面，通过中英文文献计量分析呈现教育评价的国际分布特征、研究关注的热点领域。英语是世界上被学习和使用最多的第二外语，世界上有超过60个国家的官方或半官方语言是英语[2]，联合国、世界银行等主要国际组织都以英语为工作语言之一，在学术交流领域也已呈现“全面英语化”[3]的局面，抛开对“英语中心—非英语边缘”问题的探讨，本报告决定根据英文文献计量分析结果来呈现教育评价在全球的分布情况与特征。不过，基于研究者的中国人身份，以及中国本身作为一个体量极大的发展中国家对全球的重要影响力，本研究也比较关注中国的具体情况，所以在某些分析中也将中文文献计量分析作为补充和参照。另一方面，仔细阅读重要的期刊文章、联合国教科文组织的报告、OECD 研究成果等，并与文献计量分析结果结合起来，从独特地位与价值、分布图景与特点、关键领域与议题、重要使命与走向 4 个方面架构本报告的基本框架。

案例分析在一定程度上弥补了实地调研缺乏的遗憾，丰富了报告的细节。研究项目启动之初，重庆市教育评估院广泛发动合作伙伴，邀请教育部国别和区域研究中心等 25 家单位，以 23 个国家和欧盟为研究对象，撰写了 25 篇教育评价研究报告。收到合作伙伴的研究报告后，评估院组织专家进行多轮评审，筛选出与主题契合度高、研究内容翔实的 22 篇，将每篇报告作为一个案例进行深度剖析，梳理、总结各国家/地区教育评价实践中的关键做法及教育评价在当地的发展趋势等。这 22 篇报告的研究对象分布在亚洲、非洲、北美洲、南美洲、欧洲、大洋洲六大洲，覆盖了德、美、日、英、欧盟等许多发达国家和地区，土耳其、印度等规模较大的发展中国家，以及巴布亚新几内亚、斯里兰卡等规模较小的发展中国家，总体具有代表性（见表 1）。案例涉及的国家和地区的具体做法十分契合文献计量分析呈现的基本图景，与文献研究的内容共同构筑了本报告的“血肉”。

因此，本报告勾勒的全球教育评价图景既是框架性的，也有关键细节，具有一定的广度和颗粒度，主要呈现了 2019~2023 年全球教育评价全域扩展、在地平衡的画面。所谓“全域扩展”，一是指全球教育评价的地位和价值在扩展，从教育的重要元素向拥有先导、战略、支点地位发展，从

表 1　国别和区域教育评价研究对象

研究对象	所属大洲	研究对象	所属大洲
巴基斯坦	亚洲	巴西	南美洲
日本	亚洲	德国	欧洲
斯里兰卡	亚洲	俄罗斯	欧洲
土耳其	亚洲	法国	欧洲
新加坡	亚洲	意大利	欧洲
伊朗	亚洲	英国	欧洲
印度	亚洲	欧盟	欧洲
南非	非洲	澳大利亚	大洋洲
加拿大	北美洲	巴布亚新几内亚	大洋洲
美国	北美洲	新西兰	大洋洲

资料来源：根据国家（组织）教育评价研究汇总情况绘制。

判断价值向建构、变革、保障、支撑等多种价值一体化发展；二是指全球教育评价的标准、工具、方法、技术和实践在扩展，主要是伴随着经济发展从具有强势地位的教育体向发展中国家和欠发达地区扩展；三是指全球教育评价共同关注的领域和关键议题向教育主体、政策、技术和产出相关领域和生本性、发展性、专业性、公正性、智慧性、可比性延伸；四是指全球教育评价的重要使命和未来走向在扩展，越来越重视牵引创新、赋能价值、追求共益，牵引教育优质智能、美美与共。所谓“在地平衡”，指的是各个国家和地区的教育评价、教育评价的各个领域和要素、教育牵引的未来、教育改革和发展都在不断消化教育评价全域扩展带来的冲击，寻求与本地区、本领域、本场景传统要素之间的平衡，未来也将继续走“平衡尺度、标正教育”之路，在不忘本来、吸收外来、面向未来中构建适合自己的评价及教育。

一　全球教育评价拥有的独特地位与价值

1933~1940 年，美国学者泰勒（Ralph W. Tyler）领衔开展了一项课程内容改革实验研究，史称“八年研究”，“教育评价在其实践中得到了不断完善和发展，开始渐渐发展成为一个重要的研究领域”[4]。之后，教育评价对教育发展的促进作用逐渐引起许多国家的重视并得到广泛的认同，不少国家颁布了教育评价的专门法律、政策文件，赋予了教育评价合法地位，将教育评价纳入教育事业规划当中，逐渐建立起完善的运行机制。随着时代的发展，全世界对教育评价的重视程度有增无减，越来越多的国家和地区把教育评价置于十分重要的地位，重视发挥教育评价的独特作用和价值，以教育评价推动教育事业的发展。

（一）教育评价拥有先导、战略、支点地位

不同的国家和地区对教育评价的重视程度有显著差异，表现在对教育评价的不同定位上。在中国，党和政府层面颁布的重磅文件将教育评价定位为“指挥棒”，赋予其绝对的支配性地位；在大多数 OECD 国家，教育评价日渐成为一种核心战略，推动教育的改进、问责、教育规划和政策发展；在世界许多国家和地区，教育评价被视为撬动教育质量提升、促进教师和学生发展的关键杠杆。教育评价在教育中的先导、战略、支点地位得到普遍认可。

1. “指挥棒”

“指挥棒”具备导向、定调的作用。当前的中文语境中，人们以“指挥棒”指代“起导向作用的事物”，强调其关键性。2020 年 10 月，中共中央和国务院联合出台《深化新时代教育评价改革总体方案》，在开篇就明确提出“教育评价事关教育发展方向，有什么样的评价指挥棒，就有什么样的办学导向”。最高级别的文件将教育评价定位为“指挥棒”，指出它引导教育发展方向、引导学校办学方向的作用，确立了教育评价在当今中国无与伦比的重要地位。在这一文件的指引下，一系列教育评价改革政策措施在各地落地实施，推动中国教育不断走向高质量发展。

2. 核心战略

OECD 对成员经济体的教育评价政策与实践进行研究后发现，教育评价在各国教育政策中的角色日益重要，某种程度上成为一种“核心战略”，在

教育改进、问责、规划和政策发展过程中越来越不可或缺。大多数国家采取设立国家质量测评体系、在学校建立系统评估文化、设立专门机构等各种措施，全方位改进教育评价。[5]这是因为关于学生、教师、学校领导、学校和教育系统的测评所提供的关于教育成果、教育问责的信息，为政府的政策制定、信息公开提供了切实的依据，适应了当今社会对教育的普遍重视和对教育发展的普遍关心。

3. 重要支点

教育评价"重要支点"的定位，主要源自面向学生和教师的评价在促进学生发展、提高教学质量、激励教师专业发展方面的关键作用。面向学生的评价，推动着学生发展和教学质量提升。大量研究表明，形成性评价可以对学生的学习产生积极影响。因此，促进形成性评价的发展也成为许多国家政策的重点，比如，参与《OECD评论》的大多数教育系统都制定了支持和促进课堂形成性评价的政策框架[6]。在各国家和地区普遍存在的结果性评价，也逐渐发展出被用于形成性目的的趋势。面向教师的评价，支撑了教师的成长与发展。近年来，教师评价普遍更加注重发展性，在绩效考核和公共问责之外，许多国家和地区也制定了认可和奖励高质量教学的机制，侧重于在考核中为教师提供有助于改进教学实践的反馈。根据OECD的TALIS调查，78.6%的教师认为考核和反馈有助于自身工作的开展[7]，TALIS调查本身也越来越强调构建教师专业发展支撑体系的重要性。[8]

（二）教育评价具有保障、建构、变革、支撑价值

教育评价的特殊地位来源于其独特的价值。作为一种价值尺度，教育评价关系着教育质量的保障，连接着教育体系的各个阶段和板块，牵引着教育范式的转变，为教育决策提供了切实的依据，其独特的保障、建构、变革和支撑作用被越来越多的国家所利用。

1. 教育质量保障的核心要件

如果没有评价，人们无法判断教育质量的好坏；教育质量的提升也同

样需要评价这个支点和杠杆。现代教育评价在教育质量保障方面的作用已经得到广泛的承认和应用，基于评价，建立和完善教育质量保障体系成为全球趋势。

一方面，教育系统内部，质量文化得到形成和推广。达喀尔世界教育论坛首次卓有成效地在全球范围内推广了“教育质量”概念，与会的 164 个国家和众多国际组织通过《达喀尔行动纲领》，提出包括“全面提高教育质量”在内的 6 项全民教育目标。此后十多年间，联合国教科文组织持续发布《全民教育全球监测报告》，追踪全民教育目标的落实情况。[9] 伴随着《达喀尔行动纲领》和《全民教育全球监测报告》的推动，“提高质量”成为全球教育领域的共识。如今，不仅美国、德国等发达国家希望保持教育质量的优势地位，不断出台法案、政策来确保教育质量提升，而且包括印度、斯里兰卡、巴布亚新几内亚在内的不少发展中国家也重视在本国教育系统普及教育质量保障的意识，制定教育质量保障的政策和应用工具，要求高校（至少是公立大学）建立内部质量保证机构进行自我监督和审查，逐渐形成“质量文化”。

另一方面，外在的评估监测，成为教育质量保障的常规手段。在基础教育领域，许多国家建立了涵盖国家级、区域级和校级的多层次教育质量监测网络，定期监测学生发展和学校办学情况。“规范”“问责”往往成为主要的质量保障路径。在高等教育领域，各国以学校、专业为主要对象，通过评估、审核、认证等外部监督与内部自我评价相结合的方式保障教育质量，第三方评价机构的发展越来越繁荣，政府越来越重视扮演好“元评估者”的角色。许多跨国的教育质量保障组织也建立起来（见表 2），加强了国家间教育质量（尤其是高等教育质量）标准的交流互鉴。对 INQAAHE 官网[10] 显示的成员信息进行统计发现，当前该组织的成员单位涉及全球 104 个国家和地区，表明至少在这 104 个国家和地区，作为教育质量保障体系重要组成部分的高等教育质量保障体系，已经得到某种程度的发展。

表 2　主要的跨国教育质量保障组织

组织名称	简称	范围	成员概况
国际高等教育质量保障组织	INQAAHE	全球	来自104个国家和地区的295家机构
亚太地区教育质量保障组织	APQN	亚太地区	来自中国、印度、泰国等47个国家和地区的268家机构
欧洲质量保障组织	ENQA	欧洲	来自45个国家和地区的机构(不仅包括英国、法国等欧洲国家,还包括澳大利亚、加拿大、南非、以色列等国的一些组织)
中东欧高等教育质量保障组织	CEENQA	欧洲	来自德国、波兰、俄罗斯、土耳其等28个国家的45家机构
非洲质量保证网络	AfriQAN	非洲	来自肯尼亚、尼日利亚、乌干达等国家和地区的25家机构
阿拉伯高等教育质量保障组织	ANQAHE	中东	来自阿尔及利亚、巴林、埃及等18个国家和地区的机构
拉美教育质量保障网络组织	RIACES	拉丁美洲	来自阿根廷、巴西、古巴、墨西哥等18个国家和地区的机构
加勒比地区高等教育质量保障网络	CANQARE	加勒比地区	来自巴巴多斯、开曼群岛、荷兰加勒比地区等15个国家和地区的机构

资料来源：根据相关组织官方网站资料等公开信息绘制。

2. 教育体系构建的关键桥梁

当前世界各国教育体系基本都包含学前教育、小学教育、中学教育、职业教育、高等教育等板块。以中国为例，中学教育又包括初中和高中两个阶段，职业教育也包括中等职业教育和高等职业教育；由于中国实行九年制义务教育，绝大多数学生在初中毕业之前的学习路径是从学前教育到小学教育、初中教育。初中毕业后，学习路径开始体现出明显的差异性，一部分学生升入高中，一部分学生升入中职；之后，中职的学生可以升入高职院校和普通高等院校，高中学生也可以升入高职院校和普通高等院校。在这个过程中，学前教育阶段一般不涉及学生测评；从小学到初中的九年义务教育阶段，学生会被要求参加校内测评和区域考试，但考试结果一般不会影响学生的升学。但是到初中毕业时就会有所不同，初中毕业考试（简称“中考”）

一般为县域统一组织，成绩会直接决定学生能否升入高中。高中毕业考试（简称“高考”）则更加受到重视，一般是全国统一组织，关系着学生能否升入高等院校，以及升入什么层次、类别的高等院校。无论是阶段性的学习效果测评，还是关系升学的结果性评价，都是连接学生不同学习阶段的关键桥梁。

通过考试的方式来验证学生学习效果、督促学生学习，以测评来连接学生学习的不同阶段，例如在单元学习、学期、学年或学历教育结束时进行总结性测评，并非中国独有的现象，而是世界上许多国家和地区的通行做法。OECD 的研究显示，校内总结性测评在大多数国家普遍存在，大多数教育系统以法律或条例的形式为校内总结性测评制定了国家层面或州层面的政策框架。[11]参加 PISA 2022 的经合组织国家学生中，60%就读于每年有 1~2 次强制性标准化考试的学校，仅有 25%就读于从不使用强制性标准化考试来测评学生的学校。[12]在许多国家和地区，都有类似于中国的“中考”和“高考”这样影响学生升学的考试（见表 3）。尽管关于学习的认识变革深刻影响了测评的内容和形式，但是对于学生的测评本身却并未消失，仅在一定程度上发生了改变，比如相对弱化结果性评价，更加注重形成性测评、过程性评价和综合性评价。因为，这种测评不仅显示着教育的效果，而且可以为家长、社会，以及教育系统和学校的改进提供必要的信息。

表 3　一些国家或地区的“中考”或“高考”

国家/地区	考试名称	考试用途/针对的考生
巴西	国家中学教育水平测试	公立高等院校招生的统一考试，年满 15 周岁，拥有中学学历即可参加
德国	文理中学毕业证书	高中毕业生
俄罗斯	俄罗斯国家统一考试	高中毕业生
美国	学术评估测试	可用于申请大学
	美国大学入学考试	用于申请大学
	美国中学入学考试	设置三个级别（初级、中级、高级）的测验，分别对应申请私立学校 4~5 年级、6~8 年级和 9~12 年级的学生
	私立学校入学考试	设置三个级别（初级、中级、高级）的测验，分别对应申请私立学校 6~7 年级、8~9 年级和 10~12 年级的学生

续表

国家/地区	考试名称	考试用途/针对的考生
日本	中心考试	高中毕业生或同等学力者
	日本中考	初中毕业生
土耳其	高等教育入学全国统一考试	高中毕业生,考试决定了学生是否具有高等教育的入学资格,以及高校的类型
新加坡	新加坡剑桥A水准考试	完成了高中教育或者大学预科班的学生,可用于英联邦的大学申请
	新加坡剑桥普通教育证书(普通水平)	完成了4年中学教育的学生,可用于申请初级学院(大学预科课程)等
	小学结业考试	小学毕业生
英国	思考能力测试	用于牛津大学、剑桥大学、英国伦敦大学学院和荷兰莱顿大学某些特定课程的申请
	普通中等教育证书	14~16岁的初中毕业生
中国香港	香港中学文凭考试	六年制中学教育完成中六的学校考生或自修生

资料来源：综合网络公开信息和本书中的国家（组织）教育评价研究报告的内容绘制。

3. 教育范式变革的先导力量

教育范式的变革，指的是包括理念、文化、价值观、思维方式、制度安排、规则、评价、方法等在内的教育存在整体性的转变。其中，教育理念的变革是最为根本的，往往引发教育政策、教育内容、教育方式等一系列变化。

联合国教科文组织持续引领着全球教育理念的变革。早期推出的《学会生存——教育世界的今天和明天》和《教育——财富蕴藏其中》提出了“终身教育”和“终身学习”理念，奠定了学习型社会的基础。随着科学技术的迅猛发展，教育领域迎来彻底变革，联合国教科文组织又通过《反思教育：向“全球共同利益”的理念转变?》重新定义了“知识”“学习”“教育”三大基本概念，强调教育是全人类社会的“共同利益”，呼吁全人类构建一种“全球思维格局”。由此，教育自然而然地融入构建人类命运共同体的进程当中。诞生于2021年的《一起重新构想我们的未来：为教育打造新的社会契约》将目光指向2050年，进一步把教育问题置于全人类、全球的视野下整体考量，以更加迫切的口吻呼唤教育变革，主张通过教育变革来应对人类的生存危机和自然环境危机，呼吁拓展教育时空、加强科学研究、全球团结和国际合作，以促进新的教育社会契约的形成。

教育评价也随着教育理念的转变而转变，甚至在某种程度上作为教育理念转变的实践形式，牵引着教育内容、教育形式、制度安排等的变化。因为，教育评价评什么、怎么评，在很大程度上引导着教育教学工作的发展方向、具体实践及实施路径。从“测量”“描述”“判断”“建构”，再到如今的“创生价值”，教育评价理论的范式迭代（见表 4）源自并且体现着教育理念的变化。[13]

表 4 全球教育评价理论范式迭代

代际	第一代	第二代	第三代	第四代	第五代
本质特征	发现价值	确认价值	断析价值	赋予价值	创生价值
价值定位	工具为本位	目标为本位	决策为本位	共识为本位	育人为本位
评价实践	测量	描述	判断	协商建构	智能全息
结果使用	鉴定取向	证明取向	咨政取向	回应取向	服务取向

资料来源：刘云生. 第五代教育评价：迭代与发展［C］. 教育评价研究（第 1 期）. 北京：社会科学文献出版社，2023：1-30.

在测量、描述和判断时代，教育评价从单纯被作为测量学生的工具，发展到关注教育目标是否达成，重视为决策提供专业判断，教育也从单纯被视为解决科技时代问题的工具，逐渐扩展为更加广义、更加关注人的发展的“学习”。随着人本主义理念的不断深化发展，教育越来越被置于全人类、全球的视角下来审视，教育评价也进入协商建构的时代，在实践中强调多元主体的“共识”，将评价的过程与结果结合起来。教育作为一种“有计划、有意识、有目的和有组织的学习”，这种理念背后蕴含的教师与学生的角色复合，在以建构为特征的教育评价过程中不断得到强化。刘云生 2019 年提出的“第五代教育评价”[13]正在向纵深研究与实践方向发展，越来越强调评价的服务取向，主动拥抱，甚至积极推动教育智能技术带来的教育与学习形式的变化，并通过以育人为本位、以创生价值为本质特征、以智能全息为实践手段的方式，不断回应着全球化时代科技迅猛发展带来的教育理念的变迁。总之，在不断迭代的过程中，教育评价始终回应着教育理念的变革，牵引着教育内容形式的变化，并与这些变化一同演进，最终走向全新的教育范式。

4. 政府教育决策的重要依据

教育评价结果成为政府教育决策的重要依据，是教育评价研究发展与“循证”理念发展共同作用的结果。“循证”即“基于证据”(Evidence-based)，最早来源于医学领域中的“循证医学”，后来逐步被引入心理学、政策学、经济学和法学等多个领域，基于证据的教育政策研究与制定也应运而生。[14]因为，“循证”代表有据可依，可以避免主观随意性，顺应了教育决策科学化、教育治理现代化的时代要求。[15]美国《不让一个孩子掉队》法案首次在教育改革中系统践行了“循证”的理念，反复强调务必运用“基于科学的研究”，确保获得联邦资助的教育改革项目都有足够的科学研究证据来支撑其有效性。[16]此后，教育评价结果支撑教育决策的理念逐渐被越来越多的国家所接受。例如，当今中国的基础教育发展质量监测已经直接服务各级政府的教育机构，通过监测地方基础教育发展的水平、年度变化，分析各种影响因素，为政府决策提供依据。

以 OECD 为代表的国际组织及其主导的大规模国际教育评价项目的“推波助澜”，进一步加大了教育评价对各国教育决策的影响力度。作为一个政府间的国际组织，OECD 一直致力于通过影响各国的宏观政策来实现自身主张，提出的口号就是“一起制定让生活更加美好的政策”[17]。它开发教育指标、实施国际教育评价项目，直接目标就是影响各国政策。OECD 教育指标与教育政策之间形成了一种“共生共振的关系”，教育指标引领着各国教育政策的发展，教育政策的发展也推动着教育指标不断更新。[18]如果某国青少年在 PISA 等跨国测评中表现不佳，往往会很快引起该国政府的重视，制定相应的政策措施。例如，《美国竞争法案》的出台，就与 PISA 2003 中美国学生数学素养表现不佳有关。[19] 法国学生在 PISA、PIRLS、TIMSS 等国际教育评价项目中表现不佳，促使政府逐步将相关测评数据纳入本国教育指标监测范围。一项针对 43 个 PISA 参与国的研究表明，“PISA 测试结果主要由政策制定者使用，其次是地方政府官员和学校领导”“PISA 对国家和地方政策制定的影响越来越大”“PISA 对所有被研究国家的政策均产生了影响，且对测试表现相对较差的国家影响更大，这些国家的许多政策举措都是作为 PISA 测试的直接结果而推出的”。[20] 如今，随着参与国家和地区的日渐增多，PISA 的政策影响力辐射范围也越来越广。

PISA 对德国教育政策的影响

在发达国家中，教育政策受到 PISA 测试显著影响的典型是德国。

2000 年，德国青少年参加首次 PISA 测试，但是表现并不理想，数学和科学素养排名第 20 位，阅读素养排名第 21 位，远在 OECD 平均分之下。这一结果令德国长期以来引以为傲的教育体制深受打击，引起了德国社会各界的关注，当时称之为“PISA 震惊”。

针对 PISA 2000 显示的问题，德国各界迅速采取行动，当时的国家总统在电视讲话中疾呼，“我们要发起德国教育的总攻”。2002 年 1 月，提出“十二条教改建议”，同年公布联邦政府“未来教育”的 5 个主要项目；2003 年，开始引入国家教育标准，发布《国家教育标准报告》；2004 年 6 月，设立全国性独立的教育评估机构——国家教育质量发展研究所（IBQ），同年颁布《教师教育标准》；2006 年出台《教育监测全局战略》；2011 年，正式开始建立一系列学科质量标准，如今从小学到高中的全部核心课程都拥有了规范的国家课程标准……这些教育政策改革涉及促进教育公平、保障教育质量、提高教师素质、改进学校管理等，有效提高了总体的教育水平。在 PISA 2012 测试中，德国学生首次在所有测试项目中成绩明显高于平均水平，体现出教育改革的显著成效。

不过，可能是受到新冠大流行期间学校关闭等因素的影响，德国学生在 PISA 2022 中的表现大幅下滑，阅读、数学和科学三项测试的表现均明显低于 PISA 2018，再次引发社会各界的担忧。成绩公布几天后，北莱茵-威斯特法伦州教育部就整合出了一系列整改方案，例如，在小学实施强制性阅读时间、使用新的数学学习材料、聘用和培训教师、免于削减学校财政预算等。

二　全球教育评价发展的分布图景与特点

英文文献计量分析表明，教育评价在全球的发展十分不平衡，一些国家和地区的教育评价具有显著的影响力，大部分国家和地区的教育评价发展则相对滞后；多数发达国家仍保持着教育评价影响力的优势地位，但是也有中国等部分发展中国家表现出强劲的发展势头。从教育评价研究者的关注领域来看，不同国家和地区也有明显的差异，在全球形成了 5 个相对集中的聚类。国际组织对教育评价的发展产生了重要的推动作用，加强了全球教育评价的交流借鉴和教育领域的跨国/跨地区比较，深化了教育评价的全球化。

（一）教育评价影响力全球性分层明显

1. 教育评价研究热度全球分布极不平衡

分析各国家和地区关于“教育评价”的发文量发现，当前教育评价在全球除南极洲外的六大洲均得到了显著的发展，每个大洲都有一些国家的研究相对突出，具体从发文量排名前 30 的国家（地区）可以看出（见表 5）。亚洲有中国、土耳其、以色列、印度、新加坡、韩国等 8 个国家（地区），非洲有南非，北美洲有美国、加拿大，南美洲有智利、巴西、葡萄牙，欧洲有英国、西班牙、德国、芬兰等 14 个国家（地区），大洋洲有澳大利亚、新西兰。

表 5　教育评价发文量排名前 30 的国家（地区）

单位：篇

序号	发文量	中介中心性	国家(地区)	序号	发文量	中介中心性	国家(地区)
1	1102	0.29	美国	16	59	0.03	芬兰
2	416	0.15	中国	17	55	0.02	新西兰
3	374	0.07	澳大利亚	18	55	0.05	比利时
4	372	0.22	英国	19	52	0	以色列
5	317	0.17	西班牙	20	52	0.04	智利
6	169	0.12	德国	21	48	0.01	印度
7	141	0.05	荷兰	22	44	0.02	苏格兰
8	126	0.08	土耳其	23	42	0.01	巴西
9	126	0.06	加拿大	24	38	0.01	葡萄牙
10	112	0.01	中国台湾	25	38	0.04	意大利
11	72	0.01	瑞典	26	33	0.02	瑞士
12	71	0.01	南非	27	32	0	新加坡
13	67	0.01	挪威	28	32	0	希腊
14	64	0.01	爱尔兰	29	32	0.02	马来西亚
15	62	0	韩国	30	29	0.01	法国

资料来源：使用 CiteSpace 软件分析英文文献得出的结果。

表 5 还反映出，教育评价研究在全球的发展极不平衡。一方面，各国家（地区）的发文量有显著差异。排名前 10 的国家（地区）依次是：美国、中国、澳大利亚、英国、西班牙、德国、荷兰、土耳其、加拿大、中国台湾。其中，美国以 1102 篇的数量高居榜首，显示出现代教育评价在该国发展极其繁荣的局面，显著影响着全球其他国家和地区教育评价的发展走向；其他 9 个国家和地区的发文量均超过 100 篇，影响力不容小觑。另一方面，从中介中心性，也就是与其他国家和地区的合作来看，美国、英国、西班牙、中国、德国 5 个国家的数据都大于 0.1，表示与其他国家和地区的合作紧密；韩国、以色列、新加坡、希腊的数据为 0，表示与其他国家和地区几乎没有合作。

2. 许多发达国家和地区保持了优势地位

发文量排名前 30 位的国家和地区，绝大部分是发达国家和地区。发文量排名前 10 位的国家和地区发文量都超过 100 篇，而且大多与其他国家和地区的合作较为密切。其中，仅有中国和土耳其 2 个发展中国家。美国作为现代教育评价概念的诞生地，教育评价领域的研究与实践成果一直非常丰富，至今也没有被哪个国家赶上，无论从发文量还是与其他国家和地区的合作来看，它都保持绝对的优势地位。澳大利亚、英国、西班牙、德国、荷兰、加拿大等发达国家的教育体系伴随着经济社会的发展较早发展起来，而且较早受到美国的影响开展教育评价研究与实践，如今依然保持了相对世界上其他大部分国家的优势地位。发文量排名第 11～30 位的也主要是发达国家和地区。不过也应看到，在发达国家和地区之间，影响力的差异也是巨大的。排第 1 位的美国的发文量超过 1000 篇，排第 30 位的法国却仅有 29 篇。

3. 部分发展中国家和地区发展势头强劲

一些发展中国家的表现非常突出。中国和土耳其都是近年来发展较快的发展中国家，两国对教育评价的重视清晰地体现在发文量中，分别以 416 篇和 126 篇的发文量位居世界第 2 和第 8 位，尤其是中国的发文量仅次于美国，与其他国家的合作也非常紧密。智利、印度、巴西、马来西亚等几个发展中国家也都进入了发文量前 30 位，数值都不算太低。原因可能在于两个方面：一是经济社会的发展促进了发展中国家教育的发展，进一步提升教育质量、促进教育公平的问题日益引发关注，推动了教育评价的快速发展；二是在全球化、信息化和 AI 等新兴科技的加持下，教育评价的理论迭代、技术发展、全球合作等，为部分发展中大国奋起追赶教育评价先进国家提供了新的可能。当前，中国已经有学者开始研究“第五代教育评价”，探索 AI 等新技术在教育评价领域的应用[21]，在教育评价理论与实践两方面不断缩小与发达国家和地区之间的差距。

（二）教育评价研究区域差异性显著

由于社会经济文化背景、教育评价发展程度有别，不同国家和地区的研究者对教育评价的关注点有较为显著的差异，鲜明地呈现在英文文献的研究关键词和作者国家（地区）聚类分析当中。根据研究者所属的国家（地区），英文文献中的教育评价研究关键词形成了5个显著聚类（见表6、图1）。

表6 研究关键词和作者国家（地区）聚类分析

聚类序号	涉及的国家(地区)	聚类关键词
0	以中国为主,包含中国台湾、新加坡、伊朗、马来西亚、印尼、越南等	形成性评价、反馈、学科领域的应用、智慧教学系统
1	以西班牙、德国、瑞典、挪威、爱尔兰为主及墨西哥、新西兰等	数字胜任力、技术教育、有效性、遗产教育、翻转课堂
2	以美国、英国为主,包含韩国、沙特阿拉伯、巴勒斯坦等	美国新入职教师表现性评价、教育政策、教学策略、质性研究
3	以澳大利亚、加拿大为主,包含荷兰、南非、智利、哥伦比亚、日本、印度等	学科关键词、初始教师教育、教师表现性评价、专业发展、测评工具
4	以土耳其为主,包含芬兰、葡萄牙、巴西、匈牙利等	基于游戏的学习、总结性测评、教师、教学技术、网络

资料来源：使用 CiteSpace 软件分析英文文献得出的结果。

聚类#0规模最大，聚类关键词包含形成性评价、反馈、学科领域的应用、智慧教学系统等，关注这些领域的以中国为主，还包含中国台湾、新加坡、伊朗、马来西亚、印尼、越南等国家（地区），反映出亚洲许多国家（地区）对形成性评价、智慧教学等时代议题高度关注。

聚类#1关键词包括数字胜任力、技术教育、有效性、遗产教育、翻转课堂等，关注这些领域的以西班牙、德国、瑞典、挪威、爱尔兰等欧洲国家为主，还包含北美洲的墨西哥、大洋洲的新西兰等，反映出这些国家研究者对数字学习推动教育评价变革的敏感性。

聚类#2关键词包括美国新入职教师表现性评价、教育政策、教学策略、质性研究等，关注这些领域的以美国、英国为主，还包含韩国、沙特阿拉伯、巴勒斯坦等，反映出教师评价变革以及与之相关的教育政策和教学策略变革在这些国家尤其受到重视。

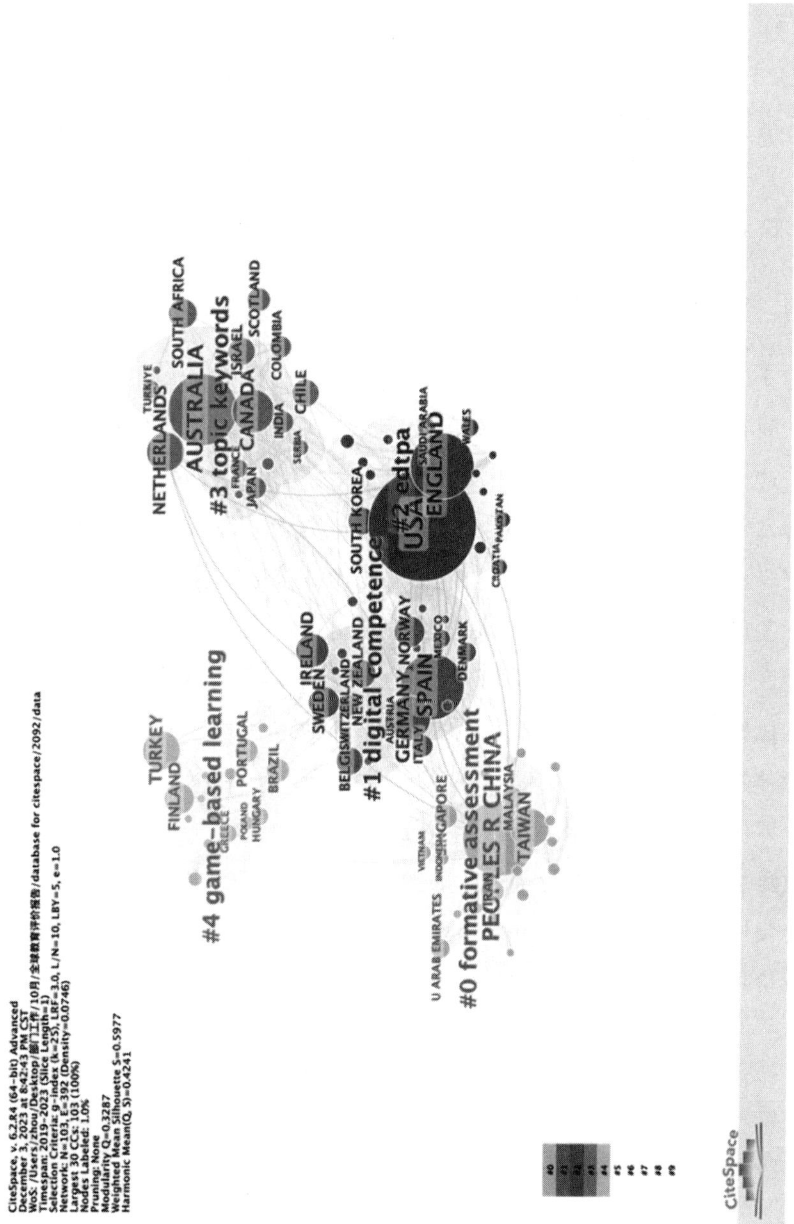

图 1　研究关键词和作者国家（地区）聚类分析

资料来源：使用 CiteSpace 软件绘制。

聚类#3 关键词包括学科关键词、初始教师教育、教师表现性评价、专业发展、测评工具等，关注这些领域的以澳大利亚、加拿大为主，包含荷兰、南非、智利、哥伦比亚、日本、印度等，覆盖了除南极洲之外的各个大洲，反映出聚焦教师评价变革、重视教师专业发展的理念已经传遍全球。

聚类#4 关键词包括基于游戏的学习、总结性测评、教学技术、教师、网络等，关注这些领域的以土耳其为主，包含芬兰、葡萄牙、巴西、匈牙利等，反映出这些国家对学习方式变革及其引发的教学变革的关注。

（三）教育评价发展全球化特征鲜明

上述 5 个聚类自成一体，显示着不同区域的研究侧重点不同，但不同聚类之间有许多重复或类似的关键词，表明在教育评价领域有共同的关注点。这体现出全球教育评价发展既有区别又相互关联，也就是说，教育评价发展具有显著的全球化特征。因为，现代教育评价的发展，始终伴随着各国之间的交流与借鉴。比如，现代高等教育质量保障体系首先建立于美国，之后传播到其他发达国家和地区；而美国也注重向其他国家和地区学习经验，引入了源于欧洲的审计方法、基标法等；学习和模仿发达国家的经验，则是许多发展中国家和地区快速建立自己的教育质量保障体系的办法。[22]

教育评价发展的全球化，也离不开国际组织的大力推动。以 OECD、联合国教科文组织、世界银行等为代表的国际组织长期致力于扩大自身在教育评价领域的影响力，研究并发布教育指标（见表 7），积极组织各类国际教育评价项目（见表 8），不断将教育评价实践推向更多的国家和地区。

表 7　国际层面主要的教育指标

制定者	主要维度	指标来源
联合国教科文组织（UNESCO）	教育资源、教育需求、入学及参与、教育内部绩效、教育产出	《全球教育监测报告》
经合组织（OECD）	产出指标、投入指标、机会指标、过程指标	《教育概览》

续表

制定者	主要维度	指标来源
世界银行 (The World Bank)	教育输入、教育参与、教育效率、教育完成度、教育差距	《世界发展指标》
欧盟 (EU)	教育背景、教育组织、教育参与、教育经费、教师和管理人员、教育过程、资格水平和就业	《2012 年欧洲教育关键数据》

资料来源：根据网络公开信息绘制。

表 8　由国际组织主导的国际教育评价项目（部分）

国际组织	评价项目	说明
联合国教科文组织(UNESCO)	《全民教育全球监测报告》	最初为追踪《达喀尔行动纲领》提出的全民教育目标,2016 年开始监测“教育可持续发展目标”实施情况,内容涵盖性别和全民教育、质量、读写技能、幼儿保育、治理、边缘化群体、教与学、年轻人与技能等主题。2002~2015 年发布 12 份,2016~2023 年发布 6 份
国际教育成就评价协会(IEA)	国际公民教育评估研究(ICCS)	对 14 岁学生的公民知识、态度和行为进行评估,采用公民素养知识等级水平测试、调查问卷等客观量化的测评方法,迄今为止开展了 4 轮调查
	国际数学与科学教育成就趋势调查(TIMSS)	针对世界各国四年级和八年级学生数学和科学知识的评价项目,每 4 年一次
	国际阅读素养进展研究项目(PIRLS)	评价不同国家(地区)的小学四年级学生阅读能力并进行教育比较,每 5 年一次
经合组织(OECD)	国际学生评价项目(PISA)	对接近完成基础教育的学生(15 岁左右)的知识和能力进行评价,评价内容包括阅读素养、数学素养和科学素养,每 3 年一次
	PISA 促进发展研究(PISA-D)	使用与中低收入国家的情况更为相关的增强型 PISA 测评工具,参与国包括柬埔寨、不丹等
	教师专业发展和学校教学调查项目(TALIS)	测量教师的教与学状况以及专业发展,每 5 年进行一次
	高等教育学习成果评价项目(AHELO)	主要针对即将毕业的大学生进行学习成果(知识储备及实践运用能力)的测评,内容包括 3 个模块,即通用技能测评、学科技能测评和背景调查问卷
	全球青少年社会与情感能力测评项目(SSES)	了解青少年学生的社会与情感能力发展水平,探索影响这些能力发展的因素,包括学生问卷、家长问卷、教师问卷和校长问卷,学生问卷面向 10 岁和 15 岁青少年

续表

国际组织	评价项目	说明
世界银行（The World Bank）	低年级学生阅读能力监测项目（EGRA）	世界银行、美国国际开发署和世界食品计划署共同支持，评估低收入国家小学一、二年级学生的阅读技能，测试通常涵盖阅读技能评估、口头阅读理解评估、单词识别和语音识别等领域
	教育绩效基准与系统评估项目（SABER）	由世界银行、联合国教科文组织和教育测试服务机构共同开展。学生通常会接受学科基础技能测评和认知能力测试，教师会接受教育背景、工作经验和课堂教学等评估，校长接受的评估则主要关注于他们的领导、管理和组织能力。通过对学生、教师和校长的多维度评估和对比，帮助政策制定者发展更有效的教育政策
南非东非教育质量监控联盟（SACMEQ）	南非东非教育质量监控（SACMEQ）	采用学科试卷和调查问卷，调研南部非洲和东部非洲部分国家六年级学生的阅读、计算学业表现水平，了解影响学生成绩的因素
法语国家教育部长会议（CONFEMEN）	非洲法语国家联盟教育系统分析项目（PASEC）	对二、六年级学生的学业成就和影响因素进行调查和比较，使用增值模型，通过考察学业成就的变化趋势找到对学生成绩有影响的因素
拉丁美洲教育质量评价实验室（LLECE）	区域比较和解释研究（ERCE）	衡量三年级和六年级学生在阅读、写作、数学和科学方面的表现，教师和家长完成背景问卷调查，迄今为止共进行了 4 次

资料来源：根据网络公开信息绘制。

总体而言，国际组织主导的跨国教育评价表现出以下四个方面的特点。

第一，具有鲜明的扩张性。国际教育评价项目一开始仅在发达国家和地区开展，20 世纪 90 年代之后，开始向发展中国家和地区扩张，影响了越来越广泛的区域，PISA 2022 的参与国家和地区已达到 81 个。[23] 位于拉丁美洲的发展中国家巴西从 1997 年开始参与大规模的国际学生成绩评估，陆续参加了拉丁美洲教育质量评价实验室的 ERCE，OECD 的 PISA、TALIS，IEA 的 TIMSS 等项目。而且，这种扩张性在很大程度上是国际组织有意为之的结果。例如，OECD 在 2013 年专门面向 9 个发展中国家启动了“PISA 促进发展项目”（PISA for Development Initiative，简称 PISA-D 项目），进一步提升了 PISA 测评在发展中国家的适应性[24]；在 PISA 2022 中，柬埔寨、危地马拉和巴拉圭就是参加的 PISA-D 项目。[25]

第二，评价的标准化程度高。为了便于比较，跨国教育评价项目一般都根据特定的指标体系开展，采用相对统一的工具进行测试。例如，PIRLS 测评学生阅读的理解过程、阅读目的、阅读行为和态度 3 个方面。其中，理解过程和阅读目的通过阅读测试进行评价，而阅读行为和态度则通过调查问卷中的学生问卷来进行评价。OECD 的各类评价项目是在其研制的教育指标体系下开展的，其主导的 PISA 也主要通过学科能力标准化测试的方式开展，辅以背景信息调查问卷。然而，高度标准化的测评和跨国比较，虽然便利了国际教育评价项目的快速推广，但也不断遭受诟病。[26]

第三，主要评价对象为中小学生。表 8 所示的评价项目，绝大多数以中小学生为评价对象，例如 TIMSS 面向四年级和八年级学生，PIRLS 面向四年级学生，PISA 面向接近完成基础教育的学生（15 岁左右），SACMEQ 面向六年级学生，PASEC 面向二年级和六年级学生，ERCE 面向三年级和六年级学生，SSES 面向 10 岁和 15 岁青少年。当然也有例外，比如面向大学生的 AHELO，面向教师的 TALIS，等等。但是总体可以看出，对中小学生（尤其是小学生）的能力进行测评与跨国比较，是国际教育评价项目衡量各国教育质量的重中之重。这可能是因为，一方面，基础教育的质量是各国教育质量的核心和基础，受到国际社会的普遍关注；另一方面，相对于其他的学段，基础教育学段学生所学知识领域更加具有一致性和可比性，测量和比较相对容易一些。而随着全球对教育质量的重视程度与日俱增，关于高等教育、学前教育、职业教育的跨国教育评价项目也逐渐兴起，比如 OECD 目前尚在实施的国际标准化学前教育评估项目（IELS），就将目光投向了学前阶段。

第四，聚焦学生的核心素养与关键能力。全球化、信息化全面发展，对劳动者素质提出了更高的要求，促使全球各国日益重视培养学生的核心素养和关键能力，以适应时代的需求。21 世纪初，美国教育工作者、教育专家和商业领袖共同开发并提出了“21 世纪学习框架”，形成以学习与创新素养为核心，包括生活与职业素养，信息、媒体与技术素养，以及关键学科与 21 世纪主题的 4C 素养模型。[27]其中的关键学科主要包括英语、阅读或语言艺术、世界语言、艺术、数学、经济学、科学、地理、历史、政府和公民等。[28]表 8 涉及的中小学生评价项目，基本都未脱离这些学科范畴：TIMSS 针对数学和科学，PIRLS 专门针对阅读，PISA 针对阅读、数学和科学，等等，体现了国际组织对这些核心素养与关键能力的一致重视。近年来，北京师范大学的研究团队在 4C 素养模型的基础上加入了文化理解与传承素养，拓展为 5C 素养模型[29]，进一步完善了当今时代对劳动者（或者说是“公民”）能力的要求，一定程度上与当前跨国教育评价重视学生背景调查的深层理念相契合。另外，对教育、健康和生活质量均有影响的社会情感能力也越来越受到国际社会的重视，如 OECD 专门开展的全球青少年社会与情感能力测评项目（SSES）。

伴随着国际组织的推动，跨国、跨区域的教育评价交流和比较日益深入。欧盟制定了《教育和培训计划》，高度重视使用可比较的基准指标，根据欧盟平均表现水平设置了核心关键问题的量化目标值、年度监测和评价实现目标的达成度，评定最佳表现国家，共享最佳实践，激励后进国家向前追赶，同时与美国、日本等主要国家进行国际比较。各类跨国教育评价组织的发展也越来越繁荣，国际教育成就评价协会、高等教育质量保障机构国际网络组织、欧洲高等教育质量保障协会、以《华盛顿协议》为代表的国际工程师互认体系等，吸引了世界许多国家和地区加入。各国越来越重视国际教育评价项目，期望据此了解本国教育发展水平在全球的位置，以及与其他国家相比存在的优势和劣势，探寻改进的思路。在这样的多维、深度交流中，全球教育评价领域关注的问题在某种程度上产生了一致性。甚至可以说，教育评价理念、体系、技术、方法在全球范围内得到传播和扩散，已经日益形成一个相互交织的网络体系。

三　全球教育评价关注的关键领域与议题

为初步掌握全球教育评价的研究情况，本文研究者运用CiteSpace软件对2019年以来以教育评价为主题的3847篇英文文献和1507篇中文文献分别进行了关键词聚类分析和词频统计分析。分析结果中就蕴含了全球教育评价研究热点领域和关键议题的初步信息。

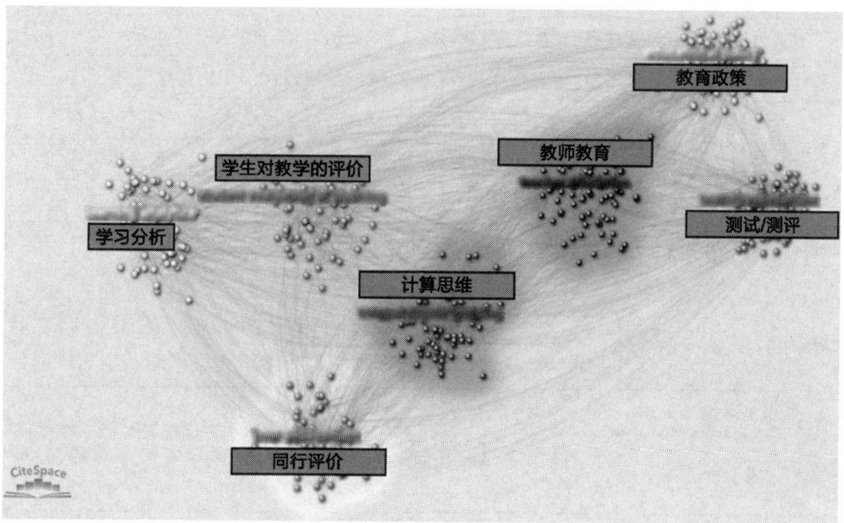

图2　英文文献关键词聚类分析

资料来源：使用CiteSpace软件绘制。

关键词聚类分析显示，从全球来看，教育评价研究主要聚焦7大领域，即教育政策、测试/测评、教师教育、计算思维、学生对教学的评价、学习分析、同行评价（见图2、表9）。就中国而言，研究聚焦6大领域，即教育评价、增值评价、劳动教育、核心素养、高职院校、美国（见表10）。每一个聚类中都包含许多相关的关键词，体现着这个领域更加丰富的内容。例如，英文文献的教育政策聚类包含的主要关键词有教育政策、教师质量、政策分析、项目评估；中文文献教育评价聚类包含的关键词有教育评价、分类评价、价值取向、绩效管理、教师考核、大学排名、本科教学、工分制，增值评价聚类包含的关键词有增值评价、综合评价、总体方案、多元评价、监测评估、结果评价、过程评价、教学评价、元评估。

表 9 英文文献关键词聚类分析

聚类名称	包含的关键词
教育政策	教育政策、教师质量、政策分析、项目评估
测试/测评	测试/测评、本科一年级/普通本科、化学教育研究、高年级本科生、二年级本科生
教师教育	教师教育、专业发展、教师发展、专业知识、专业学习
计算思维	计算思维、小学教育、创新思维、儿童早期教育、STEM 教育
学生对教学的评价	学生对教学的评价、混合学习、翻转课堂、系统综述、验证性因子分析
学习分析	学习分析、自我调节学习、毕业生特质、问题解决学习、一致性建构
同行评价	同行评价、同行反馈、高等教育、形成性评价、反馈

资料来源：使用 CiteSpace 软件分析英文文献得出的结果。

表 10 中文文献关键词聚类分析

聚类名称	包含的关键词
教育评价	教育评价、分类评价、价值取向、绩效管理、教师考核、大学排名、本科教学、工分制
增值评价	增值评价、综合评价、总体方案、多元评价、监测评估、结果评价、过程评价、教学评价、元评估
劳动教育	劳动教育、人工智能、基础教育、高校、新时代、大数据、价值、实践路径、信息技术、智能技术
核心素养	核心素养、立德树人、评价改革、教育改革、教育强国、教育治理、教育督导
高职院校	高职院校、评价体系、人才培养、工程教育、专业认证、教师评价、教学改革、课程思政
美国	美国、教育评价、指标体系、教师教育、质量监测、实施路径、数据驱动

资料来源：使用 CiteSpace 软件分析中文文献得出的结果。

聚类分析呈现了宏观的一些趋势，而词频统计（见表 11）则体现着具体的研究热点。3847 篇英文文献关键词中，排名前 20 的关键词依次为：

教育、高等教育、学生、表现、科学、影响、知识、学业成就、感知、形成性评价、教师、技能、设计、专业发展、反馈、技术、教师教育、模式、参与、框架。1507篇中文文献关键词中，排名前20的关键词依次为：教育评价、增值评价、高等教育、职业教育、核心素养、评价体系、人工智能、教育评估、美国、劳动教育、基础教育、立德树人、新时代、高职院校、评价改革、高校、总体方案、综合评价、大数据、学生评价。

表11 文献中出现频率排名前20的关键词

单位：次

英文文献关键词			中文文献关键词		
序号	计数	关键词	序号	计数	关键词
1	775	教育	1	231	教育评价
2	605	高等教育	2	59	增值评价
3	526	学生	3	45	高等教育
4	328	表现	4	39	职业教育
5	290	科学	5	33	核心素养
6	266	影响	6	30	评价体系
7	264	知识	7	30	人工智能
8	237	学业成就	8	29	教育评估
9	235	感知	9	26	美国
10	220	形成性评价	10	26	劳动教育
11	210	教师	11	25	基础教育
12	191	技能	12	22	立德树人
13	184	设计	13	21	新时代
14	170	专业发展	14	21	高职院校
15	168	反馈	15	21	评价改革
16	168	技术	16	21	高校
17	163	教师教育	17	21	总体方案
18	159	模式	18	21	综合评价
19	147	参与	19	20	大数据
20	146	框架	20	18	学生评价

资料来源：使用CiteSpace软件分析英文和中文文献得出的结果。

（一）共同关注教育主体、政策、技术、产出相关评价热点领域

中英文的分析结果初看差异较大，但实际蕴含着许多一致性。尤其是把关键词聚类和词频统计结合起来看，这种一致性更加明显。总体而言，中英文关键词聚类和词频统计体现出，当前全球教育评价共同关注五大热点领域，即教育主体——师生评价，教育政策与评价的互动，技术与评价的互动，教育产出端——高等教育的评价，以及评价体系建构。

1. 关注的评价对象主要是学生和教师

对学生和教师两个群体的共同关注体现在全球教育评价研究当中。不过总体来说，学生是重中之重。在英文文献中，直接与学生相关的关键词有学生、表现、科学、知识、学业成就、形成性评价、技能等，单“学生”作为关键词就出现了 526 次；直接与教师相关的关键词有教师、专业发展、教师教育，合计出现 543 次。在中文文献中，增值评价、核心素养、综合评价、学生评价等关键词均直接与学生相关，立德树人则直接与教师相关。从聚类来看，英文文献关键词聚类中的测试/测评、学习分析以学生为主要对象，教师教育、学生对教学的评价则是以教师为主要对象，同行评价一般以教师为对象，如 Keith James Topping[30] 研究了学校教师教育中的同伴评估。不过，也有研究学生之间的同伴评估的，如 Zi Yan 等[31] 进行了关于自我评估与同伴评估对学生学业成绩影响的研究。中文文献关键词聚类中的增值评价、核心素养都主要以学生为对象，关于教师的绩效管理、教师考核、教师评价等关键词，则被聚类到教育评价和高职院校中。

2. 关注教育评价与教育政策的相关性

在英文文献关键词聚类中，最大的聚类就是教育政策，研究者们关注教育政策、政策分析等关键词。中文文献的核心素养聚类包含了教育改革、教育治理、教育督导、教育强国等具有鲜明政策特征的话语，而且出现频率较高的立德树人、新时代、评价改革、总体方案等关键词，也都与

教育政策显著相关。可以说，对教育评价与教育政策相关性的重视，在全球是表现一致的。在各国积极开展教育评价改革的大背景下，以国家和地方政策为载体的政府行政作用至关重要，也备受学者关注。例如，Hwei Ming Wong 等[32]借鉴制度理论和渐进制度变迁模型，综述了长达 150 多年的新加坡考试测评政策；Matt O'Leary 等[33]对越南当前教师评价政策和相关研究文献进行了叙述性回顾，关注课堂观察在教师评价中的作用；Allison F. Gilmour 等[34]开展了一项覆盖美国所有州和 25 个大型学区的教师评估系统的政策实施影响研究。

3. 关注新兴科技引领的教育技术变革

人工智能、大数据等新兴科学技术的发展带来了教育技术的深刻变革，也引起了教育评价研究者的广泛关注。在英文文献中，计算思维成为一个显著聚类，包含计算思维、小学教育、创新思维、儿童早期教育、STEM 教育等关键词；从词频来看，“技术”这一关键词出现了 168 次。中文文献的劳动教育聚类中，包含了人工智能、大数据、信息技术、智能技术等与新兴科技相关的关键词；从词频来看，人工智能出现了 30 次，大数据出现了 20 次。研究者对新兴科技在教育领域、教育评价中应用的关注，倾注了他们对人类在数字化时代生存与发展的担忧与期盼。例如，Ying Cui 等[35]就认为，数据素养技能在工作场所和日常生活中变得至关重要，数据素养的教学和评估成为教育的新兴领域，非常需要高质量的评估工具来监控教学进度，促进和支持教学。

4. 更偏重关注高等教育这一教育阶段

相比学前教育、基础教育、职业教育等，关于高等教育的评价研究历史悠久、体系完善，目前仍是全球教育评价研究的主流。在 3847 篇英文文献中，“高等教育”作为关键词出现了 605 次，占比 15.7%；在 1507 篇中文文献中，“高等教育”“高职院校”“高校”3 个关键词合计出现 87 次，占比 5.8%。英文文献关键词聚类中，测试/测评、学生对教学的评价两个聚类都与高等教育密切相关。其中，测试/测评聚类包含的主要关键词有本科一年级、高年级本科生、二年级本科生等，如 Michael Lynch 等[36]探讨了将互联网通信技术（ICT）引入高等教育学生作业测评中，Xiaomei Wei 等[37]对 2017 年以来高等教育大规模在线课程（MOOC）学习成果评估研究进行了系统综述；学生对教学的评价则是中外高校普遍采用的教学质量评价方法和教师绩效评价工具，如 Zhao L 等[38]通过综述高等教育学生教学评价的研究成果来探索构建中国高校思想政治理论课评价与教学的指标体系，Tai Feng 等[39]以北京工业大学为例探讨了学生教学评价指标和制度构建对课程评价结果的影响。中文文献关键词聚类专门有高职院校这个聚类，包含了工程教育、专业认证等关键词，教育评价聚类中也包含了与高等教育相关的大学排名、本科教学等关键词。在中国，研究者对职业教育和基础教育的关注也较多，但总体上热度仍不及高等教育。

5. 关注宏观层面评价体系的研究

全球研究者对评价体系的关注，主要反映在中英文文献的高频关键词当中。在英文文献中，与评价体系相关的“框架”一词出现了 146 次，占比 3.8%。在中文文献中，“评价体系”一词出现了 30 次，占比 2.0%，与评价体系间接相关的“总体方案”出现了 21 次，占比 1.4%。虽然绝对数据看起来似乎不值一提，但它们都是排名进入前 20 的高频关键词，在浩如烟海的文献当中崭露头角，表明了评价体系的重要性。

（二）聚焦教育评价生本性、发展性、专业性、公正性、智慧性、可比性等关键议题

全球教育评价的关键议题，蕴含在丰富的研究和实践当中。文献分析呈现的热点领域中也包含了关键议题的内容，但由于缺乏实践的细节而显得并不完整。为了结合具体的教育评价实践完整梳理当前全球教育评价的关键议题，本文研究者仔细阅读了一些关键的文献，深度剖析了 22 篇国别区域教育评价研究报告。将所有材料整合在一起，发现当前全球教育评价聚焦 6 个方面的关键议题：在评价对象上突出生本性，在评价目标上突出发展性，在评价实施上突出专业性，在评价办法上突出公正性，在评价技术上突出智慧性，在区域互动上突出可比性。

1. 在评价对象上突出生本性

学生是教育领域不可或缺的参与主体，教育评价自然而然地将学生置于评价的中心。这种中心地位不断加强，主要体现在以下 3 个方面。

第一，学生评价是教育评价最传统、最核心的组成部分之一。说到底，“教育质量的核心是学生的学习质量”。[40] 从古代对学生的测试、选拔，到如今的学业测评、能力测试等，学生的学习成效一直是教育者、教育管理者关注的核心。国际组织主导的国际教育评价项目 PISA、PIRLS、TIMSS 等，也都是面向学生的测试。各国普遍关心人才培养的问题，中国也非常重视“拔尖创新人才”的培养，反映到评价领域就是对学生评价的关注，不仅把学生评价作为教育评价的核心组成部分，而且重视不断创新、变革学生评价，致力于深入研究更加有利于促进学生成长的增值评价、过程性评价等评价方式。

第二，学生成为各层面评价活动关注的中心。在人本主义心理学的影响下，以学习者为中心、学习结果为导向的教育哲学思想逐渐流行开来，逐渐发展为“结果导向的教育”（Outcome-based Education，OBE）。[41] 在 OBE 模式下，“教育活动开始之前就对学生能够获得的学习结果有清晰的构想，然后设计课程、组织教学和实施评价确保实现这个学习结果”。由此，学业成果就成为判断教育质量、学校水平和教师教学的一项重要指标。美国专业教学标准委员会在 20 世纪 80 年代率先做出了典范，将“教师致力于学生及其学习”作为研制的专业标准的首要议题。[42] OECD 相关文献研究也表明，国家监测的重点、学校评价、学校领导者评价和教师评价的主要指标，都包括了学生的学业成就。

第三，学生作为利益相关方参与各层面的评价。随着以人为本理念的传播，学生的主体性不断被强调。他们不再被视为被动的教育接受者，而是被视为教育的“合作伙伴”。许多国家的教育评价都重视学生参与，学生不仅对自己的学习与发展情况进行自我评价，而且逐渐成为教师、学校领导者、学校和教育系统评估中不可缺少的主体。比如在高校中，学生评教就是一种常用的教师考核方式。

瑞典的学生被视为教育“合作伙伴”

在瑞典，学生受到充分信任，被视为教育的“合作伙伴”。具体表现在以下几方面。

①教师在规划和组织教学时要充分将学生纳入其中。即使学生仍在低年级，教师也会与学生一起讨论教学目标和行为标准。

②教师需要确保学生充分了解学习目标，定期提供关于学生成长和进步的反馈。

③义务教育阶段的学生评价需要围绕教师、学生及其家长共同制定的“个人发展计划”来进行。

④学生自我评价依据“个人发展计划”。

⑤学生有权参与涉及自身学习和学校环境的民主决策，并需要承担责任。

2. 在评价目标上突出发展性

（1）促进学生可持续发展

促进学生发展是教育评价的总目标。无论是对学校、教师、教育系统的评价活动，还是直接针对学生的评价活动，总体都是指向学生发展的。

教育评价总体上越来越重视培养学生面向未来、可持续发展的能力。前面已经提到，PISA 等国际教育评价项目几乎都聚焦于学生的核心素养和关键能力，把阅读、数学、科学等作为主要的测评内容。近年来，国际社会对学生的社会情感能力的关注也十分强烈，《2018 年美国教育趋势》报告将社会情感教育评为“全美最关心的教育话题和最热门的教育趋势之一”，OECD 不仅专门推出了全球青少年社会与情感能力测评项目（SSES）以了解青少年学生的社会与情感能力发展水平，探索影响这些能力发展的因素，而且在 PISA 2022 中也采集了学生认知和社会情感能力方面的数据。从学生评价的方法来说，形成性评价概念在近几年越来越受到许多国家和地区的重视。随着研究的不断深化和拓展，形成性评价“改善教学或学习”的特征得到强化，作用逐渐扩展到“支持学生成为自主学习者”，其概念中也逐渐包含了以学生为主体、反馈调节、循证评价、合作学习及自主探究等要素。[43]

通过教育评价来改进课堂教学，也越来越受到各方重视。因为，旨在促进学生发展的教育评价，与课堂教学存在天然的紧密联系。关于学校、教师和学生的评价及其结果，都可用于改进课堂教学实践。长期以来，OECD 采取了一系列措施来加强各国教育评价对课堂教学改革的影响，例如把学校评价的重点放在教学质量、学习质量等方面，鼓励教师将评价融于教学等。[44]在关于课堂评价的研究中，研究者强调破解课堂评价的功能“异化”，放弃“繁难偏”的评价内容和作为奖惩依据的结果应用，回归学生主体，回归以评促教，回归对“人”的关怀，[45]从评价理念、方法、功能、氛围等维度推动变革，“使课堂评价成为促进学生高质量学习与发展的关键路径”。[46]与之相应的评价实践也正处于变革之中。例如，中国 2020 年出台的《深化新时代教育评价改革总体方案》要求在教师评价中“突出教育教学实绩”“引导教师上好每一节课、关爱每一个学生”“探索建立中小学教师教学述评制度，任课教师每学期须对每个学生进行学业述评，述评情况纳入教师考核内容”。[47]这些要求的意图就在于，促进教师不断优化课堂评价，并且通过教师评价和课堂评价的变革引导课堂教学改进。

（2）关注教师的主体地位和专业发展

教师是教育领域的核心参与主体之一，也是重要的教育评价利益相关者。在教育评价中，教师既是评价者，也是被评价者。在学生评价、学校评价和教育系统评价中，教师主要作为评价者；而在教师评价中，教师往往具有评价者和被评价者双重身份——在所有参与 TALIS 调查的国家（地区）中，教师既是被评价的对象，又是评价的主体，甚至直接参与开发教师评价系统和评价标准。各国（地区）开展教师评价时，越来越重视教师的主体地位。原先仅将教师视为评价客体或教师仅以填报资料等方式被动参与评价的做法，被认为忽视了教师的主体性，“不仅会阻碍教师认真反思自身教学工作，还会影响其他评价主体对于教师工作价值的判断和解读”[48]。而且，各国（地区）也越来越重视通过教师评价促进教师的职业发展，经由提高教师队伍质量，最终提高教育质量。因此，当前许多国家在开展教师评价时，都是将发展目标和问责目标结合起来，而且基本都呈现“发展高于问责”的倾向。例如，英国从20世纪90年代就开始推行成长型教师评价[49]，并在高校教师科研评价中形成了发展导向的评价体系[50]；芬兰[51]、加拿大[52]等国在教师评价的结果应用上，都强调通过评价提高教学效能、促进教师专业发展；俄罗斯政府于2019年1月1日正式启动“未来教师”计划，希望通过评价促进教师终身学习、自我完善，提升教师业务能力，提高教育教学质量。为了实现评价促进教师专业发展的目标，教师评价方法和手段越来越多样，当前国际通行教师增值评价、学生成长百分位、利益相关者反馈、课堂教学观察等方法[53]，常用的工具包括课堂观察、教师访谈、教师自我考核和教师档案袋，重量化轻质性的评价方式不断受到诟病[54]。

3. 在评价实施上突出专业性

（1）专业评价机构成为核心力量

教育评价是一项专业性和技术性极强的工作，专业的教育评价机构伴随着教育评价的发展而不断繁荣起来。当前，各国的教育评价大都依托各种形式的专业评价机构来开展。在许多国家和地区，政府直接设立或者管理专业评价机构，开展教育评价工作。例如，法国国民教育、青年和体育部设立了教育评估、预测和成就署及教体研究监察署两个机构，专门进行教育教学评估；巴基斯坦成立了以总理为首的质量监管局，下设质量认证委员会；荷兰—弗莱芒认证组织是荷兰全国性的认证机构，依法定期对高等教育开展质量监督与评价活动；隶属于印度教育部的国家评估和认证委员会负责评估印度高等教育机构的质量；澳大利亚、奥地利、比利时、加拿大等国，也都设有国家统一的专业评价机构。

在官方或者半官方机构之外，越来越多其他类型的教育评价机构发展起来，回应着社会对教育公平和质量的追求，顺应了“小政府、大社会”的政府行政体制改革趋势。各国政府越来越推崇专业的第三方评价，从直接参加或管理教育评价实践，逐渐转向监管教育评价机构，更多地扮演“元评估者”的角色，通过评价机构的资质审查和人员培训等方式来提升第三方评价的公信力[55]。

政府扮演“元评估者”角色

美国职业教育评价中，由第三方机构实施的认证已经成为主要形式，而高等教育委员会和联邦教育部则负责第三方机构的准入制度；近年来，美国推动高校自愿问责改革，以“卓越评估”认定的方式对高校的评估进行“再评估”。日本《学校教育法》规定，短期大学、高等专门学校应以7年为一个周期，接受第三方机构的认证，而文部科学省负责认证第三方评价机构。印度在颁布《2020年国家教育政策》后设立了“元认证机构”——国家认证委员会，其职责之一就是监管认证机构，国家认证委员会和印度高等教育委员会通过汇总公示高等教育机构的认证进程及结果，督促提醒它们尽快完成评估与认证过程。斯里兰卡大学教育资助委员会和质量保证委员会共同制定了斯里兰卡资格框架，通过承认和认证不同机构提供的资格，来提高高等教育和培训的质量。巴基斯坦高等教育委员会也是主要扮演“元评估者”的角色，监督高等教育内部和外部的质量保障体系是否有效。

（2）评价者的专业素养得到重视

重视专业评价机构的发展与监管，是各国提升教育评价专业性和权威性的一个维度，另一个维度就是提升评价者的专业素养。因为“评价的有效性在很大程度上取决于设计和从事评价活动以及使用评价结果的人员的评价素养”。[56]许多发达国家的教育评价早已体现出了重视评价者专业素养的特征。加拿大评价协会是第一个出台评价人员能力指标，并对评价人员进行专业资格认证的国家层面的专业组织，从2009年起正式实施评价人员专业资格认证方案。之后，美国、加拿大、日本、德国等国家和地区的评价协会、相关科研机构等，也纷纷开始研制评价人员能力框架，不断促进教育评价专业化发展。相关研究的深入发展，也进一步促进了政府、社会对评价人员专业化的严格要求。

英国督学队伍质量保障机制

准入门槛：申请者所在学校必须在督导过程当中获得“良好”以上等级，申请者具有 5 年以上的学校管理经验、持有教师资格证，等等。

培训要求：新督学在上岗之前必须接受 4 天的现场培训和一定时间的“跟岗实习”，在正式参与督导工作之前需要积累随队督导经验并经皇家督学评价合格。

退出机制：无论是全职督学还是兼职督学，每年必须按合同要求接受相应培训，每年参加督导的时间不得超过 20 天，所在学校不得获得“良好”以下的督导等级，必须保证在督导中做出的任何结论都是公正的。以上任意一点达不到要求都需退出督学队伍。

4. 在评价办法上突出公正性

（1）吸纳多元主体参与评价

多元主体参与评价过程，既是平衡利益相关方诉求的需要，也是追求教育评价公平的必然做法，在各国教育评价中得到广泛应用。例如，在新西兰，国家、行政区、学区、大学、民间组织，以及每所学校、学校校长、任课教师、学生家长、学生本人等，共同构成了一个全方位的评价体系；根据法国最新的学校评估框架，自我评估是学校评估的核心，学校对自身的教育职责、背景、教学情况、校园生活等情况进行反思，外部评价团队主要由国家教育监察员、校长、管理人员、大区监察员、行政人员、教育顾问、教师组成，实施回避原则，确保组成人员的中立性、多元性和合法性；加拿大安大略省的高校专业质量评价参评人员包括内部人员、外部学术专家、学生、教师、毕业校友和社区代表等，评价结果提交安大略省大学委员会复核。许多国家开展教师评价时，评价人员既有教师自身、同行、学校领导，也有家长和学生等，如智利教师评价的结果就来自自我评价、校长评价、同行评价、档案袋等几个方面。

在高等教育和职业教育领域，许多国家越来越重视教育与就业的关联，提升学生的就业能力成为教育的重要目标之一。由此，行业及雇主也成为教育领域重要的利益相关方，被纳入教育和评价体系中。加拿大合作教育协会早在 1979 年就开始进行合作教育项目的认证，目前已经形成了较为成熟的机制与标准，成为全球高等教育产学合作的典范；“加拿大红印章职业标准”在设计开发过程中增加了行业参与度，雇主、行业专家都参与其中，以确保考核标准与各行业的前沿实践保持一致；安大略省职业院校关键绩效指标评估包括 5 个指标，其中之一就是雇主满意度。在美国职业教育评价体系中，工商企业和雇主也在制定评价标准、组建评价委员会、监测评价流程、给出评价结果等方面扮演着关键角色。欧盟职业教育政策的一个重要领域就是提高学生就业能力，构建的职业教育与培训评估框架的 73 个具体指标中，关于企业参与职业教育的指标约有 10 个。

（2）采用多样化的评价工具方法

对教育评价公正性、科学性的持续追求，促进了教育评价方法和工具的发展。因为，教育本身的复杂性和动态发展性决定了没有哪种教育评价方法是完美无缺的，“许多教育评价只是关注了教育目标中的知识技能这一很小的部分”，即便是曾一度备受推崇的增值评价“也天然携带狭隘性”，需要“与其他多元化的测评方法相融合，嵌入综合性的评价体系”。[57]总之，定量评价与质性评价相结合、结果性评价与过程性评价相结合，综合评价与特色评价相结合，使用问卷、量表、测试等多样化的评价工具，多种方法和工具融合发展、配合使用，已逐渐成为教育评价领域的共识。研究表明，“融合了课堂观察、增值评价、学生反馈等多种测评方法的教师评价结果，相较于以上任何单一方法的评价结果而言，都具有更高的统计效力和信度，更有助于促进教师有效教学”。因此，在教师评价中，课堂教学观察、学生调查、教师主观反馈等多元化的评价方法经常被综合起来使用。[58]在学生评价中，“成长记录”（学习档案）、苏格拉底研讨式评价、“表现式的评价”、学习日记、评价量表等过程性的评价方法或评价工具也早已得到应用。在开展学生能力水平测试时，影响测试结果的背景因素得到评价者的重视，常在水平测试之外增加问卷调查并研究两者的相关性。TIMSS、PISA 等国际教育评价项目，美国 NAEP 等国家层面的教育监测项目，都以问卷等方式收集了大量的背景信息。

（3）被评价者有权进行结果申诉

结果申诉是保障评价结果公平的最后一道防线。当前，国际上普遍承认被评价者进行结果申诉的权利，即被评价者有权对评价结果提出异议，并要求重新进行评价，评价者应当做出解释或者重新组织评价。在高等教育和职业教育的机构认证当中，相关机构进行申诉的机制已经逐步建立完善，认证机构会通过设置专门机构、制定相关制度等形式，保障评价对象的申诉权。在教师评价中，随着对评价公平性和教师主体性的重视，被评价者的申诉权也日益受到重视。根据新加坡增进绩效管理体系的规定，教师绩效评价过程中，评价者与被评价者要进行充分的沟通与讨论，评价结果要经被评价者签字同意后才能生效；如果发生争议，被评价者有权按程序向教育部提出上诉，教育部将根据调查情况做出最后裁决。申诉相关的机制和保障也越来越健全。例如，德国巴伐利亚州的《巴伐利亚公务员法》明确规定教师具有申诉权，只要教师认为自身权益受到侵害，就可以进行申诉。[59]

申请认证的机构有权申诉

申请加拿大合作教育项目认证的机构如果没有通过认证，可以在 30 天内以书面形式提请申诉，由认证委员会组建新的审查小组（不包括前一个审查小组的成员）重新进行审查。英国高等教育“教学卓越框架”、欧洲工程教育认证等，也都有其申诉机制。德国工程、信息科学、自然科学和数学专业认证机构的组织架构中，设置了上诉与申诉委员会，专门评估高校对于正在进行的认证的投诉以及对相应决定的上诉；印度高校参加评估或认证时如果对评估结果不满，可以申请复核并缴纳复核费，之后会有专门的申诉委员会来进行调查、核定。

法国研究与高等教育评估高级委员会的《处理评估者与受评者争议的程序》和荷兰—弗莱芒认证组织的《申诉条例》《投诉条例》，是认证机构自律性规范的典型代表。根据相关规定，接受荷兰—弗莱芒认证组织认证的院校在认证结果公布前、公布后都可以提出申诉，如果对内部申诉结果不满意，还可以向荷兰国务委员会下属的行政司法部提出外部申诉。

5. 在评价技术上突出智慧性

现代科技的发展给教育领域带来了深刻变革，积极拥抱技术变革早已是全球教育领域的共识。无论是国际组织还是各个国家，在开展教育评价时都积极运用信息技术、大数据、人工智能等新兴科技，推动教育评价智能化、科学化发展。2019 年，联合国教科文组织发布《教育中的人工智能：可持续发展的挑战与机遇》，在运用人工智能推动教育变革等问题上达成共识。[60]同年，中国政府与联合国教科文组织合作在北京举办国际人工智能与教育大会，来自全球 100 多个国家、10 余个国际组织的代表共同审议并通过成果文件《北京共识——人工智能与教育》，形成了国际社会对智能时代教育发展的共同愿景。[61]继《数字教育行动计划 2018》之后，欧盟于 2020 年推出《数字教育行动计划（2021—2027）》，提出“发展高绩效数字教育生态系统”和“提高数字化转型的数字技能和能力”两大战略。由此，数字化、智能化也日益成为教育评价领域的关键词。德国认证委员会基金会从 2019 年开始实施“全程无纸化”报送，开发和完善了电子信息申报系统；土耳其《2023 教育愿景》提出，为每一个学生建立一个覆盖全部教育阶段的电子档案，以此实现对教育评价的各个环节进行数字化管理与科学分析；PIRLS 2021 关注“向未来过渡的数字化 PIRLS”这一主题，近一半的测评国家通过数字媒介对学生进行了阅读测量[62]。在中国，近年来关于将 AI[63]、区块链[64]等新技术应用于教育评价领域的研究与实践也越来越多。

6. 在区域互动上突出可比性

提升不同区域间教育评价指标的可比性，有利于各个国家和地区参照教育评价结果了解自身的优势与不足，从而相应地调整教育政策。因此，无论是国际教育评价还是国家、区域层面的教育测评，都越来越重视评价指标的相对统一。在国际层面，OECD、联合国教科文组织、欧盟、世界银行等国际组织都推出了跨越国界的教育指标，某项国际教育评价项目在不同的国家和地区开展时，也往往基于相同或相似的测评标准。在国家层面，颁布统一的评价标准或评价指标的做法已经非常普遍，本书就列举了许多这样的案例，如巴布亚新几内亚的《巴新国家资格框架》等。巴西各州基础教育评价原本具有较大的差异性，但是近年来为了确保评价结果的可比性，越来越多的州政府选择使本州的评价量表趋同于国家评价。

四 全球教育评价未来的重要使命与走向

剖析当下，是为了更好地看清未来。在现代社会，教育的边界不断向外拓展，早已超越了狭隘的学校教育边界，人们越来越普遍地认识到教育与个体成长、区域发展，甚至是人类进步息息相关。从提出“终身教育”到推崇“终身学习”，再到把教育视为“共同利益”，呼吁构建“新的社会契约”，联合国教科文组织教育理念的每一次升华，都基于人类发展、教育发展面临的现实挑战，引导所有关心教育的人去孜孜求索可能的答案。探究教育评价的未来发展，也是这个求索过程的重要环节。

（一）教育评价的重要使命应是“牵引赋能、追求共益”

厘清教育评价的未来走向，首先要搞清楚时代给教育提出了怎样的命题，教育评价到底肩负什么使命。当今时代给教育提出了许多挑战，既有科技发展带来的新问题，也有教育发展不平衡的老问题；既有教育权利公平的问题，也有教育质量提升的问题；既有教育领域内的问题，也有超出教育范畴的人类发展问题。尝试解决这些问题，就是教育评价肩负的使命。

1. 牵引创新，应对智能时代挑战

从具体事物中抽象出自然语言，再抽象出数字语言，然后是机器语

言，人类认识和改变世界的能力不断提升，但也带来挑战。尤其是在机器语言不断发展的今天，深层的忧虑不断浮现在人类眼前。在教育领域，互联网的出现拓展了教育的外延，提供了全新的教育和学习渠道，海量的线上课堂、数字资源呈现在人们眼前，适应着全民学习、终身学习的需求。但同时，网络上海量资源的质量良莠不齐，给学习者增加了筛选的难度；应用前景广阔的人工智能大模型也隐藏着学术不端的危机……英国学者安东尼·塞尔登和奥拉迪梅吉·阿比多耶系统思考人工智能对教育的影响，认为新技术的冲击必将引发“第四次教育革命”，重塑教育机构、教师和学生。[65]应对智能时代的各种挑战，离不开评价牵引的创新思维。

2. 价值赋能，服务教育优质公平

从本质上来说，“全球”首先是一个空间概念，囊括整个地球的物理空间。在这个星球上，陆地广阔，海洋宽广，不同国家和地区的自然环境、经济发展、历史文化各有特色，教育的发展水平参差不齐，受教育的权利也并非全部公平享有。把目光投向“全球教育”，就会发现性别、宗教、地域，甚至是否接入互联网，都可能成为个体接受教育、学习知识的壁垒。PISA 2022 结果表明，虽然已经有加拿大等多个教育体系实现了高度的社会经济公平，但经合组织国家数学成绩的平均差异仍有约 15%可归因于学生的经济、社会和文化背景。[66]联合国教科文组织持续强调促进教育公平的紧迫性，将保障“优质教育权”写入了《一起重新构想我们的未来：为教育打造新的社会契约》。如何保障个体的受教育权？如何提升教育的水平和质量？通过教育评价来服务教育发展，为相关各方赋能，为追求教育的美好未来提供了可能。

3. 追求共益，促进全球团结协作

从某种程度上说，人类历史就是一部冲突的历史。据统计，从公元前 3200 年到公元 1964 年，只有 329 年是和平的。[67]长期存在于人类社会中的动荡、矛盾、冲突和战争造成了深重的苦难，使和平与安宁更显得弥足珍贵。不同的国家、地区、民族之间，政治、经济的利益冲突往往难以调和，教育可以说是利益冲突最少、最具国际合作潜力的领域之一。联合国教科文组织一直期望通过教育这根纽带不断凝聚共识，化解矛盾冲突，将其称为全球“共同利益”。作为教育纽带的重要组成部分，教育评价具备普遍性、参照性、互动性和时代性特征，有望带来广泛的交流、互鉴、合作，促进全球的团结。

（二）教育评价的未来走向应是“平衡尺度、标正教育”

其实，看起来千头万绪的教育问题，归结起来就是两大主要问题，一为过度，二为不足。在一些地区，教育有过度的嫌疑，无数的教师、学生、学校被卷入超过合理限度的竞争、考核当中，教育日渐“内卷化”，脱离了促进人的发展的本质；而在另外一些地区，教育的供给不足，许多人无法获取足够的优质教育，难以培养起适应社会发展的能力。教育评价是一种价值尺度，既要有“尺”，也要有“度”。所谓“尺”，是测量的标准，测量秉持的价值观，对应观念层面；所谓“度”，既包含测量的行动，也包含这种行动涉及的范围，观照实践层面。发展教育评价，最重要的就是把握好“度”，做到“尺度平衡”，限制教育的过度之处，弥补教育的不足之处，在历史、现实和未来之间找到教育发展的合理区间，成为教育前进中的“平衡木”。初步考虑，可以从评价定位、评价路向、评价方法、评价体系、评价治理和评价适用 6 个维度来思考。

1. 评价定位：管理手段与服务方式的平衡

教育评价在教育质量保障方面发挥着重要作用，一度被视为“社会对教育的监控和保障行为”。[68]因此，教育评价长期被视为对教育、学校、教师和学生进行管理的一种手段，为问责提供必要的信息。各国普遍基于教育评价结果，对教育部门、学校和教师进行问责，以促进教育质量的提升。但是，仅把教育评价视为管理手段，无疑将教育评价的内涵窄化了。

从本质上来说，当前的“教育评价”指向三个向度。第Ⅰ向度是“关于教育的评价”，评价者是“教育之外的看客”，以局外人身份判定教育领域各要素的价值，被评价者处于被评价、被管理、被区分的位置；第Ⅱ向度是“促进教育的评价”，评价者是“教育线上的说客”，作为圈内人，紧紧围绕目标及其标准展开评价，通过评价促成价值、实现目标；第Ⅲ向度是“作为教育的评价”，评价者就是教育的当事人，身处教育实践之中，将评价作为教育的一部分，致力于创生价值。[69]作为管理手段的“教育评价”，仅涉及教育评价的第Ⅰ向度。教育评价的第Ⅱ向度和第Ⅲ向度，则蕴含着“服务”的属性。因为，教育本身是一种公共服务，“促进教育的评价”就表明教育评价为公共服务而服务，“作为教育的评价”则自然成了公共服务的一部分，评价的目的、过程、工具、方法和结果使用，都可以被纳入服务范畴。[70]例如，新西兰就将教育评价工作视为“对学习者多样化需求的响应”，强调教育评价促进发展和改进的功能。

综合来看，当前教育评价在各国教育体系中扮演着双重角色，既是进行问责、保障教育质量的管理手段，又是促进发展的服务方式。不同国家的国情差异巨大，因此有的侧重教育评价的问责功能，有的侧重其发展功能。具体如何定位，还要回到具体国家的经济社会和教育发展情境当中。不可否认的是，仅仅将其视为管理手段，或者完全不考虑通过教育评价来问责相关方，都是不切实际的。在管理手段与服务方式之间找到平衡，将问责与发展功能统筹起来，有助于各国完善教育评价治理，助推教育的高质量发展。

2. 评价路向：对标国际与立足本土的平衡

全球化深刻影响着各国的发展走向。在推进教育评价发展、建立完善教育评价框架的过程中，各国都表现出重视国际比较、借鉴国际优秀经验的特征。巴基斯坦《高等教育委员会 2025 愿景》就专门强调，要促进巴基斯坦高等教育评价向国际接轨。OECD 等国际组织也热衷于开发和推广国际教育评价项目，持续把越来越多的国家和地区纳入全球教育横向比较之中。专门针对 9 个发展中国家的 PISA-D 项目，“标志着经合组织日益扩展的教育‘疆界’和跨国教育测评项目已经正式向全世界最不发达的国家和区域深入”。[71]许多国家和地区也热情回应国际组织的“邀请”，积极参加各类跨国教育评价项目，甚至将评价结果用于指导本国教育政策的制定。有学者指出，参与国际教育评价项目，似乎已经成为一种“全球归属仪式”[72]。

然而，国际教育评价项目并非无可指摘。相反，对于它们的诟病由来已久。学者们不仅质疑国际测评的抽样方式、统计方法和评估程序等技术问题，而且认为广泛流行的测评会扭曲教育目的和价值，“导致过度依赖量化测试、片面关注认知领域和忽视难以测量的教育目标”“使教育过于片面关注短期效应、排名竞争和经济价值”。[73]有研究认为，PISA-D 实际展示的还是“基于少数发达国家教育理念与实践、高度标准化的教育发展图景”，在欠发达国家大力开展这一项目，推动了“全球教育治理的去情境化、去地域化与去文化发展”，脱离了接受国的本土教育场景，可能“迫使那些原本基于社会实情的本土教育理念和方案变得边缘化”，加重“教育发展的本土话语缺失问题”。[74]越来越多的国家开始反思国际标准化教育评价的价值，对于“全球统一”的标准和框架表现出一定程度的警惕。OECD 在 2016 年启动的国际标准化学前教育评价项目，就有新西兰、比利时等许多国家明确表示不参与。[75]

在全球化的大背景下，没有哪个国家能够完全不考虑其他国家的经验而独自发展，不仅国际标准、发达国家的经验对于发展中国家有着很强的吸引力，而且发达国家之间也十分重视在各个维度相互交流与借鉴。在教育评价领域同样如此。但是各国国情又是千差万别的，“移植”别国经验的路径是行不通的。借鉴国际经验必须立足于本土的实际情况，国际化必须与本国特色协调发展，这样才能取得良好的效果。例如，作为欧盟重要成员国之一，德国在建立高等教育认证制度的过程中很大程度上采用了《欧洲高等教育质量保障标准与指南》，但也没有完全抛弃自己的传统。尤其是在工程教育专业的认证中，德国制定了更加符合自身情况的认证标准，而没有采用国际上更加通行的美国标准（《华盛顿协议》）。对于广大发展中国家而言，构建自身教育评价框架之时，更要强调结合本土实际，不能好高骛远，全盘接受国际标准，否则反而可能不利于本国教育的发展。

3. 评价方法：技术理性与以人为本的平衡

现代教育评价的发展过程一直伴随着技术理性与以人为本的博弈，集中表现为长期以来以量化方法为主、重视“数据”和“排名”的传统，以及间或高涨的对这种传统的诟病。量化评价可以通过快速、高效地处理数据，即时呈现“精确”的结果，而这种快速、高效和精确往往被视为“科学”，从而受到推崇。例如，在教师评价和学生评价领域呼声很高的“增值评价”，就是一种典型的量化评价。但是量化的数据往往忽视了很多细节，尤其是人的复杂性，以及教育本身的复杂性，比如以学生成绩的增值来评价教师的教学效果时，采用的评价技术、分配的学生等，都会影响教师评价结果。[76]由此，课堂观察等质性评价方法得到重视。相较于量化评价，质性评价往往更加重视细节，体现人的主体性，更契合现代教育“以人为本”的理念。不过，质性评价在操作上又更加复杂，很难大规模推广。因此，将量化与质性方法相结合，成为当前教育评价实践的普遍做法。而在何种程度上使用量化方法、何种程度上使用质性方法、两者如何有机结合，还需要广泛深入地研究。

大数据、区块链、人工智能、脑科学等信息技术在教育领域的应用，又将关于技术理性与以人为本的思考推向了另一个维度。评价支撑材料如何采集，采集哪些材料，评价过程如何实施，等等，都涉及技术和伦理双重问题。在物联网感知技术、视频录制技术、图像识别技术和平台采集技术的加持下，“纵深采集教育活动中产生的情境化和过程性的数据”成为可能。[77]但是，如果评价实施者能力不足、信息技术自身不成熟，则有可能形成“算法霸权”，以及对过程性数据的滥用。[78]在教学区域安装的摄像头和感应设施，在便利教育监控和评价数据采集的同时，也涉及图像采集的伦理问题，增加了个人隐私泄露的风险。在技术快速发展的过程中，对“人”和人类本质的呼唤应当不断强化。总之，要使教育评价顺利向数字化、智能化转型，就必须坚守真实性、安全性等原则。[79]

4. 评价体系：内嵌渗透与外拓开放的平衡

教育评价由谁来实施？教育评价的对象有哪些？这涉及教育评价体系问题。在各个国家和地区，教育包括正式的学校教育、非正式的机构培训和在线教育等，受教育者来自各个年龄阶段、社会各阶层各领域，教育提供者也有许多不同的来源，教育相关方涉及政府、机构、学校、学生、教师、家长等，因而，教育评价的维度、范畴的变化空间可以是极大的。OECD 在正式的学校教育的范畴内进行研究，指出学生测评、教师考核、学校评价、学校领导考核和教育系统评价、国家教育子系统评价以及方案或政策评价，都是教育评价体系的典型组成部分。[80]但是，假如评价对象在正式的教育系统之外，比如对校外培训机构进行评价，对网络公开课进行评价，算不算教育评价呢？应该也是算的，毕竟两者都属于广义的教育范畴。更进一步，社会用人评价，又算不算教育评价的一部分呢？换言之，教育评价体系的边界在哪里？在教育系统内，它应当渗透到何种程度？在教育系统之外，它可以拓展到何种程度？找到两者的平衡，也非常重要。

从教育系统内部来看，总体上各个国家和地区的教育评价体系越来越完善。OECD 曾依据 2012 年教育评价体系各组成部分的存在情况和做法的一致性程度，对各成员国（地区）教育评价体系进行了全面性和系统性程度等级归类。数据表明，只有澳大利亚、加拿大、法国、韩国、以色列、新西兰等 6 个国家的教育评价体系在系统性和全面性两个维度上均达到“高度”水平，绝大多数 OECD 成员国的教育评价体系在全面性或系统性方面存在不足。[81]不过，变化一直在发生。研究表明，不仅像斯里兰卡这类教育评价发展较晚的国家通过颁布政策法规、设立或者认证评估机构等方式，不断将评价拓展到各领域、各利益相关方，而且像法国这种评价体系早已高度系统性和全面性的国家，也在不断进行调整优化，建立新的评价基准框架，设立新的评价机构。

就教育系统外部而言，教育评价的外拓趋势也越来越鲜明。互联网技术带来了新的学习形式，终身学习、全面发展的理念越来越被广泛接受，正式的学校教育之外的学习资源越来越丰富多样。这些资源应当在何种程度上通过教育评价来保障质量？近年来，中国社会十分关注规范校外培训机构发展，也有些地区在试点开展校外培训机构评价，以黑白名单的形式将考核信息呈现给社会大众。这种评价考核，也被纳入了教育评价的范畴。中国的《深化新时代教育评价改革总体方案》将“改革用人评价”列入其中，对人才招聘考核提出要求，也给教育评价范畴扩大提供了一个契机。

5. 评价治理：政府管控与放权自治的平衡

如何才能达成教育评价的“善治”？对于教育评价，政府需要在管控与放权之间找到平衡。政府直接实施教育评价，不仅难以面面俱到，而且在那些人口众多的国家，甚至是难以实现的；完全交给市场，又会弱化政府对教育的影响，可能不利于培养国家发展所需的人才。政府应当在何种程度上、以何种角色介入教育评价？设立或管理教育评价机构，颁布教育评价标准、政策、法规，已经是当前国际上的通行做法。具体到某个国家的做法，则要综合该国发展需要、政治体制、教育领域等具体因素来考虑。

当前，发达国家普遍建立了完善的教育体系，教育质量和水平都处于全球领先地位，教育评价框架已经相对完善，教育评价专门机构类型丰富、覆盖面广，政府主要致力于完善机构管理办法，改进评价工具和方法，优化评价理念，突出对“人”的发展的关注，政府“放权”较多。广大的发展中国家则面临建立健全教育评价框架和专门机构的局面，相关法律法规、制度尚不健全，政府不得不花费更多精力推动教育评价发展。例如，中国目前还没有出台关于教育评价中介机构的专门法律，教育评价机构对政府的依附性较强，政府对教育评价的干预也就相对较强、较直接。

从政治体制上来说，联邦制国家的教育系统整体呈现权力下放的特点，各学校也拥有相对较大的管理自主权。例如，巴西的各州自己制定教育评估的标准和方法，一些州、市政府对本地区学生实施地方性标准化评估；加拿大实行的是地方分权制，没有统一的中央教育管理机构，教育行政由各省负责，各省的教育评价机构、方式、内容会有差异。不过除地方自主外，其实各国整体上并没有完全放弃对教育的统筹。巴西国家基础教育评估系统在全国基础教育评价中一直占有重要地位，并且从评估标准来看，各州的标准也日益与中央的标准趋同。加拿大国内的基础教育评价体系也包括了国家级、省级和校级三个层级。

从教育阶段来说，各国对基础教育阶段的“管控”力度更大，从前述的巴西和加拿大的例子也可以看出。因为，基础教育的质量往往是各国教育质量的根源，而且基础教育内容的统一性相对更强一些。在高等教育和职业教育领域，教育内容的多样性、学术自由和自治的要求等，都促使“放权”成为更普遍的做法。因此，在高等教育和职业教育领域，专业第三方评价和高校自主评价得到重视，政府在这些领域往往扮演监督者角色，美国、印度、巴基斯坦都有类似的表现。

6. 评价适用：要评与不评之间的终极平衡

就教育评价的终极命题而言，还需要做好“要评”和“不评”的平衡，在“评”与“不评”中进行取舍。由于教育涉及的利益相关者、内含的具体要素十分丰富，教育过程复杂而且极易受到外界因素干扰，评价应当根据当时的情境和教育的需求来实施。主要有三方面的理由。

第一，评价本身是一种价值操作，具有鲜明的导向性。对一个对象、事件进行评价，本身就可能会对被评价者的行为产生影响，从而影响事实的走向。如果指导评价行为的理念、原则存在不当之处，评价甚至会产生负面影响，不利于教育的健康发展。比如在某些时候，对教师进行高利害的严格绩效考核，可能会打击教师的积极性和创造性，不利于育人活动的开展。

第二，任何评价考核都涉及资料收集、数据分析、报告呈现，需要付出大量的人力物力。无论技术如何先进，评价都不可能完全脱离人的劳动而存在。过度频繁、密集的评价考核，会造成人力物力的极大浪费，让参与者身心俱疲，背离评价促进发展的本来意义。正因为如此，中国在出台的《深化新时代教育评价改革总体方案》中明确要求，“严格控制教育评价活动数量和频次，减少多头评价、重复评价，切实减轻基层和学校负担”，“严格控制以考试方式抽检评测学校和学生”[82]。

第三，评价本身存在局限性，并非所有的要素都可以测评，也并非所有能测评的要素都有意义。教育评价有定量评价和质性评价，而且以定量评价为主要方式。无论采取哪种评价方式，指标的可操作性都至关重要。对于定量评价来说，必须对指标进行量化。然而，并非所有的指标都可以量化，比如态度、情感、价值观，就很难准确地用数据来说明。而且，正如美国学者杰瑞・穆勒在《指标陷阱》一书中提出的，量化考核还会产生“非预期性后果”，比如用增值评价来考核教师，可能会导致教师重视教授学生应试策略而非真正的知识。

（三）评价牵引的未来教育应是“优质智能、美美与共”

教育评价的研究与实践，最终要落到整个教育领域才具有现实意义，否则必将限于对抽象的工具的讨论而难以与现实世界产生关联。本报告实际是希望通过剖析教育评价的发展，来探寻教育发展的规律，判断未来教育的走向。在适度、合理的教育评价的牵引下，未来教育的美好图景一定值得期待。

1. 更加突出价值导向

随着教育在全球的普及，世界各国越来越认识到，教育是一种价值十分鲜明的实践活动，其价值观的确立、传播、发展、升级等都是通过评价来实现的。评价引领教育改革和发展最根本的是价值引领。因此，未来世界各国教育将更加注重评价及其背后的价值导向。价值观的冲突不可避免，调和也是必然之举。只要坚持将教育视为全球共同利益，秉持人类命运共同体理念，真正做到“学为天下，教为大同、评为未来”，未来教育就有光明前景。

2. 持续追求高质量

作为教育质量保障的核心要件，教育评价确立、判断教育的质量，发现教育的不足之处，并以此促进教育质量提升。在全球教育评价的交流互鉴过程中，各国家和地区不断相互参照，对标国际、立足本土，发扬优势、改进不足，持续推进各自教育质量的提升，逐渐实现从部分到整体的变化，使全球教育质量不断提升。

3. 迈向深度数字化

伴随着互联网、信息技术的普及应用，数据的产生变得越来越容易。

在教育领域，教育过程数据、结果数据数不胜数。通过教育评价，有意义的数据被筛选、分析，从而产生价值。在教育评价过程中实现技术理性与以人为本的平衡，将推动教育大数据的深度发展，促使教育迈向深度的数字化，通过学生画像、教师画像、区域画像等，从以人为本的理念出发，结合数据指导学生和教师的成长，指导教育的发展。

4. 一体化与多样性并存

教育的全球化早已在发展过程中。当前，全球各国家和地区之间教师、研究人员、学生的交流已经十分频繁，评价体系的一体化需求越来越迫切。只有打通评价的关卡，实现研究、学习过程与结果的互相认证和认可，才能进一步推动交流的深化——巴基斯坦加入《华盛顿协议》正是基于这种考虑。当前，为数众多的跨国教育评价组织对教育评价的一体化产生了显著的推动作用，也将在很大程度上推动全球教育的一体化。但在一体化之外，基于各国家和地区政治、经济、文化、历史的多样性，全球教育多样性也将持续存在，以此实现教育的美美与共。

5. 越来越自由开放

对教育评价服务属性的重视，在政府管控与放权自治之间、要评与不评之间找到平衡，意味着未来的教育评价将尽量避免对教育发展的过度干预，遵循教育本身的规律，促进教育自主发展、开放发展、可持续发展。当教育发展拥有充分的自由空间，教育的广度、深度都将不断拓展，全面服务于人的发展需要。

五 结语

新冠疫情流行、中美贸易摩擦、俄乌冲突、巴以冲突，一系列影响重大的国际卫生、经济、政治、军事、文化事件，呈现了“世界百年未有之大变局”的风云变幻。与此同时，GPT、OpenAI 等大模型的不断迭代提醒着人类，人工智能时代已然来临。先进的科学技术与矛盾迭起的现实社会相互叠加，让人们更加深刻地理解“构建人类命运共同体”的可贵。在这希望与困境并存、合作与对抗同在的充满不确定性的现实中追寻人类的未来，我们所面临的挑战的艰巨性不言而喻，教育这项全人类的共同利益提供了宝贵的契机与场域，全球与教育相关的个人、团体和机构加强交流与合作，不仅能推动教育的发展，也能不断加深全人类的相互理解，为其他领域的沟通、协作提供支持。

尽管教育评价只是教育领域的一个要素，但这个要素却链接了政府、学校、社会、家庭与个人等相关方，统领了学前教育、基础教育、职业教育、特殊教育、高等教育、终身教育等板块，整合了无数的学校、机构、组织、地区和国家。许多国家和地区以教育为纲，以评价为纬，构建起各具特色的教育体系；不同的国家和地区，又以教育评价为主题，建立跨国组织、开展国际项目、进行国际交流，织就一张五彩斑斓的世界之网。在这个网络生态中，全人类血脉相连、命运与共，不断将教育评价推向尺度平衡，不断将世界教育推向优质公平。只有持续锚定教育评价主题，搁置矛盾与博弈，不断加深相关领域的研究与实践，在探索的道路上精诚协作、交流互鉴，才能持续解答未来给教育、给人类社会提出的艰难命题，共同走向美好的未来。

参考文献：

[1] 中华人民共和国教育部．构建符合中国实际、具有世界水平的教育评价体系　教育部负责人就《深化新时代教育评价改革总体方案》答记者问［EB/OL］.（2020-10-13）［2024-01-02］. http：//www. moe. gov. cn/jyb_ xwfb/s271/202010/t20201013_ 494379. html.

[2] 代丽．从语言发展的角度更好地认识英语［J］. 云南大学学报（自然科学版），2018，40（S1）：55-57.

[3] 郑咏滟，高雪松．国际学术发表的语言生态研究——以中国人文社科学者发表为例［J］. 中国外语，2016，13（05）：75-83.

[4] 杨光富．“八年研究”的贡献及其对我国教育改革的启示［J］. 外国教育研究，2003，（02）：17-20.

[5]［6］［7］［11］［20］［80］［81］经济合作与发展组织编，窦卫霖等译．为

了更好的学习：教育评价的国际新视野［M］. 上海：上海教育出版社，2019：36，114，261，116，538，63，64.

［8］杨新晓，陈殿兵．经合组织教师评价项目的新动向及动因——基于 TALIS 系列数据的实证研究［J］. 继续教育研究，2023，（03）：55-60.

［9］郑炜君，虞沧．以人为本：促进可持续发展的教育——2016-2022 年《全球教育监测报告》专题述评［J］. 广东开放大学学报，2023，32（02）：9-15.

［10］INQAAHE［EB/OL］.［2024-01-01］. https：//www. inqaahe. org/.

［12］OECD. PISA 2022 Results（Volume II）：Learning During-and From-Disruption［R］. Paris：OECD Publishing，2023.

［13］［70］刘云生．第五代教育评价：迭代与发展［C］．教育评价研究（第 1 期）. 北京：社会科学文献出版社，2023：1-30.

［14］陈秋怡．基于证据——教育政策研究的新趋势［J］. 现代教育管理，2017，（06）：53-58.

［15］任萍萍，李鑫．循证教育研究：缘起、困境、体系框架与实施建议［J］. 中国电化教育，2021，（12）：33-39.

［16］陈露茜，苏艺晴．循证教育溯源及其困境［J］. 清华大学教育研究，2022，43（04）：44-52+113.

［17］OECD. About the OECD［EB/OL］.［2023 - 11 - 21］. https：//www. oecd. org/about/

［18］黄忠敬．OECD 教育指标如何引领教育政策发展？［J］. 南京师大学报（社会科学版），2020，（05）：27-35.

［19］郭思文，李凌艳．影响学生学习素养的环境因素测评：PISA 的框架、内容及政策影响［J］. 比较教育研究，2012，34（12）：86-90.

［21］闫志明，朱友良，刘方媛．新一代信息技术支撑的教育评价：价值诉求、现实问题与建设进路［J］. 现代教育技术，2022，32（11）：34-41.

［22］苏永建．高等教育质量保障的历史演进、全球扩散与发展趋势［J］. 高等教育研究，2017，38（12）：1-11.

［23］［25］［66］OECD. PISA 2022 Results（Volume I）：The State of Learning and Equity in Education［R］. Paris：OECD Publishing，2023. https：//doi. org/10. 1787/53f23881-en.

［24］［71］黄河．国际机制视野下经合组织 PISA-D 项目研究［D］. 华东师范大学，2022.

［26］［73］游韵，余沐凌．“去一存多”：对 PISA 价值取向的审思［J］. 教育发展研究，2021，41（22）：7-16.

［27］大卫·罗斯．致辞：从“4C”到“5C”——祝贺“21 世纪核心素养 5C 模型”发布［J］. 华东师范大学学报（教育科学版），2020，38（02）：19.

［28］刘畅，王书林．美国 21 世纪核心素养框架要素的探析与启示［J］. 教育评

论，2018，（09）：154-158.

［29］刘妍，马晓英，刘坚，魏锐，马利红，徐冠兴，康翠萍，甘秋玲．文化理解与传承素养：21 世纪核心素养 5C 模型之一［J］．华东师范大学学报（教育科学版），2020，38（02）：29-44.

［30］Keith James Topping. Digital Peer Assessment in School Teacher Education and Development：A systematic Review［J］Research Papers in Education，2023，38（3）：472-498.

［31］Zi Yan，Hongling Lao，Ernesto Panadero，Belen Fernández-Castilla，Lan Yang，Min Yang. Effects of Self-assessment and Peer-assessment Interventions on Academic Performance：A Meta-analysis［J］. Educational Research Review，2022，37.

［32］Hwei Ming Wong，Dennis Kwek & Kelvin Tan. Changing Assessments and the Examination Culture in Singapore：A Review and Analysis of Singapore's Assessment Policies［J］. Asia Pacific Journal of Education，2020，40（4）：433-457.

［33］Matt O'Leary，Vanessa Cui，Minh Tran Kiem，Dung Tien Dang，Giang Thi Huong Nguyen & Kim Hue Thi Hoang. The Role of Classroom Observation in the Development and Assessment of Schoolteachers in Vietnam：A review of National Policy and Research［J］. Asia-Pacific Journal of Teacher Education 2023，51（4）：395-407.

［34］Allison F. Gilmour，Nathan D. Jones. Policies That Define Instruction：A Systematic Review of States' and Districts' Recommendations for Evaluating Special Educators［J］. Educational Researcher，2020，49（9）：645-655.

［35］Ying Cui，Fu Chen，Alina Lutsyk，Jacqueline P. Leighton & Maria Cutumisu. Data literacy assessments：A systematic literature Review［J］. Assessment in Education：Principles，Policy & Practice，2023，30（1）：76-9.

［36］Lynch M.，Sage T.，Hitchcock L. I. et al. A heutagogical Approach for the Assessment of Internet Communication Technology（ICT）Assignments in Higher Education［J］. Int J Educ Technol High Educ，2021（18）：55.

［37］Xiaomei Wei，Nadira Saab，Wilfried Admiraal. Assessment of Cognitive，Behavioral，and Affective Learning Outcomes in Massive Open Online Courses：A Systematic Literature Review［J］. Computers & Education，2021，163.

［38］Zhao L，Xu P，Chen Y & Yan S. A Literature Review of the Research on Students' Evaluation of Teaching in Higher Education［J］. Front. Psychol，2022，13：1004487.

［39］Tai Feng，Cui Youwei，Liu Wei & Li Zhenquan. Study on Data Analysis of Assessment in Class Based on Students' Evaluation of Teaching［C］. ICBDE'19：

Proceedings of the 2019 International Conference on Big Data and Education. 2019：103-107. 10. 1145/3322134. 3322138.

［40］［44］［56］曾琳．OECD 国家教育评价发展的关键主题检视［J］. 比较教育研究，2017，39（04）：39-45.

［41］张男星，张炼，王新凤，孙继红．理解 OBE：起源、核心与实践边界——兼议专业教育的范式转变［J］. 高等工程教育研究，2020，（03）：109-115.

［42］周文叶．试论“学为中心”的教师评价框架［J］. 教育研究，2021，42（07）：150-159.

［43］王烁，宗序连．形成性评价的理论内涵与实践反思［J］. 教学与管理，2020，（15）：1-4.

［45］韦林翠．基础教育阶段课堂评价：功能“异化”及价值回归［J］. 当代教育科学，2021，（10）：43-50.

［46］姬国君，范韵婧．课堂评价：促进学生高质量学习与发展的关键路径［J］. 中国教育学刊，2022，（09）：21-26.

［47］［82］中华人民共和国教育部．中共中央　国务院印发《深化新时代教育评价改革总体方案》［EB/OL］.［2023-11-29］. http：//www. moe. gov. cn/jyb_xxgk/moe_ 1777/moe_ 1778/202010/t20201013_ 494381. html.

［48］于洪良，卞常红，宋燕．以合作为导向的教师评价改进与发展［J］. 中国高等教育，2021，（19）：59-61.

［49］雷万鹏，马红梅，黄华明．基于学生成绩残差分解技术的教师教学质量评价［J］. 华东师范大学学报（教育科学版），2021，39（07）：84-91.

［50］陈婷婷，王者鹤．英国高校教师科研发展性评价体系的运行机制及其逻辑指向［J］. 中国高教研究，2023，（12）：56-63.

［51］刘荣飞．发展高于问责——芬兰教师评价的实践路径与支持系统［J］. 全球教育展望，2022，51（12）：74-85.

［52］孙晓雪．加拿大安大略省教师绩效评价体系及其启示［J］. 世界教育信息，2019，32（18）：54-58、66.

［53］刘骥，李海茜．教师评价多元化发展的国际前沿考察［J］. 山西师大学报（社会科学版），2022，49（03）：88-95.

［54］肖妤．教师发展视域下中小学教师评价的问题与对策［J］. 教育探索，2022，（11）：69-72.

［55］孙科技．高等教育第三方评价公信力提升：挑战、国际经验及中国进路［J］. 湖南师范大学教育科学学报，2021，20（02）：105-113.

［57］［58］韩玉梅，严文蕃，蒋丹．探索增值评价的中国路向：基于美国实践经验的批判性分析［J］. 华东师范大学学报（教育科学版），2023，41（02）：63-80.

［59］张诗琪，邓莉．德国巴伐利亚州：为教师提供有力支援［J］. 教育家，

2023，(28)：22-23.

[60] 刘浩，刘笑笑，辛涛．人工智能赋能基础教育监测的应用与挑战［J］．北京师范大学学报（社会科学版），2022，(02)：136-142.

[61] 中华人民共和国中央人民政府．联合国教科文组织正式发布国际人工智能与教育大会成果文件《北京共识——人工智能与教育》[EB/OL]（2019-08-28）[2024-01-02] https://www.gov.cn/xinwen/2019-08/28/content_5425382.htm.

[62] 邹建平，贺卫东．国际阅读素养进展研究项目中的在线阅读评价：框架、特点及启示［J］．上海教育科研，2021，(05)：68-74.

[63] 王争录，张博．AI 赋能教师教育评价的内涵和路径［J］．上海教育评价研究，2022，11（06）：50-54.

[64] 王力平，隋杰．区块链技术在高等教育评价改革中的应用研究［J］．黑龙江教育（高教研究与评估），2023，(06)：24-27.

[65]〔英〕安东尼·塞尔登，〔英〕奥拉迪梅吉·阿比多耶著．吕晓志译．第四次教育革命：人工智能如何改变教育［M］．北京：机械工业出版社，2019.

[67] 储昭根．安全的再定义及其边界［J］．国际论坛，2015，17（04）：46-51+80-81.

[68] 谭向明．由单一的政府评价向多元化社会评价转变——上海高等教育评价的发展趋势与对策［J］．教育发展研究，2003，(12).

[69] 刘云生．新一轮普通高等学校本科教育教学审核评价：向度分析与学校策略［J］．教育发展研究，2021，41（19）：9-18.

[72] Addey, C.. The Appeal of PISA for Development in Ecuador and Paraguay: Theorising and Applying the Global Ritual of Belonging [J]. Compare: A Journal of Comparative and International Education. 2020, 50 (8), 1159-1174. https://doi.org/10.1080/03057925.2019.1623653

[74] 刘骥，张晋．国际学生评估项目（PISA）衍生品：全球教育治理的功利化挑战［J］．华东师范大学学报（教育科学版），2023，41（02）：53-62.

[75] 周森．审慎对待国际标准化学前教育评价项目［J］．中国教育学刊，2020，(05)：33-38、65.

[76] 梁红梅，李广平，杨士镕．美国田纳西州 TEAM 质性评价体系：构成、实施与启示［J］．外国教育研究，2022，49（08）：57-70.

[77] 朱德全，吴虑．大数据时代教育评价专业化何以可能：第四范式视角［J］．现代远程教育研究，2019，31（06）：14-21.

[78] 张志祯，齐文鑫．教育评价中的信息技术应用：赋能、挑战与对策［J］．中国远程教育，2021（03）：1-11、76.

[79] 黄晶晶，刘宇佳．试析教育评价数字化转型的原则、场域与方向［J］．中国考试，2022，(06)：16-23.

Towards Global Expansion and Local Balance
—*Global Landscape of Educational Evaluation (2019–2023)*

Liu Yunsheng, Tian Hailin, Jia Ling, Deng Shibi, Tan Hua and Zhou Shiyu

Abstract: This report examines the development of global educational evaluation from 2019 to 2023, focusing on it's universality, comparability, interactivity and contemporaneity. Through the utilization of literature research and case analysis, the study outlines the framework of global educational evaluation as "Towards Global Expansion and Local Balance". Global educational evaluation holds a pivotal and strategic position, contributing to the construction, transformation, guarantee, and support of education. The distribution of educational evaluation exhibits global stratification, regional differentiation and global characteristics. Evaluation stakeholders, policies, technology and outcomes are collectively addressed in evaluations, with key issues related to the student-orientation, expansibility, professionalism, fairness, intelligence, and comparability of educational evaluation. Therefore, it can be inferred that the important mission of global educational evaluation is "driving empowerment and pursuing common benefits". The future direction is aimed at "balancing the scale and standardizing education", leading towards "highquality intelligence and diversified development", contributing to the construction of an education system suitable for a community with a shared future for mankind.

Keywords: Educational Evaluation; Global Landscape; Balancing the Scale; Driving Empowerment; Highquality Intelligence; A Community with A Shared Future for Mankind

基础教育评价篇

巴西基础教育评价系统及其问责机制研究

王若瞳*

摘　要： 在巴西，国家基础教育评估系统（Saeb）及全国基础教育评估考试（Aneb）在20世纪90年代初初具规模。此后，2005年建立巴西全国标准考试（Prova Brasil）；2007年，Aneb和Prova Brasil两项评估模式合并；2013年建立全国读写能力评估（ANA）；2019年，Prova Brasil、Aneb以及ANA合并为沿用至今的新版Saeb。目前，巴西国家教育研究院（Inep）定期公布Saeb评估结果以及基础教育发展指数（Ideb）。Ideb旨在遏制一些可预见的教学事故、问责地方相关部门从而提高巴西整体基础教育质量。近年来，巴西政府致力于通过提高Ideb以实现“巴西在2021年基础教育比肩发达国家水平”这一目标，但受新冠疫情影响未能实现且基础教育水平出现倒退。针对这一现象，巴西政府出台相应政策，旨在逐步恢复并提高基础教育水平。

关键词： 巴西　基础教育　教育评价　问责制

基础教育作为面向全体适龄学生的国民素质教育，旨在提高整体国民

* 王若瞳，天津外国语大学葡萄牙研究中心科研岗教师，研究实习员，葡萄牙里斯本大学语言学博士在读。

素质，为全体适龄青少年培养终身学习和参与社会生活的良好习惯，对于促进我国社会主义现代化建设起到至关重要的作用。多年以来，我国一直坚持将基础教育摆在优先发展地位并予以保障。巴西作为金砖国家重要成员国以及拉美地区面积最大、人口最多的国家，基础教育现状与我国的存在一定相似性。近年来，巴西政府极其重视本国基础教育发展，但受新冠疫情影响未能如期达到目标，目前巴西政府针对后疫情时代如何恢复并继续提高基础教育质量出台一系列应对政策。本文通过对巴西基础教育评价体系的建立及发展过程进行分析，为我国基础教育评价发展提供参考。

一 巴西基础教育评价体系发展过程

由于历史原因，巴西教育发展进程在世界范围内相对较为缓慢。在长达300多年（1500~1822年）的被殖民期间，葡萄牙殖民当局不遗余力地搜刮巴西当地丰饶的自然资源和财富，但并不重视当地的教育发展。直至20世纪90年代中期，国内贫富差距和地区差异不断拉大，巴西基础教育一直处于起步阶段。1995年后，时任巴西总统卡多佐（Fernando Henrique Cardoso）在其任期内（1995~2003年）多次强调建立全国普及的教育评估系统的重要性并实施了一系列基础教育改革计划，巴西基础教育才开始逐渐步入正轨。

根据巴西宪法规定，大部分高中和小学的高年级阶段教育由各联邦州负责管理；大部分幼儿教育和小学低年级教育由各市负责；巴西教育部（MEC）负责协调并提供技术和财政支持，如重新分配基础教育基金（Fundeb）的资源、组织教科书编写以及制定学校供餐等项目的国家政策及标准。

（一）国家基础教育评估系统（Saeb）及其评估模式（Aneb）

巴西国家基础教育评估系统（Sistema Nacional de Avaliação da Educação Básica，简称“Saeb”）创建于20世纪90年代，几十年来经历不断改进和重组，目前已成为巴西基础教育的主要评价系统。

Saeb 是在巴西大量社会面新生集中被纳入小学基础教育系统这一社会背景下产生的。在这一时期，巴西基础教育出现了大面积城镇化现象。该系统中的国家基础教育评估模式（于 2005 年更名为“Avaliação Nacional da Educação Bʉ́sica”，简称“Aneb”）作为一个阶段性总结评估工具，旨在诊断巴西本国基础教育系统中出现的问题和不足并具体分析其国内不同地区教育现象及其背后成因。

在参与评估的学生样本选择方面，与经合组织的国际学生评估项目（PISA）以学生年龄作为抽样依据不同，Aneb 根据学生参与评估当时所处年级进行抽样。自 1995 年以来，Aneb 抽取处于每个教学周期①最后一年（即五年级、九年级和高中三年级）的学生进行评估。在被抽中组成评估样本的学校中，再抽取其中几个班级进行评估②。

虽然评估系统建立初期存在不同科目（如科学、历史和地理）的评估，但评估的重点仍集中在葡萄牙语（阅读能力）和数学（解决问题的逻辑能力）两科目。Saeb 评估的最初设计采用平衡不完全区组方法（BIB），分为 13 个模块，每个模块包含 13 道选择题，共计 169 道选择题。每个样本学生回答其中三个模块组成的试卷，共计 39 道问题。每个受试学校都会收到 26 个版本的试题册，以保证受试学生在 169 个题目的总范围内尽可能抽到不同的问题。此外，受试学生会抽到葡萄牙语测试和数学测试之一进行作答。Saeb 的评分区间是 0～500 分，三个受试年级均使用该评分标准。

Saeb 对于巴西基础教育的主要贡献在于，它不仅保证了评估质量和数据的可靠性，而且为巴西引入并巩固了教育评价文化。通过各年评估成绩对比的方式，Saeb 能够较为精准地判断出巴西基础教育各个周期在教学质量方面出现波动或下滑趋势的年份并据此迅速做出应对措施。

---

① 巴西基础教育分为三个周期：第一个周期从一年级至五年级；第二个周期从六年级至九年级；第三个周期是中等教育，从高中一年级至三年级。

② 若抽样学校规模大于三个班级则抽取其中两个班级作为样本，反之则只抽取一个班级作为样本。

（二）巴西全国标准考试（Prova Brasil）

尽管 Saeb 对于巴西基础教育评估的意义重大，但其自身存在一定缺陷，难以满足评估中所涉及的全部信息需求。样本的抽取方式没有全面考虑本国基础教育的形式多样性和地区特殊性，尤其是巴西在经历了三波民主化浪潮后所形成的教育网络广泛分权和市政化等特点。基于此，巴西全国标准考试（Avaliação Nacional do Rendimento Escolar，ANRESC，在巴西国内多被称为“Prova Brasil”）于 2005 年建立并开始在巴西全国推广，该考试模式相较于 Aneb 新增了诊断性评估的信息内容公开制度，使巴西所有公共教育网络中的学校都能看到自己和其他学校的评估结果，这一点对于巴西这样一个拥有庞大且复杂教育网络的国家来说尤为重要。此外，针对在评估结果中表现不佳的地区和学校，Prova Brasil 将对其启动问责制度（accountability），对成绩不佳（严重低于全国或其所处地区平均水平）的背后成因进行剖析，联合当地政府及教育部门辅助其尽快出台并施行整改措施[1]。因此，Prova Brasil 基于本国基础教育特点，将信息公开透明度、社会参与度和问责制度等概念引入基础教育诊断性评估机制中。

与 Aneb 的模式相似，Prova Brasil 采取大规模的外部教育评价方式，但 Prova Brasil 在能力水平测试的基础上结合了问卷调查形式。Prova Brasil 所采用的参考大纲，无论是葡萄牙语科目还是数学科目，均与 Saeb 所采用的大纲相同。两者的主要区别在于，Prova Brasil 不是对部分学生、班级和学校进行抽样评估，而是一次针对巴西全国范围内所有城市公立学校五年级和九年级学生的普查性测试①，此范围所涵盖的学生都需参加。

Prova Brasil 的评估结果通过公开发布的形式被广泛传播。不仅各学校能够收到他们的评估成绩，而且这些评估成绩也面向整个巴西社会公开发布。因此，自 2005 年以来，巴西逐渐形成了相对成熟的基础教育诊断评估系统和一个以学校和各级政府教育网络为单位的“薄弱环节问责制”。

---

① 因此，Prova Brasil 的评估样本抽取范围不包括 Aneb 抽样范围中所涉及的高中三年级学生，也不包括农村学校学生。

（三）Saeb 与 Prova Brasil 合并

2007 年，Aneb 和 Prova Brasil 两项评估正式合并，每两年举行一次全国基础教育评估。[①] 在合并后的首次评估中，原本属于 Prova Brasil 评估范围内的学校（基础教育五年级和九年级的公立城市学校）进行普查评估，而原本属于 Aneb 而不在 Prova Brasil 评估范围内的学校（即高中三年级以及三个评估年级的农村公立学校）则进行抽样评估。在评估中基本上沿用了 Prova Brasil 于 2005 年评估中所使用的方式，即水平测试和问卷调查相结合，每个模块在原有基础上各增加一道题目。因此，五年级的试卷共有 44 道题，九年级的试卷共有 52 道题。

尽管两项评估模式合并后弥补了之前存在的一些不足之处，但彼时的评估体系仍然存在明显缺陷：评估中所测试的题目一直以来集中在葡萄牙语和数学两个科目。对于五年级的学生来说，评估科目的覆盖面显然并不够完整，没有将写作相关能力纳入评估测试范围中；而对于九年级学生来说这一问题更为明显，学生在科学、历史等科目的能力在评估中均无体现；在中等教育方面，由于 Prova Brasil 没有将高三年级学生纳入其普查范围，因此没有以学校为单位的评估结果，在 Saeb 和 Prova Brasil 合并后，中等教育的问责制度也只推进到联邦州教育网络这一层级。

（四）全国读写能力评估（ANA）

MEC 于 2013 年建立全国读写能力评估（Avaliação Nacional de Alfabetização，ANA），用于评估巴西适龄儿童的葡萄牙语读写能力和数学计算能力，是巴西扫盲工作的重要评估机制。

在 2013 年和 2016 年 ANA 评估了公共网络中小学教育三年级的所有学生。除了衡量学生在读写方面的能力测试外，ANA 首次提出了“儿童读写

---

① 这里需要特别说明的是，无论是初期的 Saeb 系统还是后期引入的 Prova Brasil，均是以各州教育秘书处自愿报名的方式参与评估，而在历次教育评估中各州秘书处全部自愿加入，且行政区一级教育系统也给予充分配合，因此评估范围能够覆盖巴西全国基础教育体系的 99%以上。

能力普查需要结合社会经济水平和学校的教师培训两项指标进行综合评估”这一理念。

2019 年，ANA 被正式纳入 Saeb，并开始以抽样调查的形式对小学二年级学生进行读写能力评估，如表 1 所示。

表 1　ANA 历年评估信息统计[2]

评估年份	受试学生	评估范围	评估科目
2013	三年级	公立学校(普查)	阅读、写作和数学
2014	三年级	公立学校(普查)	阅读、写作和数学
2016	三年级	公立学校(普查)	阅读、写作和数学
2019	二年级	公立学校和私立学校(抽查)	葡萄牙语和数学
2021	二年级	公立学校和私立学校(抽查)	葡萄牙语和数学

资料来源：OLIVEIRA, Valéria. O que é a ANA? [EB/OL] (2022-09-16) [2022-12-21]. https://ajuda.focoescola.com.br/hc/pt-br/articles/360036554474-O-que-%C3%A9-a-ANA-。

Saeb（2005~2015 年）总结报告[3]显示，ANA 被赋予的使命包括以下五个方面。第一，在扫盲周期，独立于公共教育系统之外开展大规模的读写能力普查评估；第二，使用正式和科学的方法、程序来收集数据，并测算处于基础教育扫盲周期中的学生的读写水平和文化程度指数，以及分析影响该指数的因素；第三，促进各级教育网络发展教育评价文化，鼓励提高巴西基础教育的质量标准并加强教育公平性，并对评估结果进行适当的社会干预；第四，促进提高教学质量，减少教育不平等现象，并根据国家教育指导方针确定的目标和政策，在官方机构中实现公共教育管理的民主化；第五，定期统计上报有关教学单位的系统信息。

（五）Saeb、Prova Brasil、Aneb 及 ANA 合并成新版 Saeb

2018 年 6 月，MEC 宣布针对其定期开展的标准化教育评估出台了一系列修订政策。其中最重要的一条是，所有评估机制都将统一在 Saeb 的统一管辖之下（见图 1）。此后不再使用 ANA 和 Prova Brasil 这些名称。而教育部所出台的政策并不局限于更改名称，具体变化详见表 2。

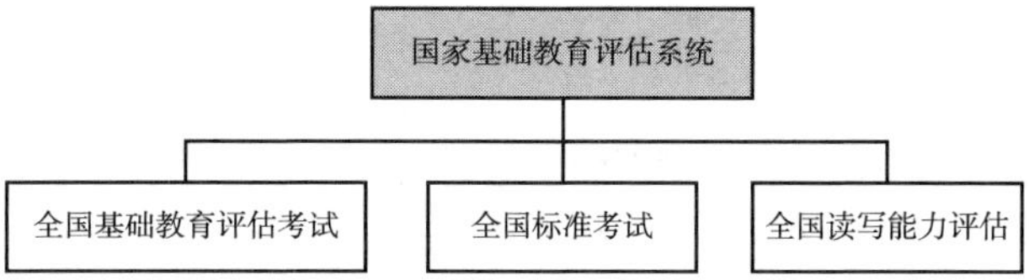

图 1　2019 年各评估机制合并后沿用至今的新版 Saeb

资料来源：https：//www.gov.br/inep/pt-br/areas-de-atuacao/avaliacao-e-exames-educacionais/saeb。

表 2　2019 年新版 Saeb 主要修改内容

类别	内容
儿童早教	Saeb 首次将学龄前儿童教育纳入评估范围。因此，新版 Saeb 将涵盖全部基础教育年龄段（K12）。但儿童不必参加任何考试，该评估由 Inep 通过对幼儿教师调查问卷来开展
评估日期	合并前，各评估日期皆不相同，新版 Saeb 将日期统一为奇数年进行评估，偶数年发布结果
评估年级	根据巴西《国家共同课程基础》（BNCC）要求，识字周期从原来的三年级期末调整到二年级期末。因此，新版 Saeb 将对小学二年级、五年级、九年级以及高中三年级的学生进行能力评估
评估科目	合并前评估科目只包括数学和葡萄牙语。从 2019 年开始，九年级学生还将接受自然科学和人文科学的能力评估，该措施旨在使巴西的教育评估形式更接近经合组织的国际学生评估项目（PISA），并更广泛地验证学生的学习能力
参考大纲	Inep 正在修订小学二年级评估参考大纲，旨在使 2019 年的评估能够囊括 BNCC 中所规定的知识范围

资料来源：巴西民间组织“全民教育”（Todos pela Educação）官网 Transparência-Todos Pela Educação（todospelaeducacao.org.br）。

2021 年，Inep 宣布 Saeb 正式步入数字化时代，主要体现在其测试和问卷调查等评估方式转为线上进行。通过引入线上考试这一新型评估方式，Saeb 致力于为每个学生提供个性化的考试内容，并基于大数据分析往年真题，避免考试内容出现重复或雷同。新版 Saeb 的数字化进程目前仍处于实施阶段，初步计划于五年内（2021~2026 年）完成数字化转变。

二　巴西教育评价重要进展：引入基础教育发展指数（Ideb）测算机制

受长期殖民历史以及联邦制度弊端的影响，巴西基础教育发展缓慢且教育质量不高，各教育周期的辍学率和留级率常年居高不下。2007年，巴西应用经济研究所（Ipea）研究员谢尔盖·苏亚雷斯（Sergei Suarez Dillon Soares）根据其研究结果表示，“巴西的留级比例是世界上第二高的，仅好于安哥拉。”[4] 基于此，为了及时监测、评估基础教育并控制留级率及辍学率，Inep 于2007年开始引入基础教育发展指数（Ideb）测算机制。Ideb 作为巴西“全国教育发展计划”①（Plano de Desenvolvimento da Educação，PDE）的重要组成部分，旨在通过测算基础教育发展指数并将其面向巴西社会发布，激励各州、各教育网络、各学校不断提高其 Ideb 从而改善国内整体基础教育质量。

在 Ideb 测算过程中包含衡量基础教育质量的两个重要指标，即学校升学数据（通过率、留级率及辍学率）和在教育评估中的表现。根据从定期学校普查中获得的学校升学数据结合其教育评估结果平均数来测算 Ideb，这一指数区间从0~10分。Ideb 的测算方法如下：在数学和葡萄牙语评估测试中的平均成绩在0~10的范围内被标准化换算得出的分数（N）乘以该教育网络（或学校）的年级平均通过率（P），“N×P”所得出的分数即为该网络（或学校）的 Ideb。例如，一所学校在 Saeb 评估中所取得的平均分数为5分，且该校的学生通过率为80%，则其 Ideb 为4分（5×80%=4）。

该指数每两年发布一次，但每年的发布具体日期均不固定。采用升学情况和评估结果相结合这一测算方式达到了两个维度相互制衡的效果：假如某个教育网络或某所学校为了在教育评估中获得更好的成绩而使过多学生留级，则其在“升学数据”一项将有明确体现，表明其需要整改；反

① “全国教育发展计划”（PDE）被称为“巴西历史上最全面、最具革命性的教育发展计划”，由时任巴西总统卢拉于2007年颁布，与“加速发展计划”（Programa de Aceleração do Crescimento，PAC）并驾齐驱，是卢拉第二个总统任期内（2003~2011年）两个最大的发展计划。

之，如果其不顾学生学习质量而盲目使绝大多数学生升学，则评估结果也将表明其需要整改。

由此可见，各教育网络和学校为了提高 Ideb 所面临的主要挑战在于需要权衡学生通过率和评估平均成绩两者间的关系。换言之，教育网络或学校需要考虑为了提高通过率而在评估平均分上损失多少。稳定通过率之所以困难，主要在于学生留级复读和提高评估成绩之间的关系并不明确，以及当老师对学生所提出的能力要求提高势必会伴随着留级概率的增加，而能力提高的这一部分在学生的未来发展中是否起作用以及能够起到多大的作用亦不得而知。巴西基础教育的高留级率和高辍学率体现了各教育网络存在明显问题。但随着 Ideb 的反馈和问责机制的推行，近年来巴西基础教育阶段的高留级率和高辍学率现象均有明显改善[5]（见图 2、图 3、图 4）。

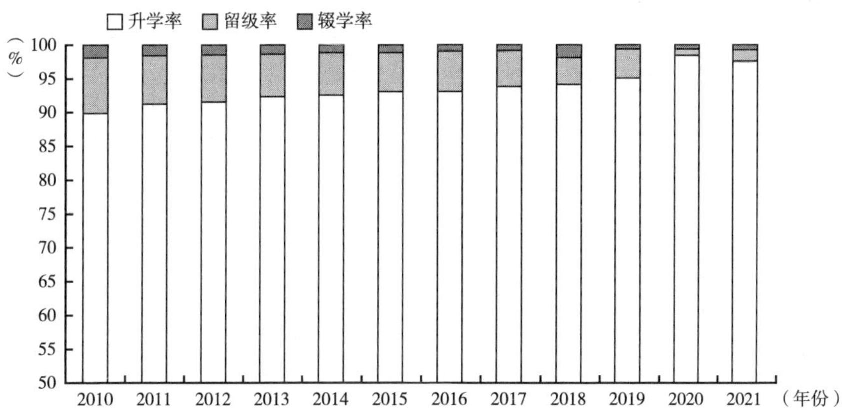

图 2　2010~2021 年巴西基础教育第一周期阶段学生升学情况

资料来源：Taxas de Rendimento 2022，INEP［EB/OL］.（2022-05-11）［2022-12-18］. https：//qedu. org. br/brasil/taxas-rendimento。

随着 Ideb 测算机制的实施，MEC 向各个教育网络和公立学校提出了一个目标，即尽全力在各项指标中获得尽可能高的分数。然而，巴西基础教育阶段的公立学校几乎全数受各联邦州和各市管辖，而这些学校本身又拥有极大的管理自主权，在很大程度上限制了联邦政府可采取干预措施的空间。因此，为了改善国内整体 Ideb，MEC 建立了教育目标体系。

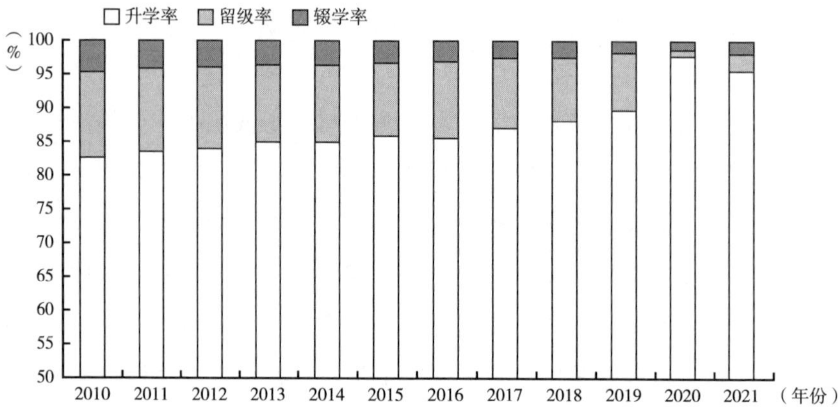

图 3 2010~2021 年巴西基础教育第二周期阶段学生升学情况

资料来源：Taxas de Rendimento 2022, INEP [EB/OL]. (2022-05-11) [2022-12-18]. https://qedu.org.br/brasil/taxas-rendimento。

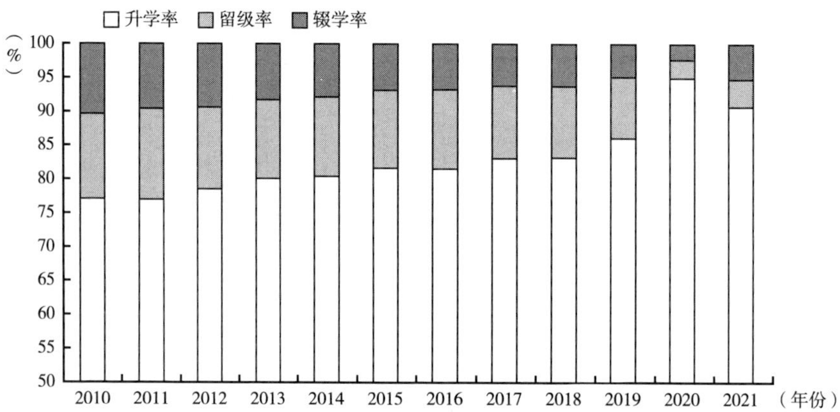

图 4 2010~2021 年巴西基础教育第三周期阶段学生升学情况

资料来源：Taxas de Rendimento 2022, INEP [EB/OL]. (2022-05-11) [2022-12-18]. https://qedu.org.br/brasil/taxas-rendimento。

该体系的中心思想旨在获取各教育网络和学校对于改善 Ideb 的教育承诺。MEC 和各州、市教育部门之间所达成的目标体系将有助于加强巴西全社会对基础教育质量的重视。与此同时，该体系还为国家、教育网络和公立学校制定具有挑战性和可行性的提高 Ideb 的阶段性目标并实时监测进度。该体系综合各类参数和对基础教育发展趋势的判断，提出了巴西全国在 2022 年达到发达国家基础教育平均水平的目标。

因此，Ideb 成为监测巴西国家基础教育质量是否能如期实现目标的重要工具。MEC 于 2009 年已明确巴西基础教育致力于在 2021 年达到以下目标：小学低年级阶段 Ideb 平均 6 分，小学高年级阶段 Ideb 平均 5.5 分，中学阶段 Ideb 平均 5.2 分[6]（见图 5）。之所以设置这一目标是因为这一分数是跻身世界基础教育水平前 20 国家的准入门槛，且 Inep 根据每年 Ideb 的数据以及上升趋势[7]，觉得这一目标在 2021 年基本可以实现。

除国家整体目标外，每个教育网络和每个学校都有各自的阶段性目标。各级政府根据“阶段性目标是否达成”这一标准来决定是否采取相应干预措施，达到目标的学校将获得教育部学校资金直投项目（Programa Dinheiro Direto na Escola，PDDE）的更多投资支持；但政府的干预重点在于 Ideb 表现相对较差的学校，联邦政府定期督促各州、市政府调动一切资源以改善 Ideb 较低学校的基础教育现状并提供技术支持。各联邦州以及各市也为实现 Ideb 上升设立了专门补贴，奖励 Ideb 进步明显的学校，扶持教育资源严重低于当地平均水平的学校。

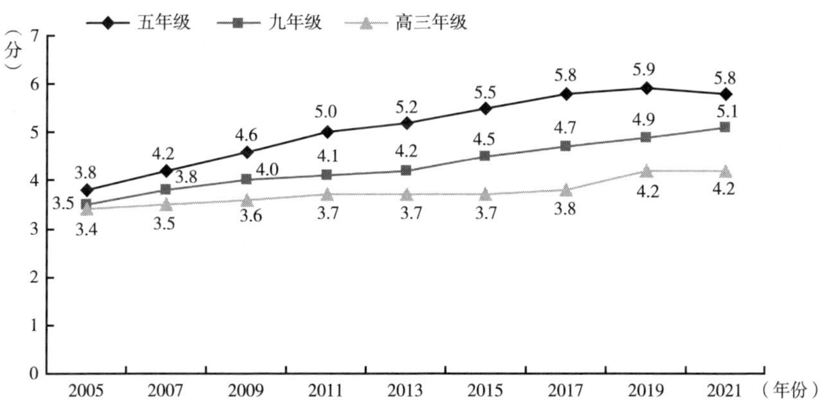

图 5　2005~2021 年巴西基础教育 Ideb 发展趋势

资料来源：TENENTE, Luiza. Ideb 2021, índice que mede a qualidade da educação brasileira, varia pouco em relação a 2019, mas dados são ‘enganosos’［EB/OL］.（2022-09-16）［2023-01-12］. https://g1.globo.com/educacao/noticia/2022/09/16/resultados-do-ideb-2021-indice-que-mede-a-qualidade-da-educacao-brasileira.ghtml。

经过十几年间循环往复的“诊断—问责—整改—完善”流程，Ideb 已成为巴西基础教育是否启动问责机制的重要指标，为改善巴西基础教育现状做出了重要贡献。由图 5 可看出，自引入该测算机制到 2019 年间，巴西基础教育平均 Ideb 呈现出逐年稳步提升态势。但根据最新公布的 2021 年 Ideb 数据，巴西在各个教育周期均未能达标，其主要原因是受新冠疫情的严重影响。

三　巴西教育评价发展趋势：疫情后恢复并提高基础教育水平

2022 年 9 月 16 日，MEC 公布了巴西基础教育 2019～2021 年的各项评估数据并宣布，受新冠疫情影响，巴西基础教育的各个阶段均遭受重创，整体倒退回 2015 年的平均水平，换言之，巴西基础教育发展进程倒退 7 年。评估数据显示，小学低年级阶段受新冠疫情影响最为明显：2021 年，33.8%的小学二年级学生存在读写困难，与 2019 年数据（15.5%）相比涨幅翻倍[8]。在巴西，不是所有的小学都配有专业的技术支持人员用以组织、协调线上课程；不是所有的家庭都有空间、设备和时间来陪伴孩子居家学习。尤其在识字阶段，低年级学生需要成人的监督和指导。但在新冠疫情期间，其父母也需要电脑进行家庭办公，因此学生在打基础阶段的教育质量大幅下降。在基础教育的初始阶段，必要的技能和能力没有得到锻炼，学生就会在今后的学习中不断遇到困难，留下逃学、留级和辍学的隐患。

新冠疫情带给基础教育的严重影响是多方面的。巴西各联邦州均因新冠疫情而实行过或长期或短期的停课及线上教学制度，导致学生的学习质量大打折扣；在新冠疫情前，巴西本就存在教育不平等现象，疫情的暴发加剧了不平等情况；此外，因疫情导致的社会经济危机使得巴西大量中学生辍学打零工以补贴家用。上述种种原因导致巴西未能在 2021 年实现基础教育比肩发达国家的目标，甚至倒退回 2015 年的水平。虽然新冠病毒是全球公共卫生突发事件，巴西无法独善其身，但是巴西政府依然就造成基础教育大幅度倒退这一严重问题问责了 MEC 高层[9]，尤其是两任部长亚伯拉罕·温特罗布（Abraham Weintraub）和米尔顿·里贝罗（Milton Ribeiro），主要指责他们未能在任期内及时制定出相应政策来应对疫情所导致的教育延误，例如对没有互联网、无法进行线上课程的学生进行针对性援助。

目前，随着新冠疫情逐渐转为常态化管理，巴西国内已全面取消居家隔离并恢复线下教学，基础教育阶段教学秩序恢复常态。但疫情对巴西基础教育已经造成严重后果，可能需要多年努力才能逐步恢复。解决高辍学率问题，需要巴西各级政府与学校、学生家庭一起采取行动。学校有责任确保良好的教学和学习氛围以保证学生的学习效果。巴西《教育指令和基础法》[10]规定，由学校负责监督学生的出勤情况，进行教学干预，并与家长和监护人一起确保学生的入学率。因此，未来巴西可能大面积推行一项政策以监测基础教育阶段学生的出勤率，尽可能准确地锁定有可能辍学的学生，并采取针对性行动防止他们在基础教育阶段就过早辍学。在已经发生逃学的情况下，有必要采取其他能够吸引儿童和青少年回到课堂的措施。学校需要对导致学生旷课的原因做出及时调查或定期家访，如果原因超出了学校的管辖范围，学校应与其所属教育网络内的社会公益机构联动，共同努力使学生重返学校。

四 结语

本报告对于巴西基础教育评价体系的形成、发展历程和近年来的改革成果进行了大致梳理，旨在分析教育评价机制在巴西教育政策中所起到的作用。特别是在巴西政府推出全国教育发展计划（PDE）的背景下，将问责制度纳入其教育评价体系中，极大地改善了巴西各州、市的基础教育现状。

巴西教育系统整体呈现权力下放的特点，共有 5000 多个教育网络，各个学校也拥有相对较大的管理自主权。该特点能够激发出更大的潜力进行教育创新，但为了达到普及基础教育和提高基础教育质量的目标，需要在全国范围内树立基础教育成功的典型案例并加以传播。否则，各教育网络之间的教育评价结果缺乏可比性，将导致它们成为一座座孤岛。一个普及的、统一的基础教育评价体系能够将已取得成功的教育创新典型的经验在全国范围内共享。与此同时，教育部根据教育评价结果找到该阶段基础教育情况较差的教育网络和学校，对其进行点对点指导并提供技术、财政援助，从而达到基础教育现状整体改善的目标。

受新冠疫情影响，巴西在疫情前设下的比肩发达国家教育水平的目标未能如期实现，反而出现了基础教育质量倒退的情况。但巴西政府对此十分重视并启动多项政策以改善现状。随着疫情逐渐常态化以及各项政策的落地，未来巴西基础教育将稳步恢复到疫情前水平，但能否实现比肩发达国家基础教育水平这一目标，还取决于巴西政府能否根据国内各联邦州、各教育网络以及各学校的实际情况，不断调整政策以及协调各方资源，推动国内基础教育水平不断提高。

参考文献：

[1] ANDRADE, Eduardo. "School accountability' no Brasil: experiências e dificuldades" [J]. Revista de Economia Política, 2008, 28 (3): 443-453.

[2] Silveira, Alex et al., Relatório de resultados do Saeb 2021/Volume 1 CONTEXTO EDUCACIONAL E RESULTADOS EM LÍNGUA PORTUGUESA E MATEMÁTICA PARA O 5° E 9° ANOS DO ENSINO FUNDAMENTAL E SÉRIES FINAIS DO ENSINO MÉDIO [R]. 2023, 12.

[3] DIRETORIA DE AVALIAÇÃO DA EDUCAÇÃO BÁSICA DAEB. Relatório Saeb (Aneb e Anresc) 2005-2015: Panorama da Década [R]. Brasília: Brasília-DF, 2018: 13. https://download.inep.gov.br/publicacoes/institucionais/avaliacoes_e_exames_da_educacao_basica/relatorio_saeb_aneb_e_anresc_2005_2015_panorama_da_decada.pdf.

[4] SOARES, Sergei Suarez Dillon. A repetência no contexto internacional: o que dizem

os dados de avaliações das quais o Brasil não participa? [M] Brasília: IPEA, 2007. https: //repositorio. ipea. gov. br/handle/11058/1392.

[5] Taxas de Rendimento 2022, INEP [EB/OL]. (2022-05-11) [2022-12-18]. https: //qedu. org. br/brasil/taxas-rendimento.

[6] TAPAJÓS, Luziele. Brasil deve obter Ideb 6, 0 até 2021 [EB/OL]. (2011-09-24) [2023-01-12]. http: //redeglobo. globo. com/globoeducacao/noticia/2011/09/brasil-deve-obter-ideb-60-ate-2021. html.

[7] TENENTE, Luiza. Ideb 2021, índice que mede a qualidade da educação brasileira, varia pouco em relação a 2019, mas dados são 'enganosos' [EB/OL]. (2022-09-16) [2023-01-12]. https: //g1. globo. com/educacao/noticia/2022/09/16/resultados-do-ideb-2021-indice-que-mede-a-qualidade-da-educacao-brasileira. ghtml.

[8] RÊGO, Tania. Educação Brasileira regrediu até sete anos, apontam resultados do Saeb [EB/OL]. (2022-09-28) [2023-04-30]. https: //conexaoto. com. br/2022/09/28/educacao-brasileira-regrediu-ate-sete-anos-apontam-resultados-do-saeb.

[9] RIVEIRA, Carolina. Ideb fica estável, mas aprendizagem retrocede com pandemia; veja as notas [EB/OL]. (2022-09-18) [2023-04-30]. https: //exame. com/brasil/ideb-2021-resultados/.

[10] LEI DE DIRETRIZES E BASES DA EDUCAÇÃO NACIONAL [M]. Brasília: Senado Federal, 2005.

Research on the Evaluation System of Basic Education in Brazil and its Accountability Mechanism

Wang Ruotong

Abstract: In Brazil, the National Basic Education Assessment System (Saeb) and its National Basic Education Assessment Exam (Aneb) first took shape in the early 1990s. Since then, the National Standardization Exam (Prova Brasil) was created in 2005. In 2007, the Aneb and Prova Brasil assessment models were merged. The National Literacy Assessment (ANA) was created in

2013. In 2019, Prova Brasil, Aneb, and ANA were merged into a new version of Saeb, which has been in use ever since. Currently, the National Institute of Education (Inep) regularly releases the results of the Saeb and the Basic Education Development Index (Ideb), which was created with the aim of curbing foreseeable pedagogical mishaps, holding local authorities accountable, and thus improving the quality of Brazilian basic education as a whole. In recent years, the Brazilian government has sought to improve Ideb to achieve the goal of "bringing Brazil's basic education on a par with that of developed countries by 2021". However, this has not been possible due to the impact of the Covid-19 epidemic, and the level of basic education has regressed. In response to this phenomenon, the Brazilian government has launched policies aimed at the gradual recovery and improvement of basic education.

Keywords: Brazil; Basic Education; Educational Evaluation; Accountability

法国基础教育评估研究

杨少琳　王世伟*

摘　要：法国基础教育评估体系覆盖面广，包括对学生、教师、学校、地区和国家的多元化评估，以及对学科知识、学生的社会和公民素养、批判思维和创新能力等方面的综合性评估。2017年以来，法国基础教育在国际评估项目和本土评估实际需要的双重推动下，为进一步促进每个学生的成功、提高教师教学效能感和学校增值发展，开始在“共同基础”评估标准、职前和在职教师教育和学校评估方面进行了新一轮的发展和改革。在国际基础教育评估发展愈趋多元和综合的大背景下，我国的基础教育评估体系相对而言较为单一、评估标准较为功利。研究法国基础教育评估有利于完善我国基础教育评估体系，提高评估的科学性和准确性，促进教育的公平和质量提高。

关键词：法国　基础教育　学校评估　教师评价

2021年3月，《教育部等六部门关于印发〈义务教育质量评价指南〉的通知》（教基〔2021〕3号）明确指出，“要切实扭转不科学的教育评

* 杨少琳，四川外国语大学法语学院教授；王世伟，四川外国语大学法语学院教师。

价导向，促进义务教育内涵发展和质量提升，推进教育治理体系和治理能力现代化。”聚焦于对基础教育质量进行系统性评估，已逐渐成为基础教育质量评价改革的核心目标和主要任务，关注并准确把握基础教育质量评估的基本走向和发展趋势对学科育人方式的改革更是至关重要。新时代中国基础教育评估的建设存在评估机构不健全以及评估人员专业素养不高的现实难题。因此，本文从法国基础教育评估的概况、重要进展和发展趋势三个维度入手，探究其动态发展与本土化评估的异质所在，以期为优化我国基础教育质量评价方式方法，不断提高评价工作的科学性、针对性和有效性提供有益参考。

一 法国基础教育评估概况

法国基础教育有一套比较完备的教育评估体系，涵盖国家考试、常规评估、教育评估机构和国际评估等方面，为了“保证所有学生的成功”(Garantir la réussite de tous)[1]，法国政府多次采取措施对学生的学习成果和基础教育质量进行保障，并将“教育平等”和“教育质量”作为基础教育评价发展的主题贯穿始终。

国家考试涵盖各个学科，法国学生从小学开始就需要参加一系列的国家考试，目的是评估学生的学术能力；常规评估是学校对学生的考试成绩、课堂表现、作业完成等学习情况，以及学生的行为、纪律和参与度进行评估，目的是促进学生的全面发展；教育评估机构多由法国政府所设立，主要负责对全国各级学校的教育目标、教学内容、教学质量、学生成果等方面进行评估，并提出改进意见；国际评估主要指法国参加由国际组织或机构实施的国际学生评估项目（如 PISA 等）。2000 年以来，在知识经济和教育国际化的推动下，法国不自觉地被卷入教育国际评估中。在国际学生评估项目（PISA）、国际阅读素养进展研究项目（PIRLS）、国际数学和科学研究趋势（TIMSS）等教育国际测评项目中，法国学生表现不佳，成为“欧洲差生”，在这种外部的教育力量干预下，法国政府也逐步将相关测评数据纳入本国教育指标监测范围，从被动的接收者转为主动的解读者。

在立法层面，政府先后颁布了《教育指导法》（1989）[2]、《学校未来发展纲要》（2005）[3]、《知识和技能的共同基础》（2006）[4]、《重建共和国学校方向和规划法》（2013）[5]、《知识、技能和文化的共同基础》（2015）[6]、《学生在校学习成果和记录评估方案》（2015）[7]、《学生：知识、技能和背景》（2018）[8]、《2019 年 5 月 29 日第 22 号官方公报》[9]等，以此将教育评估作为质量提升的核心内容和自上而下推动教育改革的重要工具[10]，不断完善基础教育质量评价体系。

在组织层面，法国国民教育、青年和体育部（以下简称教育部）积极创建教育系统内部的组织评估文化。在教育教学评估（Évaluation des enseignements）组织方面，主要有教育评估、预测和成就署（Direction de L'évaluation, de la Prospective et de la Performance, DEPP）和教体研究监察署（L'inspection générale de l'éducation, du sport et de la recherche, IGÉSR），前者主要负责评估教育实践，后者执行“评估、鉴定、控制和支持”任务。此外，一些专门研究教学问题的科研中心，如法国教育学院（Institut français de l'éducation, Ifé）和国家教育研究所（Institut National de Recherche Pédagogique, INRP）等也参与其中。在教育政策评估（Évaluation des politiques éducatives）组织方面，DEPP 是评估“保证所有学生成功”和“提高教育质量”相关公共政策的主要执行者；部分实验室和研究机构（Les laboratoires et Instituts de recherche）也涉及该部分评估。在管理评估（Évaluation de la gestion）组织方面，IGÉSR 和审计法院（Cour des comptes）是主要评估主体，后者负责评估公共资金的使用情况。在全国学生评估（Évaluations nationales des élèves）组织方面，DEPP 为主要的评估机构。在学校系统评估（Évaluation du système scolaire）组织方面，学校评估委员会（Conseil d'évaluation de l'École）主要负责实施和确定学校自我评估和外部评估的方法框架和工具等任务。在国际评估（Comparaisons internationales）组织方面，国际教育成就评价协会（IEA）、经合组织（OECD）、联合国教科文组织（UNESCO）、欧洲教育体系和政策信息欧律狄刻网络（Réseau Eurydice d'informations sur les systèmes et les politiques d'enseignement en Europe）、欧盟委员会（Commission européenne）等国际组织的教育评估项目，法国均有参与，如 PISA、TIMMS、PIRLS、TALIS。

在实践层面，法国以“共同基础”（Le socle commun）为标准，评估学生个体核心素养的掌握情况并以此作为学生获取初中毕业证的主要依据，也通过周期性学科抽样测评的方式（Cycle des évaluations disciplinaires réalisées sur échantillon，CEDRE）对基础教育阶段学生“阅读”“现代外语”“历史地理与公民教育”“科学与技术”“数学”科目开展国家评估（见表 1、表 2），六年或五年为一个循环，以此反映基础教育的发展情况，目前正在进行第四轮国家抽样评估。

二　法国基础教育评估的重要进展

2017 年以来，法国在基础教育评估方面有以下三点进展：一是贯彻新“共同基础”评价标准；二是改革职前和在职教师教育；三是设立学校评估委员会。

表 1　法国基础教育体系

阶段		年级	教学周期
初等教育	学前教育（3~6 岁）	小班（Petite section）	第一周期
		中班（Moyenne section）	
		大班（Grande section）	
	小学教育（6~11 岁）	预备班（Cours préparatoire，CP）	第二周期（基础）
		基础班第一年（Cours élémentaire 1ère année，CE1）	
		基础班第二年（Cours élémentaire 2e année，CE2）	
		中级班第一年（Cours moyen 1ère année，CM1）	第三周期（整合）
		中级班第二年（Cours moyen 2e année，CM2）	
中等教育	初中教育	六年级（sixième année）	
		五年级（cinquième année）	第四周期（深化）
		四年级（quatrième année）	
		三年级（troisième année）	

续表

<table>
<tr><th colspan="2">阶段</th><th colspan="3">年级</th><th>教学周期</th></tr>
<tr><td rowspan="4">中等教育</td><td rowspan="4">高中教育（15~18 岁）</td><td colspan="2">职业/技术高中</td><td>普通高中</td><td rowspan="5">（深化）</td></tr>
<tr><td colspan="2">二年级（seconde année）</td><td>二年级</td></tr>
<tr><td colspan="2">一年级（première année）</td><td>一年级</td></tr>
<tr><td>C. A. P（Certificat Aptitude Professionnelle，职业能力证书）</td><td>毕业班（terminale）</td><td>毕业班</td></tr>
<tr><td></td><td>毕业会考</td><td>—</td><td>BAC PRO/TECHNO</td><td>BAC général</td></tr>
</table>

资料来源：https：//www. education. gouv. fr/。

表 2　法国基础教育全国学生评估情况

评估周期	阅读	现代外语	历史地理与公民教育	科学与技术	数学
2003~2008 年	2003 年	2004 年	2006 年	2007 年	2008 年
2009~2014 年	2009 年	2010 年	2012 年	2013 年	2014 年
2015~2019 年	2015 年	2016 年	2017 年	2018 年	2019 年
2020~2025 年	2021 年	2022 年	2023 年	2024 年	2025 年

资料来源：https：//www. education. gouv. fr/。

（一）贯彻新“共同基础”评价标准

1. 新“共同基础”的内容

基于 2006 年的“共同基础”，法国政府于 2015 年颁布了《知识、技能和文化的共同基础》（socle commun de connaissances，de compétences et de culture），对基础教育阶段 6~16 岁学生的新“共同基础”标准予以确立。与旧“共同基础”相比，新“共同基础”内容得到进一步扩展和细化，更加注重评估和发展学生的元认知能力。主要涉及用于思考和交流的语言（Les langages pour penser et communiquer）、学习方法和工具（Les méthodes et outils pour apprendre）、个人和公民教育（La formation de la personne et du citoyen）、自然和技术系统（Les systèmes naturels et les systèmes techniques）、世界和人类活动的表征（Les représentations du monde et l'activité humaine）五个领域[11]，每个领域又涵括不同的培养目标：领域 1 要求能理解并使用四种类型的语言来表达自己，分别是法语，现代外语或地方语言，数学、科学和计算机语言，艺术和身体的语言。领域 2 要求能在课内外开展自主或合作学习，能掌握电子信息技术获取信息和文件，会使用多媒体工具，能运用工具开展个人和小组项目、组织学习。领域 3 要求能传递《宪法》中规定的基本价值观和原则，学会在社会中生活，拥有集体协作能力和公民意识，注重道德和公民教育，尊重个人选择，强调个人责任。领域 4 要求学生掌握数学、科学和技术文化的基础，掌握研究地球和宇宙的科学和技术方法，拥有好奇心和观察能力、解决问题的能力。领域 5 要求能认识地理空间和历史时间，学会在时间和空间上了解社会，学会对人类文化产品进行解释，了解当代社会。[12]

2. 新“共同基础”的实施

新“共同基础”是法国的“核心素养”，也是各个学科的教学指南，是用来评估基础教育阶段学生在各学科所应掌握的基本知识、技能和价值观的一项基准框架。新“共同基础”主要针对基础教育第二、三、四教学周期内的学生实施，注重学生的全面发展和社会责任感的培养，同时，也强调对跨学科和跨文化知识的学习，对每个教学周期内的学生评估要求各不相同。评估的结果对于学校和教师而言，可以为教师提供学生对于新“共同基础”的掌握情况，作为教学改进的依据，提高教学质量和竞争力；对于政府而言，可以为制定教育政策提供有力的依据，调整相关计划和教育资源，促进教育的改革和发展，并为当地提供数据以帮助本地监察员（如大学区区长、学校校长等）进行管理；对于学生和家长而言，这一评价体系能够提供客观、科学的评价结果，帮助他们更好地了解学生的学习情况和水平；对于初中毕业生来说，全国学生能力评估的结果更是其毕业文凭获取和高中录取的依据。

2016 年，法国统一工会联合会（La Fédération Syndicale Unitaire，FSU）

委托 Harris Interactive 进行了一项关于“法国人对学生在教育系统中取得学业成功看法”的调查，发现有 77%的法国人认为其现在的教育系统运作不良，学生的学业水平不断下降，67%的法国人认为学生学业失败的情况在过去的 10 年中甚至是有所恶化的。[13] 在法国学生学业失败问题上，PISA 等国际学生评估项目的数据认为“学生难以掌握基本知识、技能和文化的问题实际上在小学就出现了，初中充其量只是没能补救这一问题”。[14] 为改善学生学业状况，法国在政策制定时整合了欧盟开放协调方法（la méthode ouverte de coordination，OMC）① 的指标和国际评估数据，这些政策或多或少地与国际趋势和欧洲建议相一致[15]。而对“共同基础”的评估就是法国从教育的最初阶段②着手，培养学生的核心素养、减少学业失败、促进教育公平的新尝试。新“共同基础”的贯彻主要体现在对学生学习成果的评估上。法国对学生学习成果的评估重视学生的学业进步，旨在让每个学生认识到个人的学习优势和困难，评估方法积极、简单、可操作。为了实现新“共同基础”的目标，DEEP 在国家层面主要实施了国家抽样评估（Les évaluations nationales sur échantillon）和综合国家评估（Les évaluations nationales exhaustives）两种类型的评估。

1987 年，法国教育部下设基础教育评价官方机构——DEPP③，DEPP 负责短期和中期的预测，提倡“以评促优”，设置了评估、指导和决策支持系统，每年基于全国数据统计对基础教育阶段学生的学业基本情况进行监测[16]。为评估学生阶段性的学习成果，自 2003 年以来，DEPP 已经实施了 3 个周期的监测课程实施质量的标准化国家抽样测评。2018 年之前的 CEDRE 一直以 2006 年版的“共同基础”作为标准，2018 年开始以新“共同基础”作为框架，进行学生学习成果的阶段性监测。CEDRE 在小学和

---

① OMC 是欧盟在一体化程度较低的政策领域实行的一种软治理模式，包括教育领域。

② 《教育法典》规定，义务教育年龄段为 3~16 岁（2019 年起），适龄青少年儿童均须到学校接受免费教育。本研究中的“基础教育”即为义务教育，研究所涉及的基础教育评估年龄段为 6~16 岁。

③ 设立之初为：国民教育部评价和预测局（Direction de l'évaluation et de la prospective，DEP）。

初中教育结束时，根据设定的正式课程目标对学生的成绩及掌握的新“共同基础”情况进行评估，比较学生自上次评估以来的变化，以此反映学生对该学科的态度和表现，并对教师的教学提出改进建议。在评估学生对新“共同基础”的掌握情况上，CEDRE 认为学生对新“共同基础”的获取是“基础-巩固-深化”式渐进的[17]，每年会在第二、三、四周期结束时（即基础班第二年、六年级、三年级）抽取学生样本进行评估。CEDRE 除了评估学生对新“共同基础”目标的达成情况外，还将历年调查结果进行纵向比较来分析学生在各学科上的发展情况。2017 年以来，CEDRE 还通过对学生新“共同基础”的抽样评估和对教学实践的观察，将其结果纳入教育政策评估之中。可以说，CEDRE 的测评结果是教育系统各部门以及教育决策者对教育系统有效性进行全面反思的重要抓手，有助于改进和提升基础教育质量。

为全面衡量学生对“共同基础”的掌握情况，法国教育部也实施了全国性的国家学生评估——综合国家评估。综合国家评估是 DEPP 根据国民教育科学委员会（Le Conseil scientifique de l’éducation nationale，CSEN）和学校教育总局（La Direction générale de l’enseignement scolaire，DGESCO）的指导方针建立的学生诊断性评估，评估目的是从学年开始就衡量学生的基础，建立学生在入学时的法语和数学知识、技能和文化图景。测试对象主要包括预备班、基础班第一年、六年级和二年级的学生。受测学生对新“共同基础”的掌握情况，会被分别评价为“掌握欠缺”（maîtrise insuffisante）、“掌握不牢”（maîtrise fragile）、“掌握良好”（maîtrise satisfaisante）和“掌握优秀”（très bonne maîtrise）四个等级。

新“共同基础”汇集了学生学业成功、个人生活和成为公民所需的知识、技能、价值观和态度，是基础教育阶段学生必须掌握的一套本领，也是帮助学生完成学业、满足个人发展的重要保证，所有教学均致力于达成新“共同基础”，评价结果有助于教师正确评估和巩固学生的学习成果，并尽快确定每个学生的实际需求，以便为学生全年的学业成功而改进教学方法，从而提供最适当和最早期的帮助。

（二）改革职前和在职教师教育

为了更好地贯彻新“共同基础”的指标体系，提高教师的教学水平，从而为学生提供更好的教育服务，法国政府注重对职前和在职教师进行教育和培训。

2019 年 6 月，法国发布的教师教学国际调查（TALIS 2018）① 结果显示：法国 90%的教师热爱教师工作，70%的教师认为他们在努力为学生创造一个愉快的学习环境。然而，与 2013 年调查结果相比，教师的个人效能感有所下降，而且对职前培训不太满意。只有 66%的教师表示自己获得了关于学科内容、一般教学法和课堂实践的职前培训，55%的教师表示获得过课堂教学管理的培训。[18]在职前培训上，数据远低于 OECD 的平均水平。此外，在 2018 年全国学生评估中，教师、管理人员的有效参与被认为是学生评估成功的决定性因素。[19]基于种种原因，教师的职前培训以及建立教师在职培训成为近年来法国教师政策的重要议题。具体的改革措施包括：实行新的招聘和培训制度、推行个性化培训、建立支持系统以及重视实践教学四个方面。

1. 实行新的招聘和培训制度

“竞争招聘”制度是法国近年来推出的一项改革措施，旨在提高教师招聘的标准化程度和公正性，让最优秀的教师进入教育系统，进一步提高教育质量。竞争招聘要求教师通过一系列考试和评估，包括学科知识测试、教学技能考核、个人面试等环节，以确保选聘的教师具备扎实的学科知识、优秀的教学技能和德行素质。自 2022 年起，在教师公招考试条件上，只有在硕士二年级最后一学期注册的学生或已经拥有硕士学位的申请人（不再是硕士一年级的第二学期）才能参加（见图 1、图 2）。改革将各阶段分开，学生在各年度的学习目标也更加明确（即准备 M1 文凭、考试和 M2 文凭）。

---

① 这是法国继 2013 年之后第二次参加 TALIS，TALIS 主要调查教师和校长的教学实践、专业发展和工作条件。

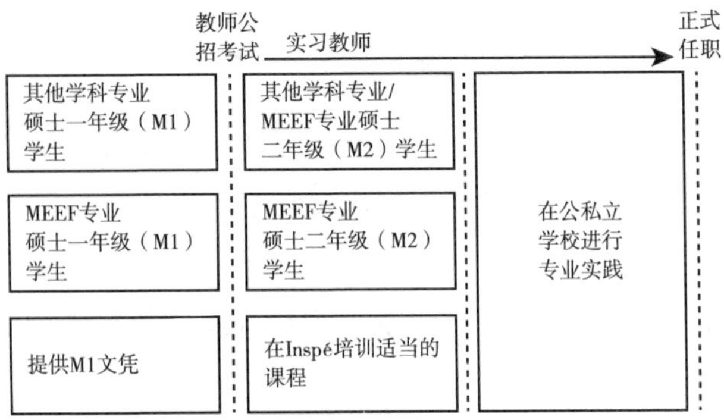

图 1　MEEF 硕士改革前

资料来源：https：//services. dgesip. fr/fichiers/2021_ vademecum _ formation_ CPE_ professeurs. pdf。

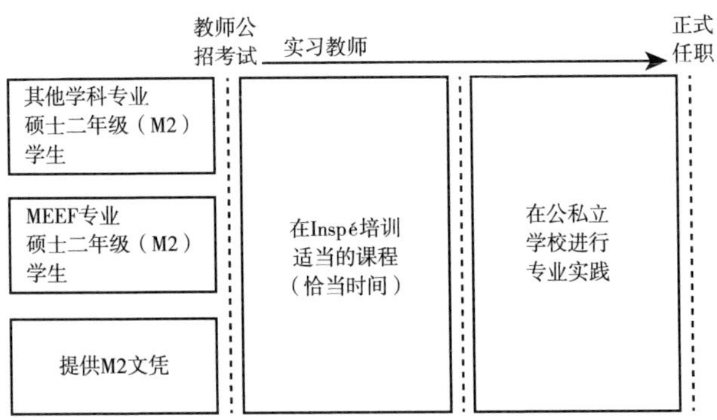

图 2　MEEF 硕士改革后

资料来源：https：//services. dgesip. fr/fichiers/2021_ vademecum _ formation_ CPE_ professeurs. pdf。

2. 推行个性化培训

个性化培训是一种让教师根据自身需求选择培训课程的教育培训模式，旨在更好地满足教师的个性化学习需求，提升教师教学质量和专业能力。在职前教师教育方面，法国于 2019 年、2020 年先后修订了 2013 年的《教学、教育和培训专业硕士课程国家框架》[20]，以国立高等教师教育学院（Institut national supérieurs du professorat et de l'éducation，Inspé）取代师资与教育高等学院（Les écoles supérieurs du professorat et de l'éducation，ESPE），为教学、教育和培训专业（Métiers de l'Enseignement，de l'Éducation et de la Formation，MEEF）两年制硕士提供教育并发放相应文凭。在国立高等教师教育学院，M1 要求学生将不少于 55%的课时用于基础知识（阅读、写作、计算、尊重他人、熟悉和传播法国价值观）；不少于 20%的课时用于拓展其他学科领域技能、一般教学法和课堂管理；不少于 15%的课时用于教育教学研究；10%的课时用于法国国情、教育等背景知识和 Inspé 的创新性学习。M2 要求学生将不少于 45%的课时用于学科基础知识；不少于 30%的课时用于学习教学策略、评估和课堂管理；不少于 15%的课时用于教育教学研究；10%的课时用于 Inspé 的创新性学习。学校课时比例的划分大大加强了教师个性化培训的可行性和效果。此外，在教师“竞争招聘”拟录取后，Inspé 会对拟录取人员进行一年专门的见习教师初步培训，培训依据见习人员实际情况量身定做，实习结束后将获得终身教职。这一规定满足了职前教师的实际需求，有利于保障未来教师团队之间具有共享的文化、知识和能力基础[21]。

3. 建立支持系统

为了更好地支持教师的教学工作，法国政府建立了多种支持机构和平台，提供给教师必要的信息、资源和指导。支持系统可以帮助职前或在职教师解决教学中遇到的各种问题，并提供不同层次、不同领域的专业支持和培训。此外，法国向所有教师提供 EDUSCOL 在线教学资源。在线资源能够帮助教师认识到学生的学业难点及全国学生评估的情况，并有针对性地为需要帮助的学生提供学业支持。这些机构和平台通常提供在线学习资源、课程、教学实践等，还提供教师交流和协作的机会，以便教师分享和学习教学经验。

4. 重视实践教学

实践教学作为教育过程中的重要环节得到了重视，不仅体现在教师职前和在职培训中的具体举措上，也体现在实际的教学过程中。在职前教育培训中，Inspé 注重理论与实践相结合，MEEF 硕士改革后，加大了实践教学的比重，在正式上岗之前，用一年的时间让职前教师去实践和体验教学。这种做法使得职前教师能够在实践中更好地了解课程、学生和教学过程中可能出现的问题，并积累教学经验。在在职教师实践教学培训中，法国政府推行了针对在职教师的实践教学培训计划，这些培训通常由当地教育机构或学校组织，包括现场观摩、教学交流和指导等活动，旨在帮助教师更好地应对教学实践中可能遇到的各种挑战。

（三）设立学校评估委员会

法国2019年颁布了《信托学校法》(Loi pour une école de la confiance)[22]以及《关于学校评估委员会的第2019-1058号法令》[23]，并于当年7月设立了学校评估委员会（Conseil d'évaluation de l'École，CEE）。CEE是一个独立的学校系统评估机构，是法国自2000年以来第四个学校系统评估机构①，主要负责"设计、测评和分析中小学的教育评估情况；评估分析学生学业成就和成绩进步情况；开展有利于学校公平行动的评估活动；协助教育部开展评估"。CEE致力于实现公共教育政策评估的一致性，提高学校评估能力，传播评估文化。

1. 学校评估的目的

尽管法国在1989年就将教育评估纳入了《教育指导法》，DEPP也划定了国内和国际学生评估两级范畴，但在过去很长一段时间的评估活动中，法国从未在全国范围内进行过定期、系统的学校评估。2019年7月，政府颁布《关于建立信托学校的第2019-791号法令》[24]，设立了学校评估委员会，并由学校评估委员会决定评估目的。根据CEE任务职责可以发现，学校评估的主要目的是更好地改善学校的教育服务和学生在校生活、学习质量，促进学生专业融合、掌握新"共同基础"知识、技能，更好地融入高等教育、社会和公民生活，增加学校利益相关者的教育福祉，履行国家与市政当局或公共社区间合作机构（Établissement public de coopération intercommunale，EPCI）在教育质量提升方面的使命，消除教育不平等，促

① 前三个分别是全国学校系统评估委员会（Centre national d'étude des systèmes scolaires，Cnesco，2013-2019年），教育高级委员会（Haut Conseil de l'éducation，HCE，2005-2013年），学校评估高级委员会（Haut Conseil de l'évaluation de l'école，2000-2005）。

进学校公平和社会正义，回应社会问责，建设21世纪生态和数字转型的学校，使评估具有集体意义。

2. 学校评估框架

法国教育部于2020年7月8日和2022年1月25日分别通过了中学和小学学校评估框架，CEE认为学校评估首先是学校自身的事情，其次也是一个集体学习的过程。中学学校评估框架共包括9个领域，分别是：学校的项目和目标、学生的学习与获取知识、学校氛围、学校对学生的支持、学校对学生的指导、学生在学校的参与、学生在社区中的参与、学生的权利和责任、学生的健康和安全。小学学校评估框架与中学的评估框架相似，每个领域都有相应的评估标准和指标。学校的项目和目标：评估学校的教育项目和目标是否明确，并且这些项目和目标是否贯穿整个教学过程。学生的学习与获取知识：评估学校的教学质量、学科内容和教学方法是否能够满足学生的需要，以及学生的学业表现和知识水平是否符合预期。学校氛围：评估学校的氛围是否积极、健康和安全，是否能够促进学生的学习和发展。学校对学生的支持：评估学校是否提供学生所需的支持，包括个别支持和团体支持。学校对学生的指导：评估学校是否提供有效的学生指导，包括职业指导和社会指导。学生在学校的参与：评估学生在学校的参与度、对学校事务的参与程度以及学生参与的积极程度。学生在社区中的参与：评估学生在社区中的参与度和学校与社区之间的联系程度。学生的权利和责任：评估学生是否了解并尊重自己的权利和责任，学校是否能够帮助学生更好地理解和承担这些责任。学生的健康和安全：评估学生的健康和安全是否得到保障，学校是否有预防和解决健康和安全问题的计划。

这些评估框架旨在鼓励学校进行自我评估，并与评估团队一起合作，以发现学校的强项和需要改进的领域。同时，这些框架还可以帮助教师和学校管理层更好地理解其职责和义务，以确保他们为学生提供高质量的教育。法国中小学学校的评估框架主要包括自我评估和外部评估两个部分（见图3），评估结果也是该学校未来五年行动规划的主要参考。

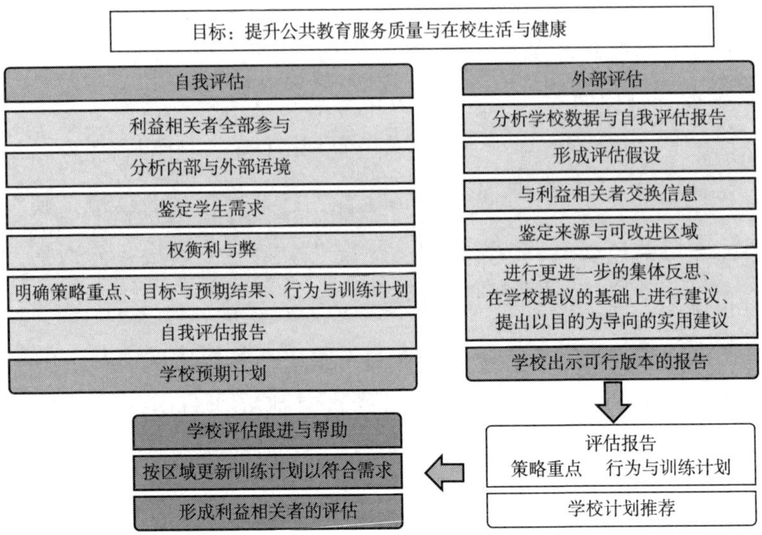

图 3　学校评估框架[25]

资料来源：https：//www. education. gouv. fr。

3. 自我评估是学校评估的核心，也是评价的基础

自我评估从关键问题着眼，对学校的教育职责、背景、教学情况、校园生活等情况进行反思。在学校自我评估的过程中，学校的利益相关者们（校长、教职工、学生、家长和合作伙伴）均会参与进来，通过各要素的影响分析来规划学校的未来发展和教育资源投入。CEE 为学校提供自我评估工具和指南。自我评估主要包括“学生教育和学习”（Les apprentissages et les parcours des élèves, l'enseignement）、“学生的生活和幸福感，学校氛围”（La vie et le bien-être de l'élève, le climat scolaire）、“学校战略和运营”（Les acteurs, la stratégie et le fonctionnement de l'école）、“学校的合作机构和机构环境”（L'école dans son environnement institutionnel et partenaria）四个领域。领域 1 主要评估“学生的学习成果、成绩和公平，学校和教学组织，学生的个性化出路，危机情况应对”；领域 2 主要评估“学校氛围和学生的幸福感，生活窍门和学习的连续性、互补性，上课时间和地点，学校的包容性和公平性”；领域 3 主要评估“战略方向和学校项目，学校的一般运作，人力资源

管理和教职工的专业发展，危机应对”；领域 4 主要评估“与国家、政府等部门的关系，与其他学校和机构（中、小学、优先教育区）的合作，家校链接、男女同校情况，与文、体、科、教、国际交流建立可持续发展的伙伴合作，与经济和技术界搭建可能的伙伴关系的情况”。

法国学校的自我评估意味着将衡量学生的成绩与学校的决策、教学实践和组织联系起来，这种评估有可能会影响学校内决策的一致性、相关性、有效性和效率，但能够确定学校在大环境背景下的附加价值，有利于制定一个现实的学校发展战略计划。

4. 外部评估以自我评估为基础，是自我评估的延伸

外部评估汇集外部评估行动者的观点，目的是让学校进一步对他们做什么，为什么这么做以及这么做会产生什么结果进行反思，以此明晰其优势和不足之处，并利用其优势帮助学校提高学生对新“共同基础”的掌握和成就。外部评估的团队主要由国家教育监察员（L'inspecteur de l'Éducation nationale）、校长、管理人员、大区监察员、行政人员、教育顾问、教师组成，专业领域广泛。学校外部评估团队构成实施回避原则，确保组成人员的中立性、多元性和合法性。外部评估不是对学校校长或教职员工的个别评估，而是对整个学校的评估。外部评估的实施过程包括五个步骤：安排评估：评估机构与学校协商确定评估时间，并向学校提供评估计划和流程；收集信息：评估机构与学校教师、家长、学生和其他利益相关者进行面谈、观察和调查，收集有关学校的信息；分析数据：评估机构对收集的信息进行分析，识别学校的优势和挑战，并评估学校在各个领域的表现；准备报告：评估机构准备评估报告，向学校提供评估结果和建议；反馈和改进：学校评估报告发布后，评估团队向学校的利益相关者报告初步调查结果并根据学校自我评估所列的问题及补充资料进行分析交流，明晰其优势和发展潜力，提出需要加强和改进的地方，并给予具体的内外部行动（如教学方法、学生教育、项目、伙伴关系等）建议、工具和方法。[26]

法国学校的外部评估是其基础教育质量保证的一部分，是在义务教育年限中外部问责的主要体现，也是帮助学校加强和改进其教育行动的重要力量，能够为学校自我评估的反思提供有用和必要的建议，支持学校发展。

三 法国基础教育评估的发展趋势

法国以新“共同基础”为评估标准对其基础教育评估进行全面、公正和透明的评估，评估结果为教育改革和教育政策的制定提供有力的支持，有助于帮助学生和学校更好地了解自身的教学质量和改进方向。在现有评估理念和评估体系的基础上，未来法国基础教育评估可能会在以下方面有所发展。

（一）建立更加综合的评估体系

目前，法国的基础教育评估主要分为学生评估和学校评估两个部分。未来法国基础教育评估改革的侧重点可能会更加注重培养学生的创新能力、批判思维能力和实践能力，以应对当今快速变化的社会和经济环境的需求。因而，评估可能会更加注重学生的综合素质，更加强调学校的社会责任和教育公平，建立学生综合素质，例如个性、创造力、解决问题的能力等方面的评估体系，并让家长和社区加入评估，以更全面地了解学校和教育的情况。

（二）进一步完善教师培训体系，注重提升教师效能感

虽然《关于建立信任学校的第 2019-791 号法令》中对教师培训改革的原则予以确立，但其实施的监管程序却是在 2020 年以后才逐步确定。从法国教育部所公布的数据来看，2018~2022 年，中等教育的学生人数从 564 万增加到了 575 万，[27]但由于财政预算不足，在教师培训设计上依旧存在缺陷。TALIS（2018）的结果表明，法国教师在入职时感觉专业能力提升较少，渴望得到更好的培训和支持。但在对职前和在职教师的教育改革中，MEEF 教师教育改革能否在支持年轻教师、更好地

帮助学生做好升学或就业的准备、应对教师招聘危机等学校所面临的挑战方面加以突破，现有在职教师培训能否更好地提高教师的数字素养、应用个性化的教学方法以及帮助特殊教育需求的学生，依旧值得商榷。

（三）更加注重教育公平和学校增值评估

无论是小学还是中学的评估实践，都是法国教育系统所有参与者关注的核心问题，其动机是希望每个学生都取得成功。法国政府一直致力于提高基础教育的公平性，未来的评估体系可能会更加关注学校和学生之间的差距，以及贫困地区和移民家庭的教育机会和质量问题。在学校评估方面，法国强调学校自我评估的重要性，通过自我评估向学校的利益相关者们提供学校发展、学生学习以及伙伴关系建立等反思要素（éléments de réflexion），帮助学校加强教育行动的成效。在反思要素中，评估学生的学业成就、专业融合及新“共同基础”知识、技能文化等掌握的“成就指数”是学校评估的增值所在。学校增加值（la valeur ajoutée）是学校在学校评估框架和全国学生评估数据下，学生通过教育在学业方面“增加”了什么和多少的量值。增值评估能够明晰学校的优势，可以发现学校在学生整个学习阶段学业发展过程中的教育能力和贡献，是法国基础教育学校评估的重要走向。

（四）评估政策国际化趋同，更加注重个性化和数字化的评估方法

随着知识经济的加速和国际学生评估交流的增多，国家教育评估活动受到外部力量的影响，国家不再是教育评估决策的唯一践行者，OECD 等国际组织越来越多地参与进各国教育评估治理中，通过其强大的数据分析，生产并向全球推广“优质”教育知识体系。参与国际测评的学生数据深刻影响着民族国家教育评估政策制定，法国教育部将 PISA、TALIS 等评估数据纳入本国的监测、诊断评估系统，其教育评估循证决策、教育权力下放、标准化评估和问责制不可避免地受到国际社会的影响，在国际评估

话语体系的诱导下，法国的教育评估政策难免会与国际社会进一步趋同。但教育作为一个复杂的社会子系统，标准化技能评估远远不能概括其价值。法国学生善于辩论，基础教育具有“免费、义务、世俗化”的传统，在基础教育评估过程中，法国政府也注意到了要保持自身的独特性，将“教育平等”贯穿始终。在新“共同基础”中更是保留了其公民性和批判性思维的价值取向，并以公众利益为最高目标，注重在复杂的教育系统中对学生和学校进行本土化评估，基于学生的兴趣爱好、学习方式、文化背景等因素进行评估是法国基础教育评估的一个重要发展趋势。此外，随着数字化技术的不断发展，对法国基础教育的评估可能会更加注重数字化手段的运用，例如人工智能、数据分析等。在教育发展规划和评估政策制定的过程中，努力缩小城乡和地区教育差距，注重教育利益相关者们的共治以促进每一名学生走向成功。

参考文献：

［1］Legifrance. Code de l’éducation ［EB/OL］. ［2022 - 12 - 01］. https://www.legifrance.gouv.fr/codes/section_lc/LEGITEXT000006071191/LEGISCTA000006166558/#LEGISCTA000006166558.

［2］Loi n°89-486 du 10 juillet 1989 d’orientation sur l’éducation ［EB/OL］. ［2022-12-01］. https://www.legifrance.gouv.fr.

［3］Loi n° 2005-380 du 23 avril 2005 d’orientation et de programme pour l’avenir de l’école ［EB/OL］. ［2022 - 12 - 01］. https://www.legifrance.gouv.fr/eli/loi/2005/4/23/MENX0400282L/jo/texte.

［4］Décret n° 2006-830 du 11 juillet 2006 relatif au socle commun de connaissances et de compétences et modifiant le code de l’éducation ［EB/OL］. ［2022 - 12 - 01］. https://www.legifrance.gouv.fr/eli/decret/2006/7/11/MENE0601554 D/jo/texte.

［5］LOI n° 2013 - 595 du 8 juillet 2013 d’orientation et de programmation pour la refondation de l’école de la République ［EB/OL］. ［2022-12-01］. https://www.legifrance.gouv.fr/eli/loi/2013/7/8/MENX1241105L/jo/texte.

［6］Décret n° 2015-372 du 31 mars 2015 relatif au socle commun de connaissances, de compétences et de culture ［EB/OL］. ［2022 - 12 - 01］. https://

www. legifrance. gouv. fr/eli/decret/2015/3/31/MENE1506516D/jo/texte.

[7] Décret n° 2015-1929 du 31 décembre 2015 relatif à l'évaluation des acquis scolaires des élèves et au livret scolaire, à l'école et au collège [EB/OL]. [2022-12-01]. https: //www. legifrance. gouv. fr/eli/decret/2015/12/31/MENE1531422D/jo/texte.

[8] Les élèves: connaissances, compétences, et parcours [EB/OL]. [2022-12-01]. https: //www. education. gouv. fr/les - eleves - connaissances - competences - et - parcours-11417.

[9] Bulletin officiel n°22 du 29 mai 2019 [EB/OL]. [2022-12-01]. https: //www. education. gouv. fr/pid285/bulletin_ officiel. html? pid_ bo=38847.

[10] Mons N. Effets théoriques et réels des politiques d'évaluation standardisée [J]. Revue francaise de pédagogie, 2009, (10): 80-150.

[11] Legifrance. Code de l'éducation [EB/OL]. [2022 - 12 - 01]. https: //www. legifrance. gouv. fr/codes/id/LEGIARTI000030428781/2016-09-01.

[12] Le socle commun de connaissances, de compétences et de culture [EB/OL]. [2022 - 12 - 01]. https: //www. education. gouv. fr/le - socle - commun - de - connaissances-de-competences-et-de-culture-12512.

[13] La réussite dans le système éducatif selon les Français. Les Français ont-ils le sentiment que le système éducatif français fonctionne bien ou mal ? Assure-t-il selon eux la réussite de tous les élèves ? Comment pourrait-il mieux y parvenir ? [EB/OL] [2022-12-01] https: //fsu. fr/wp-content/uploads/2016/12/pdf_ rapport_ harris_ -_ la_ reussite_ dans_ le_ systeme_ educatif_ selon_ les_ francais_ fsu_ . pdf

[14] Bance P, Fournier J. Éducation et intérêt général [M]. Mont-Saint-Aignan: Presses universitaires de Rouen et du Havre, 2020.

[15] Romuald N, Gendron B. Cross-National Achievement Surveys and Educational Monitoring in France [M] //Volante L, Schnepf S V, Klinger D A. Cross-National Achievement Surveys for Monitoring Educational Outcomes: Policies, Practices, and Political Reforms within the European Union, Luxembourg: Publications Office of the European Union, 2022.

[16] 维基百科. Ministère de l'Éducation nationale (France) [EB/OL]. [2022-12-01]. https: //fr. m. wikipedia. org.

[17] Les évaluations nationales sur échantillon [EB/OL]. [2022-12-01]. https: //www. education. gouv. fr/les-evaluations-nationales-sur-echantillon-307626.

[18] Rapport d'activité: 2019/Ministère de l'Education nationale et de la jeunesse. Direction de l'évaluation, de la prospective et de la performance [EB/OL]. [2022-12-01]. https: //archives-statistiques-depp. education. gouv. fr.

[19] Eduscol. Climat scolaire et prévention des violences [EB/OL]. [2022-12-01]. https: //eduscol. education. fr/934/climat-scolaire-et-prevention-des-violences.

[20] Arrêté du 28 mai 2019 modifiant l'arrêté du 27 août 2013 fixant le cadre national des formations dispensées au sein des masters «métiers de l'enseignement, de l'éducation et de la formation» [EB/OL]. [2022 - 12 - 01]. https: // www. legifrance. gouv. fr/loda/id/LEGIARTI000038738246/2019-07-08/.

[21] RÉFORME DE LA FORMATION INITIALE DES PROFESSEURS ET DES CONSEILLERS PRINCIPAUX D'ÉDUCATION EN INSPÉ [EB/OL] . [2022-12-01] . https: //www. devenirenseignant. gouv. fr/cid157781/reforme-de-la-formation-initiale-des-professeurs-et-des-conseillers-principaux-d-education-en-inspe. html

[22] LOI n°2019-791 du 26 juillet 2019 pour une école de la confiance-article 40 [S]. sur Légifrance.

[23] Décret n°2019-1058 du 17 octobre 2019 relatif au conseil d'évaluation de l'école [EB/OL]. [2022-12-01]. https: //www. legifrance. gouv. fr/jorf/id/JORFTEXT000039234082.

[24] LOI n°2019-791 du 26 juillet 2019 pour une école de la confiance [EB/OL]. [2022 - 12 - 01]. https: //www. legifrance. gouv. fr/loda/id/JORFTEXT000038829065/? isSuggest=true.

[25] The French Council for School Evaluation in brief [Janvier 2022] [EB/OL]. [2022-12-01]. https: //www. education. gouv. fr/conseil-d-evaluation-de-l-ecole-305080.

[26] ÉVALUATION DES ÉCOLES 1er degré Cadre d'évaluation [EB/OL]. [2022-12- 01]. https: //www. education. gouv. fr/conseil - d - evaluation - de - l - ecole-305080.

[27] Merle P. La réforme de la formation des professeurs [J/OL]. (2020-09-15) [2022-12-01]. https: //laviedesidees. fr/La-reforme-de-la-formation-des-professeurs. html.

Research on the Evaluation of Basic Education in France

Yang Shaolin, *Wang Shiwei*

Abstract: The evaluation system of basic education in France exhibits extensive inclusivity, encompassing diverse assessments of students, teachers, schools, regions, and the nation, as well as comprehensive evaluations of subject knowledge, students' social and civic literacy, critical thinking, and innovation abilities. Since 2017, propelled by both international assessment projects and domestic evaluation needs, basic education in France has embarked on a new round of development and reform in assessment standards for the "socle commun de connaissances, de compétences et de culture," pre-service and in-service teacher education, and school evaluation. This initiative aims to further promote the success of every student, enhance teachers' sense of teaching efficacy, and foster school value-added development. Against the backdrop of increasingly diverse and comprehensive development in international basic education assessment, China's basic education evaluation system is relatively singular, characterized by utilitarian assessment standards. Exploring the evaluation of basic education in France holds promise for improving China's basic education evaluation system, enhancing the scientific rigor and accuracy of evaluation, and advancing fairness and quality in education.

Keywords: France; Basic Education; School Evaluation; Teacher Evaluation

土耳其基础教育评价发展：概况、进展与趋势

张　楠*

摘　要： 2020 年，中共中央、国务院印发了《深化新时代教育评价改革总体方案》，为我国教育改革指明了方向。在此背景下，本报告系统地梳理、分析了土耳其的教育评价概况、重大进展以及发展趋势，以期透过土耳其的教育评价实践，总结经验与启示，服务于我国的教育评价体系改革。土耳其系统性的教育评价始于 20 世纪 70 年代，评价机构以政府机构为主导，非政府组织为辅，兼以参与国际评价机构的评价项目，目前来看，土耳其教育评价有着中心化的评价体系以及国际化的评价视野。随着《2023 教育愿景》的发布与"高考"分数线的取消，土耳其正在不断深化教育评价改革。未来土耳其教育评价将会朝着方式多元化、维度立体化、路径数字化的方向不断改革与发展。

关键词： 土耳其　基础教育　教育评价　土耳其"高考"　《2023 教育愿景》

* 张楠，北京大学区域与国别研究院博士研究生，北京大学土耳其研究中心助理研究员。

“教育评价”（Educational Assessment）是指系统地收集与总结关于学生能力的信息，对教育价值做出判断的过程[1]。它包括但不限于一般的标准化测试，如普通高等学校招生全国统一考试（“高考”）；教育进展评估，如美国国家教育进展评估（NAEP）；国际教育评价体系，如国际学生评估计划（PISA）。当然，教育评价并不仅仅是一门技术学科，它关系着培养什么样的人、采用什么样的教育理念和教育目标。因此，教育评价在推动教学质量提高、促进教师专业成长、为学生提供发展机会、为学校改进提供依据、为政策制定提供依据等方面都具有重要的作用。

土耳其共和国自建立以来十分重视教育的发展，教育评价作为其中重要的一环自然不容忽视。从现代国家的角度来看，土耳其的教育经历了自奥斯曼帝国时代的传统伊斯兰教育到共和国时期现代教育的重要转型。作为一个后发的现代化国家，土耳其教育现代化进程中的教育评价经历了从单纯模仿西方，再到自主进行改革的过程。在这一过程中，土耳其的教育评价从简单走向成熟，从单一走向多元，从被动走向自主。作为后发现代化国家的经典案例，土耳其教育评价发展的经验与问题有助于我国不断完善教育评价体系，推动教育评价体系改革。

基于此，本报告系统地梳理、分析了土耳其的教育评价概况、重大进展以及发展趋势，以期通过土耳其的教育评价实践，总结经验与启示，服务于我国的教育评价体系改革，推动教育评价体系不断发展。

一　土耳其教育评价概况

在土耳其，系统性的教育评价始于 20 世纪 70 年代，并在“测量与评估”（ölçme ve değerlendirme）这一主题下展开。70 年代，土耳其政府着手教育系统改革，以提高其质量和效率。为了实现这一目标，土耳其一方面通过法律明确了教育评价的重要性与指导性，另一方面也成立了许多教育评价机构和组织，以评估学生、教师和学校的表现。目前来看，土耳其教育评价存在中心化与国际化的特点。

（一）教育评价的法律基础

土耳其共和国建立之初，教育问题是政府关注的首要问题之一。面对奥斯曼帝国时期的传统伊斯兰教育①，以凯末尔为首的政府对教育进行了大刀阔斧的改革，并于 1924 年颁布《教育统一法》（Tevhid-i Tedrisat Kanunu），确立了土耳其教育世俗化的基调，为共和国的教育现代化奠定了法律基础。早期，土耳其国民教育以西方为师，所谓的教育评价方式也多为对西方的直接挪用。1925 年，土耳其教育家易卜拉欣·阿拉丁·戈夫萨（Ibrahim Alattin Gövsa）将比奈-西蒙智力量表翻译成土耳其语，引入土耳其，这也成为土耳其测量和评估领域科学研究的开端。另一位教育家萨德雷丁·杰拉尔·安特尔（Sadrettin Celal Antel）于 1932 年出版《测试方法》（Test Usulü）一书，开创性地将测量与评价领域的基本概念和实践引入土耳其[2]。自此开始，“科学”“测量”的概念开始在土耳其的教育系统中扎根，但是教育评价并没有形成一个完整的体系。

20 世纪 70 年代以来，土耳其的教育评价进入制度化时期。1973 年 6 月 14 日，土耳其第一部关于教育的系统性法律《国民教育基本法》（Milli Eğitim Temel Kanunu）通过，这部法律确定了土耳其国民教育目标，明确了一系列基本原则，塑造了完整的国民教育体系。《国民教育基本法》第六条、第十三条都提到了关于教育评价的内容。其中第六条规定：要运用指导服务以及客观的测量、评价方法引导学生，评估学生能力；第十三条规定：要以科学研究和评估为基础，提高教育效率，确保教育持续发展和创新。这也就意味着，科学、客观的测量评估既在微观层面指导学生发展，也在宏观层面引导教育方向。

① 奥斯曼帝国时期的教育主要为传统的伊斯兰教育，整个教育体系基本上掌握在宗教知识分子手中，他们都是具备一定伊斯兰学术造诣、知识渊博的学者。久而久之，在帝国范围内逐渐形成了一个相对封闭的乌里玛（Ulema）阶层，除了学术研究外，他们也涉足政治，帮助苏丹制定国内外政策。

（二）教育评价的组织机构

土耳其的教育评价体系以政府机构为主导，以非政府组织为辅，兼以参与国际评价机构的评价项目。国家主导的教育评价机构主要包括国家教育部、高等教育委员会、测评选拔与安置中心等。一些高校、非政府组织也承担教育评价的任务，独立开展研究。随着教育国际化的不断发展，土耳其也参加了一些大型的国际教育评价项目，例如 OECD 开展的国际学生能力评估计划（PISA），通过更加国际化的视野不断完善自身的教育体系。

土耳其国家教育部是教育系统中级别最高的政府机构，主要负责规划、发展和实施国家的教育体系，覆盖学前教育、高中教育以及职业教育等阶段。国家教育部的职责包括制定教育政策、培训教师、收集和分析有关教育系统的数据并利用这些数据制定教育政策、与其他国家在教育领域进行合作并协调外国学生在土耳其的教育等。在教育评价方面，教育部发挥着关键性作用，教育部下设的测量、评估与考试服务总局（Ölçme, Değerlendirme ve Sınav Hizmetleri Genel Müdürlüğü）就是主要负责部门。总局又下设了研发与项目处、考试安全与管理处、印刷与运输处、考试管理与指导处、试题设计与研发处、测量评估与安置服务处、数据分析监测与评估处以及行政财务处。

土耳其的高等教育在 20 世纪 80 年代后保持了相对独立的状态，国家教育部的职责范围偶尔也涉及高等教育，但高等教育更多由高等教育委员会（YÖK）负责管理。高等教育委员会主要负责高等教育的战略规划以及大学之间的协调工作，最重要的工作是建立和维持土耳其高等教育质量保证机制。[3]2015 年 7 月 23 日，土耳其《官方公报》发布《高等教育质量保证条例》（Yükseköğretim Kalite Güvencesi Yönetmeliği），高等教育质量委员会（Yükseköğretim Kalite Kurulu，以下简称“委员会”）正式成立。委员会主要根据国内外质量标准对高等教育机构的教育、科研活动以及行政服务进行质量评估，对独立外部评估机构进行授权，传播土耳其高等教育系统中的质量保证文化。委员会由 13 名来自不同组织机构的成员组成。其中，3 名高等教育委员会代表，3 名高校校际委员会代表，1 名教育部代表，1 名职业能力委员会代表，1 名土耳其卫生局代表，1 名土耳其科学技术研究委员会代表，1 名土耳其认证机构代表，1 名土耳其工商暨商品交易总会代表，以及 1 名学生代表。

测评、选拔与安置中心（Ölçme，Seçme ve Yerleştirme Merkezi，ÖSYM，以下简称“中心”）是土耳其最大的教育考试机构，提供包括“高考”在内的各类考试。中心成立于 1974 年，总部位于土耳其首都安卡拉，每年在全国范围内为超过 1000 万名考生提供考试服务。不论是从提供的考试数量还是服务的考生规模来看，它都是世界领先的测评机构之一。如今，中心除了提供高等教育入学考试之外，还根据需求提供更加多样的考试服务。例如，学术人员与研究生入学考试（ALES）、医学专业教育入学考试（TUS）、公务员选拔考试（KPSS）、司法部考试、内政部县长候选人考试、外语水平测试（YDS）等 50 多项考试。

除了国家主导的评价机构外，土耳其的高校以及一些非政府组织也开展教育评价服务，这些机构不仅提供考试服务或质量认证，还承担了智库的功能，为教育的宏观政策提供建议。土耳其教育协会（Türkiye Eğitim Derneği，TED，以下简称“协会”）是一个成熟的非政府组织，也是土耳其最大的教育机构之一。协会成立于 1928 年，总部位于土耳其首都安卡拉，致力于摒弃政治因素，提高土耳其教育的质量、普及率以及土耳其公民的素质。该组织下设的独立智库机构土耳其教育协会智库（TEDMEM）成立于 2012 年，致力于为教育系统制作和宣传基于实证的研究数据、观点和出版物，重点关注教育问题和政策，每年都会出版上一年度的教育评价报告（Eğitim Değerlendirme Raporu）以及其他与教育政策相关的智库报告。

在全球化的时代里，除了国内的教育评估外，还需要一些指标来确定在国际上的地位。作为 OECD 的成员国，土耳其参与了 OECD 开展的 PISA 计划。该计划是针对 15 岁学生在三年内评估其知识和技能的研究。PISA 计划于 2000 年开始实施，土耳其于 2003 年首次参与此项研究，并持续至今。虽然 PISA 项目在土耳其国内充满争议，一些学者甚至质疑 PISA 计划对土耳其的适用性[4]，但是，参与国际教育评估项目仍为土耳其国内教育改革提供了参考和动力。

（三）教育评价的特点

第一，中心化的评价体系。宏观来看，土耳其的整个教育体系是高度中央集权的。从奥斯曼帝国晚期的教育现代化改革到共和国建立后《教育统一法》的颁布，土耳其的教育被打上了深刻的中央集权的烙印。在共和国建立之后，土耳其教育虽然历经多次变革与调整，但中央集权、分级管理的特征一直延续了下来，教育的大旗牢牢地掌握在中央政府的手中。[5]同样的，教育评价也有相似的特点，即土耳其的教育评价主要由政府机构主导与负责，政府制定各种教育政策和计划，并对教育质量和成果进行监测和评估。

第二，国际化的评价视野。土耳其政府致力于将土耳其的教育质量与国际标准接轨，因此也加入了一些国际教育组织，参加了一些国际教育评估项目，例如国际学生评估计划（PISA）和国际数学与科学研究趋势（TIMSS）。虽然大多数情况下土耳其并没有取得理想的成绩，土耳其国内对这些成绩的解释也存在争议，但不可否认的是，这些项目是土耳其政府为加强教育质量做出的努力，有助于将土耳其的教育水平与世界其他国家进行比较，为土耳其自身的教育改革提供参考。

二　土耳其教育评价重要进展

土耳其高等教育入学要经过全国统一考试（Yükseköğretim Kurumları Sınavı，YKS），类似于我国的“高考”。这一考试不仅决定了学生是否具有高等教育的入学资格，而且决定了学生可以进入哪一种类型的高等教育机构进行学习。2022 年初，土耳其高等教育委员会宣布取消“高考”分数线，高等教育迎来重大改变，这在某种程度上也吹响了教育评价全面改革的号角。

（一）土耳其“高考”制度概况

土耳其现行的高等教育机构考试共分为三个阶段：基础能力测试（Temel Yeterlilik Testi，TYT）、专业能力测试（Alan Yeterlilik Testi，AYT）、外语测试（Yabancı Dil Testi，YDT）。

基础能力测试包括语文、社会科学、基础数学、自然科学四个部分，所有考生均须参加，考试题目均出自高中必修课的内容。基础能力测试一般在6月中旬的星期六上午10：15举行，考试时间共计165分钟[①]。基础能力测试的测试科目、考查内容、题目数量以及类型如表1所示。

表1 基础能力测试

测试科目	考察内容	题目数量(个)	题目类型
语文	考查学生能否正确使用土耳其语，如基本语法、造句、拼写规则、词汇运用、阅读理解等	40	单选（五选一）
社会科学	考察社会科学中的基本概念及具体原理	历史:5 地理:5 哲学:5 宗教文化与道德知识:5	
基础数学	考查学生的基础数学运用能力，如抽象思维、实际应用等	40	
自然科学	考察自然科学中的基本概念及具体原理	物理:7 化学:7 生物:6	
—	—	总计:120	

资料来源：ÖSYM. 2023 Yükseköğretim Kurumları Sınavı（YKS）Kılavuzu［EB/OL］.（2023-03-30）［2023-08-12］. https://dokuman.osym.gov.tr/pdfdokuman/2023/YKS/kilavuz_30032023.pdf。

① 从2023年高考开始，基础能力测试考试时间由135分钟延长至165分钟。

与基础能力测试不同的是，考生可以自愿选择是否参加专业能力测试，但是一般来讲，四年制的大学需要考生提供基础能力测试和专业能力测试两场测试的成绩。专业能力测试包括语文与社会科学-1、社会科学-2、数学、自然科学四部分，该测试中的题目均出自高中必修课内容，具体测试科目以及题目数量如表 2 所示。

表 2　专业能力测试

测试科目	题目数量(个)	题目类型
语文与社会科学-1	土耳其语言文学:24 历史-1:10 地理-1:6	单选(五选一)
社会科学-2	历史-2:11 地理-2:11 哲学:12 宗教文化与道德知识:6	
数学	40	
自然科学	物理:14 化学:13 生物:13	
	总计:160	

资料来源：ÖSYM. 2023 Yükseköğretim Kurumları Sınavı（YKS）Kılavuzu［EB/OL］.（2023-03-30）［2023-08-12］. https://dokuman.osym.gov.tr/pdfdokuman/2023/YKS/kilavuz_30032023.pdf。

第三阶段的外语测试并不要求所有的考生都参与。但是，如果考生的意向高校或专业要求提供外语成绩，那么考生需要参加该考试。

（二）土耳其“高考”制度最新进展

2022 年 2 月，土耳其高等教育委员会做出了一个关乎 250 万考生的重要决定——取消“高考”分数线。从 2022 年的“高考”开始，高等教育入学成绩要综合考虑考生高中成绩以及“高考”成绩，延长基础能力测试考试时间，取消录取分数线。

土耳其“高考”分数线取消的背后有着众多复杂的原因，可以从政治、经济、教育等多方面进行分析，其未来的走向仍然有待观察。

第一，从政治的角度看，“高考”分数线取消是土耳其大选前的一次“政治投资”。当时即将举行的2023年总统选举恰逢土耳其共和国建国百年，同时也关乎土耳其未来内政外交政策走向，既承载着特别的象征意义又具有重要的政治意义，年轻人的选票自然也是决定选举走向的重要因素。一方面，对于刚刚年满十八岁，获得投票权的一部分考生来说，能够获得上大学的机会无疑是诱人的；另一方面，扩大高等教育规模短期内能够延缓失业率的增长。虽然这种做法只能在短期产生效果，长期来看甚至可能产生副作用，但是选举的要求是即时性的。因此，土耳其政府做出这样的决定或多或少存在这方面的考量。

第二，从经济的角度看，大学生数量增加有助于刺激城市经济发展。2021年以来，土耳其国内经济遭遇严重危机，通货水平高企，物价飞涨。然而在土耳其看来，高通胀来源于全球能源、粮食价格上涨，以及价格上涨所带来的滞后和间接影响，而不是由经济基本面造成的。因此，土耳其央行一直通过降息来刺激经济活动，保证经济增长。对于经济缺乏活力的小城市来说，大学生的到来会在一定程度上促进城市经济发展。

第三，回到教育本身，取消“高考”分数线也是教育评价改革的重要一步。土耳其教育部在2018年发布的《2023教育愿景》（2023 Eğitim Vizyonu，以下简称《愿景》）中明确提出进行教育评价改革——轻成绩、重能力，减轻学生的升学考试压力，建立一套以“能力”为中心的评价体系。因此，这次改革也呼应了《愿景》中提出的目标。但是，不可否认的是，土耳其的教育评价改革仍处于初期，目前还未能建立起一套新的、成熟的、以能力为中心的评价体系。在这种情况下，贸然地取消分数线是否过于激进，也是需要思考的问题。

取消“高考”分数线为土耳其高等教育乃至整个教育系统带来了重要改变。

一是高等教育规模持续扩大。事实上，土耳其的高等教育毛入学率在

2009 年突破 50%，达到 53.4%，进入高等教育普及化阶段①；在 2020 年突破 100%达到 102.0%，增长迅速[6]。不难预测，此次高等教育委员会宣布取消“高考”分数线会进一步扩大高等教育规模，提高高等教育入学率。从报考数据上来看，土耳其 2022 年“高考”报名人数首次突破 300 万人，达到 3243425 人，同比增长 24.36%，如果政策继续施行，未来这一数字还会继续增加。从录取结果来看，2022 年“高考”后，正规高等教育机构共录取 86.7 万人，录取名额完成率 98.09%，其中录取本科生 46.9 万人（占总名额的 96.78%），专科生 39.8 万人（占总名额的 99.63%）。此外，开放教育录取名额完成率达 100%[7]。

二是教育保障系统压力增加。目前在土耳其，每个省份都开办了大学，但是各个省份之间的教育水平差异极大，一些地区的基础设施和教职员工培训并没有跟上发展的需求。因此，随着学生群体规模的扩大，一些教育发展水平相对落后的地区，尤其是土耳其东部和东南部所面临的压力也会成倍上升，在保证“量”的情况下，教育的“质”仍然是土耳其需要面对的重要问题。

三是“学历贬值”或将成为趋势。自 2019~2020 学年以来，土耳每年其高等教育毕业生人数就超过了 100 万（土耳其总人口接近 8500 万），如果高教委延续当前的政策，土耳其未来的高校毕业生人数将会快速增加，毕业生的就业问题仍然是土耳其政府未来不得不面对的问题。

总体来看，土耳其取消“高考”分数线背后有着很多超越教育本身的考量。短期来看这一举措能够实现政府的一些目标，但这也可能是一种“饮鸩止渴”的行为，长期效果以及发展持续性仍有待观察。

---

① 普及化高等教育的概念来自马丁·特罗的高等教育发展阶段论。在 1973 年发表的《从精英高等教育向大众高等教育转变的问题》一文中，马丁·特罗以高等教育的毛入学率作为衡量一个国家高等教育规模扩张程度并划分其历史发展阶段的量化指标，将高等教育发展的历程分为“精英、大众化和普及化”三个阶段。当高等教育毛入学率低于 15%，高等教育处于精英教育阶段；当毛入学率处于 15%~50%时，高等教育为大众化教育阶段；当毛入学率超过 50%时，说明高等教育已达到普及化的阶段，接受高等教育不再是公民权利，而是义务。参见 TROW M. Problems in the Transition from Elite to Mass Higher Education [J]. Carnegie Commision Higher Education，1973。

三　土耳其教育评价发展趋势

2018 年 10 月 23 日，土耳其教育部发布《愿景》，对土耳其建国百年的教育做出了规划、设定了目标。[8] 关于教育评价，该愿景提出了四个具体目标：一是启用测量和评估方法以提高教育质量①；二是关注学生的社交、文化和体育活动②；三是减轻教育系统中的升学考试压力③；四是基于能力进行测量和评估④。

综合来看，土耳其的教育评价有以下三个发展方向。

第一，评价方式多元化。从《愿景》中可以看出，土耳其针对学生与教师教育评价的周期在不断延长，分数也不构成唯一的考察标准，只以考

---

① 具体措施包括：（1）根据考试目的、内容、题型和意义，重新调整教育系统中的所有考试；（2）采用多样化的标准和评估方式衡量学术成绩；（3）在考核评价中，综合考虑学习过程和学习结果；（4）在特定的年级开展“学生成绩监测研究”（Öğrenci Başarı İzleme Araştırması），通过观察学生的学术表现来评估系统/决策的运作方式对学生学术成果的影响，而不是通过打分的形式；（5）为了缩小学校之间和地区之间的差异，并从整体上看待教育系统，与学术界开展合作，跟踪“学生成绩监测研究”的结果，并采取必要的补救措施；（6）在保护儿童数据的基础上，为每位学生创建一份电子档案，用于监测、评估和改善学生从学前教育到高等教育阶段所有的发展领域；（7）针对数字评估和评价应用程序为家长设计专门培训。

② 具体措施包括：（1）在所有省份建立评估与监测部门，全面监测、评估和提高儿童的社会与教育能力；（2）将所有学生的社交、体育和文化活动编入电子档案；（3）该过程所产生的数据将用于各种评估过程。

③ 具体措施包括：（1）采取教育措施缩小学校之间的成绩差距；（2）扩大条件落后学校的物质与社会可能性；（3）逐步减少以考试为录取标准的学校数量；（4）公平分配国家教育部提供的资源；（5）建立一个在部、省、区和学校层面的，为学生提供学业、社会和身体方面支持的机制；（6）通过监测“学校档案评估数据”（Okul Profili Değerlendirme Verileri），建立一种决策支持机制，确定为哪所学校提供什么样的支持；（7）教育部与其他相关部委合作建立支持机制，帮助条件有限的家庭；（8）开发灵活的模型，无须考试即可安置（录取）；（9）通过公众传播活动，提高人们对于为减少考试需求所做的改进措施的认知度。

④ 具体措施包括：（1）针对不同的学科领域制定能力和素质的定义，并创建相应的标准，以确保教学计划和课程设计符合这些标准；（2）根据目标群体的能力水平确定学生分布，并将这些数据与信息用于分析学生的情况；（3）确定目标群体（学校类型、地区、性别、社会经济地位）的能力水平，并生成数据用以追踪其在多年间的变化；（4）利用学习分析技术对不同能力水平的学生进行风险监测，并适时采取相应措施。

试成绩为录取标准的学校在未来会逐渐减少，学生甚至不需要参加考试就能被录取。目前，土耳其的高等教育已经取消了入学的分数线限制，这一举动吹响了教育评价改革的号角，未来这种做法的范围可能进一步扩大，考试成绩不会成为决定性因素。这也就意味着，长久以来“一考定终身”“唯分数论”的观念正在逐渐被抛弃，更加个性化的评价方式会受到更多的青睐。

第二，评价维度立体化。虽然在目前来看，标准化考试仍然是土耳其最主流、最有效的评价方式，但是以能力为中心的评价理念正在不断扩大它的可能性。《愿景》中多次提到对学生综合能力的培养与评价，“能力”不光包括学生的学术表现，还包括身体素质、社交能力等等。这种方式将抛弃原本过于重视学生成绩的单一化的评价模式，更加强调学生的个性、主体性与综合性，“优秀”的标准和范围进一步扩大。

第三，评价路径数字化。《愿景》中透露出的另一个格外重要的信息就是教育评价的数字化，即为每一个学生建立一个覆盖全部教育阶段的电子档案，以此对教育评价的各个环节进行数字化管理与科学分析。教育评价数字化转型是教育在信息化、智能化时代下发展的自然结果，也是趋势所在。当前，土耳其的教育评价数字化改革仍然处于初始阶段，未来土耳其还将会在模型开发、人员培训等多个环节上不断推动数字化进程。

四　结论

土耳其的教育评价自 20 世纪 70 年代以来不断发展，并在 2018 年之后有了明确的目标与方向。面对新时代中国教育评价改革，土耳其的案例可以为我们提供以下启示和参考。

第一，路径的“新”与“旧”。在《愿景》中，教育评价数字化改革脱颖而出。数字化评估可以提高评估的效率、准确性和科学性，从整体上促进教育质量的提高，在现代化教育改革中具有重要意义。新时代的中国教育评价改革也需要主动地加入数字化转型的浪潮中，加大研发力度、资金投入以及宣传科普，从数据收集、管理、分析到结果呈现上适应并推动新的评价路径。

第二，改革的“缓”与“急”。自 2018 年发布《愿景》以来，土耳其已经在教育评价改革上迈出了重要步伐，其中最具代表性的就是取消“高考”分数线。这一改革措施呼应了《愿景》中“减轻学生的升学考试压力”，“建立一套以‘能力’为中心的评价体系”的要求。但是，在一套新的、成熟的、以能力为中心的评价体系建立之前，这种做法难免有些激进。我国的教育体量远远超过土耳其，因此在进行教育评价改革时也宜缓不宜急，应首先开展试点，在谨慎评估之后再确定是否推广至全国。

第三，教育的“质”与“量”。作为一个后发的现代化国家，土耳其在教育发展上取得了相当耀眼的成绩，成为整个中东地区的“模范生”。然而，在耀眼的数字背后，快速的扩张也使得土耳其不同地区间教育发展差距急剧扩大。以伊斯坦布尔、安卡拉、伊兹密尔为首的大城市占据了土耳其教育尤其是高等教育的绝大部分资源，形成了某种教育的“马太效应”。在“量”飞速发展的背后，“质”所带来的压力和要求也相应增加。与土耳其类似，我国各省份之间的教育发展水平同样存在差异，且我国各省份在教育上的基数远远大于土耳其。因此，教育的“质”“量”平衡更需引起我们足够的重视。

参考文献：

[1] MISLEVY R J. Linking Educational Assessments: Concepts, Issues, Methods, and Prospects. Princeton [J]. Educational Testing Service Policy Information Center, 1992: 2.

[2] BAYKUL Y. Türklerde Eğitimde Ölçme ve Değerlendirme [J]. Journal of Measurement and Evaluation in Education and Psychology, 2011 (2): 19-20.

[3] 汤国忠、张楠等. 土耳其教育研究 [M]. 南宁：广西教育出版社，2023：38.

[4] GÜR B S, CEL İK Z, ÖZO ĞLU M. Policy options for Turkey: a critique of the interpretation and utilization of PISA results in Turkey [J]. Journal of Education

Policy, 2012, 27 (1): 1-21.

[5] 韩智敏. 土耳其教育行政体制探析 [J]. 教育教学论坛, 2014 (49): 127-128.

[6] TÜİK. Öğretim yılı ve eğitim seviyesine göre okullaşma oranı [EB/OL]. (2022-12-22) [2022-12-30]. https://data.tuik.gov.tr/Kategori/GetKategori?p=egitim-kultur-spor-ve-turizm-105&dil=1.

[7] ŞAHİN S. ÖSYM üniversitelerin doluluk ve adayların tercihlerine yerleştirilme oranlarını açıkladı [N/OL]. Anadolu Ajansı, (2022-08-15) [2022-12-30]. https://www.aa.com.tr/tr/egitim/osym-universitelerin-doluluk-ve-adaylarin-tercihlerine-yerlestirilme-oranlarini-acikladi/2661455.

[8] MEB. 2023 Eğitim Vizyonu [R]. Ankara: Milli Eğitim Bakanlığı, 2018.

Educational Assessment of Basic Education in Turkey

—*Overview, Progress and Trends*

Zhang Nan

Abstract: In 2020, the Central Committee of the Chinese Communist Party and the State Council issued the *Overall Plan for Deepening Educational Evaluation Reform in the New Era*, which provided direction for education reform in China. Based on this background, this report systematically reviews and analyzes the general situation, major progress and trends of educational assessment in Turkey, aiming to draw lessons and insights from Turkish practices to serve the reform of China's educational assessment system. Turkey initiated systematic educational assessment in the 1970s, led by the government with support from non-governmental organizations and participation from international institutions. At present, Turkish educational assessment holds a centralized system and an international perspective. Following the release of *Turkey's Education Vision* 2023 and the abolition of the minimum passing score for the "College Entrance Examination", Turkey is continuously deepening its educational assessment reform. In the future, Turkish educational assessment will evolve towards diversification of methods, muti-dimensionality of dimensions, and digitization of pathways.

Keywords: Turkey; Basic Education; Educational Assessment; Turkish "gaokao"; *Turkey's Education Vision 2023*

新加坡基础教育评价改革新动向

高皇伟　吴平根　吴　坚*

摘　要：面对不确定的世界、多样化的社会和快速发展的教育，新加坡立足学生发展与评价，从国家教育系统、教师教学和学生成长等视角在学生学习、课程、教学、考试等方面推陈出新。“全面取消中小学阶段年中考试”“全面科目编班”“全学科分级计划”“改进 PSLE 评分系统”等改革举措旨在培养学生 21 世纪所需的能力，着眼于自身可持续学习而非在与他人比较中学习，并朝向“学无止境”方向发展，表现出面向终身学习发展大规模定制教育、增强基础教育评价政策改革的韧性、灵活改进适应学生发展的评价体系等特征，为学生可持续发展提供更多“学无止境”的机会，从而为新加坡基础教育改革不断塑造新动能。

关键词：新加坡　基础教育　教育评价　学生评价

在这个不确定性、不安全感和不平等加剧的世界中，以往的培养方案所培养出来的人才已经无法适应和解决当今的问题，即已经不能达到未来教育成功的基准。相反，我们要构建应对未来挑战的能力，制定及

---

* 高皇伟，华南师范大学东南亚研究中心科研办主任、政治与公共管理学院副教授，博士，硕士生导师；吴平根，华南师范大学教育科学学院硕士生；吴坚，华南师范大学副校长、东南亚研究中心主任、东南亚中文教师教育学院创院院长、教授，博士，博士生导师。

时和相关的解决方案，并为更加不确定的世界创造新的价值[1]。基础教育评价是应对基础教育发展挑战的重要手段，对整个基础教育人才培养体系具有深远的影响。为了配合“学无止境”大方向，建立更加团结的社会，新加坡需要为那些能够弥合分歧、保持凝聚力、拥抱多样性和有弹性的人提供更多机会，而新加坡教育部发布的一系列基础教育评价政策，为新时代新加坡大规模定制教育（Mass Customization Education）发展提供新的可能。

一 新加坡基础教育评价改革的时代背景

新加坡自1965年脱离马来西亚成立新加坡共和国以来，发展速度非常快，在短时间内就实现了经济的腾飞，与韩国、中国的台湾、香港一同被誉为亚洲四小龙，在亚洲乃至世界的发展中发挥着举足轻重的作用。近些年，面对新冠疫情与全球经济低迷的冲击，新加坡并没有陷入困境，反而能够积极应对危机和挑战，不断取得新的发展成果，并在促进全球化与亚洲发展的过程中扮演着越来越重要的角色。2022年“第32期全球金融中心指数报告（GFCI 32）”① 显示，新加坡取代中国香港，跻身成为亚洲最大的金融中心，也是全球第三大金融中心。这些都离不开新加坡在教育领域的积极探索、创新改革与发展。

新加坡独特的地理位置塑造了中西方文化交融的教育特色。作为曾经英国的殖民地，新加坡深受英国教育传统的影响，采用的是英国的教育体制，倡导个体价值观，注重学生本位的教育评价。随着大批华人移居，新加坡在思想文化方面也深深受到以中国为代表的东方儒家文化的影响[2]。在儒家文化影响下，唯考唯学、重视考试、重视文凭是新加坡基础教育的显著特点。相应的，学校教育注重应试，升学应试考试的目的性强，学生的学业竞争激烈、考试频繁且负担重。在考试竞争的压力下，学生在学习

---

① “第32期全球金融中心指数报告（GFCI 32）”主要对全球19个主要的金融中心从营商环境、人力资本、基础设施、金融业发展水平、声誉等方面进行评估与排名。

中难以体会到快乐，不利于学生的全面发展以及国家创新型人才培养。为了应对这一挑战，近 20 多年来新加坡政府先后出台了多项面向学生评价的基础教育改革政策。例如，1997 年，新加坡教育部出台“思考型学校，学习型国家”（Thinking School，Learning Nation）政策，强调要培养学生的批判性和创造性思维，深化学生对终身学习的理解，这一政策旨在改变儒家文化影响下学校的应试风气[3]。2005 年，新加坡教育部开展“少教多学”（Teach Less，Learn More）教育改革，强调学生本位学习，而不是教师的灌输教学，从而减少学生的学习压力，改变传统的死记硬背的学习方式，以此提高教学质量，并进一步削减课程，让学生能够拥有自己探索和发现的空间。与“思考型学校，学习型国家”不同的是，“少教多学”主要是从老师的角度出发制定的政策，而不是从国家系统的角度[4]。相较而言，2018 年新加坡教育部主张“为生活而学习”（Learn for Life）则从学生的角度出发，对学生考试及评价等相关内容进行改革[5]。这有助于进一步改进中小学教育评估体系，对过分强调考试成绩的这一现象进行降温。2019 年起，新加坡逐步取消了小学一、二年级的一些评估和考试，注重培养学生的学习乐趣以及终身学习所需的价值观、态度和技能，同时平衡好学生严谨的学业和轻松的身心发展，进一步减少评估带来的负担，从而优化教学和学习。

三次改革立足于学生发展与评价，分别从国家教育系统、教师教学和学生成长的视角对基础教育评价、课程、教学、考试等方面进行调整和革新，取得了一定的成效，学生的学习压力与考试压力得到缓解，学校的应试风气也随之慢慢发生改变。但是，在社会快速发展下，新加坡教育面临新的挑战。新加坡教育部长陈振声在新加坡政策研究所展望 2023 年的演讲上提道：三股力量在塑造新加坡的教育体系，一是技术和商业的周期不断压缩，二是世界变得更加两极分化，三是新加坡的社会结构在不断演变[6]。可见，新加坡基础教育改革政策与整个国家的社会经济发展紧密相连。学生学习已经超越学校教育的范畴，是人一生必须追求的重要使命。新加坡出台的“学无止境”（Learn for Life）计划迎合了国家和社会对新时代人才的需求，深化了“为生活而学习”教育改革，加强培养学生的自信心和自主学习能力，促进学生终身学习，从而让学生了解自己的优势和兴趣，培养自信的新加坡人。在此基础上，增强新加坡的综合实力，打造一个可持续、凝聚力和竞争力强的新加坡。据2022年新加坡《联合早报》报道，新加坡全球竞争力排名第三位，这离不开新加坡教育评价改革对创新人才的培养。

二 新加坡基础教育评价改革的主要措施

（一）全面取消中小学阶段年中考试

新加坡的年中考试对于学生来说是非常重要的。学生在各个阶段的年中考试中所获的成绩关系到学生的升学，导致学校形成浓厚的应试风气。新加坡教育部门也意识到这一点，所以早在2018年“为生活而学习”的改革中，一项措施就是改革学校的考试评估体系。具体来说，推动学生评估从单一的分数向全面发展的标准转变，采用多种方式更加全面地评估学生的知识、能力等[7]。这使得学生学习不仅仅是为了一个外在的分数，而是能够发现学习的快乐，从而增强学生学习的内驱力。

2019年之前，新加坡教育部就规定小学一年级学生不进行期末考试，二年级学生不进行期中考试。自2019年起，小学一、二年级学生的所有加权评估及考试被取消，且在校期间所实施的评估不计入任何总分或成绩之中。2019至2021年这三年间，小学三年级和小学五年级以及初中一年级的年中考试也逐步被取消。年中考试的取消为小学三年级、四年级、五年级、六年级，中学一年级、二年级、三年级、四年级的学生腾出约三周的课程时间。学校可以利用这段时间来优化调整教学和学习的步伐，促进学生对知识的理解，进而发展学生21世纪所需要的能力[8]。根据新加坡教育部发布的《21世纪能力和学生成果框架》（Framework for 21st Century Competencies and Student Outcomes），学生的21世纪能力包括核心价值观、社交情感能力、世界全球化的21世纪能力。核心价值观包括培养学生尊重他人，对自己、家庭、社区、国家和世界负有责任，具有坚持不懈的韧性、诚信的品质以及学会关怀和促进社会的和谐。社交情感能力包括自我意识、自我管理、能够进行负责任的决策、具有社会意识及学会关系管理。世界全球化的21世纪能力包括公民素养，全球意识和跨文化技能，批判性和创造性思维，沟通、协作和信息技能[9]。

2019年以来，新加坡关于取消年中考试的改革取得了良好的成效。新加坡教育部长陈振声于2022年3月7日在教育部供应辩论委员会（Committee of Supply Debate）中宣布，过去几年，学校已取消小学三年级、小学五年级、初中一年级和初中三年级的年中考试，取得良好的成效。教师能更好地规划教学进度，让学生更加深入地学习。比如丹戎加东中学（Tanjong Katong Secondary School）在数学、英语、科学等课程的实施中融合各种学习经验，采取课堂讲座教学、小组教学、户外实践、比赛培训等方式，为学生提供了多样化的学习机会。相应的，取消年中考试为学生腾出来的时间可以让学生更加积极地参与学习活动。鉴于此，中小学从2023年起将取消所有年级的年中考试[10]。

全面取消年中考试的做法是对之前几年逐步取消年中考试的认可和推进。取消年中考试之后，学校的评估方式得到改变，进一步减轻了学生的负担。然而，学校依旧保留定期评估的方式，帮助学生检测学习进度，让每个学生发现自身的优势，让学生全面自主地学习并掌握技能，而不是一味地与他人做比较。但是，这也引起了一些担忧。很多家长纷纷向新加坡教育部官网反映，担心取消年中考试后，学生的学习情况不能够得到及时的反馈，而家长和老师也都不能够通过考试分数来把握学生目前的学习情况。更进一步，担心全面取消年中考试并不能达到理想的效果，甚至有可能适得其反，学生一时间难以适应考试的取消，由此可能不能很好地培养学生21世纪所需要的能力。

（二）推行全面科目编班

新加坡的中等教育分流制度是在独立后建立起来的。新加坡小学生根据自己离校考试——小学六年级毕业会考（Primary School Leaving Examination，PSLE）的分数将分别进入三种不同类型的班级中进一步接受中等教育。成绩最好的学生进入四年制的快捷班（Express），学生毕业后参加新加坡-剑桥普通教育证书（普通水准）会考（GCEO-Level Exam），考试后根据相应的标准再次进行分流，此为新加坡的精英教育[11]。另外两种类型的班级分别为普通学术类［Normal Academic，简称 N（A）］和普通技术类［Normal Technical，简称 N（T）］两类，都为普通班。前者与快捷班的课程设置相同，在普通学术班中表现优异的学生可以转入快捷班，但是只有两次机会，错过这仅有的两次机会后就不能再转入快捷班，这使得学生在不同班型的转换中不够灵活。普通技术班则注重技术性，学生大多数进一步接受职业教育[12]。在这种中等教育的分流制度下，学生一旦在小学升学时选择了某一轨道，未来的教育与发展路径基本被确定，难以在其他方面有所发展。这种中等教育分流制度下各个轨道之间转换不够灵活，对于学生的发展来说是非常不合适的。为此，新加坡教育部推行全面科目编班，以克服这种弊端。

全面科目编班政策是对全面取消年中考试政策的一个补充。全面取消年中考试之后，学校所采取的定期评估政策可以使每个学生得到个性化发展，让每个学生清楚自己的优势所在。从 2024 年开始，新加坡将完全取消分流制。在中学，学生将被分组在混合式班级中[13]。学生可以根据自己的学习进度，选修不同学科水平的不同科目。这些科目级别称为 G（一般），包含 G1、G2 和 G3。G3 的学习程度最高，相当于原先的快捷班，G2 相当于原先的普通学术类，G1 相当于原先的普通技术类。它们分别和新加坡之前的 N（T）、N（A）和 Express 标准大致对应。

为了让更多的学生能够享受到全面科目编班的益处，新加坡教育部将于 2024 年在克信女子中学、丹戎加东女校、丹戎加东中学推行全面科目编班计划。个别学校会录取 G2 水平的学生，分散在不同班级，而有能力的学生可修读 G3 科目。全面科目编班的学校将由 59 所中学增加至 90 所，占新加坡中学总数的 2/3。目前，直通车学校和技术类学校这些专科学校是不包括在全面科目编班计划之内的。

全面科目编班的推进将使得学生在学科层面的灵活性更大。那些在某一门学科上很强的学生可能会在要求较高的水平上学习它，而那些发现难以应付某一门学科的学生可能会根据学校的指导在要求较低的水平上进行学习。全面科目编班的这一大转变，旨在根据学生的强项提供更加个性化的学习，使得每名学生都有自己的一套学习标准和要求。这既符合新加坡目前大规模定制教育的要求，即让每名学生能发挥所长，也是对中等教育分流的一次重大调整。这一调整的本意和预期效果是好的，但是在实际实施的过程中，如何能够真正地达到学生根据自己每一科目的实际情况实现科目编班？编班的过程中如何避免混乱？如何防止分班过多？如何确定分班是基于学生的真实能力而划定的标准？这些问题都有待进一步斟酌。

（三）面向中学实施“全学科分级计划”

自 2014 年以来，新加坡教育部开始试行“学科分级计划”（subject-based banding）。“学科分级计划”能够让学生在英语、母语、科学和数学四门科目中根据自身具体的知识能力水平选择不同层次的班级[14]。最初实施“学科分级计划”是为了克服分流制定向划分学生带来的弊端，根据学生的具体情况在学科上采取有针对性的教育。

2020 年，新加坡教育部在中学阶段推行“全学科分级计划”（full subject-based banding），课程科目上较 2014 年实施的“学科分级计划”有所增加，不单对英语、母语、科学和数学四个科目进行学科分级，还优化了不同班级的组织形式。例如在英语快捷班中，有来自不同科目不同班型的学生，但是他们在英语的学习上是处于相似的水平，其他的科目同理。这样做不仅能够让不同水平的学生加强沟通交流，还能减少学校里的一些歧视现象[15]。基于此前两次学科分级的成效，新加坡教育部根据当前教育的发展状况开始在中学阶段推行“全学科分级计划”。

“全学科分级计划”是新加坡政府致力于培养学生学习乐趣的组成部分，并开发多种途径来满足学生的不同优势和兴趣。从 2020 年起，新加坡先在28所中学试点实施了“全学科分级计划”。2022~2024年，该计划每年逐步推广到更多中学，为学生提供更大的灵活性，可以根据自身学习的状态选择适当的课程进行学习。该计划将扩展到目前只提供快速课程的三所学校：克信女子中学、丹戎加东女校和丹戎加东中学。新加坡教育部长陈振声指出，随着分流制的取消，学生将在整个中学阶段灵活地在适当的科目水平上选修不同的科目[16]。2024年起，新加坡教育部将在所有中学推行“全学科分级计划”，每个孩子在整个教育过程中能够有机会继续去发展他们独特的优势，促使学生发挥潜力，使他们能够拥有21世纪所需要的能力。

通过“全学科分级计划”，新加坡正在走向这样一种中学教育：学生以最符合其整体优势、兴趣和学习需求的水平学习每个科目。该计划实施后，新加坡将不再有单独的快捷、普通学术和普通技术课程。学生将参加混合形式的课程，与拥有不同优势和兴趣的同龄人互动，增强不同优势学生之间的交流。这与全面科目编班一样能够减少原先分流制划分学生所带来的歧视现象。不仅如此，新加坡教育部将把学科分组（SBB）扩大到四个PSLE科目（即英语、母语、科学和数学）之外，让符合条件的学生从初中二年级开始能够学习水平要求更高的人文学科（地理、历史和英语文学）。其他科目，如艺术、设计与技术、食品与消费者教育以及音乐，将在初中作为配套的共同课程科目提供给学生学习[17]。

当前，在新加坡实施“全学科分级计划”的学校中，学生能够选择更高标准的科目进行学习。所有中学生均可根据每科的PSLE成绩水平（AL），从初中一年级开始，以更高的要求学习英语、母语、数学和科学。在英语、母语、数学和科学的PSLE成绩中，成绩水平为AL5或者更高的学生可以选择在快捷班或N（A）级别，AL6的学生可以选择在N（A）级别进行学习。这两种水平的学生在PSLE学科级别中都被称为标准级别。与标准级别相对应的是基础级别，即AL成绩水平为AL A，处于这一水平的学生也可以选择在N（A）级别进行学习[18]。新加坡初中二年级的学生在人文学科的学科分组（SBB）选择上，要从两方面确定学习级别，原先的人文学科水平为N（A）级的学生结合校本评估（即学生对特定学科的能力和兴趣）可以在地理、历史、英语文学这些科目中任选一个快速级别。原先人文学科水平为N（T）级的学生结合校本评估选择人文学科中的N（A）级别[19]。这些选择使学生能够根据其特定的学科优势和兴趣，拥有更大的学习自主权，从而发现学习的乐趣。

2024年起，中学将取消快捷、普通学术和普通技术课程，学生将继续通过PSLE评分等级进入中学，因为学生的PSLE分数仍然是初步衡量他们整体学术能力和适当学科水平的标准。在整个中学教育中，学生可以选修三个级别的科目，分别为G1、G2、G3（G代表一般）。学生可以根据自己的优势、兴趣和学习需求，灵活地在初中一年级、二年级和三年级选修不同的科目。在英语、母语、数学和科学四个科目中，AL5或更高水平的学生可选择G3或G2，AL6的学生和AL A的学生选择G2。随后，学生将根据他们的各种科目和学科水平组合获得课程学习和发展途径。在地理、历史、英语文学等人文科目中，人文学科水平为G2的学生可以任选一个科目的G3级别，G1水平的学生则选择G2级别。2024年之后，新加坡中学课程要求的一个新变化就是学校对母语（MTL）要求较低。在应对MTL学习方面，特殊困难的学生可以选择G1或G2 MTL。MTL课程提供的G1、G2和G3级别的学习可以给学生提供更大的灵活性，即让学生拥有自己定制课程学习的机会，因此新加坡将于2024年停止实施MTL“B”。

配合“全学科分级计划”，新加坡教育部也将对国家考试进行改革。从2027年起，毕业的学生将参加新的新加坡-剑桥中学教育证书（SEC）考试。SEC考试将反映学生学习的科目和水平。这类似于A-Level考试中学生参加H1、H2和H3级别的科目和PSLE中学生参加标准或基础水平的科目[20]。与此同时，随着“全学科分级计划”的实施，新加坡原先的N（A）直通车计划N（A）TT自2022年起停用。之前，N（A）TT主要为参加N（A）课程的学生提供直接参加新加坡-剑桥普通教育证书（普通水准）会考（GCEO-Level Exam）的选项而不用参加GCEN水准测试。这样，有助于学生将他们的学习分散到三年的高中学习中。在“全学科分级计划”中，原先的直通车计划将显得不那么重要[21]。

（四）改进 PSLE 评分系统

小学六年级毕业会考评分系统是新加坡教育部对学生进行评估并推动学生个性化发展的重要评估系统。PSLE 作为一个有效的检查方式，其作用在于可以衡量学生对关键概念和学术优势的理解，帮助学生在升入中学后以合适的速度学习[22]。为了配合“全学科分级计划”，2021 年新加坡教育部就对 PSLE 评分系统进行完善，修订后的 PSLE 评分系统将帮助学生专注于自身的学习，而不是在与他人的比较中学习。

多年来，新加坡教育部一直在微调教育系统，以帮助学生发现和发展各自的优势和兴趣，同时也进一步遏制学校教育中对学生学业成绩过分强调的状况。目前，新加坡实施的新 PSLE 评分系统旨在减少学生考试成绩的细微差别，认可孩子的成就水平，不用去和同龄人的表现做比较。新 PSLE 评分系统使用的是成就等级，可以反映学生相对于课程学习目标的表现状况，总共存在 29 种反映学生成就级别的 PSLE 分数。在新 PSLE 评分系统的评估下，学生考试成绩的差异将会缩小，更多的学生将会获得相同的 PSLE 分数，而且也会有更多具有共同的分数节点的学校，所以学生在 PSLE 的分数下会有更为广泛的学校供他们选择，而最终的学校选择就看学生各自的优势和兴趣。

相比之下，旧 PSLE 评分系统采取 T 分数的方式，存在超过 200 种可能的 T 分数，且学生之间的细微分数差别会被放大。具体的 T 分数的计算公式如图 1 所示。在旧 PSLE 评分系统中，当学生参加 PSLE 评分时，他们在每个科目中的原始分数将使用公式计算为科目 T 分数[23]，每个科目的 T 分数都反映学生相对于同龄人的表现如何，将 4 个参与 PSLE 评分的科目 T 分数相加就可以形成学生总的 T 分数。

具体来说，新 PSLE 评分系统存在以下主要变化。第一，原先的 PSLE T 分数已被更广的评分范围所取代，称为成就级别（AL），每个 PSLE 科目

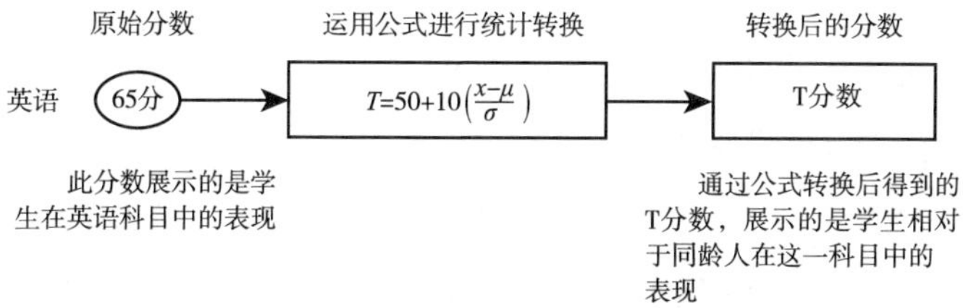

图 1　旧 PSLE 评分系统中 T 分数计算公式

资料来源：Ministry of Education of Singapore. Why is MOE Changing the PSLE Scoring System?［EB/OL］.（2021-05-25）. https：//www. moe. gov. sg/microsites/psle-fsbb/psle/changing-psle-scoring-system. html。

将使用 8 个 AL 进行评分，表现相似的学生将获得相同的成就级别[24]。按分数范围赋予学生相应的等级，可以减少学生对分数的过分关注，并且可以克服 T 分数评估下学生考试成绩差异过小的弊端。详细的原始分数与 AL 等级对应情况如表 1 所示。

表 1　AL 等级对应分数

成就等级	1	2	3	4	5	6	7	8
原始分数范围	≥90 分	85~89 分	80~84 分	75~79 分	65~74 分	45~64 分	20~44 分	<20 分

资料来源：Ministry of Education of Singapore. What does this Mean for Your Child?［EB/OL］.（2021-07-09）. https：//www. moe. gov. sg/microsites/psle-fsbb/psle/new-psle-scoring-system. html。

第二，学生基础科目的评分发生了变化。在新的 AL 系统中，如果学生正在学习基础水平的科目，那么该科目将会被评定为 AL A 至 AL C。与标准水平科目的 AL 一样，基础科目的 AL 将反映学生各自的成就水平，而不是他们相对于同龄人的表现。基础科目的 AL A 至 AL C 将分别对应标准水平科目的 AL 6 至 AL 8，基础成绩 A（75~100 分）对应的是 AL6，B（30~74 分）对应的是 AL7，C（<30 分）对应 AL8。

第三，新的评分系统将对豁免 MTL（母语学习）的学生配置 MTL 分数。换言之，学生会在 PSLE 中取得 AL6 到 AL8 之间指定的 MTL 分数，以便使他们有一个由四个科目组成的 PSLE 分数[25]。不管是在原先的标准水平科目还是基础科目中，原先的分数划分标准都将被包容性更强的 AL 等级代替，其结果将有助于缓解学校、家长、学生对于细微分数差别的焦虑，从而减轻学生的学习压力。

在对各个科目赋予对应的 AL 级别后，即可计算出学生的 PSLE 分数。学生的 PSLE 分数是由英语、母语、数学、科学四个科目组成的一个总和分数。例如，如果一个学生在新 PSLE 评分系统下，英语为 AL3、母语为 AL2、数学为 AL1、科学为 AL2，那么该学生的 PSLE 成绩为 8 分（即 3+2+1+2）。总和分数的范围从 4 分到 30 分，其中 4 分是总分中最好的得分。在新 AL 系统下，学生的中学课程资格也发生变化。2023 年之前，学生继续分别被安置在快捷、普通学术或普通技术的中学课程中，而这基于他们的 PSLE 分数。PSLE 总得分为 4~20 分的学生将被安排在快捷课程中，总得分为 21~22 分的学生可以选择快捷或普通学术课程，总得分为 23~24 分的学生选择普通学术课程，总得分为 25 分的学生选择普通学术或者普通技术课程，总得分为 26~30 分的学生选择普通技术课程[26]。新 PSLE 评分系统是对“全学科分级计划”政策的一个回应。通过新的 AL 等级，学生能够进入不同的班级类型，并采用涵盖范围更宽广的等级，使学生更好地选择适合自己知识能力水平的课程类型。

新 PSLE 评分系统在一定程度上减少了对学生分数类型的划分。学生的分数等级减少至 29 种，相对以往的 200 多种发生了较大的改变。但是，对于学生来讲，更多的学生会被纳入同一个分数范围内，可能导致每个学生具体细微的个性差异被忽视，从而难以被照顾到。这需要进一步优化或改进。

三　新加坡基础教育评价改革的特点

（一）面向终身学习发展大规模定制教育

自 2018 年“为生活而学习”教育改革以来，新加坡基础教育越来越关注学生的内在学习以及学生的终身学习发展。在《终身学习：对明天充满信心》演讲中，新加坡教育部长陈振声指出要让“学校教育部”成为“终身教育部”。在终身教育过程中，会推动大规模的定制教育的发展，从而让每个孩子都发挥出最好的一面。[27]终身教育为新加坡经济繁荣和社会可持续发展提供了源源不断的人力驱动力，其基础教育改革中所强调的每个学生的差异化、个性化学习，就是要让每个学生能够在充分发挥自身优势和潜力的教育中培养21世纪的能力，进而支撑和服务新加坡国家创新型人才的永续生产。为此，新加坡积极为学生创造学习时间和空间，以发展取得成功所需的生活技能，包括应对失败的能力。与此同时，新加坡通过教育技术改革与创新，既为学生的个性化学习提供便利，也助力教师更好地提供反馈并跟踪学生的学习进度，比如根据学生的需求探索使用自适应学习系统，为学生量身定制学习。

“全面取消年中考试”的做法将有力地推动学生把学习的关注点转移到自身上，关注内在的学习乐趣，而不必过度地关注自己在同龄人中的表现水平；“全面科目编班”“中学的全学科分级”有利于学生根据自身的知识水平和学习兴趣选择适合自身标准的课程，但需要学校有更多的资源，也要求教师调整和创新教学策略和方法。在实施中依旧存在一定的挑战和困难。尽管如此，这几项措施都有利于新加坡教育部发展大规模的定制教育，使学生的个性化学习成为可能，学校成为每个人定制教育的场所。通过这种定制教育的发展，让每个学生的终身学习成为可能。新加坡实施的“定制教育”意味着在教育中发生如下变化：一是在学习中，学生被赋予更多的能动性，可以按照自己的节奏自主学习，拥有专门的时间和空间追求自己的兴趣；二是意味着学校需要进一步提供更加多样化的教育途径，以灵活地满足学生的发展需求。

（二）增强基础教育评价政策改革的韧性

由于全球教育环境的变化以及新加坡教育系统面临的各种挑战，新加坡亟须建立良性的社会契约，提升对本国人民投资的价值，让每一位新加坡人都能充分发挥潜力。无论个体的起点如何，新加坡都将通过增强基础教育评价政策改革的韧性，努力建立一个更为公平和更具包容性的教育环境。近几年，新加坡教育部在基础教育评价各方面所实施的改革措施，整体体现出来的一个特点就是各项政策措施联系更加紧密，互相产生作用，从而整体地推进新加坡基础教育改革，应对教育发展中的各种挑战。取消年中考试后，学校不再通过密集的考试来评价学生，而是采取定期评估，使得每个学生理解自身发展的轨迹，能够更大限度地发挥自己的独特优势。配合“取消年中考试”的政策，新加坡进一步推动学生个性化发展，使学生专注于自身的学习，寻求适合自己的学习时间和空间，为此新加坡教育部推出“全面科目编班”和“全学科分级计划”。这两项计划使得学生根据自己能够掌握的知识和能力水平，选择适合自己的学习节奏。同时，为了更好地推行“全学科分级计划”，新加坡教育部还对原有的 PSLE 评分系统进行改革，使用新的 PSLE 评分等级，学生能够通过新的 AL 等级与“全学科分级计划”对接起来。从整体来看，新加坡教育部近几年颁布的“全面取消年中考试”“全学科分级计划”“新 PSLE 评分系统”等政策是环环相扣的，增强了教育改革政策实施的韧性，促进了新加坡基础教育系统生态的良性发展，为国家塑造更多高质量的新时代人才。

（三）灵活改进适应学生发展的评价体系

纵观近年来新加坡基础教育改革政策，新加坡致力于以学生的可持续发展为核心开展政策调整与改进，从而完善学生评价体系，灵活处理学生个性化发展所面临的挑战。从“全面取消年中考试”“推行全面科目编班”“全学科分级计划”“新 PSLE 评分系统”这几项教育改革措施都是围绕学生发展展开评价改革。在“全面取消年中考试”的教育改革中，新加坡教育部围绕学生需要参与的年中考试进行改革，在结合“取消年中考试”的试点成效以及新加坡教育发展状况的基础上，进一步对年中考试进行改革，全面取消中小学生的年中考试。通过改变以年中考试评价学生的方式，为学生腾出更多的学习发展时间。“推行全面科目编班”“全学科分级计划”这两项改革措施体现出对学生评价标准的转变，进行全面科目编班和采取全学科分级，可以使学生拥有适合自己的一套学习标准和要求，这使得每个学生都是在与自己比较的基础上进行对自身学习的评价。相较而言，原先的评价方案则着力要求学生与同龄人进行比较，而现有的评价方案呼吁学生关注自身。这一点还突出体现在“新 PSLE 评分系统”上。旧的 PSLE 评分系统主要采取 T 分数的计算方式对学生进行评价。在这种情况下，学生之间细微的分数差别都会被放大，而“新 PSLE 评分系统”采用成就等级对学生进行评价，可以优化学生之间这种细微的分数差别，使得大多数学生都能够被同一个等级范围所囊括，反映了学生学习评价标准的新变化。由此，新加坡通过灵活改进适应学生发展的评价体系，使学生可以发展自身需求及优势，凸显“自我教育”的主观能动性，成就自身美好的人生。

四 结语

继“为生活而学习”教育改革之后，新加坡基础教育评价在培养学生自主学习能力和终身学习的习惯、促进学生全面与个性化发展等方面取得了一定的成效，为新加坡培养具备 21 世纪能力的公民奠定了基础。然而，面对不确定的世界、多样化的社会以及快速发展的教育，新加坡基础教育评价改革面临新的挑战，包括学生个体的持续学习问题等。对此，“全面取消年终考试”这一改革措施直接就是对教育评价的方式之一——考试进行改革，改变原先过分强调考试分数的教育评价方法，对唯分数、唯考试这一现象进行降温；而“全面科目编班”“全学科分级计划”以及“新 PSLE 评分系统”则是从一个更深层次的逻辑上促进学生评价的改革。“全面科目编班”和“全学科分级计划”都能够减少学生与他人之间的比较，能够让学生更加关注自身的学习发展状况，对每个学生的评价都是要根据其自身已有的知识能力发展水平而不是以同龄人作为参照。“新 PSLE 评分系统”的实施更是进一步减少学生同龄人之间细微分数差别的比较，这在学生评价上能够回归评价的本质——促进学生自身的发展，而不是为了一个外在的目的——在评价中超过别人。这三项措施都是从深层次的逻辑出发对新加坡基础教育评价中的不足之处进行改革。

诚然，新加坡近几年实施的基础教育评价改革的具体成效还有待时间的检验，我们应该辩证地看待其基础教育评价改革。追求以学生自身发展需求为核心的评价改革措施，不仅需要政府、学校、社会和家庭全方位的资源支撑，还需要所有相关主体人员，尤其是教师须具备能够进行个性化教育的智慧和方式方法，而学生需具备能够自主反思自身成长的能力并能够科学诊断自身发展需求。因此，在实践过程中，全面取消年中考试的做法可能会使得学校和家长对学生具体的学习情况掌握变得更难，而进行全面科目编班和全学科分级也可能带给教育教学许多不确定因素，新 PSLE 评分系统是否可以科学评价学生取得的进步、全面衡量学生的发展，依旧需要在运用中不断检验。总而言之，从 1997 年“思考型学校，学习型国家”到 2005 年“少教多学”、2018 年的“为生活而学习”，再到近几年基础教育评价改革的几大措施，我们可以看到新加坡基础教育评价改革涉及国家、社会、学校、教师、学生等多方主体的利益博弈，其核心指向如何更好地可持续培养未来具有竞争力的新加坡人才。

参考文献：

[1][6] Ministry of Education of Singapore. Speech by Minister Chan Chun Sing at the Institute of Policy Studies Singapore Perspectives 2023 [EB/OL] (2023-01-05). https://www.moe.gov.sg/news/speeches/20230105-speech-by-minister-chan-chun-sing-at-the-institute-of-policy-studies-singapore-perspectives-2023.

[2] 易学瑾. 新加坡基础教育改革中的“减负”：由来、政策与价值取向 [J]. 教育文化论坛，2022，14 (02)：76-82.

[3][14] 陈雪芬，郭腾飞，甘立. 新加坡终身学习发展历程及动向分析 [J]. 职

业技术教育，2020，41（12）：76-80.

[4] [5] Ministry of Education of Singapore. Opening Address of Schools Work Plan Seminar [EB/OL]. (2018-09-28). https://www.moe.gov.sg/news/speeches/20180928-opening-address-by-mr-ong-ye-kung-minister-for-education-at-the-schools-work-plan-seminar.

[7] [8] Ministry of Education of Singapore. Learn for Life Preparing Our Students to Excel Beyond Exam Results [EB/OL]. (2018-09-28). https://www.moe.gov.sg/news/press-releases/-learn-for-life-preparing-ourstudents-to-excel-beyond-exam-results.

[9] Ministry of Education of Singapore. 21st Century Competence [EB/OL]. (2022-12-14). https://www.moe.gov.sg/education-in-sg/21st-century-competencies.

[10] [13] Ministry of Education of Singapore. MOE FY2022 Committee of Supply Debate Response by Minister for Education Chan Chun Sing [EB/OL]. (2022-03-07). https://www.moe.gov.sg/news/speeches/20220307-moe-fy2022-committee-of-supply-debate-response-by-minister-for-education-chan-chun-sing.

[11] Ministry of Education of Singapore. Express Course for Secondary School [EB/OL]. (2019-12-28). https://beta.moe.gov.sg/secondary/courses/express/.

[12] 丁瑞常，徐如霖．统一下的多样：新加坡中等教育分流制度改革评析［J］．世界教育信息，2021，34（07）：66-72.

[15] Ministry of Education of Singapore. One Secondary Education, Many Subject Bands: 28 Secondary Schools to PilotFull Subject-Based Banding [EB/OL]. (2019-09-03). https://www.moe.gov.sg/news/press-releases/one-secondary-education--many-subject-bands--28secondary-schools-to-pilot-full-subject-based-banding.

[16] Ministry of Education of Singapore. Learn for Life: Confidence for a New Tomorrow [EB/OL]. (2020-03-08). https://www.moe.gov.sg/news/press-releases/20220308-learn-for-life-confidence-for-a-new-tomorrow.

[17] Ministry of Education of Singapore. What is Full SBB? [EB/OL]. (2021-11-08). https://www.moe.gov.sg/microsites/psle-fsbb/full-subject-based-banding/about-full-sbb.html.

[18] [19] [20] [21] Ministry of Education of Singapore. Secondary School Experience Under Full SBB [EB/OL]. (2021-11-08). https://www.moe.gov.sg/microsites/psle-fsbb/full-subject-based-banding/secondary-school-experience.html.

[22] Ministry of Education of Singapore. New PSLE Scoring System [EB/OL]. (2021-04-27). https://www.moe.gov.sg/microsites/psle-fsbb/psle/main.html.

[23] Ministry of Education of Singapore. Why is MOE Changing the PSLE Scoring System? [EB/OL]. (2021-05-25). https://www.moe.gov.sg/microsites/psle-fsbb/psle/changing-psle-scoring-system.html.

[24] [25] Ministry of Education of Singapore. What does this Mean for Your Child? [EB/OL]. (2021-07-09). https://www.moe.gov.sg/microsites/psle-fsbb/psle/new-psle-scoring-system.html.

[26] Ministry of Education of Singapore. How the PSLE Score is calculated? [EB/OL]. (2021-04-27). https://www.moe.gov.sg/microsites/psle-fsbb/resources/score-calculator.html.

[27] Ministry of Education of Singapore. Learn for Life: Confidence for a New Tomorrow Confident Singaporeans, Competitive Singapore, Cohesive Society [EB/OL]. (2022-03-07). https://www.moe.gov.sg/news/speeches/20220307-moe-fy2022-committee-of-supply-debate-response-by-minister-for-education-chan-chun-sing.

New Trends in Foundational Education Evaluation Policy Reform in Singapore

Gao Huangwei, Wu Pinggen and Wu Jian

Abstract: In the face of an uncertain world, a diverse society, and rapidly developing education, Singapore aims at promoting the students' development and evaluation by reforming the students' learning, curriculum, teaching and examination from the perspectives of the national education system, teacher teaching and student growth. Specifically, comprehensive elimination of mid-year examinations, comprehensive subject streaming, comprehensive subject-based banding, and improvement of PSLE scoring system were the main measures designed to cultivate students' ability in the 21st century, focusing on their own sustainable learning rather than compared with others in learning, and towards the direction of "learn for life". This demonstrates three features, such as the mass customisation education approach towards lifelong learning development, the resilience of foundational education evaluation policy reforms, flexible improvements in adapting evaluation systems to student development. These initiatives provide more opportunities for students to learn for life, thereby continuously shaping new momentum for Singapore's foundational education reform.

Keywords: Singapore; Foundational Education; Educational Assessment; Student Assessment

新南非基础教育评估政策发展演变

欧玉芳*

摘　要：自 1994 年新政府开始废除种族隔离制度以后，新南非教育系统也进行了重大改革，其重点是解决教育公平和质量两个问题，特别是历史上被边缘化的黑人群体。新南非教育改革过程中关键性举措是制定了一系列旨在促进公平和提升质量的教育评估政策，教育评估政策的发展和演变揭示了其对教育实践的影响。总体而言，新南非的系列教育评估政策解决了种族隔离制度下最明显的教育公平问题。然而，由于坚持以连续评估和国家评估测试作为改革课堂学习和教学实践的关键标准，新评估政策倾向于采用注重课堂评估的方法阻碍了其向以改善学习为目的的评估方法的转变。

关键词：新南非　教育评估政策　教育公平

1994 年新南非成立后，新政府面临的最重要挑战是废除种族隔离制度，实行新的民主制度，使不同种族、肤色和信仰的公民都能充分参与社会生活。在教育领域的标志性改革包括将 18 个种族、民族和地区分开的多

---

* 欧玉芳，浙江师范大学非洲研究院非洲教育所所长，助理研究员，博士。

个教育部门合并为一个统一的国家级部门，取消基于种族、民族和语言的入学要求，引进新的学校经费规范和标准，等等。至今仍对教育制度产生影响最大的改革是实施新的课程和教育评估政策，新课程涉及无种族和性别歧视的新民主南非理想，发展教师的能力和技能，向所有儿童提供高质量的教育，使他们成为新社会的积极参与者。课程改革的根本是引进和有效地执行教育评估政策，废除种族隔离时期的歧视性教育评估政策，以确保所有儿童的学习需求在废除种族隔离后的学校制度中得到满足。

尽管新南非对课程和评估政策进行了多次修订，但“以评估为中心，以测量为驱动”的方法一直持续到今天，并对学习和教学实践产生了负面影响。以新南非成立以来的有关政策文件和出版物为依据，本文回顾了后种族隔离时代新南非评估观念的变化，重点关注中小学评估政策的内容和影响。首先，回顾了新南非教育评估政策的发展阶段，分析各阶段的特征。其次，分析主要的评估政策及其推广的评估方法对课堂实践的影响。最后，对这些政策进行了评价，包括其所倡导的评估模式、评估与测量的重点、使用的问责制概念及其对教师课堂实践的影响等。

一　新南非教育评估政策发展阶段

自 1994 年新南非成立以来，其颁布的教育评估和课程政策的发展和应用出现了一些趋势。依据新评估政策所提倡的具体理念和方法，大致可将新南非整个教育体系分成四个发展阶段。第一个阶段是 1994～1999 年，是最重要的，因为这一阶段的政策规定了纠正种族隔离遗留问题和改革教育系统的立法框架。1998 年的《国家课程标准评估指南》清晰地指出其主要目标之一是改革过去的评估实践，以高风险公共考试为主导，对学生进行排名、评分、选择和认证，以指导并改善教育工作者的课程和评估实践，进而领导、治理和组织新教育系统的学习环境[1]。

在这一阶段，为了改革种族隔离时期的评估实践，同时支持成果导向型教育的实施，新南非引入了连续评估（CASS）。在评估实践中，连续评估提倡：①采用不同类型的评估，包括形成性评估、总结性评估、诊断性评估和元评估，以及正式和非正式评估；②规定连续评估对学生最终成绩的占比，取消或减少考试分数在最终成绩中的占比。新南非采用连续评估作为“最佳评估模式”，可以从以下两个方面来解释。一是从评估如何在开放式教学环境中的使用来看，教师被要求“持续诊断和评估正在进行的学生实践和表现，提供频繁和集中的反馈，并及时建设性地干预学习过程”[2]。二是非洲人国民大会（ANC）的教育和培训政策框架指出，评估和评价应侧重于发现学生的问题，监测学生的进步和教师的有效性，并且“评估和评价实践将结合连续评估（测试、论文、项目、实践及实地研究）和国家考试”[3]。然而，新南非之后的实践表明连续评估模型的引入充满了挑战。

第二个阶段是 1999~2003 年。这一阶段重点关注评估政策的实施、制度的发展和教育的提供，并特别任命了一个部长级课程审查委员会来审查《2005 年课程》的实施情况。此外，课程审查委员会关于课程改革过程，特别是评估实践的关键建议的实施，标志着新南非的教育评估从“象征性改革”[4]开始转向政策制定和真正改革[5]。具体地说，这一阶段颁布的《国家课程修订标准》响应了教师们要求简化课程和减少与评估有关的工作量的呼吁。此外，新南非在同一时期也实施了影响深远的系统评价研究，这项研究具有与区域监测学习成果（MLA）和数学与科学研究趋势（TIMSS）一样重要的意义，因为它意味着评估结果将作为管理问责的工具和新南非政策话语中的效率指标[6]。

第三个阶段是 2004~2009 年。2007 年新南非通过了《国家中小学普通教育和培训资格证书及评估政策》（National Policy on Assessment and Qualifications for Schools in the General Education and Training Band），努力提高教育质量并了解学校改革举措的影响。该政策规定了不同年级和科目的正式评估数量，以及新的记录和报告形式（即学生概况和教师档案），并引入普通评估测试（Common Tasks for Assessments，CTA）作为全国性的外部考试，以提高作为基础教育出口的9年级的教育质量，同时提供有关教育质量的额外信息，进一步巩固连续评估模式。此外，为了监测和评估系统内的教学质量，新南非对3年级和6年级的所有学生进行普查测试。

第四个阶段从2010年延续至今，利用问责制提高教育质量是该时期新南非政府教育评估制度改革最明显的特征。《2014年行动计划：实现2025年的学校教育》（the Action Plan to 2014：Towards the Realisation of Schooling 2025，以下简称《2014年行动计划》）明确规定在1~6年级使用统考性质的国家年度评估，这就清晰地表达了评估问责制度的意图。此外，《国家课程和评估政策条例》（National Protocol for Assessment）进一步明确了学校内正式评估的使用，值得注意的是，在这一时期校本评估模式取代了连续评估模式，以记录和报告学生成绩等信息。

二　新南非主要的教育评估政策

本节分析了新南非的关键教育评估政策，简要介绍了每项政策的主要内容及其对评估实践的影响。所讨论的主要政策包括：《国家课程标准评估指南》、《国家课程修订标准》（Revised NCS）、《国家中小学普通教育和培训资格证书及评估政策》、《基础学习运动》（Foundations for Learning Campaign，FLC）、《2014年行动计划》、《国家课程和评估政策条例》。

（一）《国家课程标准评估指南》

1. 政策主要内容

1998年，新南非颁布了开创性的教育评估政策——《国家课程标准评估指南》（NCS Assessment Guidelines，以下简称《评估指南》）。教育评估被定义为“识别、收集和解释学生成绩相关信息的过程，以国家认可的特定学习阶段的结果为标准”[7]。该政策强调了教育评估与1995年开始实施的“国家资格框架”①（National Qualifications Framework，NQF）和1997年引入的“成果导向教育”（Outcomes-based Education，OBE）的联系，指出评估侧重于“明确的学习成果，以证明学生在每个阶段的成就，无论他们可能遵循什么途径，也无论他们可能以什么速度获得必要的能力”[8]。

为了证明学生在每个学习阶段取得的成就，《评估指南》在中小学中引入了连续评估。此后，新南非中小学生的最终成绩由连续评估而不是一次考试来决定。该政策认为“连续评估是保证整个系统的学习成果，并使学习和教学过程得以改进的最佳模式”[9]，并规定“必须使用连续性评估支持学生的发展，并反馈到教学和学习中，而不应仅仅将其解释为一系列传统测试结果的累积”[10]。政策规定教师是评估学生是否实现预期具体学习成果的总体责任人，并且应该使用评估报告定期向学生提供反馈，准确描述进步和成就，指出优势和发展需求，并确定学习和教学的后续步骤[11]。

《评估指南》还对中小学不同学科和年级的连续评估任务和实施办法做出了更详细的规定。《评估指南》引入了正式和非正式评估作为实施连续性评估的方式。其将正式评估定义为“为教师提供系统的方法来评估学生在某年级的进步程度以及如何记录评估结果”。正式评估的例子包括课题制作、口头报告、演示、测验和考试。非正式评估指观察、讨论、师生会议和非正式讨论等日常评估。《评估指南》指出非正式评估用于向学生提供反馈和改进教学，不需要记录。

《评估指南》还规定了正式评估的实施办法：第一，规定了不同年级每学期应记录的评估任务数量。例如，规定4~6年级每学期记录两项正式评估任务，7~8年级每学期记录三项正式评估任务；第二，规定了连续评估的分数对学生年终成绩的贡献，即4~8年级为100%，9年级为75%；第三，规定用于记录和报告学生在正式评估任务中的表现的代码。

① 在国家资格框架内，新南非的正规教育部门包括两个层次：第一个层次是R~9年级的普通教育和培训；第二个层次是10~12年级的继续教育和培训。该框架规定了评估学生进步的关键资格、成果和标准。

对7~9年级学生给出7分等级评定，其中1=不及格，相应的百分制得分是0~29分；7=有价值的成绩，相应的百分制得分是80~100分。《评估指南》还规定对9年级学生使用普通评估测试，它是所有9年级学生都必须完成的标准化考试，考试成绩占他们全年成绩的25%[12]。虽然《评估指南》规定了如何管理、记录和报告教师培训，但没有提供关于教师培训发展的信息，也没有提供关于教师和学校在评估过程中的作用和责任信息。

2. 政策影响

尽管新南非1998年《评估指南》构成了两个最重要的课程改革倡议——国家资格框架和成果导向教育的基础[13]，但是新南非政府在改革种族隔离的教育制度的努力中忽视了评估政策的制定[14]。这也是新南非的历史遗留问题，在南非早期的教育政策中，对评估问题和学习成果评估一直缺乏关注[15]。相关学者甚至指出“在制定连续评估政策之前开始实施成果导向教育是对教育机构的严重指控”[16]。

此外，《评估指南》基于这样一种假设，即教师熟悉不同的评估模式，并有能力在新南非不同的教学背景下实施拟议的评估。然而，2009年新南非部长级国家课程标准实施工作组指出，“自2005年引入不必要的复杂评估方法以来，评估一直是教师面临的一项挑战”[17]。新南非罗德斯大学前教育学院院长薇尔莫特（Wilmot）认为，拟议的连续评估模型通过使用不同的评估程序和技术为最大化学习提供了令人兴奋的可能性。但是，同时她也指出成果导向型教育评估的机制是复杂的，需要教师具有作为课程开发者和评估者的高水平能力[18]。薇尔莫特在关于普通评估测试实施情况的研究报告中提出，由于评估任务的范围广、形式多样，教师发现很难判断这些任务的有效性，并质疑建立在内部评分系统之上的外部标准化评估模型的可靠性[19]。

鉴于教师使用连续评估固有的双重信息以及对其使用的不同解释，教师使用连续评估也可能存在问题[20]。新南非相关学者认为不同的人甚至是同一个人在不同的背景下对连续评估一词的解释非常不同，并认为该政策没有解释教师中流行的观点，即连续评估意味着在更经常的基础上设置更多的测试和考试[21]。同样，连续评估结果也往往被认为是一连串的测试、题目和练习，这些都只是在传播痛苦，学生不断地承受着“所做的每一件事都将被‘评估’”的压力，并可能对他们最终的成功产生影响。老师们往往被评估和档案袋任务所累，以至于几乎没有时间教学[22]。

（二）《国家课程修订标准》

1. 政策主要内容

为了精简和强化《2005 年课程》的实施，2002 年新南非政府依据《2005 年课程》审查委员会的建议发布了《国家课程修订标准》。审查委员会认为：①《2005 年课程》的课程结构和设计有失公允，课程和评估政策不一致；②教师的指导、培训和发展不足[23]。审查委员会的重要建议之一是简化课程，解决课程负担过重的问题。在实践中，这意味着减少学习科目的数量，保留当时已有的 12 项关键成果，放弃 66 项具体成果及相关的评估标准、年级和方案组织者、标准范围、绩效指标和预期绩效水平[24]。

虽然 1998 年颁布的《国家课程标准》基本保持不变，但《国家课程修订标准》已做出若干评估修订。第一，根据《国家课程修订标准》（数学）的规定，评估被定义为“根据学习成果评估标准来收集关于学生表现信息的连续的、有计划的过程”[25]。这一定义旨在将评估活动与《国家课程修订标准》中引入的评估标准和学习成果联系起来。这意味着新南非教育评估由 1998 年《评估指南》的主观评估标准（Criterion-referenced Assessment）向《国家课程修订标准》的客观评估标准（Standards-referenced Assessment）转变。[26]第二，评估的目的被修订，《国家课程修订标准》特别关注促进个人成长和发展，监测学生的进步并促进他们的学习。值得注意的是，为了与课程审查委员会的建议保持一致，《国家课程修订标准》没有再引用 1998 年《评估指南》中关于具体学习成绩和学习项目的评估办法。第三，《国家课程修订标准》对9年级的普通评估测试的开发和应用做出了重大改革，规定“9年级普通评估测试可以在国家级、省级、地区和群聚部落层面设置，在学校层面执行，由外部审核”[27]。这一改革给9年级教师带来了许多重大挑战，最明显的是增加了额外评估任务的管理工作量、额外的评分和记录成绩[28]，以及处理普通评估测试作为国家评估工具的有效性与解决课堂上学生的特定需求之间的紧张关系[29]。第四，《国家课程修订标准》还规定了管理和报告评估结果的明确程序，这大大增加了教师和学校管理者的工作量[30]。教师和学校管理者的工作具体包括：一是学校须制定一份“学校评估计划”，说明如何规划和推行评估计划、如何汇报评估信息，以及如何在评估方面培训教职工；二是学生成绩评估报告执行四分制的国家标准（4=优秀；3=良好；2=及格；1=不及格）；三是年底教师必须完成学生评估进度表，进度表应该提供关于该年级所有学生学习进展的总结，并提供记录了学生所有信息的档案袋，学生档案袋将伴随学生的整个中小学生涯。

《国家课程修订标准》还加强了评估实践与成果导向教育之间的联系，在学生评估章节的开篇规定“R~9年级的评估框架是以成果导向教育为基础的”[31]。此外，连续评估仍被作为评估模型的选择。该政策规定“在《国家课程修订标准》中，连续评估是进行评估的主要方法。它涵盖了所有的成果导向教育原则”[32]。然而，与《国家课程标准》不同的是，《国家课程修订标准》没有规定不同年级的评估数量和类型，也没有提供任何关于连续评估内部分数对学生最终成绩的贡献的信息。2009年的部长级课程审查任务小组在评论这一遗漏或评估政策不一致的后果时报告说，“教师被告知继续使用为《2005年课程》制定的旧评估政策。随着时间的推移，评估政策发生了渐进式的变化，造成了大范围的评估实践混乱”[33]。

2. 政策影响

《国家课程修订标准》在简化新南非学校的评估方面取得了几项重大进展，它删除了许多令人困惑的成果导向教育的术语，明确了与成果导向教育原则的联系，并提供了一个可行的评估标准框架[34]。2009 年部长级课程审查任务小组认为《国家课程修订标准》简化并澄清了成果导向教育的课程[35]。然而，部长级课程审查任务小组承认，虽然 2000 年审查委员会重申了对国家课程成果导向框架的承诺，但它未能解决教师评估知识匮乏的问题[36]。同样，《国家课程修订标准》的主要缺点之一是未能为教师提供良好评估实践的基本原则和指导方针[37]。

（三）《国家中小学普通教育和培训资格证书及评估政策》

1. 政策主要内容

2007 年，新南非专门针对 1998 年《评估指南》的缺陷，发布了《国家中小学普通教育和培训资格证书及评估政策》，并整合了《国家课程修订标准》中各学科的评估章节、《教师教学开发指南》（Teacher Guides for the Development of Learning Programmes）和《国家中小学评估守则》（National Protocol on Assessment for schools）等系列不同文件中提到的评估问题。

2007 年的《国家中小学普通教育和培训资格证书及评估政策》与 1998 年的《评估指南》和《国家课程标准》（数学）有许多相似之处。首先，教师在评估过程中的定义、用途和作用非常相似。此外，评估的理念和方法保持不变，尽管所有对成果导向型教育的引用都被删除了，但该政策仍然提倡将连续评估作为实施教育评估的手段。其次，在评估政策而不是辅助课程文件中界定了“正式”和“非正式”评估的概念，以及连续评估对学生最终成绩的贡献。最后，关于如何实施“非正式”评估的信息有限。相比之下，在《国家课程标准》中首次引入并强调的“正式”评估在《国家中小学普通教育和培训资格证书及评估政策》的扩展条款中再次被重申，规定了不同年级和学科正式评估任务的汇报和实施规则。其中，低年级（R～3 年级）只使用代码和描述，中年级（4～6 年级）需要报告分数，高年级（7～9 年级）采用 7 分制报告量表，详见表 1。

表 1　低年级（R~3 年级）、中年级（4~6 年级）和高年级（7~9 年级）评估报告规范

低年级——等级代码和等级	
代码	等级
3	优秀(Outstanding/Excellent Achievement)
2	良好(Satisfactory Achievement)
1	及格(Partial Achievement)
R	不及格(Not Achieved)

中年级——等级代码、等级和分数		
代码	等级	分数(分)
4	优秀(Outstanding/Excellent Achievement)	70~100
3	良好(Satisfactory Achievement)	50~69
2	及格(Partial Achievement)	35~49
1	不及格(Not Achieved)	1~34

高年级——等级代码、等级和分数		
代码	等级	分数(分)
7	非常优秀(Outstanding Achievement)	80~100
6	优秀(Meritorious Achievement)	70~79
5	基本优秀(Substantial Achievement)	60~69
4	良好(Adequate Achievement)	50~59
3	及格(Moderate Achievement)	40~49
2	基本及格(Elementary Achievement)	30~39
1	不及格(Not Achieved)	0~29

资料来源：Department of Education. The National Protocol on Assessment for Schools in the General and Further Education and Training Band (Grades R-12) [S]. Pretoria: Department of Education, 2005: 9-10.

不同年级和科目规定的正式评估数量有所不同，在高年级逐步增加，语言和数学规定的评估任务更多，具体参见表 2。

表 2　低、中、高年级各科目每学期正式评估数量

单位：个

年级	学科	第一学期	第二学期	第三学期	第四学期	小计
低年级（R~3 年级）	读写能力(语言)	4	4	4	4	16
	附加语言(1、2 年级可选)	2	2	2	2	8
	计算能力(数学)	3	3	3	3	12
	生活技能	1	1	1	1	4

续表

年级	学科	第一学期	第二学期	第三学期	第四学期	小计
中年级（4~6年级）	语言1	2	2	2	2	8
	语言2	2	2	2	2	8
	语言3	1	1	1	1	4
	数学	2	2	2	2	8
	自然科学	1	2	1	2	6
	社会科学	1	2	1	2	6
	技术	1	1	1	1	4
	经济和管理科学	1	1	1	1	4
	生活技能	1	1	1	1	4
	艺术和文化	1	1	1	1	4
高年级（7~8年级）	语言1	3	2	3	2	10
	语言2	2	2	2	2	8
	语言3	2	1	2	1	6
	数学	3	3	3	3	12
	自然科学	2	2	2	2	8
	社会科学	2	2	2	2	8
	技术	1	1	1	1	4
	经济和管理科学	1	1	1	1	4
	生活技能	1	1	1	1	4
	艺术和文化	1	1	1	1	4

注：9年级的正式评估由普通评估测试取代。

资料来源：Department of Education. The National Protocol on Assessment for Schools in the General and Further Education and Training Band (Grades R-12) [S]. Pretoria: Department of Education, 2005: 12-14。

在新南非2007年的《国家中小学普通教育和培训资格证书及评估政策》中，中小学不同年级和学科的正式评估数量存在较大差异，它发出了明确的信号，即正式评估优先于非正式评估。此外，由于没有指导方针规定如何在课堂上使用非正式评估，教师将重点放在了正式评估上。该政策还引入了新的报告形式，根据每个学期规定的正式评估报告信息提供了许多模板。所有学校仍被要求保留学生档案，学生档案被定义为“关于学生的进步和表现的持续信息记录"，它有助于下一年级或不同学校的老师更好地了解学生，从而对学生做出适当的反应。此外，该政策还要求教师保留包含所有与评估有关的文件档案袋，即评估项目、开发的正式评估任务、分数记录等，并指出这些档案袋"应随时提供，以达到适度问责的目的"[38]。

与以前的政策完全不同的是，《国家中小学普通教育和培训资格证书及评估政策》规定，"9年级标志着义务教育阶段的结束，9年级资格证书将是学生进入10年级普通教育、获得NQF 2级继续教育证书的资格[39]"。该政策规定普通评估测试将决定9年级的升学，普通评估测试将由国家教育部研制，而不是《国家课程修订标准》最初提议的由地区或省级教育部门研制，由教师负责管理和评分。9年级学生的连续评估成绩占最终成绩的75%，外部评估（即普通评估测试）占25%[40]。虽然没有提供关于这一过程如何在实践中展开的细节，但修订后的政策坚决地将连续评估过程作为一项高风险活动，并向教师传达了哪些评估应该被优先考虑的明确指令。

2. 政策影响

在新政策的实施过程中，"官员们似乎采取了一种高度官僚化的评估方式，坚持使用特定形式的记录。在许多情况下，勾表方法只是确定是否涵盖了所有评估标准，而不是考虑评估程序的质量以及是否涵盖了适当的内容。"[41]此外，"对教师的评估项目要求已经变得不必要地复杂，但似乎对提高教学或学生成就没有什么贡献；相反，围绕评估和项目的行政负担似乎对教学和面对面接触时间产生了负面影响"[42]。

（四）《基础学习运动》

1. 政策主要内容

2008年3月，新南非推出了旨在解决教育部门质量低下问题的《基础学习运动》。这是一项为期四年的运动，最终目标是将所有1~6年级学生的语言和数学平均成绩提高到50分以上。为支持实现这一目标，教育部做出以下安排：①承诺为所有教师提供有效的教学资源，例如课程计划和工作时间表；②对两门学科的教学时间和日常活动有明确规定；③规定所有教师必须每月评估、跟踪和记录学生的学习进度和成绩，并每季度向地区办事处报告，地区官员也必须将这些报告提交给省办事处；④要求所有3年级和6年级的学生接受语言和数学标准化测试，以衡量在实现既定目标方面取得的进展[43]。除了表明提高质量的明确意图外，《基础学习运动》的意义还在于它的宣传和实施计划。学校对学生的定期测试与2007年《国家中小学普通教育和培训资格证书及评估政策》中规定的正式评估相一致，新规定是每季度向地区教育部门报告所有学生的测试成绩。

2. 政策影响

《基础学习运动》的杰出贡献是将“统考”（Census Testing）引入新南非教育领域，新南非国家级“统考”为学校校长和教师对学生的成绩负责提供了信息来源，《基础学习运动》成了新问责制的基础。“《基础学习运动》最令人不安的方面是虽然它有丰富的控制措施，但在确保运动成功的战略措施方面很差”[44]。尽管《基础学习运动》测试于2008年底首次实施，2009年再次实施，但其实施受到了无数问题的困扰。如学校没有及时收到试卷或无法打印硬盘中的试卷，测试管理程序和监测机制非常糟糕，缺乏关于如何评分、输入、清理和分析数据的培训，数据捕获模板存在接收问题，学校无法或不愿意向地区办事处提交学生成绩数据，等等[45]。这表明学校教育系统在处理这种干预机制方面准备不足。更糟的是，教师和教育部门官员“甚至没有意识到”使用测试结果来监测或改善学习的意图。

尽管有这些批评，但是《基础学习运动》“解决了《国家课程标准》的许多问题，2010年必须在所有学校开展运动”[46]。在教师提交的关于《基础学习运动》的优势报告的基础上，部长级课程审查任务小组的建议是“为教师提供了更清晰的计划，让他们有时间和精力来构建适当的教学计划和评估任务”[47]。虽然部长级课程审查任务小组没有报告3年级和6年级的考试情况，但它确实建议“应该对数学和母语进行定期的、外部的、系统的和全国性的评估，并且必须将考试扩展应用到所有3年级和6年级学生的第一附加语言（英语）”中[48]，并且“应该用年度全国考试取代普通评估测试，测试所有9年级学生的数学、母语和第一附加语言（英语）成绩，以确保成功过渡到继续教育阶段”[49]。然而，任务小组也应该明确国家考试的目的，提出包括如何使用评估信息的明确指导方针，并具体说明如何培养教师的评估能力和技能，以便有效地利用测试信息改善学习和教学的质量。

（五）《2014年行动计划：实现2025年的学校教育》

1. 政策主要内容

《2014年行动计划》是新南非教育评估政策的重要里程碑，因为它是第一份为解决教育质量差而提出长期计划的国家政策。2010年7月，新南非首次发布《2014年行动计划（征求意见稿）》，并于2012年1月定稿。《2014年行动计划》建议将国家年度评估（Annual National Assessment, ANA）作为关键机制，通过评估、监测和监督来提高质量。国家年度评估期望从四个方面改善学习：①让教师接触最佳评估实践；②为地区和省级部门提供信息，以针对最有需要的学校进行干预；③让学校有机会为自身的进步感到自豪；④为父母提供有关子女教育的更好信息[50]。该计划包括27个目标，前13个目标侧重于关键产出（由18个指标衡量），而其他14个目标侧重于如何实现产出（由18个指标衡量），详见表3。

表3 《2014年行动计划》：目标、指标和数据源（部分）

单位：%，分，人次

目标	指标			数据源
	基线	2019年	2024年	
目标1：增加年底前掌握了3年级最低限度的语言和计算能力的学生人数				
1.2 达到规定识字水平的3年级学生的百分比	48	75	90	ANA
1.3 达到所需计算水平的3年级学生的百分比	43	75	90	ANA

续表

目标	指标			数据源
	基线	2019 年	2024 年	
目标 2:增加年底前掌握了 6 年级最低限度的语言和数学能力的学生人数				
2.1 6 年级学生达到规定语言水平的学生占比	37	75	90	ANA
2.2 6 年级学生达到规定数学水平的学生占比	19	75	90	ANA
目标 3:增加年底前掌握了 9 年级最低限度的语言和数学能力的学生人数				
3.1 9 年级学生达到规定语言水平的学生占比	n/a	75	90	ANA
3.2 9 年级学生达到规定数学水平的学生占比	n/a	75	90	ANA
目标 4:增加有资格进入大学学士课程的 12 年级学生人数				
4 在国家公共考试中有资格获得学士学位的 12 年级学生人数	110000	250000	300000	NSC
目标 5:增加 12 年级学生通过数学考试的人数				
5 通过数学考试的 12 年级学生人数	125000	250000	350000	NSC
目标 6:增加通过物理科学考试的 12 年级学生人数				
6 通过自然科学考试的 12 年级学生人数	120000	250000	320000	NSC
目标 7:提高 6 年级学生的语言平均成绩				
7 6 年级学生在 SACMEQ 评估中的语言平均分	495	550	600	SACMEQ
目标 8:提高 6 年级学生的数学平均成绩				
8 6 年级学生在 SACMEQ 评估中的数学平均分数	495	550	600	SACMEQ
目标 9:提高 8 年级学生的数学平均成绩				
9 通过 TIMSS 获得的 8 年级平均数学成绩	264	380	420	SACMEQ
目标 13:增加青年在 9 年级后接受继续教育和培训的机会				
13 从学校获得国家高级证书的青年的百分比	40	60	70	NSC
目标 16:在教师的整个职业生涯中,提高他们的专业水平、教学技能和学科知识				
16.2 能够最终确定在其学科知识的匿名和抽样评估中达到最低标准的教师百分比	待定 有待最后确定			

注：ANA 指国家年度评估，NSC 为国家高级证书考试，SACMEQ 为南非东非教育质量监控联盟，限于篇幅，本表未列出《2014 年行动计划》涉及的所有内容。

资料来源：Department of Basic Education. Action Plan to 2014：Towards the Realisation of Schooling 2025［R］. 2010：5。

每个目标都确定了三个5年周期（2009~2014年、2014~2019年和2019~2024年）的具体目标，周期时长与南非教育部长的任期相一致。除侧重于测试教师样本的目标16外，18项产出目标中的13项是以学生成绩为具体指标的，包括ANA、NSC、SACMEQ和TIMSS。在这13项指标中，10项侧重于识字或识数方面的表现。所有ANA指标都被列为“规定水平的分数”[51]，但没有说明“规定水平”的含义。针对这一遗漏，新南非国家规划委员会（National Planning Commission，NPC）指出“分数标准是模糊的……我们建议将可接受的分数定义为50分及以上”[52]。过分强调学生分数的问题巩固了将质量等同于语言和数学分数的概念，并缺乏对公平问题的重视。

2. 政策影响

虽然《2014年行动计划》明确承认了良好的评估实践和提高学习之间的积极关系，但它对使用国家年度评估来强化这种关系的假设是没有经过批判的。第一，向教师提供测试将提高他们对应该如何评估课程标准中规定的成绩的认识。第二，公开考试成绩会在某种程度上刺激父母更多地参与到学校事务中，并提高他们对孩子教育事务的参与率。第三，国家年度评估的结果将被学校用来设定目标，而地区则能够根据这些目标的实现来监督学校的表现。第四，高绩效学校的需求将激励教师改善班级的学习和教学。所有这些假设被认为是解决许多问题的“魔法棒”，并且假设评估数据库将自动提高质量。但实际情况则截然不同，因为教师的评估实践主要是记录和报告学生的成绩，很少关注使用评估来满足学生的学习需求[53]。

（六）《国家课程和评估政策条例》

1. 政策主要内容

2011年9月，“为每个年级的不同学科制定独立的课程和评估政策，作为所有教师评估的最终依据，以解决课程和评估政策模糊、失范、泛滥和误解所造成的复杂和混乱问题”[54]，新南非出台了《国家课程和评估政策条例》，这是新南非教育部第三次尝试改革课程标准。《国家课程和评估政策条例》被称为 R~12 级国家评估方案，旨在消弭 2007 年《国家中小学普通教育和培训资格证书及评估政策》的缺点和不足。

与 2007 年的政策相比，2011 年政策的关键不同之处在于，它适用于教育系统内 R 到 12 的所有年级。此外，进一步扩展在 2007 年的政策中首次引入的“非正式”和“正式”评估的概念，分别与促进学习的评估（Assessment for Learning）和学习评估（Assessment of Learning）有明确的联系。该政策指出“非正式或日常评估（促进学习的评估）是对学生进步的监督和提高。这是通过教师观察和师生互动来完成的，这可能是由教师或学生发起的”[55]。该政策进一步规定，非正式评估应该“用于向学生和教师提供反馈，缩小学生知识和技能的差距，改善教学”[56]，“非正式评估有助于正式评估，教师不应只关注正式评估”[57]。正式评估被认为是学习评估的同义词，并被视为“为教师提供系统的方法来评估学生在某一特定学科和年级的进展情况的过程”[58]。该政策进一步指出，教师必须确保学生在评估之前非常清楚评估标准，评估后应向学生提供反馈。

《国家课程和评估政策条例》将最初规定为高年级记录和报告学生成绩的 7 分制评分量表扩展到所有学科和年级，所有关于评估任务数量和类型的规定转移到不同学科的《国家课程和评估政策条例》文档中。该条例仍然重视连续评估，但是将其更名为校本评估（School-based Assessment）。该政策认为校本评估是各年级进步和提升的必修课，并明确规定了校本评估对学生年终成绩的贡献比例（见表 4）。

表 4 各年级校本评估及年终考试占比

单位：%

阶段和年级	校本评估占比	年终考试占比
初级（R~3 年级）	100	0
中级（4~6 年级）	75	25
高级（7~9 年级）	40	60
继续教育和培训（10~12 年级）	20	80

资料来源：Department of Basic Education. National Protocol for Assessment Grade R－12 ［R］. Pretoria：Department of Basic Education，2011：7。

与《国家课程修订标准》类似，《国家课程和评估政策条例》规定了每个学期的评估次数，并列出了总结性评估和形成性评估的用途[59]。《国案课程和评估政策条例》也规定了每学期应就不同学科进行的评估类型。此外，该条例还提供了更多的教师档案袋、学校评估记录和学生简介的管理细节，为学生评估报告卡、晋升时间表和学生简介提供了具体的模板。

2. 政策影响

与以前的评估政策类似，《国家课程和评估政策条例》及其特定学科文件提供了一些如何实施非正式评估的信息，但是并没有详细说明如何应用这些评估形式，也没有列出具体的评估技术和工具，更没有提供教师如何应用这些评估的例子。这个疏忽是该政策的严重缺陷，因为研究证据清楚地表明，有效地使用评估可以产生显著的学习收益[60]。然而，在课堂上实施有效评估是一个复杂的过程，需要非常有能力并且学识渊博的教师。

三　结论

种族隔离时期的南非向来忽视教育评估政策，其影响多年来一直在不同的政策审查和修订过程中传递，制定有效的教育评估政策以改善教学一直是新南非面临的主要挑战之一。虽然新南非的教育评估政策提倡使用形成性评估，但它们却促进了总结性评估的使用和实施，尤其是在连续评估的使用过程中，正式测试的特权高于非正式评估，反而增加了报告和记录的烦琐事务，而不是真正改善了教学。因此，新的教育评估政策甚至被描述为象征性政策。与此同时，这些政策逐步引入了对学校和教师的问责概念，最终形成了统考性质的国家年度评估和《2014 年行动计划》目标的制定，尽管没有奖励或制裁手段与这些目标挂钩。此外，在政策制定过程和有关评估实践的论述中，缺少有效执行的评估任务，特别是对教师的评估指导方针和培训。结果导致，在实施此类评估政策时教师的准备和支持完全不足，教师仍然难以满足评估政策的要求，特别是有效地利用评估来改善课堂学习。如果要实现提高新南非中小学素质的关键目标，这一问题必须得到有效解决。

参考文献：

[1] Department of Education. Assessment Policy in the General Education and Training Phase: Grade R to 9 and ABET [S]. Pretoria: Government Gazette No. 19640, 1998.

[2] Spady, W. Outcomes Based Education: Critical Issues and Answers [J]: American Association of School Administration, 1994: 38.

[3] African National Congress Education Department. A Policy Framework for Education and Training [S]. Manzini: Macmillan Boleswa. 1995.

[4] Jansen, J. Explaining Non-change in Education Reform After Apartheid: Political Symbolism and the Problem of Policy Implementation. In Y. Sayed & J. Jansen (Eds.), Implementing Education Policies: The South African Experience [M]. Cape Town: UCT Press, 2001: pp. 271-292.

[5] [18] [19] Wilmot, D. The Development Phase of A Case Study of Outcomes-based Education Assessment in the Human and Social Sciences Learning Area of C2005 [J]. South African Journal of Education, 2005: 22, 69-76, 313-318, 69-76.

[6] Muller, J. Assessment, Qualifications and the NQF in South African Schooling. In L. Chisholm (Ed.), Changing Class: Education and Social Change in Post-apartheid South Africa [M]. Cape Town: HSRC Press. 2004: 221-246.

[7] [8] [9] [10] [11] Department of Education. Government Gazette No. 19640, Assessment Policy in the General Education and Training Phase: Grade R to 9 and ABET [S]. Pretoria: Department of Education, 1998.

[12] Department of Education. National Curriculum Statement Assessment Guidelines for Mathematics (Intermediate and Senior Phases) [S]. Pretoria: Department of Education, 1997.

[13] [16] Potenza, E., & Monyokolo, M. A Destination without A Map: Premature Implementation of Curriculum 2005. In J. D. Jansen & P. Christie (Eds.), Changing Curriculum: Studies in Outcomes-based Education in South Africa [M]. Kenwyn: Juta, 1999: 231-246, 247.

[14] [21] Pahad, M. Outcomes-based Assessment: The Need for A Common Vision of

What Counts and How to Count it. In J. D. Jansen & P. Christie (Eds.), Changing Curriculum: Studies in Outcomes-based Education in South Africa [M]. Cape Town: Juta, 1999: 247-276.

[15] Crouch, L., & Mabogoane, T. No Magic Bullets, Just Tracer Bullets: The Role of Learning Resources, Social Advantage and Education Management in Improving the Performance of South African schools [J]. Social Dynamics, 1998: 27, 60-78.

[17] [30] [33] [35] [41] [42] [46] [47] [48] [49] [54] Department of Basic Education. Report of the Ministerial Task Team for the Review of the Implementation of the National Curriculum Statement [R]. Pretoria: Department of Basic Education, 2009.

[20] Nitko, A. J. Curriculum-based Continuous Assessment: A Framework for Concepts, Procedures and Policy [J]. Assessment in Education: Principles, Policy & Practice, 2, 1995: 321-37.

[22] Morrow, W. What is Teachers' work? [J]. Journal of Education, 2007: (41), 3-20.

[23] [24] [36] Department of Education. A South African Curriculum for the Twenty-first Century: Report of the Review Committee on Curriculum 2005 [R]. Pretoria: Government Printers, 2000: vii, vii, 17.

[25] [27] Department of Education. Revised National Curriculum Statement Grades R-9 Mathematics [S]. Pretoria: Department of Education, 2002.

[26] [37] Vandeyar, S., & Killen, R. Educators' Conceptions and Practice of Classroom Assessment in Post-apartheid South Africa [J]. South African Journal of Education, 2007: 27, 101-115.

[28] Sithole, W. A. Grade 9 Teacher Attitudes towards Common Tasks for Assessment (CTA): A Case Study of Economic and Management Sciences (EMS) in Two Schools [D]. University of KwaZulu-Natal, 2009.

[29] Bansilal, S. How Much Freedom does A Teacher have in Designing A Learning Event When Adhering to Assessment Prescription? [J]. Education As Change, 2010: 14, 77-90.

[31] [32] Department of Education. The National Protocol on Assessment for Schools in the General and Further Education and Training band (Grades R-12) [S]. Pretoria: Department of Education, 2005.

[34] Vandeyar, S., & Killen, R. Has Curriculum Reform in South Africa Really Changed Assessment Practices, and What Promise does the Revised National Curriculum Statement Hold? [J]. Perspectives in Education, 2003: 21, 119-134.

[38] [39] [40] Department of Education. National Policy on Assessment and Qualifications for Schools in the General Education and Training Band [S].

Pretoria: Department of Education, 2007.

[43] Department of Education. Foundations for Learning Campaign 2008-2011. Notice 306 [S]. Pretoria: Government Gazette No. 30884, 2008.

[44] [45] Meier, C. The Foundations for Learning Campaign: Helping Hand or Hurdle? [J]. South African Journal of Education, 2011, 31 (A), 1-15.

[50] Department of Basic Education. Annual National Assessments 2011 Report [EB/OL] [2023-05-30]. http://www. education. gov. za/Curriculum/AnnualNational Assessment/tabid/424/Defa.

[51] [52] National Planning Commission. National development plan: Vision for 2030 [R]. Pretoria: Government Printers, 2011: 173, 275.

[53] Kanjee, A., & Croft, C. Enhancing the Use of Assessment for Learning: Addressing Challenges Facing South African Teachers [C]. Paper Presented at the 2012 American Educational Research Conference, Vancouver, Canada, 2012.

[55] [56] [57] Department of Basic Education. National Protocol for Assessment Grade R-12 [R]. Pretoria: Department of Basic Education, 2011: 3.

[59] Department of Basic Education. Annual National Assessments 2011 Report [EB/OL] [2023 - 06 - 01] . http://www. education. gov. za/Curriculum/Annual National Assessment/tabid/424/Defa.

[60] Black, P., & Wiliam, D. Inside the Black Box: Raising Standards Through Classroom Assessment [M]. Phi Delta Kappan, 1998: 80, 139-148.

The Evolution of Basic Education Assessment Policy in the New South Africa

Ou Yufang

Abstract: Since the new government began dismantling the apartheid system in 1994, the South African education system has undergone significant reforms, with a focus on addressing issues of educational equity and quality, particularly for historically marginalized black communities. A key initiative of the new South African education reform process has been the development of a series of education assessment policies aimed at promoting equity and enhancing quality. The development and evolution of these education assessment policies reveal their impact on educational practices. Overall, the series of education assessment policies in the new South Africa have addressed the most glaring issues of educational equity under the apartheid regime. However, due to the emphasis on continuous assessment and national assessment tests as key benchmarks for reforming classroom learning and teaching practices, the new assessment policies tend to hinder the transition towards assessment methods that prioritize improvement in learning outcomes.

Keywords: the New South Africa; Education Assessment Policy; Educational Equity

意大利基础教育评价体系的现状、进展与趋势

陈为峰　严晓鹏　博　泰*

摘　要： 意大利作为欧盟国家，其基础教育评价体系受欧盟的影响，在具有现代性的同时也有自身的特点。意大利国家评估系统有三个机构在国家层面承担教育和培训系统的质量评价工作，分别是国家教育系统评估研究所，国家文献、创新和教育研究所，以及由意大利教育大学与研究部具有技术职能的管理人员所组成的审查机构。这些机构负责国家层面的教育质量保障，对教育机构、学校管理评价、教师专业素质开展系统化、科学化、行动化的教育评价，充分调动评价对象的主动性，努力提升评价过程的科学性和评价结果的指导性。意大利基础教育质量评价机制值得反思与借鉴。

关键词： 意大利　基础教育　教育评价

在意大利教育大学与研究部的主导下，意大利通过设立专门的国家评估系统（SNV），对其基础教育质量进行了颇具特色的评估和保障。意大利的教育质量评价不仅包括学校的教学质量、师资力量、学校设施、课程

---

* 陈为峰，温州大学教育学院副教授，瓯江特聘教授，教育学博士；严晓鹏，温州肯恩大学党委副书记、温州大学意大利研究中心主任（兼），教育与经济管理学博士，研究员；博泰，云南师范大学云南教育决策咨询研究中心助理研究员，教育学硕士。

设置等多方面的评价指标，还包括学生表现、学校校长的表现等，同时，制定具体的激励方案，提升教师的专业能力。意大利的教育质量评价制度强调学校的自我评价，鼓励学校通过自我评价不断提升教育质量，并定期向外界公开评价结果，增强学校的透明度和公信力。教育评估体系是教育发展的指挥棒，意大利教育评价机制值得我们重视与参考。

一 意大利基础教育评价体系概况

（一）意大利国家评估系统的负责机构

意大利小学和中学的教育评价过程由国家评估系统实施。意大利国家评估系统的目的在于提供战略资源对学校和培训政策进行指导，以促进意大利文化、经济和社会发展，同时，也大力增加教育机构的自主权。为了提高培训和教育的质量，意大利国家评估系统评估了教育和培训系统的效率和有效性。

在意大利国家评估系统中，有三个机构在国家层面承担教育和培训系统的质量保障工作，分别是国家教育系统评估研究所（INVALSI），国家文献、创新和教育研究所（INDIRE），以及由意大利教育大学与研究部（MIUR）具有技术职能的管理人员所组成的审查机构。

第一个机构，意大利国家教育系统评估研究所。该机构负责协调整个教育保障系统，并为各级各类学校的学生提供外部的学业表现测试（依据的政策文件是 DL 5/2012）。该机构还参加国际性的调查，并根据国家标准开展全国范围的调查。国家教育系统评估研究所接受意大利教育大学与研究部的监督。意大利教育大学与研究部确定每一年学校系统的外部评估目标，并每三年为国家教育系统评估研究所设定其在规划活动时应考虑的战略优先事项。

第二个机构，意大利国家文献、创新和教育研究所。该机构支持学校的改进和创新，提升学校教师的专业发展，并开展教育领域的文献记录和相关研究。它也接受意大利教育大学与研究部的监督。

第三个机构，由意大利教育大学与研究部具有技术职能的管理人员组成。这些人员是自主和独立的，致力于对学校和学校的领导群体进行评估。

国家评价制度的职责之一是制定内部评估和外部评价的标准程序。内部评估是评估工作的第一步。在学校层面，学校的管理者和内部评估小组负责起草自我评估报告。外部评估由外部评估小组（NEV）进行，该小组拥有一名检查员或者技术经理，以及国家教育系统评估研究所遴选的两名专家，一名来自学校内部，另一名来自学校外部。

除了国家评估系统所组织的相关评估工作之外，学校管理者要依据教育效率和效果的标准组织学校活动，并对结果负责。教师委员会负责规划并验证教学活动。

意大利的中学阶段，学生可以选择参加地方职业教育和培训以完成义务教育。地方职业教育和培训的质量保障由 2006 年设立的国家参考点负责。意大利国家参考点是根据欧洲职业教育和培训质量保障体系设立的。国家参考点的总部设在国家公共政策分析研究所（INAPP）。这是一个公共的科学研究机构，与劳工部和意大利教育大学与研究部，各地区、社会合作伙伴及欧盟和其他国际机构合作开展职业培训。国家参考点有一个指导委员会，其中包括劳工部和意大利教育大学与研究部，各地区、社会合作伙伴以及教育和职业培训提供者的代表[1]。

（二）意大利国家评估系统的三个评价对象[2]

1. 教育机构，即学校

对学校的评价旨在以广泛和普遍的方式在全国范围内形成一种评价文化，以提高培训质量，特别是学生的教育和培训成果。意大利第 80/2013 号总统令确定的教育机构评估程序分为以下四个阶段，为期三年。

第一阶段，教育机构的自我评估。被评估的学校要填写自我评估报告（Rapporto di Autovalutazione，RAV）。意大利国家评估系统提供统一的报告格式。教育机构从意大利教育大学与研究部，国家教育系统评估研究所和学校内部的不同数据库中收集数据。在这一过程中，还要考虑学生的国家测试结果。自我评估报告由四个部分组成：第一部分提供有关学校师生数量、校园面积，以及学校财政和人力资源的指标数据。第二部分报告学生的国家测验成绩。第三部分详细介绍教学、教育和组织的活动情况。第四部分专门讨论学校在目标和指标方面的优先事项。

在学校信息的采集过程中，难免会存在信息以偏概全或者过度简化导致失真的情况，因此，意大利国家评估系统要求学校在填写自我评估报告的时候，尽可能地在信息采集的过程中不出现过度缩减的情况，以保证信息能够较为准确地描述学校的真实情况。同时，会给参与的学校提供一个具有代表性的学校案例作为参考，让学校在制订发展计划的时候，能够有针对性地进行调整，提升评估表现。所有的自我评估报告都会公开在意大利教育大学与研究部信息系统的“透明学校”（Clear School）一栏，便于接受社会监督。

第二阶段，外部评估。从 2015~2016 学年开始，由意大利国家教育系统评估研究所挑选的一名技术管理人员和两名评估专家组成的外部评估小组（NEV），对教育机构进行走访，开展外部评估工作。整个外部评估程序由国家层面的议定书规范，采用共同的分析方法和评估工具。国家教育系统评估研究所提供一个规范的样本作为外部评估程序的参照。

外部评估小组分三个阶段开展评估活动：一是在走访学校之前分析学校的相关文件；二是访问学校，通过访谈和材料分析收集数据；三是拟定评估报告，然后交付给学校进行参考。根据外部评估报告，学校可以完善改进行动方案。

第三阶段，改进行动。从 2015~2016 学年开始，根据自我评估报告的条款规定，从评估程序启动的第二年开始，所有学校都制定规划并启动改进行动。学校的三年教育计划（PTOF）也会涵盖改进行动的相关措施。如何进行改进，采用的可能方式是从一些专业机构获得支持，比如国家文献、创新和教育研究所，或者其他公共或私立的机构，比如大学、专门的研究机构、专业的协会和文化协会。

第四阶段，社会报告[3]。社会报告是教育机构评估周期的最后阶段，如 2013 年 3 月第 6 号总统令所述："通过指标和可比数据，以充分的透明度对所取得的办学业绩进行分享和传播，以改善对社区的服务质量。"

通过社会报告，所有学校都被要求报告所取得的成果，特别是上报那些在自我评估报告中确定的优先事项和目标。为了便于学校开展工作和报告活动，意大利国家评估系统提供了一个共同的参考平台，提供了与自我评估报告成果有关的所有指标和历史数据，并附有参考基准[4]。具体而言，从 2018~2019 学年开始，意大利国家评估系统会发布一个国家层面的统一报告模板，参加评估的教育机构参照这一模板面向社会主动公开信息[5]。

2. 学校管理评价

对学校管理的评估旨在提高学校管理人员，主要是校长、教务主任等核心人员的专业技能，进而逐步提高学校服务质量，并符合意大利国家评估系统的要求。参照第 107/2015 法规中的第一项条款，学校管理人员的评估程序旨在提高管理人员自身的专业技能，从而逐步提高学校服务质量。

对于教育机构领导者的能力检验和评估，主要侧重学校领导者在管理过程中所采取的行动以及主要的着力点，从以下五个方面进行考察：第一，教育机构的办学定位、战略方向和学校政策；第二，人力资源的管理、开发；第三，促进参与，关注学校与社会的联系和互动；第四，工具和财务资源的管理、行政管理和监管的规范情况；第五，监测、评价和报告。事实上，这五个方面中的每一个方面都代表了"管理者是否对自我评估报告中规定的改善学校服务做出重要的贡献"。

3. 教师专业素质

意大利国家评估系统设立了一个基金，目的在于提供经费以提高教学人员的专业能力。该基金在教育机构之间分配，然后由专业团体，特别是教师评估委员会和学校校长所组成的委员会对资金的使用进行规划，用于提升教师的能力。

依据意大利第107/2015号法律第1条第126款规定，该基金每年提供200亿欧元资金，在分配的过程中将充分考虑多方面的影响因素，比如教师的差异，教育机构的复杂性，以及可能存在的教育风险等。每年学校依据委员会拟定的评价标准向教师提供经费，这一分配过程也遵循一些常见的标准和程序，以保证经费使用的合理性[6]。

为了提供持续和透明的信息，并促进学校的教师们了解该项目并积极参与，意大利教育大学与研究部已开始对学校如何使用该基金来提高教师的绩效进行简单的监测。监测的形式主要是要求每个学校的负责人填写调查表，对基金的使用情况进行反馈和追踪。

二　意大利教育评价重要进展

（一）意大利的学前、中小学教育评价[7]

1. 幼儿教育（0~3岁）

在国家层面，意大利没有将0~3岁儿童的幼儿教育纳入质量保障体系中，即使是幼儿园的办学环境也没有制定国家层面的门槛。幼儿教育和保育的办学标准主要是依据地方性的认证体系。意大利各个地方的认证标准存在差异。同时，一些地区还制定了自我评价体系作为认证制度的一部分。

2. 学前、小学和中学教育

2022~2023学年之前，意大利的国家质量评价体系没有包括3~6岁儿童的学前教育。从2023~2024学年开始，意大利的学前教育将参与具有针对性的试验性自我评估程序。在这一试验阶段之后，意大利学前教育的自我评价将逐步在国家评价系统中实施，并将遵循国家层面的中小学评价体系的要求。

（二）教育机构的自我评估新动态

从2014~2015学年开始，教育机构被要求参照意大利教育大学与研究部提供的一系列指标和比较数据，进行学校内部的自我分析和评估工作。依据自我评估报告的界定，所有学校都通过线上填写的形式采用了共同的报告模本，以提升不同学校之间的可比较性。意大利国家评估体系于 2013 年建立。第一轮评价于 2019 年结束，第二轮评价涵盖 2019～2022 年三年期。当前，意大利国家评估系统发布了自我评估指南（2022～2025 年），开展了新一轮的评估[8]。

（三）提升教师专业素质的新举措

近些年来，意大利对于教师资格的要求是比较高的。意大利 107/2015 号法律和随后的第 65/2017 号法令规定，要在公立托儿所担任教育工作者，必须完成高等教育水平的初始培训。因此，从 2020～2021 学年开始，教育工作者必须在完成为期三年的特定培训项目的课程，获得至少三年制学位（ISCED 6），才能从事儿童教育服务工作。对于已经入职的老教师则放低了要求。在新规定公布之前，各地区自主规定了在托儿所工作的准入要求。

拥有初等教育科学硕士学位（ISCED 7）的人员，只要他们完成具有幼儿特定教育学、社会学和心理学内容的专业课程，并获得 60 学分，也可以在托儿所工作。

根据现行立法，公立幼儿园、小学和中学的教师必须完成硕士学位课程并获得相应的头衔（ISCED 7）。对于幼儿园和小学教师，需要完成为期五年的小学教育科学单周期学位课程，以及资格性实习（DM 249/2010）。对于初中或高中的教师，除了获得相关学科的硕士学位外，还必须获得人类学、心理学、教育学以及教学方法和技术方面的技能培训。要获得教学资格，则必须通过全国中学教师招聘考试，一旦被录用，还要完成年度培训和试用（第 59/2017 号法律规定，第 145/2018 号法令进一步修订）。

意大利 2022 年 6 月 29 日出台 79 条法规，对中学教师职业的初始培训、资格和准入（选拔和试用期）程序进行了改革。除上述要求外，各级教师还必须完成并通过由大学组织的积极培训实习计划（TFA 支持）。教师主要通过公开招聘的方式进入学校。公立学校的教师是公务员，有固定或永久的合同。所有公立学校教师都必须进行持续的职后专业发展。根据CCNL的规定，在职培训活动既是一项权利，也是一种专业义务，因为它们对充分实现和发展教学专业精神是非常重要的[9]。

（四）学生评价的最新方案（国家标准化考试）

意大利国家教育系统评估研究所负责学生的评价工作，通过国家标准化考试评估学生的成绩。这些考试在不同的学段进行，并不是对所有的学生进行测验。考试科目涵盖意大利语、数学，在某些年级还包括英语。英语测验的目的在于评判学生对英语的理解和运用程度如何，是否符合欧洲共同语言参考框架（the Common European Framework of Reference for Languages）的要求。

在小学阶段，外部评估涉及二年级（7~8岁）和五年级（10~11岁）的学生。考试在五月份举行。小学二年级测试学生的意大利语和数学的学习水平，小学五年级的学生还需要参加英语测验。

在初中阶段，三年级（13~14岁）的学生需要参加意大利国家标准化考试，测试在四月份举行，旨在测验学生的意大利语、数学和英语学习水平。学生必须参加国家标准考试才能获得第一轮教育期末考试资格。学生因严重和无法克服的原因而无法参加外部评估，可以参加补考。截至2016~2017学年，该测试是期末考试的一部分，获得的分数将计入学生的最终分数。

在高中教育阶段，在二年级（15~16岁）和五年级（18~19岁）组织意大利国家标准化考试，测试涵盖意大利语、数学和英语。根据意大利62/2019法案，参加五年级的国家标准化考试是进入期末考试的强制性要求之一。因严重和无法避免的原因而无法参加外部评估测试的学生可以参加补充测试。测验结果以汇总和分类数据的形式提供给学校，以便学校管理人员和教师作为自我评估的参考并改进他们的教学。

意大利国家教育系统评估研究所拥有所有地区（省和社区）的意大利语和数学的学习成果数据，可以为教育机构或其他单位提供相关数据，并指出在哪些方面进行干预以改进办学成效。国家教育系统评估研究所还向学生、教师和家庭发放问卷，以调查满意度和对评估系统有用的其他信息。此外，意大利教育大学与研究部还责成国家教育系统评估研究所起草一份为期三年的意大利学校系统报告。

（五）学校校长的自我评价方案

意大利国家教育系统评估研究所提供了一个规范的自评报告，让学校校长进行填写和反馈。学校校长要求对每个方面进行自我评估，以递减的方式分配分数，从 A（表现出色）到 D（不满意）。同时，学校校长需要说明评分的理由。如果他认为这一分数以及相关的描述难以准确自我评价，则可以进行补充说明。如此设计是为了让学校校长能够充分反思他的角色和优劣势，以达到发展和提高专业精神的目的。

学校校长完成自我评估并赋予分数之后，系统将自动生成一个雷达图（见图 1），或生成一个包含五个变量的图表（每个调查的维度各一个），以同心的轴/半径表示。该图呈“星形”状，使读者可以识别与所调查维度相关的表现情况。

第一个维度，确定教育机构的办学定位、战略方向和具体政策（根据第 107/15 号法律第 1 条第 93 款 E 项：“学校内部不同单位、群体之间的齐心协力程度；与社会是否联系紧密，在教育系统中与其他学校的联系程度。”）。

等级 A：作为学校校长，我与利益相关者分享了对教育界的背景、需求和期望的深入分析；我明确定义并与学校社区充分和广泛地分享了学校的使命以及实现既定目标的战略重点、战略和行动；以社会发展的情况作为参照，依据共同的长期目标采取了一些行动。

等级 B：我与利益相关者分享了对教育界背景、需求和期望的分析；我明确了学校的使命以及实现既定目标的战略重点、战略和行动，并在师生中进行了分享；以社会发展的情况作为参照，确定行动计划并达成一致。

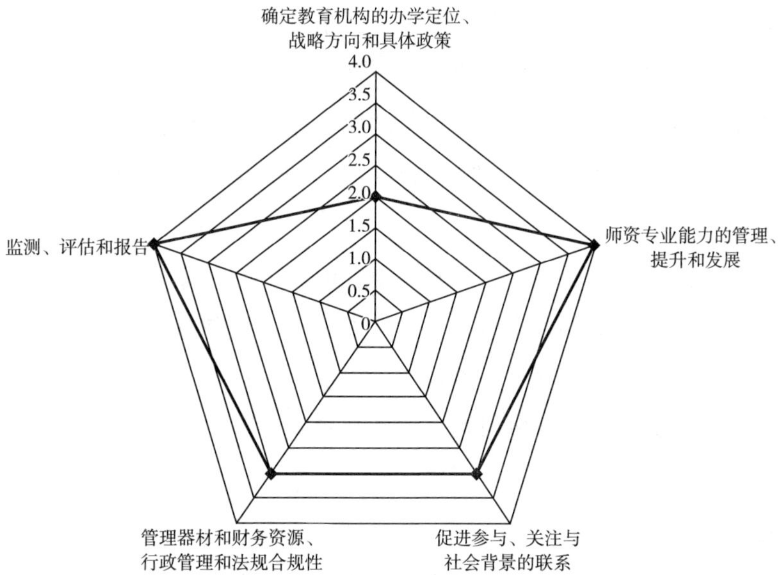

图 1 学校校长自我评价赋分

资料来源：Sistema Nazionale di Valutazione：Dipartimento per il sistema educativo di istruzione e di formazione Direzione generale per gli ordinamenti scolastici e la valutazione del sistema nazionale di istruzione [R]. Linee guida per l'attuazione della Direttiva 36/2016 sulla valutazione dei dirigenti scolastici，2017-2-13。

等级 C：我对背景进行了分析，并与一些利益相关者一起发现了教育界的需求；我已经充分定义了学校的使命和要追求的战略优先事项，即使它们与学校社区的共享是相对的；以社会发展的情况作为参照，存在零星和随机的联系。

等级 D：我没有对背景进行分析，也没有采取行动来探索教育界（学生、教职员工、家庭）的需求；我没有定义或笼统地定义学校的使命，也没有确定或分享战略优先事项；我没有关注学校的社会参考背景。

第二个维度，师资专业能力的管理、提升和发展（有关提高教师技能的自我评估将从 2017~2018 学年开始进行）。

等级 A：在充分分析的基础上，我已经明确定义了教育机构工作人员的具体角色和任务，我将任务分配给具有特定专业技能的人员，并通过持续的调查进行分工优化；通过科学准确的调查确定教职工的培训需求，我组织有针对性的培训活动。在结合充分证据的基础上，我已根据委员会确定的申请人评估标准，依据教师能力提升的程度分配年度奖金。我推动了分配方案的制定和发布，通过具有充足激励作用的评估方案，提供足够的奖金。奖金的分配尊重选择性和奖励的标准，特别注意教师职业的特殊性。

等级 B：我已经清楚地定义了学校机构员工的具体角色和任务；我已经根据特定调查确定了具有相关专业技能的人员的任务和职责；我组织了培训行动，考虑到员工多次明确表达的培训需求；我通过分析所有可用证据确定了按照评估委员会所制定的标准获得年度优异奖金的教师，并进行了公布，且根据充分的理由进行了分配；奖金的分配足够尊重标准的选择和奖励。

等级 C：我已经广泛定义了教育机构工作人员的一些具体角色和任务，我已经向具备专业技能的工作人员分配了任务和工作，这些技能是我非正式了解到的；我组织了培训行动，但没有事先了解工作人员的培训需求；我通过应用教师评估委员会确定的标准，确定了获得年度绩效奖金的教师，并根据一般性的评估分配了奖金；奖金的分配遵守了非选择性和奖励性的标准。

等级 D：我没有定义教育机构工作人员的具体角色和任务；我通常根据愿意合作的态度分配任务，而不是根据活动组织的功能来分配任务；我没有组织员工培训行动；我没有完成确定获得奖金的教师和分配年度功绩奖金的程序。

第三个维度：促进参与、关注与社会背景的联系（符合 2015 年第 107 号法律第 1 条第 93 款 e 项："学校的整体领导，促进学校社区不同成员之间的参与和合作，与社会背景和学校网络的联系。"）。

等级 A：我有效地实施了协调团体活动和特定任务和工作的系统化形式；我承担了战略性角色，引导和激励学校社区实现共同目标，关注沟通，并在学校、学生（仅适用于中学和小学）、家庭和其他领域的主体之间实现正式和非正式会议的召开，以使学校的活动得到知晓和理解，并促进特定角色的积极参与。

等级 B：我促进了与学校和几个公共或私人实体的合作，适当地将学校与该领域的教育供给相结合；（仅适用于小学）我有机地与职场建立联系（实习、校企合作等），这也反映在学生培训路线的评估中；我促进了学校在更广泛的领域和/或目的网络中的参与；教师和行政技术人员的问卷以及利益相关者提供的反馈显示了对我的工作高度赞赏。

等级 C：我进行了与合作者和员工的系统化协调会议，以及与其他接受特定任务和工作的接收方的一些会议；我关心在学校、学生（仅适用于中学和小学）、家庭和一些其他领域的主体之间实现正式和非正式会议的召开，以使学校的活动得到知晓并促进积极参与的形式。我与各种公共或私人主体开展合作，与学校的发展目标相一致；（仅适用于中学和小学）我有机地与职场建立联系（实习、校企合作等）；我促进了学校在一个或多个领域和/或目的地网络中的参与，并提出了一个或多个与待开发项目相关的建议；教师和行政技术人员的问卷以及利益相关者提供的反馈显示了对我的工作的良好评价。

等级 D：我在临时需要的情况下与合作者进行了协调，并与员工召开了一些会议；我监督了一些会议的召开，旨在介绍学校的一些项目并促进参与的形式；我与一些外部主体开展了合作，不考虑学校的长期发展目标；（仅适用于中学和小学）我开展了“校企合作”，寻求与学校特定培训行动的一致性；我促进了学校在一个或多个领域和/或目的地网络中的正式参与；教师和行政技术人员的问卷以及利益相关者提供的反馈显示了对我的工作的足够评价。

第四个维度：管理器材和财务资源、行政管理和法规合规性（根据法律第 107/15 号，第 1 条，第 93 段，第 a 项：“管理和组织技能，旨在实现在三年任务分配中分配的目标，管理行动的结果、正确性、透明度、效率和有效性。”）。

等级 A：我能够有效地管理教育机构的器材和财务资源，同时确保遵守法规。我的组织行动规划和实施非常准确和有效，能够达到我所分配的目标。我成功地将资源引导到对于实现教育优先事项至关重要的活动和项目中，同时通过与当地参与者开展项目和参与项目、招标和竞赛来促进研究并获得额外资金。我对法规义务的遵守及时而全面。此外，我还引入了信息和通信系统来支持整个学校社区的组织管理、行政管理和教学管理。总体来说，我表现出了强大的管理和组织技能，以透明、高效和有效的方式实现了结果。

等级 B：我规划、实施并监督了与任务分配的目标相当的组织行动。我通过将仪器和财务资源投入有助于实现教育机构教育优先事项的活动和项目中，规划了资源的使用；我积极促进了与当地主体和学校参与项目、征集和比赛等活动的附加资金的寻求；我通常在规定的时间内，用规定的方法履行了监管义务；我引入了信息和通信系统，以支持组织、管理和教育管理，并被很多用户使用。

等级 C：我识别出并部分实施了与任务分配目标相符的组织行动。我计划使用仪器和财务资源，但计划与教育提供部分不一致，或者将它们定位在不完全符合学校战略愿景的多项活动中；我很少推动寻求额外资金的行动；我并不总是尊重行政义务的时间和方式；我引入了信息和通信系统来支持组织和行政管理，但我没有促进信息系统的发展以支持教育过程。

等级 D：我在任务目标方面未能充分或未能实施适当的组织行动。我未能计划使用仪器和财务资源以符合教育供给的要求，或者将其用于多个与学校战略愿景不相符的活动中；我未能促进寻求额外资金的行动；我经常未能遵守行政义务的截止日期和程序；我未能引入信息和通信系统来支持教育、组织过程和行政管理。

第五个维度：监测、评估和报告（根据法律 n. 107/15，第 1 条，第 93 段，第 d 款："在自我评估、评估和社会报告系统内，对学生的教育和学业成功以及组织和教育流程的改进做出贡献"）。

等级 A：我成立了内部评估团队，并全面积极地参与了工作，监督和协调工作，倾向于解释自我评估的数据，确定干预优先事项并诊断问题，以制订改进计划；我系统地监测了改进计划的进展情况和实现目标的方法，并进行必要的干预来重新定向策略和重新设计行动；我支持利益相关者反思教育机构的价值观和目标，以促进创新和改进：监测结果显示出对预期目标的明显积极趋势；我独立创建了社会报告流程，公开了结果。

等级 B：我建立了内部评估核心，并参与了数据分析，以进行自我评估和选择改进计划的优先事项；我定期监测了改进计划的进展和接近实现目标的情况，如有必要，进行规制性的干预；监测结果显示出对预期目标的积极趋势；我独立开始了一个社会报告流程，以公布所取得的成果。

等级 C：我成立了内部评估团队，并与团队分享了自我评估和改进计划的定义结果：我简要地监测了改进计划的进展和接近实现目标的情况；监测结果显示出对目标足够积极的趋势；我已经启动了一些形式的外部沟通，以公开所取得的改进成果。

等级 D：我不同意由评估工作组完全代表进行的自我评估和改进计划的定义；我没有监测改进计划的进展和接近实现目标的情况；我没有使用任何形式的外部沟通，以公开所取得的改进成果[10]。

三 意大利基础教育评价发展趋势

作为欧盟的主要国家之一，与欧洲国家的横向比较是意大利教育政策调整的参照，也是动力之一。因此，意大利基础教育评价体系的未来趋势如何，就要结合欧盟的教育发展情况进行分析。从欧盟发布的教育报告《教育与培训监测报告 2021》来看，尽管意大利的基础教育在总体上表现还可以，但是，辍学率相对较高是一个比较大的问题，成为意大利基础教育评价体系难以忽视的一个焦点。2010 年，意大利 18~24 岁年龄段的人口中，基础教育阶段就离开校园的人口比例达到了 18.6%，2020 年的数据是 13.1%，尽管在变小，但是，欧盟 27 个国家的数据平均值分别是 13.8%（2010 年）和 9.9%（2020 年），差距还是比较大的。其中，移民人口更容易辍学，增加了问题的复杂性。辍学问题一直是意大利国家评估系统的关注点。针对这一现象，意大利基础教育在评价指标体系的构建中对学生的满意度、学校的学生保持率将有所侧重，这是一个主要的趋势。

意大利的基础教育质量评价制度在不断发展和改进中，未来的发展趋势还可能包括以下几个方面。

第一，在国家层面的统一评价与地方评价之间进行调整，改变过于单一的评价标准，发挥地方教育管理部门对教育质量的推动作用。标准的统一性与评价主体的多样性是优化基础教育质量评价体系的两个切入点，意大利基础教育评价体系同样会在这两个层面不断博弈，取得一个较为合理的平衡点。

第二，增强学校的自主权，意大利可能会更加强调学校的自主权，允许学校根据自身的特点和需要进一步丰富评价标准，提升评价维度的多元性。特别是在提升学生满意度的层面，提升学校的主体性可以优化教育供给的适切性，进而为不同社会背景的学生提供更具针对性的教育服务。

第三，推行教育信息化。意大利可能会更加重视教育信息化，将评价结果等教育数据数字化，以更加方便的方式进行分析和管理。同时，教育信息化也是提升基础教育公平性的主要手段。

第四，在欧盟的框架下加强国际合作，学习借鉴其他国家的教育质量评价经验，不断提高本国的教育质量。意大利在经济、科技、教育等领域所展示的竞争力已越来越弱，因此，与其他国家的合作也是提升竞争力的主要手段之一。

此外，在新冠疫情时代，学生的心理健康测评成为意大利基础教育评价的一项主要内容，在疫情后，这一趋势将得以延续。

参考文献：

[1] Commissione europea. Italia：Assicurazione di qualità nell'educazione della prima infanzia e nell'istruzione scolastica [EB/OL]. https：//eurydice. eacea. ec. europa. eu/it/national - education - systems/italy/italiaassicurazione - di - qualita - nelleducazione-della-prima-infanzia，2023-3-22/2023-3-29.

[2] Ministero dell'Istruzione e del Merito. Cos'è il Sistema nazionale di valutazione? [EB/OL]. https: //snv. pubblica. istruzione. it/snv-portale-web/, 2023-3-28.

[3] Sistema Nazionale di Valutazione. Presentazione [EB/OL]. https://snv. pubblica. istruzione. it/snv-portale-web/public/scuole, 2023-3-30

[4] Sistema Nazionale di Valutazione. Rendicontazione sociale [EB/OL]. https: // snv. pubblica. istruzione. it/snv-portale-web/public/rs/rs, 2023-3-28.

[5] Sistema Nazionale di Valutazione. RAV - Rapporto di Autovalutazione [EB/OL]. https: //snv. pubblica. istruzione. it/snv-portale-web/public/scuole, 2023-4-2.

[6] Sistema Nazionale di Valutazione. Monitoraggio valorizzazione professionale docenti [EB/OL]. https: //snv. pubblica. istruzione. it/snv-portale-web/public/docenti, 2023-4-2.

[7] Sistema Nazionale di Valutazione. Cos'è il Sistema nazionale di valutazione? [EB/OL] https: //snv. pubblica. istruzione. it/snv-portale-web/, 2023-4-1.

[8] Sistema Nazionale di Valutazione. Scuole [EB/OL]. https: //snv. pubblica. istruzione. it/snv-portale-web/public/scuole/rav, 2023-3-30.

[9] Un sito ufficiale dell'Unione europea. Italia: Insegnanti e altro personale dell'istruzione [EB/OL]. https: //eurydice. eacea. ec. europa. eu/it/national-education-systems/italy/italiainsegnanti-e-altro-personale-dellistruzione, 2022-11-29/2023-4-2.

[10] Sistema Nazionale di Valutazione: Dipartimento per il sistema educativo di istruzione e di formazione Direzione generale per gli ordinamenti scolastici e la valutazione del sistema nazionale di istruzione [R]. Linee guida per l'attuazione della Direttiva 36/2016 sulla valutazione dei dirigenti scolastici, 2017-2-13.

The Current Status, Progress, and Trends of Italy's Basic Education Evaluation System

Chen Weifeng, Yan Xiaopeng and Brogdon Tyler

Abstract: As a member state of the European Union, Italy's basic education evaluation system is influenced by the EU and possesses modern characteristics while also maintaining its unique features. The Italian national evaluation system comprises three institutions at the national level responsible for assessing the quality of the education and training system. These are the National Institute for the

Evaluation of the Education System, the National Institute for Documentation, Innovation, and Educational Research, and a review body made up of technical staff from the Italian Ministry of Education, Universities, and Research (MIUR). These institutions are in charge of ensuring the quality of education at the national level, carrying out systematic, scientific, and operational evaluations of educational institutions, school management, and teacher professional quality. They fully engage the initiative of the entities being evaluated, striving to enhance the scientific nature of the evaluation process and the guidance of the evaluation results. The mechanisms for evaluating the quality of basic education in Italy are worthy of reflection and reference.

Keywords: Italy; Basic Education; Education Evaluation

高等教育评价篇

巴布亚新几内亚高等教育评价研究报告

雷 勇 黄 绚*

摘 要：本文借助文献研究方法，对巴布亚新几内亚国立大学高等教育评估基本情况展开系统梳理。研究发现：为了保障高等教育质量，2017 年以来，巴布亚新几内亚政府不断实施高等教育改革，出台与修正法律法规，制定相关发展规划，设立高等教育、科学研究和创新部，打破高教机构管理的条块分割，理顺管理体制机制，实现职能转换，形成高等教育部统一领导的新监管体系；强调职业技术与应用型学科的市场需求导向，将技术和职业培训视为高等教育部门的一个组成部分，并将其作为技能发展、科学研究、技术创新的关键因素，对国立高等教育机构提出更高的治理要求，促使所有高等教育机构运作保持一致，在国民经济和社会发展优先事项中发挥更大作用。改革背景下，实施高等教育评估的主要路径是，先由政府给出高等教育统一的“国家标准”，制定“国家资格框架”，实行“机构注册”制度、“项目（课程）认证”；然后采取外部评估与内部评估两种评估方式。评估遵循“教育质量和学生需求是所有高等教育机构运作核心”的原则，建构质量保证体系，强调学习成果导向，倡导健全学分体

* 雷勇，重庆师范大学教授，博士；黄绚，重庆师范大学讲师，硕士。

系，服务于高等教育人才培养，服务于性别平等和社会包容，服务于国家优先发展战略。高等教育质量保证系统具有自身特点，但仍面临新挑战。

关键词： 巴布亚新几内亚　高等教育评估　外部评估　内部评估

高等教育进入巴布亚新几内亚（以下简称“巴新”）可追溯到20世纪60年代。当时高等教育活动及门类单一，仅限于托管国澳大利亚相关当局授意，在戈罗卡师范学院（Goroka Teacher's College）开展小学教师培训（1961年）和中等教育师资培训活动（1968年）[1]，且受众面极小，很少有岛民接受足够的培训和高等教育来担任社会中的高级职位。巴新现代高等教育兴起，得益于1962年联合国《福特报告》的敦促，改变了托管国澳大利亚对巴新的教育政策，决定优先发展巴新的中、高等教育，于1965年成立了“国立巴布亚新几内亚大学”[2]，沿袭英式高校教育体制范式。

在国际社会的关注下，独立前，巴新就有了巴新大学等4所学科门类布局合理、较能满足社会人才需求的现代大学。独立后，巴新为满足全球发展与国家经济建设之需，又成立了4所大学。经过一系列合并和重组之后，目前巴新国内的大学可以分为三类：一是国立大学，包括巴新大学、巴新科技大学、戈罗卡大学、自然资源与环境大学、西太平洋大学等5所；二是教会大学，即神言大学、太平洋基督复临大学；三是私立大学（商业研究院大学）。在上述8所大学中，除了戈罗卡大学外，其余7所大学均为高等教育部质量评估伙伴机构。5所国立大学最能代表巴新高等教育的关键变迁，是本报告的研究对象。

一　巴新高等教育评价概况

2017年以来，巴新实施高等教育转型与改革政策，政府设立专门机构——高等教育、科学研究和创新部（以下简称“高等教育部”），行使高等教育监督与管理职能，全面负责巴新高等教育的质量评价工作。

在高等教育发展规划上，国家制订的《2015—2024 国家高等和技术教育计划》和《2017—2038 高等教育和技术教育战略实施计划》已经出台。它们包含一个总体战略方向、九个优先战略目标和十二个质量保证标准，以确保提供巴新可持续发展所需的更高技能和知识。当前，高等教育部也制订了两个纲领性计划：《2021—2030 国家高等教育和技术教育计划》和《2021—2025 国家技能发展计划》，对于近 5~10 年巴新高等教育发展进行了规划。

二 巴新高等教育评价重要进展

（一）高等教育转型带来评价改革

1. 巴新高等教育转型

2017 年以来，巴新政府实施高等教育转型与改革政策，出台与修订高等教育相关法律法规，理顺政府各部门对高等教育机构的管理，将高等教育机构转由高等教育部监管。高等教育转型与改革涉及以下几个问题。

第一，政府管理机构转移实施。巴新国家执行委员会（National Executive Council，NEC）2017 年第 25 号文件要求，高等教育机构转由高等教育部监管。新的治理安排通过修订《2014 年高等教育（一般规定）法》[the Higher Education（General Provisions）Act 2014] 来实施，转移工作在 2021~2022 年和 2023~2024 年预算周期内进行[3]。

第二，高等教育机构监管。对高等教育机构的监管，将基于它们受国家资助的程度：从国家获得超过 50%年度资金（包括教师工资）的国立大学和教会大学，将服从过渡安排和新管理要求；从国家获得的年度资金（包括教师工资）不超过 50%的教会大学以及私立大学，将不受新安排的约束，但必须根据《改革法案》和修订后的《高等教育法案》进行注册和项目（课程）认证。

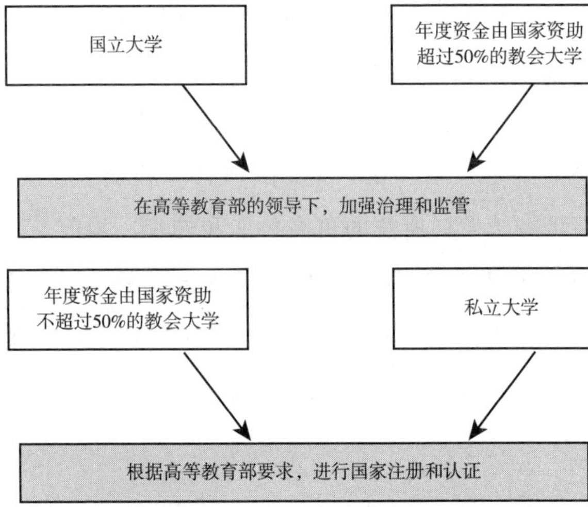

图 1　高等教育改革背景下的高校监管结构

资料来源：巴布亚新几内亚高等教育改革常见问题解答（Higher Education Reforms Frequently Asked Questions）。

第三，改革的政策基础。从根本上说，政府希望确保所有由大量国家资金支持的高等教育机构在治理、管理和运作方面达到最高水平。这意味着改革将这些高等教育机构置于严格监管之下，并对国有高等教育机构和主要由国家资助的教会等高等教育机构提出更高的治理要求。

第四，制定新的治理、规划安排。新的治理、规划安排旨在使巴新所有高等教育机构的运作保持一致，也将促使高等教育部和其他政府部门能够有效地实施跨部门的政策和标准，有助于高等教育机构专注于国民经济和社会发展优先事项。

第五，课程体系改革。修订后的《高等教育法案》规定，高等教育部可以制定国家课程；如果是技术和护理学院，则可以在国家重要的学科专业领域或被确定为国家培训优先事项的主要领域制定国家培训教材。高等教育部将与高等教育机构、专业认证协会、咨询机构、工商机构和其他利益攸关方协商，制定国家课程和培训教材。作为高等教育部的咨询机构，新成立的国家技能发展局（National Skills Development Agency，NSDA）将在制订国家培训一揽子计划中发挥关键作用，以确保这些计划符合市场需求。

第六，国家课程和培训教材批准。一旦制定完成国家课程和培训教材，将由国家高等教育委员会使用《高等教育项目（课程）认证国家标准》（National Standards for Higher Education Programme Accreditation）和《巴新国家资格框架》（the PNG National Qualifications Framework）中的标准进行评估[4]。

巴新高等教育转型与改革的推进，必将给巴新高等教育评价带来重大影响，在国家理顺各方关系及规范机构管理、认证资格框架、统一质量标准、寻求国际接轨、明确质量保证、培养高水平人才、服务国家经济社会发展等方面具有重要意义。

2. 巴新高等教育《质量保证框架》

由于受到英国、澳大利亚影响深远，巴新高等教育体系复制英、澳模式。巴新高等教育注重依法治教，国家统一制订高等教育法律法规，根据法案确定国家管理职权，对高等教育质量保证进行监管。

（1）《质量保证框架》的立法基础

为规范统一高等教育管理，严格把握高等教育质量，促进高等教育发展，巴新政府通过了《2014年高等教育（一般规定）法》，这为巴新的所有高等教育和技术教育机构（包括大学、公立和私立高教机构以及教会机构等）的监管和质量保证提供了立法框架。该法案要求所有此类机构进行注册和质量保证，并要求这些高等教育机构所提供的课程需要经过认证和质量保证[5]。

根据该法案，国家委托高等教育部负责监管所有高等教育和技术教育机构，负责这些机构的注册、认证和质量保证。

（2）《质量保证框架》的制定与实施

为了加强高等教育系统的统一、改革和转型，高等教育部制定了《质量保证框架》，以指导监管高等教育机构及其课程质量。《质量保证框架》确保高等教育机构各个方面的运营和质量维护，要求高等教育机构为高等教育部提供有关的质量保证活动信息；《质量保证框架》还阐明了高等教育部向高等教育机构提供的必要支持，以提高他们的教育和培训质量，满足监管要求。

《质量保证框架》的实施符合以下要求：《2014 年高等教育（一般规定）法》《巴新高等教育机构注册国家标准》《巴新国家标准高等教育计划认证》《巴新国家资格框架》《2017—2038 高等教育和技术教育战略实施计划》《巴新 2050 年愿景》《2010—2030 巴新战略实施计划》。

（3）《质量保证框架》的原则

高等教育部制定的《质量保证框架》遵循以下原则：教育质量和学生的需求是所有高等教育机构运作的核心；高等教育机构对质量、审查和其他监管活动采用周期性方法；确保高等教育机构的质量是高等教育部、高等教育机构和其他利益相关者的共同责任；高等教育机构的所有质量保证活动都将以国际最佳实践为基准；监管活动是透明、公平和定制的，以满足不同教育部门的需求。

（4）《质量保证框架》对高等教育机构的要求

根据《质量保证框架》，高等教育机构可以向高等教育部提出下列申请：为机构提供质量保证审核指南；为机构提供预审计清单，以便在对组织和计划的课程进行正式外部注册评估之前进行内部审计；对机构进行实地考察，与学生和教职员工会面；检查机构基础设施和资源；视察学与教资源。此外，高等教育部有权向高等教育机构索取报告、数据和信息。

（5）《质量保证框架》对高等教育部的要求

《质量保证框架》规定了高等教育部开展其质量保证活动的义务。第一，支持保障巴新高等教育和技术教育、培训的质量和声誉。在履行监管和质量保证职能时，高等教育部认可各个高等教育部门之间存在的差异。第二，支持高等教育机构满足监管要求和履行对学生的义务。高等教育部承认，这些针对高等教育机构的监管要求，最初可能会对某些机构而言具有挑战性，为了使这些高等教育机构满足要求，高等教育部将提供支持和指导。

在开展质量保证评估审查等关键活动时，高等教育部会考虑高等教育机构类型、机构规模和办学年限、课程范围、监管历史。此外，高等教育部设立由本地和国际专业人士以及行业专家组成的专家小组，开展质量评估审查服务（见表1）。

表1　高等教育部开展质量保证关键活动一览[6]

机构类型	高等教育部质量保证关键活动
国立大学	每五年进行一次质量保证审查；进行专题或其他部门范围内的相关审查
公立高等教育机构（职业技术、师范、护理和其他专业学院）	评估建立公立高等教育机构的申请；每五年进行一次质量保证审查；对高等教育项目进行最长五年的认证；对最长五年的项目认证进行更新
私立高等教育机构和教会机构（职业技术、师范和护理学院）	评估私立高等教育机构初始注册申请；评估私立高等教育机构注册续期最长五年的申请；授权最长五年的高等教育课程；更新最长五年的课程认证
所有高等教育机构（包括国立大学）	监控绩效；收集关键信息和数据；进行专题审查；调查投诉
高等教育部	举办信息发布会、培训研讨会或讲习班；发布信息文件和指南；与高等教育机构、有关方面、公众成员和任何其他利益相关者进行对话；在高等教育部网站上提供所有质量保证文件，包括已注册的高等教育机构和相关课程
	高等教育部将在《质量保证框架》实施后三年内审查。来自高等教育机构和其他利益相关者的反馈将为审查提供信息
高等教育部专家小组	根据法案要求，高等教育部成立了一个专家小组来协助其质量保证活动；该小组将支持高等教育部的注册、认证和其他质量保证活动；该小组由本地和国际专家组成，他们将根据需要向高等教育部提供建议

资料来源：https：//web. dherst. gov. pg/。

总之，巴新高等教育部制定的《质量保证框架》，是指导巴新高等教育质量保证的纲领性文件，在巴新高等教育评价史上具有极其重要的价值。

（二）巴新高等教育评价措施与方式

巴新高等教育评价的主要举措包括6个方面：设立机构——“国家高等教育和技术教育委员会”；制定“国家资格框架”；统一高等教育“国家标准”；实行“机构注册”制度；通过“项目（课程）认证”[7]；外部评估与内部评估。

1. 设立机构——“国家高等教育和技术教育委员会”

根据《1983年教育法（合并为1995年第13号法令）》［Education Act 1983（Consolidated to No. 13 of 1995）］，巴新设立“高等教育和技术教育委员会”（简称“高等教育委员会”）[8]，统筹国家高等教育质量保证事务。高等教育委员会于2009年制定了第一个巴新国家资格框架（PNGNQF），并于2013年开始实施[9]。

根据《2014年高等教育（一般规定）法》和《2020年高等教育和技术教育改革法案》有关规定，国家高等教育和技术教育委员会具有以下主要权力和职能：确保高等教育质量保证和监管方面的目标得以实现，推荐质量保证政策指南，审查、咨询和更新《国家资格框架》，批准质量保证国家标准，批准申请指南、表格和其他文件，承认机构或专业许可与机构注册或项目认证等。

2014年10月，新的《高等教育（一般规定）法》生效，高等教育部取代了高等教育委员会[10]，使命是服务和促进巴新高等教育发展。政府通过高等教育部改革、转型和统一巴新的高等教育机构，激发和释放年轻公民的思想和潜力，推动巴新的人力和经济发展，提高竞争力，实现更光明的经济前景。

2017年实施高等教育改革之后，商业和技术学院以及曾隶属于教育部（主要负责学前、中小学等基础教育）的师范学院、护理学院、海事学院等，2020年起均划归高等教育部[11]，以加强统筹管理。

国家指示高等教育部实施《2017—2038年高等教育和技术教育战略实施计划》，落实巴新高等教育目标的路线图，制定巴新国家资格框架和相关资助模式等。国家委托高等教育部负责高等教育法案的实施管理，负责所有高等教育和技术机构的注册和认证以及质量保证。为了推进高等教育系统的统一、改革和转型，高等教育部制定了《质量保证框架》，用以指导、监管这些机构及其课程质量[12]。

2. 制定“国家资格框架”（The PNG National Qualifications Framework，PNGNQF）

巴新高等教育也被称为中学后教育，包括本科和研究生教育，以及超出中学后教育水平的职业教育和培训；提供高等教育的机构包括大学、学院、技术培训机构、社区学院、护理学校、研究实验室、英才中心，以及远程学习中心、跨境教育机构等。从背景上看，巴新高等教育系统有许多独立的子系统（比如公办、私立、研究所、大学、职业培训、跨境教育等），这些子系统大多相互独立，非常分散，相互之间几乎没有透明度或流动性。职业培训和大学教育之间，甚至大学之间，或者初级培训和继续培训之间，都相互不承认资格或奖励。因此，政府有必要建立统一的国家资格框架。

2009 年高等教育委员会借鉴《澳大利亚资格框架》，制定了第一个《巴新国家资格框架》，2010 年进行修订，2013 年实施。2012 年，国家选举委员会批准巴新教育机构实施《国家性别平等框架》。2013 年，国家批准适用于私营培训机构的《技术与职业教育培训资格认证（修订版）》。2017 年高等教育部发布《巴新国家资格框架（第二版）》[13]，更好地阐明了一个以行业为基础的职业培训和大学教育相联系和统一的高等教育体系，为终身学习者提供了无障碍途径和机会，有助于增强民众、机构和国家应对 21 世纪及以后挑战的能力。

从内容上看，《巴新国家资格框架》是巴新中学后（高等）教育的正式资格体系。该框架系统描述了具有特定资格的毕业生需要知道什么、完成什么和达到什么要求才能获得奖项，在成功完成正式学习后，通过奖励来认可资格，正式资格的规范性名称有：证书、文凭、学士、硕士和博士。

《巴新国家资格框架》根据学习成果和学习量定义了10个资格水平等级和从证书、文凭、学士、硕士到博士的授予资格，既描述学习标准，又描述与特定资格相关的目的、数量和晋升机会，确保与国际公认的高等教育资格和奖励的标准、质量具有可比性。

从作用上看，《巴新国家资格框架》具有以下显著特点。

一是资格框架具有国际可比性。其他许多国家已经制定了自己的国家资格框架，注重与国际接轨的《巴新国家资格框架》，能够促进毕业生的区域和全球性流动，确保其资格得到国际承认。

二是学习任务量和学分更加清晰。当前，灵活和混合的学习选择日益增多，采用"学分制"替代"学年制"，有助于学校对学生进行合理指导，并促进各机构对学分点的使用采取共同的办法。

三是便捷了职业技术培训和高等教育资格认证之间的通道。以往将职业技术培训和高等教育确定为高等教育两个截然不同的领域，对于学习者如何从一个领域进入另一个领域，以提高或获得新的资格和奖励几乎没有提供指导。在巴新，人们希望跨领域的资格得到承认，因为国家需要大量有技术证书和文凭的成熟毕业生。《巴新国家资格框架》的修订，将有助于联通各类学习途径。

四是《巴新国家资格框架（2017年版）》对《技术与职业教育培训资格认证（2013年版）》中的私立机构职业技术培训表述进行了重新整合。如上所述，修订《巴新国家资格框架》的原因之一，是巴新需要有一个统一的国家资格框架，以促进区域可比性，便于提供者、机构、教师、学生和包括政府机构在内的其他利益相关方使用。

3. 统一高等教育"国家标准"（National Standards）

巴新统一高等教育"国家标准"主要通过制定高等教育机构注册和项目（课程）认证两大国家标准来实现，这两大标准分别是《高等和技术教育机构注册国家标准》（The National Standards for Higher and Technical Education Institution Registration）和《高等教育项目（课程）认证国家标准》（National Standards for Higher Education Programme Accreditation）。

根据《2014 年高等教育（一般规定）法》，《高等和技术教育机构注册国家标准》是被强制执行的，所有高等教育机构都要符合这些标准，只有这样才能注册成为高等教育提供者。《高等和技术教育机构注册国家标准》包括以下几方面。第一，该机构致力于在高等教育中诚实守信。第二，设立宗旨明确、规划合理。第三，该机构拥有足够的、有保障的财务资源，以建立和持续维持财务运营。第四，机构具有有效的治理机制。第五，机构有适当的管理结构、流程和政策，包括学术政策。第六，该机构的课程、教学和评估足以达到预期的学生学习成果。第七，该机构的教学及行政人员之数量、资历、经验及技能适当。第八，该机构的学生可以获得适当水平的社会、福利和学术支持服务。第九，该机构拥有提供、维护现代化学习资源的有效流程。第十，该机构对公平目标的承诺和与利益相关者的密切联系。第十一，大学在两个及以上的研究领域具备授予学位的资格，并提供从入门级到研究生学习的课程。第十二，大学教师必须进行新知识的研究。

《高等教育项目（课程）认证国家标准》在 2016 年 10 月 13 日获得国家高等教育委员会原则批准，并于 2017 年 3 月 29 日正式采用[14]。这些项目（课程）标准既适用于高等教育，也适用于技术与职业教育资格培训，对应于“证书”“文凭”和“学位”等称谓。《高等教育项目（课程）认证国家标准》由七个方面构成。第一，项目（课程）方案符合《巴新国家资格框架》。第二，项目（课程）设计出色。第三，项目（课程）资源和信息充足。第四，项目（课程）教学质量高。第五，录取学生标准合适。第六，项目（课程）评估适当和有效，并使学生达到预期学习成果。第七，对项目（课程）监测、审查、更新和终止进行合适管理[15]。根据相关法案，高等教育机构必须满足所有标准才能获得认证。

4. 实行“机构注册”（Institutional Registration）制度

《巴新高等教育机构注册国家标准》于 2017 年 3 月 29 日正式通过。根据国家《2014 年高等教育（一般规定）法》，所有提供高等教育的巴新机构都必须注册。

根据该法案第 29 条，如果拟议的是国有机构，则必须尽快向高等教育部提供全部详细信息，以便高等教育部向相关政府机构报告。根据法案第 53 条，如果拟议的是私人机构，则必须向高等教育部提交意向书。根据法案第 104 条，如果拟议的是公立大学，则必须尽快向高等教育部提供全部详细信息，以便高等教育部向相关政府机构报告。根据法案第 113 条，如果拟议的是私立大学，则必须向高等教育部提交意向书。

高等教育机构必须满足所有十二条标准，才能获得注册。在根据高等教育机构注册标准进行外部质量评估（External Quality Assessment）时，已建立的机构应完成必要的规划，实施相关计划和政策。在巴新经营或打算经营的海外大学必须根据法案获得认可，但不需要进行大学注册，高等教育部提供单独的海外大学寻求认可的申请表。

5. 通过“项目（课程）认证”

巴新“项目（课程）认证”，依据的是 2017 年 3 月 29 日正式实施的《高等教育项目（课程）认证国家标准》。

正如《巴新国家资格框架》中所述，这些标准适用于高等教育以及技术和职业教育与培训资格，它们适用于类似的项目（课程、证书、文凭、学位等）。根据《巴新国家资格框架》规定，如果某个项目（课程）由大学或与大学附属的机构提供，或者是经批准的国家职业技术培训项目（课程）的一部分，则该项目（课程）不需要获得高等教育部的认可。因此，国立大学的所有项目（课程）无须经过高等教育部认可，需要经过高等教育部认可的项目（课程），主要由巴新非国立大学或非国立大学附属机构所提供。

6. 外部评估与内部评估

在评价方式上，巴新高等教育主要通过外部质量保证评估（External Quality Assessment Review，EQAR）和机构内部质量保证评估（Internal Qaulity Assurance，IQA）组织实施。外部评估由学校之外的机构负责，学校无法控制评估的过程和结果。而内部评估由学校内部的机构负责，学校可以更直接地参与评估过程和结果的运用。相比之下，巴新外部评估是在高等教育部领导之下组织实施，其评估标准、评估程序与评价结论更具有权威性，同时也是大学等高等教育机构各项标准得到国家认证的依据，对大学等高等教育机构乃至国家高等教育质量水平影响甚大。因此，外部评估是国立大学质量评价的重点。

外部评估中高等教育机构审查是主要方式，用于分析和测试机构管理、学术活动质量与流程的有效性，重视大学等高等教育机构在质量和标准方面的权利和责任，关注大学如何向公众保证设定的质量和标准正在实现。机构审查的目的在于：一是通过透明的评估过程，提升机构在内部和外部维护标准上的能力与信心；二是通过外部审查，公开报告机构达到的质量和标准情况；三是提供有关机构的标准和质量的系统、清晰和可访问的信息，以便为潜在学生、管理机构、资助机构和其他用户的选择和决定提供信息；四是通过同行评审、教育实践以及鼓励创新，积极使用国家和国际标准实现共享，从而促进改进与优化。

外部评估机构审查，依据巴新高等教育相关法律，由高等教育部负责实施。外部评估一般是五年一次。由巴新高等教育部聘请本国或国外相关领域专家组成考察组对国立大学等高等教育机构进行实地考察，遵照巴新高等教育质量国家标准，专家组在考察期间，会与学校负责人、教师、员工、学生、企业和其他利益相关方举行座谈交流，提取大学办学相关数据资料，听取有关大学文化、基础设施、生活条件、师资队伍、课堂教学、科学研究、社会服务、合作交流、学生就业等情况的意见与建议，查阅考核、论文、报告、设计等教学资源文档，了解学术科研课题项目开展情况与各类活动以及师生满意度等。外部评估是对高等教育机构进行的一次全面、系统、深入的“体检”，在很大程度上体现着大学治理的质量与水平。

内部评估则是高等教育机构本身开展的自查审核工作。国立大学内部一般设有质量保证部门［如“质量保证部”（The Quality Assurance Division，QAD）[16]］，负责牵头组织开展内部评估。

质量保证部门的核心业务，即为所有学生提供优质的高等教育。在大学看来，质量保证是每个人的事，与所有其他高等教育机构一样，大学的目标是遵照大学宗旨，维护大学的内部质量机制。大学需要在法律框架内制定适合自己特点的质量保证政策，建立质量保证的基本框架，采用的内部质量评估循环为：计划、行动、评估、改进（Plan，Act，Evaluate，Improve，PAEI），依靠学生、教职员工、学术和行政部门以及领导和管理团队，促进高质量办学。同时，为高等教育部开展外部评估创造条件，以满足外部合作伙伴——行业、教会、非政府组织、社区组织的期望，特别是满足巴新高等教育部的期望。

（三）巴新开展高等教育评估改革、特点与效应

1. 评估改革

第一，实施国家机构改革。2017 年巴新决定将原来分属政府不同部门的高等教育机构的监管权统一转移到高等教育部，这一定位意义深远。将以前分散的高等教育机构政府资助系统转变为单一的连贯资助模式，支持更加有效的部门协调和高等教育机构治理。同时，也关注维持公立大学的自主权，只是在特定的情况下，国家保留紧急干预大学和高等教育机构治理和管理的重要权力。这不仅有利于为高等教育机构提供透明、可靠和足额的资金，确保尽可能多的学生接受高等教育，而且更重要的是，提供了高质量的教育，帮助他们在入学后取得成功，实现他们的求学目标，从而为国家的经济和社会发展做出贡献。这种国家行为的高等教育机构监管改革，使得高等教育评估更具权威性与影响力，无疑是巴新高等教育评估改革最大的特征。

第二，2017 年高等教育管理部门的改革，还将技术和职业培训视为高等教育部门的一个组成部分，并将其视为技能发展和促进研究、科学、技术和创新的关键因素，特别是在应用、适应和使用方面的技术。加强与产业和工商界的接触，支持企业和行业代表、捐助者和领先的企业实体，以确保高等教育机构提供的教育服务项目符合社会需求。在巴新，人们希望跨领域（特别是应用技术与职业培训与普通高等教育之间）的资格得到承认，建立一支有能力取代目前大量熟练外籍工人的熟练劳动力队伍，对巴

新经济和社区产生重要的可持续利益。这无疑是一个认识上的极大提升，必将促进巴新高等教育技术和职业培训评价的新发展。

第三，出台系列改革法案。巴新国民议会于2020年8月27日通过了系列高等教育改革法案，为巴新高等教育和技术教育部门的重大改革扫清了障碍，共同改善高等教育机构的治理、管理和运营。这些一揽子改革法案包括：《2020年高等教育和技术教育改革法案》《2020年高等教育（一般规定）（修订）条例草案》《2020年教育（修订）条例草案》《2020年国家培训委员会（修正案）法案》《2020年巴布亚新几内亚国立大学（修正案）法案》《2020年巴布亚新几内亚大学（修正案）法案》《2020年巴布亚新几内亚科技大学（修正案）法案》《2020年巴布亚新几内亚自然资源与环境大学（修正案）法案》等八项。这八大法案代表了改革、转变和统一了巴新高等教育系统的授权立法，并与《2017—2038高等教育和技术教育战略实施计划》保持一致，为高等教育重大改革与发展提供了法律依据[17]。

第四，建立质量保证评估体系。为了维持和提高国立高等教育系统的标准，巴新建立了一个充满活力的质量保证和学术与行政职能认证治理机制。在高等教育部负责下，巴新建立了一套包括《高等和技术教育机构注册国家标准》《巴新国家资格框架》《高等教育项目（课程）认证国家标准》《质量保证框架》等的质量保证评估体系，用于评估高等教育机构、教师和学生的表现。这样的体系有助于确保提高教育质量和学术标准，鼓励高等教育机构和个人不断改进和创新。

第五，强调学习成果导向。改革致力于将教育结果评价，从仅仅基于考试成绩的评估，转变为更加综合和多样化的评估方式。《巴新国家资格框架》明确定义和区分各种级别的资格，考虑在学术和基于能力的学习模式中要展示的知识、技能、应用和自主性；重点放在学生的学习成果和能力发展上，例如智力独立、学习活动、项目作业、实践经验、小组任务、沟通技巧、创新思维、团队合作和社会责任等方面。

第六，健全学分体系。学分制度是一种在学习计划中调整学习量和单元的方法，巴新对于不同的学习模式（面对面、强化、在线、混合）引入了学分体系，用于评估和认可学生完成的课程和学习成果。学分体系可以促进学生学习的可迁移性和灵活性，同时也有助于未来高等教育机构之间学分转移和认可。《巴新国家资格框架》支持高等教育的提供者使用学分制度，并把每年学生学习活动的总时数作为建立每个学习计划学分制度的基础。学分转移和承认先前学习（Recognition of Prior Learning，RPL）的程序可用于评估和承认个人通过学习和其他经验获得的知识、技能和能力，以满足特定学习方案的入学要求，在证书或学位授予中，承认先前学习或学分转移时，可以考虑该计划的联系时间和学分。

2. 评估特点

第一，巴新高等教育外部评估具有统一性。巴新政府非常重视高等教育评价，成立专门的国家统一机构——高等教育部，立法建章，依法办事，统揽全国高等教育的重大事项。根据《2014 年高等教育（一般规定）法》《2020 年高等教育（一般规定）（修订）条例草案》，政府通过高等教育部监管，以规划、协调与维持学术标准、资金分配、管理条例、学生入学、资格认证等，使得大学遵守国家政策，按照高等教育部的国家资格标准行使大学自治权。

第二，巴新高等教育评估具有规范性与可操作性。巴新 5 所国立大学统一由高等教育部负责监督与评估。高等教育部作为一个政府机构，按照国家制定的教育质量保证框架体系，对所有国立大学定期（五年一次）开展机构审查“评估活动”，所采用的评估程序、评估内容、评估标准、评估方法、评估技术等都是相同的。这种评估属于外部审查评估，也是最重要的评估手段，对国立大学的基础设施、师资力量、教学科研、人才培养、办学水平、合作交流、社会声誉、未来发展等方面影响巨大。

第三，大学内部评估具有自主性。国立大学按照国家制定的教育质量保证框架体系，内部设立有关质量保证部门，协调质量保证外部评估活动，并承担配合大学自身对于内部评估开展的相关工作，以符合大学的战略方向和国家质量保证标准，促进大学教学、科研、学习、审核、研究、学术治理等方面的质量提升。

第四，项目（课程）审查标准与机构审查评估具有相似性。与机构审查评估针对大学不同，项目（课程）审查评估针对大学的项目（课程），评估学生课程学习的质量与成效情况。虽然评估对象更为具体，评价标准有所侧重，但是，评估的流程、计算方法、评价结果等级标准等与机构审查评估相比较，具有很大的相似性。

第五，机构注册与资格认证具有权威性。政府机构对可以授予巴新国家资格的高等教育机构进行监管，要求它们定期注册，以确保达到规定的标准。资格认证是对高等教育机构和项目（课程）等的官方认可，是机构或者项目（课程）达到了预期标准和质量的证明。同时，认证也是国家对所有高等教育机构标准和质量的认可。

3. 评估效应

巴新高等教育改革开启于 2017 年，2020 年国家立法予以法律地位，但是高等教育机构转移至高等教育部监管，是在 2021～2022 年和 2023～2024 年周期内进行。因此，由高等教育部负责开展的高等教育机构质量保证审查评估还未见成效，目前更多只是在理论上，从高等教育改革和高等教育评估两个方面分析产生的效应。

（1）高等教育改革可以直接产生的效应

第一，提升高等教育的国际可比性。巴新政府渴望在促进毕业生的区域和全球流动性方面发挥自己的作用，并确保其高等教育资格得到国际承认。出于这些原因，巴新及时修订高等教育国家框架和标准，提供了更强的可比性，对于与国际上其他相关框架与标准的充分对接是十分有益的。

第二，学习量和学分界定更加清晰。《巴新国家资格框架》规定了十个等级水平，以及每个等级水平相应的学习量和学分要求，定量化标准非常明确具体，便于各方了解特定级别的标准和获得资格所需的学习总量，使用学习活动作为基础；还规定了将学生所需学习量转化为课程中各个单元或科目的学分的预期方式，以帮助平衡学生的工作量，这种预期小时数而非“全日制年数”的替代，有助于应对巴新越来越多的灵活和混合的学习选择，同时也是对学校合理的学生工作量的指导。

第三，建构起职业技术培训和高等教育资格认可之间更便捷的途径。之前的巴新教育框架结构将职业技术培训和普通高等教育监管分为两个显著不同的领域，对于学习者如何从一个领域进入另一个领域以提高或获得新的资格和奖励几乎没有提供指导。现在，通过高等教育机构改革，修改巴新高等教育框架结构，统一划归到高等教育部监管，职业技术培训和高等教育之间资格认可能够得到承认，有助于国家培养大量具有知识、技能与应用技术的毕业生。

第四，学分转移得到确认。学分转移和承认先前学习的程序有助于评估和承认个人通过学习与工作和其他经验获得的知识、技能和能力，无论在入学前，还是在入学后，学生接受高等教育的过程中，每个阶段、每门课程都会以学分作为计量学习任务的单位。在获得证书或者授予相应学位时，都可以兼顾学分转移，统筹考虑培养方案的时间量和学分。

（2）高等教育评估可以直接产生的效应

巴新高等教育的机构评估、项目（课程）评估等，虽然不尽完美，但是评估结果无疑可以为国家教育管理部门和相关专门机构制定政策和规划提供真实而权威的依据，也可以作为国立大学机构一级，以及其内部二级单位谋求可持续发展和提升质量的重要指针。具体而言，评估结果可能会产生以下效应。

第一，提升学校声誉。通过参与评估和取得良好的评估结果，可以提升大学与学科专业（课程）的学术声誉和知名度。这有助于吸引更多优秀的学生和教师加入，同时也为大学与学科专业在国内外的合作和交流提供更好的基础。

第二，改进办学质量。评估结果可以帮助大学识别和改进存在的问题和不足，大学可以制订和实施改进计划，提高教学质量、研究水平和学术管理能力。学校和教师可以根据评估结果，及时更新项目（课程）内容，确保项目（课程）与行业和学科的最新发展保持同步，帮助学校和教师了解项目（课程）的设计、内容和教学方法是否符合学术标准，以便进行必要的调整和改进，提升项目（课程）的质量和效果。

第三，获得资金支持。评估结果对于大学和项目（课程）获取额外的资金和资源支持具有重要意义。政府和其他机构可能会将资金和资源更多地投入那些通过评估认证的大学和项目（课程），以发挥资金的更大效用。

第四，学生满意度提升。通过评估，学校和教师可以更好地了解学生对学校管理服务、学科专业、课程的需求和期望。针对评估结果，学校和教师可以采取有效措施改进工作，提高学生的满意度和参与度。

第五，学位认可和学生就业。评估认证可以提高对大学和项目（课程）所颁发学位的认可度，有助于提高学生的就业竞争力，使他们更容易在国内和国际就业市场获得工作机会。

第六，对外合作与交流。评估认证的大学和项目（课程）通常更容易得到其他机构和国际伙伴的信任和青睐，这为学术合作、研究项目和学生交流提供了更多机会和资源。

自然，高等教育评估也是一把双刃剑，一旦评估结果不理想，也会对高等教育机构的国内外声誉、资金支持、招生就业、学科专业、项目（课程）等带来负面影响。因此，对于评估结果的社会化，还需要慎重对待。

三　巴新高等教育评价发展的挑战与建议

巴新的高等教育质量保障评价面对未来挑战，需要不断优化质量保障体系，以适应时代发展的新要求。

（一）未来挑战

巴新是一个群岛国家，交通不便，大多数出行都是乘飞机，客观上增加了建设和管理高等教育机构的成本，也必然会影响高等教育评价改革与发展。

根据巴新《2020—2029 国家教育计划：实现全民优质教育》[18]，巴新教育的愿景目标是为巴新的孩子提供家长和政府负担得起的优质教育，并使公民有文化、有技能和健康，每个人都受到最充分的教育和培训，为国家的经济和社会发展做出贡献。呼吁所有伙伴、利益相关方和发展伙伴在整个计划期间本着伙伴精神和谐合作，以实现目标。强调教育必须在地区和全球范围内兼容，并以课程标准监控测试和地区评估为基准。同时，需要训练有素的教师，致力于教好每一个孩子，无论他们的地理位置、身体状况、经济状况、宗教或种族。为了解决弱势地区的问题，已经确定了干预措施，以确保所有学校都被纳入其中，没有一个孩子掉队。该计划确定了使失学儿童重返学习环境的战略，为成年人启动成人扫盲方案，以提高他们识字和算术的技能。同时，还预计教师将获得公平的报酬、奖励和职业发展机会。

巴新高等教育近期发展规划《2021—2025 国家技能发展计划》是一项五年计划，概述了当前和未来巴新劳动力发展的战略方向。《2021—2038 国家高等教育和技术教育计划》是巴新高等教育和技术教育部门的十年愿景。在该十年计划中，每 5 年审查一次，关注 2020 年对《2014 年高等教育（一般规定）法》带来的重大改革，以及根据《2020 年高等教育和技术教育改革法案》，高等教育机构监管向高等教育部进行转移。通过五个战略目标领域（治理、监管和管理、教与学、研究与开发、资源和伙伴关系）满足法案要求，以响应和维持知识经济时代的国家发展愿望。在五大战略目标中，把“监管和管理”作为第二大战略目标提出，具有重要意义，表明巴新政府未来十年对高层次人才培养的高度重视，要着力于教育和培训具有创新精神的思想家、科学家、社会企业家和技术人员，提供巴新可持续发展所需的技能和知识，从经济资源中创造财富，以更可持续和更具包容性的方式推动社会发展。“强大的质量保证系统”作为实现上述目标的关键成功因素（熟练的人力资源、充足的资源、信息通信技术基础设施、强大的质量保证系统、本地和国外的合作伙伴关系和有效的部门协调）之一，体现出国家对高等教育质量和水平的高度关注。因此，如何构建与维持稳定长久、卓有成效的“强大的质量保证系统”，无疑是巴新高等教育事业发展（特别是质量保证评价）未来面临的主要挑战。

（二）主要建议

巴新政府正在投资高等教育部门，努力改革高等教育，制订新的目标路线图，作为促进巴新经济和社会发展、实施国家愿景的关键推动力，国立大学系统扮演着非常重要的角色。为了更好地适应知识经济时代与教育国际化和现代化的新要求，巴新的高等教育质量保证系统也要经历巨大的变化，以质量保证评估为抓手，提高国家高等教育质量与水平，无疑是非常重要的措施。结合研究，本文提出如下建议：

第一，坚守“高等教育质量是大学的生命线”的理念。提高高等教育质量是巴新国立大学与国际接轨的必然要求，同时它也直接影响学生等利益相关方对高等教育的满意度。一些学校还没有充分认识到质量保证是它们的责任和职责，没有把质量保证作为学校关键性工作加以突出（最明显的问题就是有的学校官网没有设置“质量保证”栏目，也缺乏有关内部评估制度文件），营造学校质量文化、评估文化氛围有待加强。

第二，建议分类别统一评估标准。本研究主要针对巴新国立大学展开，其他类别与层次的高等教育机构（如职业类院校、医疗卫生护理类院校、师范教育类院校、艺术类院校等）统一划归高等教育部监管之后，如果用同一个尺度去衡量，对这些高等教育机构进行外部评估，无疑是不科学、不合理的。因此，针对不同的大学类别，应统一和明确评估标准和指标，以确保评估结果的可比性和公正性。高等教育部应引入基于需求和绩效的资助体系，为所有国立大学提供激励性资金，作为提高绩效标准的激励措施。

第三，提供更多支持和资源。为了促进高等教育机构的质量保证工作，建议提供更多的资源支持，包括指导、培训、资金、技术等。由于财政限制，巴新政府在努力确保对国立大学的资助承诺外，可以允许国立大学通过合法途径自筹资金，依法合规用于大学建设。此外，支持高等师范教育与应用型学科专业的发展。为在困难地区服务人员提供奖励津贴，以确保更公平地分配教学资源，着力解决资源限制和扩大教学人员数量，主动对接国家经济社会发展主战场，培养大量应用型技能人才。

第四，在评估方案指标设计上，增加学生评价和参与的评价指标，突出人才培养影响要素。学生的感受与评价应该成为高等教育服务质量的重要因素，鼓励学生参与制定评估标准，结合自我评估和同伴评估，以及对学校评价的反馈意见，完善评估指标设计，这有助于更全面地了解学生需求，改进教学方法和课程设计，提升学生体验和学习成果。在大学项目（课程）结构中，将知识与技能和态度相结合，这是当前提高大学教育质量的主要要求。进一步完善学分转移制度，鼓励高等教育机构之间的学生流动，培养学生的创造性和兴趣，打破科学、艺术、人文、法律和商业等严格划分的传统学科界限。

第五，高度重视教师评估和专业发展。教师队伍建设是高等教育机构的核心竞争力，是体现学校水平与质量的关键要素，应该成为评估工作中的重要内容。要通过评估教师的教学、科研等表现，提供相应的培训和支持，进一步激发教师的积极性、主动性和创造性，提高教师的教学质量和研究能力，从而进一步促进高等教育质量与水平的提升。

第六，健全和完善内部评估机制。高等教育机构要加强内部质量评估审核，设立专门的评价机构，统筹学校内部质量评价工作，宣传国家有关质量保证政策法规，掌握国家资格框架标准，指导开展各项质量保证评估活动，培训校内相关工作人员，统计高等教育机构数据信息，落实机构定期注册与认证，配合高等教育部实施国家对学校机构外部审查评估，提交有关学校质量保证意见与建议。

第七，完善高等教育质量保证体系，重视评估持续监测和跟踪。质量保障体系应该包括持续的监测和跟踪机制，确保持续提高教育质量。在完成内部和外部评估后，学校需要根据评估结果和建议实施整改计划，并在学校层面认真讨论，上下达成共识，并保持进度监控，以确保评估更加有助于推动大学教学与研究、人才培养、师资队伍、学科专业与课程建设，形成评估与发展之间的良性互动。

第八，坚持高等教育公平和社会包容的评估政策。加强师生性别平等宣传教育，关注与帮助妇女群体、贫困家庭、残疾学生等获得高等教育平等机会与学习经历。鼓励增设远程教育现代化项目，符合政府增加高等教育机会的政策。巴新大学的远程开放教育、其他高等教育机构和专业组织的在线学习等模式，尽力满足农村地区、大学系统之外就业者的需求；鼓励增加私立、教会高等教育机构，在分类统一评估质量标准下，坚持应用型、特色化办学，扩大巴新人民享受高等教育受益面。

第九，因地制宜，取长补短。巴新高等教育改革处于探索阶段，还会面临许多新情况和新问题，巴新高等教育部统揽全国高等教育机构，评估与监管体系和实施效果还有待实践检验；巴新高等教育机构应加强与其他国家高等教育机构和国际组织的交流与合作，为巴新高等教育提供更多经验借鉴和合作的机会，促进高等教育质量保证体系不断优化。

参考文献：

[1] University of Goroka [EB/OL]. [2023-06-10]. http://www.uog.ac.pg/.

[2] University of Papua New Guinea [EB/OL]. [2023-06-10]. https://www.upng.ac.pg/index.php/about-upng/history.

[3] [17] 议会通过高等教育机构改革法 [Z]. StudyInPNG, 2020-09-07.

[4] [5] [6] [7] [12] Department of Higher Education, Research, Science and Technology, Papua New Guinea [EB/OL]. [2022-07-20]. https://web.dherst.gov.pg/

[8] Office of Legislative Counsel, Papua New Guinea. Education Act 1983 [S]. 1983.

[9] [10] [13] 巴新高等教育部. 巴布亚新几内亚国家资格框架（第二版）[S]. 2017.

[11] [18] Department of Education, Papua New Guinea [EB/OL]. [2022-08-15]. http://www.education.gov.pg/（巴新教育部. 2020-2029 国家教育计划：实现全民优质教育 [S]. Logan Imprint, 2020.

[14] [15] 巴新高等教育部. 高等教育项目认证国家标准 [S]. 2017.

[16] Divine Word University [EB/OL]. [2023-04-6]. https://www.dwu.ac.pg/en/index.php/about-us/quality-assurance

Study on the Evaluation of Higher Education in Papua New Guinea

Lei Yong, *Huang Xuan*

Abstract: In this report, a systematic review was carried out by means of literature research on the assessment of higher education at the national university of Papua New Guinea (PNG). The study found that PNG had been implementing higher education reforms to safeguard the quality of higher education, such as making policies and amending laws and regulations, and formulating development plans, the establishment of the Ministry of Higher Education, Scientific Research and Innovation (hereinafter referred to as the Ministry of Higher Education) since 2017. These reforms would break the compartmentalization of the management of institutions of higher education, straighten out the management system and mechanism, realize the transformation of functions, and form a new supervision system under the unified leadership of the Ministry of Higher Education. These reforms also included emphasizing the market demand orientation of vocational technology and applied disciplines, and considering technical and vocational training as an integral part of the Ministry of Higher Education, as a key factor in the development of skills, scientific research and technological innovation. In the meantime, these reforms had put forward higher governance requirements for national higher education institutions and so on, and promoted the consistent operation of all higher education institutions so as to play a greater role in national economic and social development priorities in PNG. In view of the obvious individual characteristics of higher education institutions and the different orientation of talent training objectives, the main paths for the implementation of higher education evaluation in PNG on the context of reform were as follows: Firstly, the government gave the "National standards" of higher education, formulated the "National qualification framework", implemented the "Institution registration" system, and "Project (course) certification". Then it adopted the external evaluation and the internal evaluation: the external evaluation belonged to the state behavior, and the Ministry of Higher Education was responsible for arranging the "Quality assurance key activities" setting up an expert group to carry out the on-the-spot inspection of higher education institutions. The external evaluation had the unity of evaluation standards and the authority of evaluation results and it was also the premise of obtaining national qualification certification, while the internal evaluation was belonged to the internal behavior of the national university and organized by the university itself. So the internal evaluation laid the foundation for external evaluation. The institutions of higher education in PNG exercised the right of university autonomy in accordance with national laws and regulations and strictly enforced the criteria for accreditation. The evaluation followed the principle that "The quality of education and the needs of students were the core of the operation of all institutions of higher education" by constructing the quality assurance system, emphasizing learning results-oriented, advocating a sound credit system. The evaluation was served for the training of higher education personnel, for gender equality and social inclusion, and for the national prior development strategy. The quality assurance system of higher education had its own characteristics, but the evaluation of higher education which was in line with the national educational development goal was still facing new challenges.

Keywords: Papua New Guinea; Higher Education Evaluation; External Evaluation; Internal Evaluation

巴基斯坦高等教育评价发展研究报告

刘称生*

摘　要： 全球化背景下日益激烈的世界科技竞争不断传导到各国的高等教育，倒逼高等教育的发展。为推动本国高等教育的发展，各国教育主管部门都在围绕高等教育的高质量发展，创建和推进世界一流大学建设，提升本国高等教育在国民经济和国家发展中的引领作用，凸显本国高等教育在世界科技竞争和产业革命创新中的显示度和话语权，推行高等教育评价改革成为各国完善高等教育管理体系的常见做法。本研究通过系统梳理巴基斯坦的高等教育基本概况，自印巴分治以来的高等教育高速发展状况，对巴基斯坦高等教育评价进行了深入研究，对其评价的缘起和初步发展、组织架构的组建和演变、具体的实施概况和评价内容的分类、设计进行了分析，将巴基斯坦和世界其他国家的高等教育评价体系进行了类比，通过剖析巴基斯坦相关高校专业设置的校内评价和与国外高校合作办学案例的教育评价，分析《2025 愿景》、加入《华盛顿协议》等对巴基斯坦高等教育评价的影响，阐述了巴基斯坦教育评价的校内评价和社会评价相结合、高等教育评价国际化等发展趋势和教

* 刘称生，江西理工大学外国语学院院长，教授。

育兴国的改革方向。

关键词： 巴基斯坦　高等教育　评价组织

2023年是习近平主席提出“一带一路”倡议的十周年，巴基斯坦作为中国的传统友好国家，积极响应这一重大倡议，自2013年起实施“中巴经济走廊”项目。“中巴经济走廊”作为“一带一路”旗舰项目，已收获包括电力供应、高速公路和城市轻轨等基础设施在内的重大早期项目竣工运营的成果，进入走廊建设2.0时代。党的二十大之后，巴基斯坦总理两度访华，在中巴联合声明中提到：“双方对中巴在教育领域的强劲合作表示满意，致力于进一步加强两国教育机构之间的合作。”中巴全天候战略合作伙伴关系为中巴高等教育领域的合作提供了坚实的前提和保障。为加强对巴基斯坦高等教育的了解，扩大高等教育交流，推进人文交流与合作，服务中巴经济走廊建设和“一带一路”倡议实施，对巴基斯坦高等教育评价及其发展进行研究是客观需要的。

一　巴基斯坦高等教育评价概况

巴基斯坦于1947年摆脱英国的殖民统治，但一直延续着英国殖民时期的统治体系，官僚体系和行政架构都是按照统治者的意图进行建构的，政府管理体系非常僵化，形成了严重的路径依赖，产生了长期的治理乱象[1]。高等教育体系也还在沿用英国的模式。1947年8月印巴分治后，巴基斯坦高等教育一穷二白，境内只有一所公立大学——1882年英国人G. W. Leitner创办的旁遮普大学，私立大学尚未出现。

巴基斯坦高等教育评价继承了英国体制，认为大学的质量前提是获得保证经济社会发展的知识。其高等教育的质量评价体系由4个层面组成：代表政府实施高等教育评估的高等教育基金委员会、代表大学校长委员会实施质量审核的高等教育质量委员会、高校自评和社会评估。巴基斯坦还学习借鉴英国 1997 年成立的高等教育质量保证署（Quality Assurance Agency in Higher Education，QAA），成立了独立的高等教育评估机构。

巴基斯坦的 QAA 评估机构在人员、经费和职能构成上似乎也在照搬英国模式，也由一个 3—3 制组成的董事会监管，一些成员由高等教育质量委员会和高等教育基金委员会指派，第 3 部分成员是具有丰富实践经验的工业、商业、金融业或其他业界的独立个人。

巴基斯坦 QAA 机构经费来源主要有两种：一部分来自各高等院校的捐款（以各学校的学生人数为基础），另一部分来自按照合同获得的高等教育拨款机构拨付的款项。这两种资金支持着 QAA 的评估活动和营业费用。

巴基斯坦 QAA 机构的使命是向国内高校提供完整的质量保证服务，以保证和提高高等教育质量，推动高等教育质量管理的不断改革。

巴基斯坦 QAA 机构设有 4 个职能部门：行政管理部——负责机构事务、人事、合作交流、信息系统等事务；发展部——负责战略和政策制定，包括国家质量管理框架、学科基准和实施规划；学校评价部——负责学校层面、学位授予权、高等教育准入评价的管理。

巴基斯坦高等教育评价发展使得巴基斯坦的高等教育状况成为一个非常关键的问题。为此，高等教育委员会（HEC）致力于质量保证及加强高等教育机构 QAA 建设，要想达到世界一流高等教育标准，质量一流评估和持续改进是必要的任务。因此，高等教育评价还包括大学的学术课程评审及质量评估。大学质量评估主要关注的是制度问题，而不是方案问题。

二　巴基斯坦高等教育评价发展现状

（一）高等教育评价架构

1. 高等教育委员会（HEC）的成立

为了进一步完善高等教育治理结构，加强高等教育的评价以促进教育提升，巴基斯坦政府依据宪法成立了“高等教育指导委员会”（Steering

Committee on Higher Education)，巴基斯坦总统于 2002 年 9 月 11 日签署《2002 年第 53 号法》（Act No. LⅢ of 2002)，建立了“高等教育委员会”(Higher Education Commission，HEC)。同年，巴基斯坦颁布了《联邦大学法》，在高校内部建立统一的决策机构和保障体系，这是巴基斯坦建立统一的高校法治体系的首次尝试，为高等教育评价的推进提供了组织保障。

在《联邦大学法》的指导下，各省也相继依法把各自高等教育组织建立起来，伊斯兰堡首都区高等教育委员会（ICTHEC)，旁遮普省高等教育委员会（PHEC)，信德省高等教育委员会（SHEC)，俾路支省高等教育委员会（BHEC)，开伯尔-普什图省高等教育委员会（KPKHEC)，吉尔吉特-巴尔蒂斯坦高等教育委员会（GBHEC）和自由克什米尔高等教育委员会（AJKHEC）承担相应省和地区的高等教育评价管理职责。

2. 质量监管局机构（QAA）的职责

HEC 于 2005 成立了以巴基斯坦总理为首的质量监管局机构（Quality Assurance Agency，QAA)，并制定了统一的高校绩效评估标准，主要通过下设的质量认证委员会（Quality Accreditation Councils）来监督高校推进质量保障工作。五年一轮的同行专家评审报告承担着对大学进行外部监督评价的职责。

3. 教育质量提升部门（QEC）的设置

作为巴基斯坦高等教育系统质量认证计划的一个特色，HEC 分阶段在所有公立大学设立了教育质量提升部门（Quality Enhancement Cell，QEC)。起步的第一阶段是在阿扎德查谟和克什米尔地区（AJK）和 4 个省设立了 10 个 QEC。随后，在第二阶段又建立了 20 个 QEC。目前，所有巴基斯坦高校都设有 QEC 来推进质量保障和教育评价。这些教育质量提升部门作为各院校质量保证的协调中心，目的就是保障和提高高等教育质量。学术环境营造能力建设是质量监督机构和质量提升部门的主要职能之一。因此 QAA 和 QEC 将携手努力，朝着能力建设的方向推进，包括教育质量保障的意识普及、制定教育质量保障的政策和应用工具、培训了解高等教育机构质量保障的全过程和开发操作手册，以使从业人员做好质量保障工作。进而在巴基斯坦全国高等教育中推广“质量文化”。教育质量提升报告（相当于我国现行的“本科教学年度报告”）主要提供了各高校每年一度的自我评价的基本信息。年度报告是高校内部质量保障机制之一。

4. 元评价

当前，巴基斯坦高等教育部门对公共资金更加负有管理职责，家长、利益相关者和社会都迫切希望了解公共资金在高等教育领域的使用是否适当。在巴基斯坦，高等教育的公立与私营部门之间存在明显的分割线[2]。政府是所有公立大学的主要资助机构，这些政府资金和拨款用于大学的经常性及发展开支。HEC 不仅有责任，而且有义务对民众负责，达到政府为全国的民众提供优质高等教育的目标。

因此，HEC 必须扮演元评估者的角色，以评估教学质量监督高等教育内部和外部的质量保障体系是否都有效，是否在起作用，回应公众对高等教育质量的关切。

（二）高校综合评价

1. 巴基斯坦高校排行榜

由于世界主流大学排名对巴基斯坦大学不甚适切，为加强高等教育中央集权的现实需要，巴基斯坦高等教育委员会根据国情制定了本国大学的排名体系[3]。

巴基斯坦高等教育委员会是一个自治的政府机构，它于 2002 年成立之初就致力于高校的评估、推广和改进[4]。在 2006 年进行了首次高校排名工作，根据科学信息研究所（ISI）知识网络数据库索引的研究成果对 63 所大学和学位授予高等教育机构进行了排名。虽然到 2012 年只发布了第二次的排名，但巴基斯坦已经是伊斯兰世界中第一个制定排名标准和方法的国家。HEC 还根据 QS（世界水平）排名对巴基斯坦 132 所大学进行了排名。2014 年和 2015 年排行榜情况在 HEC 网页上尚能查询①。

---

① http：//hec. gov. pk/Inside HEC/Divisions/QALI/Others/RankingofUniversities/Documents/Ranking_Doc. pdf.

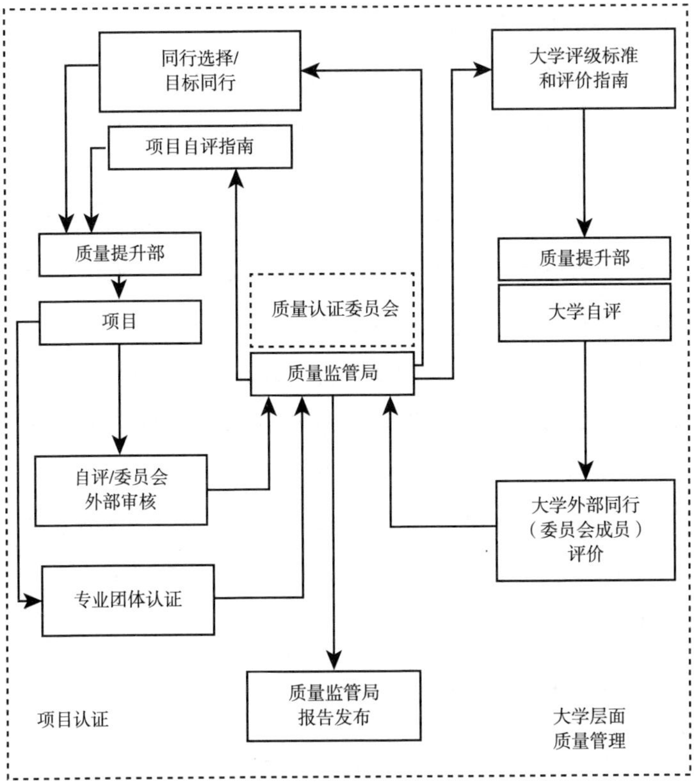

图 1　巴基斯坦高等教育质量评估系统

资料来源：Zia Batool，Riaz Hussain Qureshi. Quality Assurance Manual for Higher Education in Pakistan：Higher Education Commission Islamabad - Pakistan［EB/OL］.（2005）［2023-02-12］. https：//www. hec. gov. pk/english/Assessment/Documents/Quality Assurance Manual for Higher Education in Pakistan. pdf.

图 1 展示了巴基斯坦大学排行榜产生的过程及评定依据。[5] 评估大学及其项目最重要的独立实体和监管机构是高等教育委员会（HEC）、巴基斯坦工程委员会（PEC）、国家计算机教育认证委员会（NCEAC）和科学信息研究所（ISI）知识网络数据库。这些年来，各种外部机构根据非常严格的质量和专业标准对 COMSATS 信息技术大学及其课程等项目的质量进行了评估。COMSATS 在工程专业排名和教师科研生产力方面取得了令人瞩目的成就，这是一件值得巴基斯坦高等教育界骄傲的事情。

2. 排行榜的高校分类和指标体系

HEC 大学排名的标准分为质量保障、教学质量、研究水平、经费硬件、社会服务五大指标，并分别设置多项二级指标。2006 年，为了对所有大学进行排名，参评高校被分为六类：农业/兽医、艺术/设计、商业/信息技术、工程学、健康科学和综合类。之后，分类细化调整为：农业/兽医、艺术/设计、计算机科学/信息技术、商业教育、工程学与技术、医学教育和综合大类（学生规模在 7000 人以上）、综合中类（学生规模为 3000~7000 人）、综合小类（学生规模在 3000 人以下）。该排名基于收集到的高等教育五个方面的关键数据，分别赋予相对权重：学生（17%）、设施（15%）、资金（15%）、师资（27%）、研究（26%）。

根据 2006 年的排名经验，对排名标准进行了修改，在保留大多数指标的基础上，进行大类区分，分为教学质量保证和质量提升指标、研究活动及表现指标两大类（见表 1）。

表 1 巴基斯坦大学排名标准的指标和赋分

大类	分级类别	评价指标	指标赋分
第一大类：教学质量保证和质量提升指标（60 分）	质量保证标准实施情况（18 分）	反学术不端政策的实施	6
		教师聘任准入标准	4
		博士和哲学硕士课程标准	4
		质量提升专门机构	4
	教学质量（42 分）	师生比	12
		博士师资与总师资的比率	9
		上一年毕业博士数	5
		可选择性	5
		计算机情况	4
		图书馆藏书	4
		全职博士教师	3
第二大类：研究活动及表现指标（40 分）		HEC 认可导师人数	5
		在研的本土学者数	4
		获批 HEC 研究拨款金额	2
		获批 HEC 差旅拨款金额	2
		在影响因子期刊上发表数量	5
		引用数	4
		大学 H（高引）指数	4
		大学发表论文总数	3

续表

大类	分级类别	评价指标	指标赋分
第二大类:研究活动及表现指标(40 分)		发表在 W、X、Y、Z 类期刊的数量	5
		互联网带宽使用率	4
		举办会议的数量	2
总计得分			100

资料来源: Zia Batool, Riaz Hussain Qureshi. Quality Assurance Manual for Higher Education in Pakistan: Higher Education Commission Islamabad - Pakistan [EB/OL]. (2005) [2023-02-12]. https://www.hec.gov.pk/english/Assessment/Documents/Quality Assurance Manual for Higher Education in Pakistan.pdf.

(三) 专业评价

1. 巴基斯坦高校专业设置

巴基斯坦高校的专业设置给予了大学充分的办学自主权，各高校可以依据大学章程自主进行专业设置，但是必须经过一个冗长的报批、审核、复核、批复备案的过程。专业申请主体为大学及其院/系，大致的过程如表 2 所示。

表 2 巴基斯坦高校的专业设置过程

顺序	评价内容	评价主体	评价要求
1	专业设置申请	大学教学系/研究所/中心(Department/Institute/Center)	顺序 1~8 有递进关系,通过前一级评价后方能进入下一级评价
2	专业审核	大学学院/学部(Faculty)	
3	专业复核 1	(学院)院长/(学部)部长(Dean)	
4	专业复核 2	大学教务长(Registrar)	
5	专业复核 3	大学教授委员会(UPA)	
6	专业复核 4	大学董事会(University Senate)	
7	专业批复	大学校长(Vice Chancellor)	
8	专业备案	巴基斯坦高等教育委员会(HEC) (工程专业)巴基斯坦工程委员会(PEC)	

资料来源：作者根据公开资料绘制。

2. 巴基斯坦高校专业评价

QEC 是大学的内部质量监控机构，致力于教学质量的持续改进。它注重在大学的高等教育中发展“质量”文化。高校专业评价的目的是定期评估和审查大学教学项目或专业的表现，基于国内和国际质量以及卓越的教学和研究参数。QEC 会根据巴基斯坦高等教育委员会提供的指导方针，帮助校内各部门准备学术、教学或专业项目的自我评估报告。

自我评估（Self-assessment）是由部门本身进行的评估，评估项目是否满足其教育目标和成果，以提升项目质量和学生的学习效果。

3. 典型案例

（1）案例概述

巴基斯坦旁遮普大学与中国江西理工大学以“2+2”联合培养方式承担的中国三峡集团全资奖学金培养电气工程本科生计划，于 2017 年底正式启动。该计划是中国首个由中资企业出资设立、中外高校联合培养，共同扶助巴基斯坦库区移民、具有长期规划的全额奖学金计划。2022 年初，由中国国际扶贫中心、中国互联网新闻中心、世界银行、联合国粮食及农业组织、国际农业发展基金、联合国世界粮食计划署、亚洲开发银行联合主办的第二届“全球减贫案例征集活动”，经 7 家主办机构 4 次联合评审，《以教育扶贫勇担企业海外社会责任——“中国三峡-巴基斯坦奖学金计划”案例》荣获最佳减贫案例，并被收录进南南合作减贫知识分享网站——中外减贫案例库及在线分享平台。

该奖学金计划旨在从多视角、多层次完善中国减贫发展话语体系，展示中国减贫方案的可复制路径，为发展中国家可持续发展提供经验。计划得到了两国教育主管部门的高度肯定和民众的广泛支持。

（2）培养水平评价暨工程专业认证评价

在巴基斯坦旁遮普大学培养阶段（1~2 年级）的水平评价方式如下。

基础课及专业基础课：旁遮普大学对课程评分采用形成性评价方式，内容涵盖出勤（每次课均记录在案）、作业、课堂互动、考试或课程论文，综合考核得出学生该门课程的成绩。旁遮普大学规定学生修读课程得分比大于等于 50%就能获得课程学分。GPA 大于等于 1.75 可以继续学习免于退学，达到 2.0 可以升入高一年级学习。

汉语及中国文化课程：旁遮普大学孔子学院对课程评分采用形成性评价方式，内容涵盖出勤（每堂课均记录在案）、作业、课堂互动等，理论考试或操作测试后综合考核得出学生该门课程的成绩。学生修读课程得分比大于等于60%方能获得课程学分。

水平考试：电气工程核心课程达到最低要求；汉语课程通过HSK3级水平考试。

在中国江西理工大学培养阶段（3~4年级）的水平评价方式如下。

专业课：中文授课课程以江西理工大学本科生培养方案为评价标准，得分比大于等于60%方能获得学分；英语授课课程以江西理工大学国际本科生培养方案为评价标准，得分比大于等于60%方能获得学分。修满最低要求学分方能升入高一年级学习或毕业。

实践环节：以江西理工大学本科生培养方案为评价标准。

汉语及中国文化课程：以江西理工大学国际本科生汉语学习要求为评价标准。

毕业论文或设计：以江西理工大学本科生培养方案为评价标准。

（3）巴中两国各培养阶段课程对等（equivalence）证明

根据四方协议，由旁遮普大学和江西理工大学互为对等各自完成的2年培养期间的学生成绩和表现。

巴中两国高校分别按照各自的毕业标准和学位授予条例给学生核发毕业证和学位证。

（4）巴中两国有差异的工程专业认证启示与教训

中方认可巴方普通本科毕业生的留学生身份，为该项目下合格学生的毕业证、学位证提供外交鉴定材料。

巴方在前述注重课程过程形成性评价基础上，根据合作协议应为该项目下的合格毕业生颁发毕业证和学位证及巴基斯坦工程委员会（PEC）的工程认证。但巴方以合作方江西理工大学电气工程专业工程认证尚在审核期为由，本报告成文时暂未给已毕业的本科生发放工程认证。

巴方依据其国内规则，对未取得PEC认证的工程类毕业生不给予巴基斯坦工程岗位和巴基斯坦大学继续升学的准入，因此该项目已毕业学生只能在中资或其他外资公司工作，或到巴基斯坦以外的大学继续深造。

三 巴基斯坦教育评价发展趋势

（一）《2025 愿景》促进巴基斯坦高等教育评价向国际接轨

高等教育国际化是全球化背景下高等教育发展的必然趋势，也是发展中国家建设一流大学和一流学科的必由之路。学生国际化包括海外学生“流入”和本国学生“流出”两个层面。联合国教科文组织的统计数据显示，巴基斯坦的出国留学人数逐年增多，由于缺失巴基斯坦入境数据，对于“流入”学生人数无法做出分析[6]。

巴基斯坦政府施行高等教育国际化政策，致力于促进本国大学与外国大学的交流互动，较大的教育市场发展潜力与其以英语作为教育语言的比较优势，使巴基斯坦成为南亚重要的国际高等教育中心。2017 年巴基斯坦《高等教育委员会 2025 愿景》（HEC Vision 2025，简称《2025 愿景》）在与《巴基斯坦政府 2025 愿景》（Pakistan Vision 2025）保持高度一致的情况下，共同商议高等教育未来发展计划以及改革措施。《2025 愿景》作为一份综合性文件，对过去十年巴基斯坦高等教育委员会的成就和改革进行了内部评估，巩固了高校近 15 年来取得的成就，并以更大的雄心和更具战略性的方式来继续推进高等教育改革的进程，同时也将着眼于建设知识经济的前进方向——智力资本[7]。《2025 愿景》的重要指导方针包括：追求学术卓越、发展应用研究、增强学术界与行业联系、建立卓越机构等。优质的高等教育在巴基斯坦向知识型经济国家的转变中发挥着至关重要的作用，巴基斯坦在现代科技领域中的国际竞争力主要依靠于卓越的高等教育[8]。

据统计，2017 年共有 48.92 万名外国留学生在中国高等院校学习，来自“一带一路”沿线国家的留学生人数为 31.72 万，占总人数的 64.84%，其中，巴基斯坦的生源数量居第三位[9]。由此可见，中巴在学生国际流动方面的合作不断加强。与巴基斯坦来华留学生逐年增加这一现象形成反差的是，中国赴巴留学的学生少之又少。中国赴巴留学生目标院校多集中在首都伊斯兰堡的部分高校，比如真纳大学、国立现代语言大学等。留学生多数以乌尔都语等文科学习为主，生源也大多来自中国西北部回族等少数民族。这一方面是因为巴基斯坦安全形势令人担忧，另一方面是其高等教育国际影响力和竞争力不够，难以吸引中国学生。

“整个 20 世纪，巴基斯坦的高等教育似乎一直游离于世界高等教育的迅猛发展之外”[10]。巴基斯坦高等教育界也在推进各高等院校参加全球高校排名。从 QS 和 US News 两个国际流行排行榜的汇总表中可以发现，在 HEC 的积极推动下，伊斯兰堡国立科技大学、真纳大学和巴基斯坦工程与应用科学学院等 3 所大学进步显著。伊斯兰堡国立科技大学自 2012 年首次进入排行榜前 450 名以来，排名上升了近 120 位；真纳大学和巴基斯坦工程与应用科学学院也已经进入 QS 排行榜世界大学 400 强队列。此外，白沙瓦大学、巴哈丁·扎卡利亚大学和国际伊斯兰大学等高校也首次进入 QS 排行榜。这从一个侧面反映出巴基斯坦大学在教育评价方面正在积极与国际接轨，且各学校也都在不断进步。

（二）加入《华盛顿协议》为巴基斯坦高等教育评价带来国际合作

认证（accreditation）、鉴证（attestation）和对等（equivalence）是教育评价跨国延伸的具体体现。巴基斯坦中小学生为规避英国大学招生对他们的认证，常常就读私立的英制 O-Level 和 A-Level 学校，那样能直接入读英国大学，无须认证。巴基斯坦高校学生到境外申请参加学历学位学习，其原有的学历文件需要巴外交部鉴证。中国或其他外国学生到巴基斯坦高校留学，其已取得的学业成绩需要到接收学校的 QEC 部门进行对等，并报 HEC 的 QAA 备案。

《华盛顿协议》是国际上最具影响力的工程教育联盟学位互认协议之一，于 1989 年由来自美国、英国、加拿大、爱尔兰、澳大利亚、新西兰 6 个英语国家的工程教育认证机构发起和签署。该协议主要针对国际上本科工程学历（一般为四年）资格互认，其宗旨是通过多边认可工程教育认证结果，实现工程学位互认，促进工程技术人员国际流动。经过 20 多年的发展，目前《华盛顿协议》国际工程教育联盟成员遍及五大洲，拥有中国、美国、英国、加拿大、爱尔兰、澳大利亚、新西兰、中国香港、南非、日本、新加坡、中国台北、韩国、马来西亚、土耳其、俄罗斯、印度、斯里兰卡、巴基斯坦等 19 个正式成员。

巴基斯坦已成为《华盛顿协议》的"全面签署国"。2010 年以来，巴基斯坦工程委员会代表该国获得这一地位。《华盛顿协议》是一项高度严格的全球工程教育和认证体系标准，授予学位的实质性对等。申请国家认证的过程要检查其工程教育质量和工程师能力。根据协议，需要至少 3~5 个已签署国的代表审查新的申请者并通过。巴基斯坦接受了新西兰、英国和韩国三个已签署国的审查，通过了最后审议。

（三）巴基斯坦高等教育评价改革支撑中巴教育交流合作

HEC 在与中国高等教育学会交流的基础上，对今后中巴双方高等教育领域的合作与交流提出了三个构想：一是构建"CPEC 大学联盟"（CPEC University Alliance），由中巴双方的高水平大学组成，推行文明和谐的理念；二是创办"一流商学院联合会"（Consortium of Leading Business Schools），为两国的经济发展整合支撑性力量；三是巴基斯坦的社会科学界要为创建内部和谐与和平而付出努力。HEC 表示，巴方将继续与中国高等教育学会一起积极推动中巴两国的学术合作与交流。2018 年中巴两国签署和发表的《中华人民共和国和巴基斯坦伊斯兰共和国关于建立全天候战略合作伙伴关系的联合声明》提出，双方对教育领域日益加强的合作表示满意，并同意加强教育联系，尤其是高等教育机构之间的联系。中国是巴基斯坦学生的热门留学目的地，约有 25000 名巴基斯坦学生在中国的大学就读。中国将为巴基斯坦学生提供各类奖学金。巴方同意鼓励各大学发展双边联系，包括联合学位和交流计划。巴方还同意在巴基斯坦大学推广中国大学、汉学和汉语的巴基斯坦研究和乌尔都语教学。双方同意尽早就相互承认高等教育学位、文凭和证书达成协议。这一声明提高了汉语在巴基斯坦教学中的地位，也从另一个侧面反映了中国和巴基斯坦这两个相邻国家之间兄弟般的传统友谊不断加强，这些愿景也都需要高等教育评价改革和发展的基础性支持。营造高等教育质量文化、为巴基斯坦高等教育贴上全球品质标签以及质量保障国际化是当下巴基斯坦高等教育评价的目标方向。

参考文献：

[1] 刘进，赵坤等 . 巴基斯坦高等教育研究 [M]. 北京：北京理工大学出版社 . 2022.

[2] Nelofer Halai. Quality of Private Universities in Pakistan. International Journal of Educational Management. 2013. 7.

[3] 陈恒敏 . 巴基斯坦大学排名：缘起、标准及特点 [J]. 世界教育信息，2018. 18.

[4] Ashraf，Muhammad，Azeem，杨美佳，张玉凤 . 巴基斯坦高等教育治理改革的现状与展望 [J]. 大学教育科学 . 2020. 6.

[5] Zia Batool，Riaz Hussain Qureshi. QUALITY ASSURANCE MANUAL FOR HIGHER EDUCATION IN PAKISTAN：HIGHER EDUCATION COMMISSION ISLAMABAD - PAKISTAN [EB/OL]. (2005) [2023 - 02 - 12]. https：//www.hec.gov.pk/english/Assessment/Documents/QUALITY ASSURANCE MANUAL FOR HIGHER EDUCATION IN PAKISTAN. pdf.

[6] 白玲，安立魁 . 智慧教育：中巴高校合作的战略选择与施为路向——基于巴基斯坦《高等教育 2025 愿景》[J]. 比较教育研究 . 2020. 7.

[7] Pakistan- Vision - 2025 [EB/OL]. [2023 - 02 - 12]. http：//www.pakbj.org/statics/css/pakbj/pdf/Pakistan-Vision-2025. pdf.

[8] Farhana Altaf Qureshi，吴婷婷 . 巴基斯坦高等教育存在的问题及改革 [J]. 国际高等教育研究 . 2017. 4.

[9] 刘进，徐丽 . “一带一路”沿线国家的高等教育现状与发展趋势研究（八）——以巴基斯坦为例 [J]. 世界教育信息 . 2018. 13.

[10] 史雪冰，张欣 . 中国高校在巴基斯坦高等教育 2025 愿景中的机遇与作为 [J]. 比较教育研究，2019. 4.

Research Report on the Development of Higher Education Evaluation in Pakistan

Liu Chensheng

Abstract: In the context of globalization, the increasingly fierce technological competition is constantly transmitting to higher education in various countries, which pushes the development of higher education. In order to promote the development of higher education, education authorities in the respective countries are focusing on the high-quality development of higher education, creating and promoting the setup of world-class universities, enhancing the leading role of higher education in national economy and development, highlighting the status and greater voice of higher education in global technological competition and industrial revolution innovation, and for the above mentioned motivations, promoting higher education evaluation reform has become a common practice in higher education management systems. This study systematically reviews the basic situation of higher education in Pakistan, the high-speed development of higher education since the partition of India and Pakistan, and conducts in-depth research on the evaluation of higher education in Pakistan. It analyzes the origin and preliminary development of the evaluation, the establishment and evolution of organizational structure, specific implementation overview, and the classification and design of evaluation content. It compares Pakistani higher education evaluation system with that in different other countries around the world. Through the analysis of on-campus evaluation of program offers in relevant universities in Pakistan and educational evaluation cases of cooperative education with foreign universities, the impact of the 2025 Vision, joining the Washington Agreement, and other factors on the evaluation of higher education in Pakistan, it elaborates on the development trend of the combination of on-campus evaluation and social evaluation, the development trend of internationalization of higher education evaluation, and the reform orientation for promoting education to rejuvenate the nation.

Keywords: Pakistan; Higher Education; Organization Evaluation

德国高等教育评价研究报告

李大雪*

摘　要： 德国高等教育评价最主要的形式是认证。2018 年 1 月 1 日《高等教育认证国家协议》施行后，德国高等教育认证制度进入了一个新阶段。在各州文教部长联席会议的指导下，新的认证委员会基金会负责对德国所有高校进行专业认证、体系认证和替代性认证。近几年的实践表明，德国建立了科学合理的教育教学评价机制，得到了各方的广泛认同，德国高等教育认证制度总体上提升了高校教育教学质量，正在促进各高校形成自己的质量文化。德国经验对我国的启示是：加强制度建设、积极培育第三方评估机构市场、贯彻绿色发展理念以及推进国际交流和合作。

关键词： 德国　高等教育　教育评价

20 世纪 90 年代，德国开始实施高等教育评价制度，最初采用的形式是评估（Evaluation）。进入 21 世纪后，认证（Akkreditierung）取代了评估，成为高校质量保障的重要手段。尽管目前评估制度和审核制度仍然存在，

* 李大雪，四川外国语大学德国研究中心主任，教授、博士。

但以保障最低标准为主的专业认证制度和以审查质量保障体系为主的体系认证制度成为主流。认证制度更加适合德国高等教育自身的特点，总体上提升了高校教育教学质量，并正在促进各高校形成自己的质量文化。

一 德国高等教育评价概况

20世纪90年代，高等教育的教学质量问题成为德国高校以及全社会关注的话题。1995年7月，德国大学校长联席会议通过《高度重视教学、在高校中施行评估的决议》[1]，正式拉开高等教育教学评价的大幕。1996年，德国科学委员会①发布了《通过评估强化高校教学的建议》[2]，提出评估是保障教学质量的重要手段，为高等教育评估的顺利推进提供了权威的意见。博洛尼亚进程启动以后，德国引入本科、硕士和博士分级学位制，实行课程模块化，以适应欧洲高校一体化的要求。1998年，德国大学校长联席会议和各州文教部长联席会议②取消了框架考试条例，引入认证制度[3]，将之作为质量保障的手段，确保德国各专业的教学标准和学位与参加博洛尼亚进程的其他欧洲国家具有等值性。尽管当时还没有认证代理机构，但各州文教部长联席会议前瞻性地提出要建立一个跨州的认证委员会，由认证委员会对认证代理机构进行审批，具体认证程序由认证代理机构执行。认证委员会于1999年正式成立，其职责是制定认证的标准和规范，并对认证代理机构进行监督。专业认证随之正式开展。认证制度从根本上取代了以前开设专业需要获取相关主管部门许可的模式，并使以私法形式存在的认证代理机构在认证程序中担任主角，从而也加大了高校的自主权。从2001年开

① 德国科学委员会（Wissenschaftsrat）成立于1957年，是联邦政府与州政府主要的评估机构和独立的科学咨询与科研政策机构，由联邦政府和州政府共同支持和承担费用。主要任务是对高等院校和科研机构的组织结构、工作效率、管理能力、财政状况、发展方向等提出权威性评估报告和改进措施建议。

② 德国是联邦制国家，教育、科学和文化事务属于各州的管辖范围，联邦层面没有文教部。联邦德国各州文教部长联席会议（Ständige Konferenz der Kultusminister der Länder in der Bundesrepublik Deutschland，简称Kultusministerkonferenz）是根据德国宪法《基本法》设立的、由各州文教部长组成的、负责协调涉及跨州（联邦）事务的常设机构。

始，私立高校和教会大学除了参加专业认证外，还需要参加由科学委员会负责的机构认证（Institutionelle Akkreditierung）。2005 年，各州将专业认证的任务委托给北威州成立的公法基金会“德国专业认证基金会”。此后，专业认证有序开展，根据德国大学校长联席会议的统计，截至 2012 年，全德国通过认证的专业总计 7000 多个，占所有专业的一半以上。各州的情况有所不同，其中黑森州、下萨克森州、莱法州、石荷州和图林根州通过认证的专业比例达到 70%，而巴伐利亚和萨尔州的专业认证比例不到 30%。此外，还有 10000 个专业申请并通过了再认证[4]。

专业认证在推行的过程中也遭到较多批评。在理论界，质疑认证的声音主要集中在认证的效果和费用等方面。批评者认为，认证无助于提升教育质量，而且耗费巨大。平均每个专业高校支付给认证代理机构的直接费用为 4400 欧元至 7200 欧元，高校内部为了准备相关工作而耗费的人力物力尚未包含在内。[5]在认证实践中，也不时发生法律争议。由于认证结果在某些州（北威州和汉堡）被直接作为是否批准专业继续举办的依据，因而是一种具体行政行为，具有国家主权行为的性质。未通过认证的高校提出异议，状告认证代理机构，法院裁定后争议仍未平息。2010 年，北威州的阿恩斯贝格行政法院（Arnsberg）向联邦宪法法院提起对法律规定的合宪性审查。2016 年 2 月，联邦宪法法院对此做出最终裁定，认为“《基本法》第五条第三款第一句规定的学术自由原则上与高校专业的质量保障要求并不相悖，然而，立法机关不能将认证的重要决定直接交给其他主体，而是在考虑学术内在合理性的前提下必须由其自己做出。”[6]认证作为一种教学质量的外部监督手段得到联邦宪法法院的认可，认证的内容不仅限于专业学术内容，它还要对教学组织、教学要求和教学成效进行评价。联邦宪法法院要求各州对认证的标准和程序进行完善。

由于联邦宪法法院宣布北威州的相关法律和各州文教部长联席会议的决议不符合宪法规定，要求各州为质量保障体系创立充分足够的法律基础，在此背景下，各州文教部长联席会议于 2016 年 12 月做出决议[7]，确定认证是一种外部质量保障形式，要求各州尽快制定法律，落实联邦宪法法院的要求。2017 年，由各州文教部长联席会议拟定的《保障德国高校学习与教学质量、建立共同认证体系的国家协议》（以下简称《高等教育认证国家协议》）经各州州长签字后生效。自此以后，认证成为高校教学质量保障和质量发展的一种正式形式，虽然各个高校可以采用其他评估形式，但不具备《高等教育认证国家协议》中赋予的效力。

2018 年 1 月 1 日，德国专业认证基金会正式更名为认证委员会基金会，2 月 20 日新的认证委员会正式运行，德国高等教育评价进入了一个新阶段。下文将着重介绍 2018 年以来德国高等教育评价取得的重要进展。

二 德国高等教育评价重要进展

（一）建立和完善了法律基础

1. 各州签订了《高等教育认证国家协议》[8]

各州文教部长联席会议 2016 年 12 月 8 日拟定的《高等教育认证国家协议》经各州州长签字后，2018 年 1 月 1 日正式施行。协议共有 18 条，第 1 条至第 4 条规定了认证的目的、标准和程序等，第 5 条至第 14 条规定了认证委员会基金会的相关问题，第 15 条至第 18 条对认证制度的评估和特殊问题的处理进行了规定。基于新法的规定，德国的高等教育认证制度进入了一个新阶段。该协议有三个重要的新内容。

第一，质量保障被确定为高校的核心任务。协议规定，高校必须始终如一地通过内部质量保障措施，并辅以定期参与外部认证程序来完成这一任务。在认证体系的框架内，高校所在的联邦州应当确保学习和考试成绩以及学位的等值性，为学生（跨州）转校提供机会，在这些方面承担国家责任。

第二，进一步明确和细化了认证的程序和标准。新的《高等教育认证国家协议》将认证程序分为三类：专业认证（Programmakkreditierung）、体系认证（Systemakkreditierung）和其他认证。专业认证指的是由外部机构参与、对具体专业的质量保障与质量发展进行的认证，其目的在于审查该专业是否符合条例规定的最低标准；体系认证指的是由外部机构参与、对高校内部质量管理体系的效能保障进行的认证，其目的在于审查高校是否建立了有效的质量保障体系；其他认证是由高校自己提出的、征得认证委员会和所在州同意的认证形式，该形式在《条例范本》中被命名为替代性认证程序（Alternative Akkreditierungsverfahren）。

认证程序由高校向认证委员会提出申请而启动。首先，高校准备一份自我评估报告，报告里注明相关的资格目标，以及在认证程序中需要审核的形式和专业内容方面的相关信息。接下来由外部独立专家对申请进行评估，这些专家来自与质量保障相关的各个领域，特别是学界和职业实务界，此外还要求有学生代表的参与。最后，高校制作一份含有决议和评估建议的鉴定书。整个过程中，高校需要认证代理机构的帮助。认证代理机构的作用主要是与高校进行协调，组建专家小组，出具鉴定书。与之前不同的是，在同行审查程序中专家仅限于对专业内容标准的遵守情况进行审查。形式标准是否得到遵守，则由被委托的认证代理机构审查，不属于专家审查的范围。认证委员会在做出最后决定之前必须给予高校发表意见的机会。认证委员会接下来对被评估的高校是否遵守了形式上和专业内容上的标准做出决定，并以此结束认证程序。认证决定分为通过、附条件通过和不通过。通过的专业或高校将获得认证委员会颁发的认证印章，有效期为 8 年。认证委员会做出的认证决定以认证代理机构制作的评估鉴定书为基础，是行政程序法意义上的具体行政行为。因此，若认证委员会做出了“不通过”的认证决定，相关高校可以在行政法院提起诉讼[9]。

认证的标准分为形式上和专业内容上的标准。《高等教育认证国家协议》第 2 条第 2 款列举了以下形式标准：教学组织结构和学制、专业特色、入学资格及不同专业、结业证书和学位名称之间的转换、模块化、流动性和学分体系、本科与硕士专业和迄今为止存在的理工科硕士（Diplom）、国家考试（Staatsexamen）和文科硕士（Magister）专业之间的同等性，以及学生在转学或换专业时承认学分与成绩（包括在学校外取得的成绩）的措施。《高等教育认证国家协议》第 2 条第 3 款规定了专业内容方面的 6 项认证标准，分别是：①与颁发的学位相应的资质目标，特别是在学术或艺术领域相关的能力，以及从事相关职业的能力和人格发展方面的能力；②资质目标应当与具有说服力的专业人才培养方案一致，并且有相应的资源配备使其能够得到实施；教师相应的资格、以能力为导向的考试、专业的学习内容在兼顾学生自学部分的情况下具有可学性；③专业内容方面的水准符合当前的学术和科研水平；④为学生取得学业成功采取的措施；⑤为实现男女平等以及为残障或患慢性病的学生提供弱势补偿的措施；⑥具备质量管理体系的方案（目标、流程、工具），并拥有方案实施的措施。

第三，对新的认证委员会基金会从职责、机构设置到运行方式等方面进行了详细规定。新的《高等教育认证国家协议》使认证委员会（Akkreditierungsrat）的地位明显得到提高。认证委员会是一个公法意义上的基金会，驻所在波恩，早在 2005 年就通过北莱茵—威斯特法伦州制定的《德国专业认证基金会法》得以建立。该基金会现在的名称为“认证委员会基金会”，是德国各联邦州用于认证和确保德国高校学习与教学质量的共同机构。通过该基金会，联邦各州承担起保障在各自高等教育领域的学习与考试成绩及颁发的学位证书具有同等价值性和相符性的国家职责。

认证委员会基金会的职责如下：①对高校的专业或内部质量保障体系进行认证或再认证，并通过基金会印章予以证明；②为承认国外机构的认证决定设立前提条件；③促进认证与质量保障领域的国际合作；④通过认证机制使各州了解分段高等教育体系当前的发展情况；⑤批准认证代理机构的准入：认证代理机构取得许可的前提是具有评估和制作评估鉴定书的可靠性；在欧洲高等教育质量保障注册局（European Quality Assurance Register for Higher Education）注册的认证代理机构可以被视为具有可靠性；⑥为各州不断完善德国的高等教育质量保障体系提供支持。

根据《高等教育认证国家协议》第 8 条，基金会的组织机构分别是认证委员会、主管日常事务的董事会、基金会理事会。基金会理事会的职责是监管认证委员会和董事会主持基金会事务的合法性和经济性。认证委员会是基金会里重要的决策机构，它主要负责就高校的专业或内部质量保障体系做出认证或再认证的决定。认证委员会共有23名成员。其中8名是公立或者国家承认的德国高校的教授，他们不得隶属学校的管理层；1名大学校长联席会议的代表；4名联邦州的代表；5名职业实务界的代表；2名学生、2名熟悉认证事务的外国代表；1名认证代理机构的代表（享有审议权）。认证委员会做出的决定须经过有投票权代表的多数票通过。为了确保高校教授在认证程序中扮演主要角色，即保证认证程序的学术指导原则，认证委员会里代表高校的教授们在就专业内容标准的遵守情况做决定时，每一名代表享有2票投票权。采用这种方式的目的是满足联邦宪法法院提出的一项要求，即在进行内容审查时，为了确保科学的自身规律起主导作用，高校教授应当享有多数投票权。北莱茵—威斯特法伦州科文部是认证委员会基金会的监管部门。

2. 制定了《条例范本》[10]

《高等教育认证国家协议》授权各州制定条例，对认证的程序和标准进一步细化。同时，文教部长联席会议也制定了《条例范本》，供各州参考。《条例范本》分为7章，共计37条，旨在进一步细化《高等教育认证国家协议》中确立下来的形式标准和专业内容标准、构建运作机制。各联邦州都要在参考《条例范本》的基础上制定各自的认证条例。

《条例范本》第1章（第1条和第2条）规定了适用范围和认证的形式；第2章（第3条至第10条）规定了专业的形式标准，对《高等教育认证国家协议》中提及的标准进行了更加细化的说明；第3章（第11条至第21条）对专业和质量管理体系在专业内容标准上的要求进行了细化；第4章（第22条至第31条）是关于专业认证和体系认证的程序规则的规定；第5章（第32条和第33条）规定了特殊形式专业的认证，例如合作办学项目的认证程序规则；第6章（第34条）是关于替代性认证程序的规定；第7章（第35条至第37条）是其他规定。《条例范本》的规定非常详细，具有很强的操作性。

3. 各州参照《条例范本》制定了各自的高等教育认证条例

2018~2020年，16个联邦州参照《条例范本》制定了各自的条例，根据制定的时间，分别是2018年1月25日《北莱茵—威斯特法伦州关于调整高等教育认证细节问题的条例》、2018年4月13日《巴伐利亚州关于根据〈高等教育认证国家协议〉调整高等教育认证的条例》、2018年4月18日《巴登-符腾堡州科学部关于高等教育认证的条例》、2018年5月14日《不来梅州关于高等教育认证的条例》、2018年6月28日《莱茵兰—普法尔茨州关于高等教育认证的条例》、2018年7月5日《图林根州关于实施高等教育认证国家协议的条例》、2018年7月30日《萨尔州关于调整高等教育认证的条例》、2018年9月18日《萨克森—安哈特州高等教育认证条例》、2018年12月6日《汉堡高等教育认证条例》、2019年5月29日《萨克森州高等教育认证条例》、2019年7月22日《黑森州高等教育认证条例》、2019年7月30日《下萨克森州关于调整高等教育认证细节问题的条例》、2019年9月16日《柏林州关于调整高等教育认证的前提条件和程序的条例》、2019年9月19日《石勒苏益格—霍尔斯泰因州关于调整高等教育认证的条例》、2019年10月28日《勃兰登堡州关于调整高等教育认证的条例》、2020年3月10日《梅克伦堡—前波莫瑞州关于调整高等教育认证的条例》。由于高等教育属于各州管辖的事务，高校申请认证时的直接法律依据是各州的条例。但上述条例仅在文字表述上对《条例范本》进行了相应修改，内容上几乎完全一致，所以高等教育的认证在全德国范围内得到了统一。

（二）认证工作得到广泛认可

1. 认证的申请数量急剧上升

2018年提交的认证申请一共4份。当年9月，认证委员会首次根据新法对当时已提交的3份申请进行了讨论，其中2份予以通过，另一份暂缓通过；12月又提交了一份申请。2019年提交的认证申请达到222份，认证委员会做出决定的有172份，涵盖445个专业。2020年申请数增加到435份，与2019年相比，几乎翻倍，认证委员会做出决定的有418份申请，涵盖808个专业。2021年申请数量继续增加，达到了503份，认证委员会对专业认证做出了决定，涵盖1072个专业[11]。本报告撰写时2022年的统计数据尚未出炉，根据认证委员会基金会公布的信息，2022年已对779份申请做出了决定[12]，呈继续上升趋势。

2. 申请的认证类型更加丰富

从认证类型上看，2018年提出的申请只有专业认证，2019年首次提出了体系认证，认证委员会11月做出了予以通过的决议，2020年体系认证的申请数量达到6份，2021年增加到15份；2020年提出了2份替代性认证申请，其中一份申请（哈尔茨高等学校）于2021年获得有条件通过，另一份申请涉及巴登-符腾堡州的3所高校（医学高等学校、富尔特旺根高等学校、尼尔廷根—盖斯林根经济和环境高等学校），正在审议之中。

3. 设立和颁发了“质量发展奖”

为了使认证更好地促进质量发展，认证委员会根据《条例范本》第24条第3款和第4款的规定，于2019年设立了“质量发展奖”，2020年开始颁发。“质量发展奖”在专业认证程序和体系认证程序中分别设立，由认证委员会成员和秘书处提名，由6名高校代表、学生代表、职业团体代表和国外代表组成的评委做出决定。

2020年3月3日，“质量发展奖”首次颁发给哈姆—利普施塔特高等学校。该大学在申请对“生物医学科技”专业进行再认证的过程中，特别注重以学生为中心，嵌入强制性的（国外）实习学期，在考试时间的安排以及师资交流方面具有特色。2021年“质量发展奖”由新勃兰登堡高等学校获得。该校申请对社会工作专业群（社会工作本科专业、早期教育本科专业、社会心理咨询硕士专业、社会工作硕士专业）进行再认证。获奖理由是这些专业具有很高的成功率和很强的交叉专业属性，学生有继续深造的强烈意愿，实施新重点，设置了线上咨询，在考试程序中实行能力导向和区别化处理[13]。

4. 认证代理机构的数量持续上升

根据旧法，认证代理机构需经认证委员会认证许可后才能从事认证代理工作。根据新规[14]，只要是在欧洲高等教育质量保障注册局注册的机构，就可以从事认证代理工作。2018 年认证委员会批准确认了 6 家认证代理机构的资格。2020 年，认证委员会根据新规确认了 3 家认证代理机构在德国从事认证代理的资格，它们分别是奥地利质量保障和认证代理社（AQA）、巴登-符腾堡州评估代理社（EVALAG）和面向卫生和社会专业的认证代理社（AH-PGS）。2021 年，认证委员会根据新的注册情况批准确认了瑞士认证与质量保障代理社（AAQ），工程科学、信息科学、自然科学及数学专业的认证代理社（ASIIN）和高等音乐教育质量提升所（MusiQuE）在德国从事认证代理的资格。目前，共有 11 家认证代理机构在德国从事相关业务[15]。根据认证对象的范围，这些认证代理机构大体上可以分成两类：一类是跨专业的，它可以认证高校所有的专业，另一类则仅聚焦于特定的专业[16]。第一类包括认证、认可与质量保障所（ACQUIN）、专业认证与质量保障代理社（AQAS）、汉诺威中央评估与认证代理社（ZEvA）、瑞士认证与质量保障代理社（AAQ）、奥地利质量保障和认证代理社（AQA）、巴登-符腾堡州评估代理社（EVALAG）；第二类包括面向卫生和社会专业的认证代理社（AH-PGS）、神学专业质量保障和认证代理社（AKAST）、工程科学、信息科学、自然科学及数学专业的认证代理社（ASIIN）、国际商务管理认证基金会（FIBAA）和高等音乐教育质量提升所（MusiQuE）。

（三）信息填报电子化

为了适应形势的变化，减轻工作负担，认证委员会基金会 2019 年开始实施“全程无纸化”报送。认证所需的材料均通过评估系统提交电子文件，不再报送任何纸质材料。

1. 开发和完善了电子信息申报系统

2017 年，认证委员会基金会决定引入电子化信息报送系统。该系统由 ProUnix 软件开发公司开发，2018 年完成建设，经 5 所高校和认证代理机构测试并提出改进意见后，2019 年正式运行。自此，所有的认证申请材料都必须电子化，在系统里提交。认证代理机构也在系统里进行相应的工作，参与认证的专家在系统里审读材料和投票，认证决定也在系统里发布。依托该系统，认证委员会建立了新的数据库，包含了所有经过认证的专业和高校信息。

2. 规范了填报格式

除了提供信息技术支持外，认证委员会对报告的结构和格式进行了统一，以便更加高效地对不同高校和认证代理机构提供的材料进行审核。认证委员会根据实际情况，分别制定了 4 个报告模板（专业认证报告模板、交叉专业认证报告模板、聚类认证申请报告模板和体系认证申请报告模板）。此外，还通过发布常见问题解答、开启线上答疑等方式保证电子化信息报送系统的顺利运行。

（四）积极进行国际交流，加入国际认证网络

促进质量保障体系的等值化和相互承认，是《保障德国高校学习与教学质量、建立共同认证体系的国家协议》赋予新认证委员会基金会的职责之一。为此，认证委员会基金会积极开展国际交流，参加各种认证论坛和年会，加入国际认证网络。

1. 采用国际认证标准

德国高等教育的认证一开始就是在欧洲高等教育一体化背景下开展的，各国都在追求相互承认文凭、促进跨国流动，实行统一的、具有可比性的质量保障标准、方法和准则是欧洲高等教育一体化的重要工具。

博洛尼亚进程成员国负责高等教育的部长们于 2005 年 5 月在卑尔根举行的博洛尼亚后续会议上通过了《欧洲高等教育质量保障标准与指南》（ESG），并在 2015 年埃里温的后续会议期间进行了全面更新。《欧洲高等教育质量保障标准与指南》是欧洲高等教育机构和质量保证机构的内部和外部质量保障的参考框架，德国各州在制定相关条例的过程中，充分借鉴了它的相关规定。这些标准也是认证委员会对专业和内部质量管理体系进行认证的标准和程序规则的基础。

《欧洲高等教育质量保障标准与指南》从内部质量保障、外部质量保障、质量保障机构三个层面共提出 24 条标准。其中内部质量保障标准 10 条，分别是质量保障政策，专业设置和审定，以学生为中心的学习、教学和评价，学生录取、进步、认可和认证，教师，学习资源和学生支持，信息管理，公共信息，专业持续监控和定期评审，周期性外部质量保障；外部质量保障标准 7 条，分别是内部质量保障审查，目标适切设计方法，执行程序，评审专家，结果准则，报告，意见和建议；质量保障机构标准 7 条，分别是质量保障活动、政策和程序，官方认可，独立性，专题分析，资源，对内部质量保障的专业指导，机构定期外部评审。充分体现了以学生为中心、以学习结果为导向和以持续改进高校质量为宗旨三大理念。[17]

2. 加入国际认证机构协会

认证委员会基金会是高等教育质量保障机构国际网络组织（INQAAHE）的成员，也是美国 CHEA 国际质量小组（CIQG）的成员。德国原认证委员会 2005 年以来一直是欧洲高等教育质量保障协会（ENQA）的成员，2013 年成员资格延续 5 年。鉴于认证委员会基金会的章程发生了变化，无法自动延续成员资格，2018 年开始，由正式成员变成了“联盟成员”。2022 年 6 月，认证委员会基金会重新成为欧洲高等教育质量保障协会的成员。

根据新法，在德国从事业务的认证代理机构必须在欧洲高等教育质量保障注册局注册，认证委员会也积极加入注册局的数据库网络，以便实现相关数据的充分交换。

三　德国高等教育评价发展趋势

德国高等教育认证制度是博洛尼亚进程的一部分，作为分级学位制和模块化的伴随制度，它的主要目的在于保障教学质量。可以预见，认证制度将长期存在，并不断完善。

（一）认证将正式取代其他评估形式

评估（Evaluation）、认证（Akkreditierung）和审核（Audit）都是外部

质量保障手段，它们是既有区别又有联系的三个概念。评估的主要功能在于找出问题，分析优缺点，提出改进建议；认证的主要功能在于考察是否达到了事先确定的标准，给予通过或不通过的认定；审核则是考察被审核对象的质量管理体系是否健全，具有监控的功能[18]。20 世纪 90 年代是评估的年代，进入 21 世纪后，认证取代了评估，成为高校质量保障的重要手段。尽管现在仍存在评估制度和审核制度，但以保障最低标准为主的专业认证制度和以审查质量保障体系为主的体系认证制度将成为主流，因为它们更加适合高等教育自身的特点。

（二）国际化与本国特色协调发展

作为欧洲的重要成员，德国的认证制度在很大程度上采用了《欧洲高等教育质量保障标准与指南》。这样做的目的是推进博洛尼亚进程，实现欧洲高等教育一体化。不仅如此，新的认证委员会基金会还非常注重与欧洲以外的其他国家进行交流，相互学习。但不容忽视的是，德国没有完全抛弃自己的传统。尤其是在工程教育专业的认证中，德国并未采用国际上更加通行的美国标准（《华盛顿协议》），而是坚守自己的传统，制定了更加符合自身情况的认证标准[19]。

（三）德国高校正在形成自己的质量文化

从认证实践的发展来看，最初阶段是学校申请对各个专业进行认证，当学校建立了自己的质量保障和质量发展体系后，就会申请进行体系认证。通过了体系认证的学校可以自己对本校的专业进行认证。具有特殊情况（特色）的高校还可以申请替代性认证程序，在符合一般形式标准和专业内容标准的框架内，为自身特色量身定做认证程序。认证的目的在于保障和提升高校的教学质量。保障和提升教学质量是高校的首要职责。学校通过内部质量管理体系和外部监控措施来实现这一任务。外部监控最终应转化为内在的质量监控和发展体系。随着认证制度的不断发展和完善，会有越来越多的学校申请体系认证和替代性认证，认证委员会也将鼓励和促进高校多样性、差异化发展，这样一来，外部的质量保障标准就会内化到学校中，形成各个学校的质量文化。

四 对我国高等教育评价改革的启示

（一）加强制度建设

德国是联邦制国家，教育和文化事业归各州管辖。2016 年，各州之间签订了《保障德国高校学习与教学质量、建立共同认证体系的国家协议》，随后各州参照《条例范本》制定了各自的高等教育认证条例。尽管各州高校认证的直接法律依据是该州条例，但各州的条例仅在文字表述上对《条例范本》进行了相应修改，内容上几乎完全一致，所以高等教育的认证在全德国范围内得到了统一。自《深化新时代教育评价改革总体方案》发布以来，我国各地区、各层次、各领域都出台了文件，进行了相应的改革，取得了一定的成效。为了固化改革成果，持续稳定地建设体现世界水平的教育评价体系，必须制定具有更强约束力和稳定性的法律法规，建立标准化与灵活性有效结合的制度，将改革的成功经验和国家的意志更好地结合起来加以推广。

（二）培育第三方评估机构市场

2018 年以后，德国高校认证的大部分工作都由认证代理机构完成，认证委员会只对认证代理机构提供的报告进行审核，并颁发认证印章。除了与高校进行协调、组建专家小组、出具鉴定书这些事务性工作之外，被委托的认证代理机构还承担着对形式标准的审查，同行专家只审查专业内容标准。高校不断增长的认证需求加速了评价代理机构的增长，德国的第三方教育评价机构正在蓬勃发展。我国目前进行的各种评估（包括新一轮本科教育教学审核评估）仍是由政府直接主导，独立的第三方评价机构的参与非常有限。2019 年中共中央、国务院发布的《中国教育现代化2035》提出，“引导行业企业和其他社会力量积极参与教育质量监测评估，培育和扶持一批具有独立性、专业性、权威性的第三方评估机构，形成若干具有国际知名度的教育质量监测评估组织与机构。”我国应该尽快建立配套的制度，积极引导、培育和规范第三方评估机构的发展，形成独立的、专业的、相互竞争的第三方评估机构市场。

（三）贯彻绿色发展和开放理念

德国的高等教育评价以提高教育教学质量为中心，采用电子化手段，在评价标准方面与欧盟和其他国际评估机构相互协调。我国要建立富有时代特征、彰显中国特色、体现世界水平的教育评价体系，必须与时俱进，贯彻绿色发展理念。绿色发展理念包括教育评价的导向和教育评价的技术。从教育评价导向上看，高等教育评价应该以立德树人为中心，关注学生学业成就的高质量，尤其是学生学习动机、方法和能力等的高质量。从教育评价的技术上看，应该充分利用信息技术，创新教育评价工具，借助以大数据、人工智能技术为代表的新兴技术实现评价方式的数字化和多元化。此外，在教育评价的指标制定和程序等方面我们不能闭门造车，应该与外国高等教育多对话、多来往，秉持开放共享、合作共赢的理念，积极推动中国智慧和中国方案“走出去”，发出中国声音，为全球教育事业的发展贡献中国力量。

参考文献：

[1] Hochschulrektorenkonferenz. Zur Evaluation im Hochschulbereich unter besonderer Berücksichtigung der Lehre [EB/OL]. [2023-02-21]. https://www.hrk.de/positionen/beschluss/detail/zur-evaluation-im-hochschulbereich-unter-besonderer-beruecksichtigung-der-lehre/.

[2] Wissenschafsrat. Empfehlung zur Stärkung der Lehre in den Hochschulen durch Evaluation [EB/OL]. [2023-02-21]. https://www.wissenschaftsrat.de/download/archiv/2365-96.pdf?__blob=publicationFile&v=3.

[3] Hochschulrektorenkonferenz. Akkreditierungsverfahren [EB/OL]. [2023-02-21]. https: //www. hrk. de/positionen/beschluss/detail/akkreditierungsverfahren/.

[4] [5] Wissenschaftsrat. Empfehlung zur Akkreditierung als Instrument der Qualitätssicherung [EB/OL]. [2023-02-21]. https: //www. sts. kit. edu/downloads/WR-Empfehlungen_ zur_ Akkreditierung. pdf.

[6] BVerfG. Beschluss des Ersten Senats vom 17. Februar 2016-1 BvL 8/10-, Rn. 1-88 [EB/OL]. [2023-02-21]. http: //www. bverfg. de/e/ls20160217 _ 1bvl000810. html.

[7] [8] Kultusministerkonferenz. Studienakkreditierungsstaatsvertrag [EB/OL]. [2023-02-21]. https: //www. kmk. org/fileadmin/Dateien/veroeffentlichungen_ beschluesse/2016/2016_ 12_ 08-Studienakkreditierungsstaatsvertrag. pdf.

[9]〔德〕来汉瑞、陈颖．德国专业认证制度新规 [J]. 应用型高等教育研究．2018. 3 (03): 59-65.

[10] Stiftung Akkreditierungsrat. Musterrechtsverordnung [EB/OL]. [2023-02-21]. https: //www. akkreditierungsrat. de/sites/default/files/downloads/2019/Musterrechtsverordnung. pdf.

[11] Stiftung Akkreditierungsrat. Tätigkeitsbericht 2017, 2018, 2019, 2020, 2021 [EB/OL]. [2023-02-21]. https: //www. akkreditierungsrat. de/de/aktuelles-und-veroeffentlichungen/aktuelles-und-veroeffentlichungen.

[12] Stiftung Akkreditierungsrat. Pressemitteilungen [EB/OL]. [2023-02-21]. https: //www. akkreditierungsrat. de/de/aktuelles-und-veroeffentlichungen/pressemitteilungen/pressemitteilungen.

[13] Stiftung Akkreditierungsrat. Tätigkeitsbericht 2021 [EB/OL]. [2023-02-21]. https: //www. akkreditierungsrat. de/sites/default/files/downloads/2022/AR - T%C3%A4tigkeitsbericht_ 2021. pdf.

[14] Stiftung Akkreditierungsrat. Zulassung von Agenturen im deutschen System [EB/OL]. [2023-02-21]. https: //www. akkreditierungsrat. de/sites/default/files/downloads/2019/AR_ Beschluss_ Zulassung_ von_ Agenturen_ 2018_ 02_ 20_ Drs. _ AR_ 16-2018. pdf.

[15] Stiftung Akkreditierungsrat. Zugelassene Agenturen [EB/OL]. [2023-02-21]. https: //www. akkreditierungsrat. de/de/akkreditierungssystem/agenturen/agenturen.

[16] 孙进．德国高等教育认证——机构、程序与标准 [J]. 高等教育研究．2013. 34 (12): 88-95.

[17] 陈凡．欧洲高等教育质量保障新标准：理念与启示 [J]. 中国高教研究．2016. 6 (06): 92-96.

[18] Iris Haußmann u. a. Externe Qualitätssicherungskonzepte: zwischen Akkreditierung, Evaluation und Audit [J/OL]. [2023-02-21]. https: //www. researchgate. net/

publication/311946531 _ Externe _ Qualitatssicherungskonzepte _ zwischen _ Akkreditierung_ Evaluation_ und_ Audit.

[19] 胡德鑫. 德国工程教育认证制度建构逻辑和行动路径 [J]. 高教发展与评估. 2022. 38 (1): 49-59.

Study on the Evaluation of Higher Education in Germany

Li Daxue

Abstract: The main form of evaluation for higher education in Germany is accreditation. With the Interstate Study Accreditation Treaty on January 1, 2018, higher education accreditation in Germany has entered a new phase. Under the guidance of the Standing Conference of the Ministers of Education and Cultural Affairs of the Länder, the German Accreditation Council is responsible for the programme accreditation, system accreditation and alternative procedures of all higher education institutions in Germany. Practice in recent years has shown that Germany has established a scientific and reasonable evaluation mechanism for education and teaching, which has been widely recognized by all parties. The German higher education accreditation system has generally improved the quality of education and teaching in colleges and universities, and is promoting the formation of their own quality culture in colleges and universities. The inspiration of the German experience for China is to strengthen system construction, actively cultivate the market of third-party assessment organizations, implement the concept of green development and promote international exchanges and cooperation.

Keywords: Germany; Higher Education; Educational Evaluation

美国高等教育评价体系与发展新动向

曹昭乐*

摘　要： 美国在现代高等教育评价制度发展方面处于领先地位。通过对 2017~2022 年美国高等教育评价体系发展情况的梳理与分析，发现美国已形成了一个高度透明的外部监督评价与内部自评联动融合的高等教育评价体系。加速推进认证制度改革和深化改革自愿问责体系，推动循证教育与元评价在教育评价领域创新实践是近五年美国高等教育评价取得的重要进展。未来该体系发展将更加强调以“价值增值”为目标的引导性评价、加强“三位一体”监管机构有机协作、更加聚焦学生学习和发展评价、更加重视评价透明度和元评价的实践应用。美国在高等教育评价理念、多主体参与的评价机制构建和数字化转型发展等方面的改革经验和教训，为我国落实教育评价改革任务、构建高质量的高等教育质量评价体系提供了参考和借鉴。

关键词： 高等教育　评价体系　增值评价　学生发展　美国

---

* 曹昭乐，教育学博士，中国社会科学评价研究院助理研究员。研究方向为评价理论、高等教育管理。

美国是现代教育评价理论的发源地，也是社会主导型高等教育评价范式的开创者，在现代高等教育评价制度发展方面处于领先地位[1]。高等教育质量受到世界认可，离不开其独特完善的高等教育评价体系的保障。该体系经过 100 多年的发展，逐渐形成了一个以市场导向和大众需求为驱动的复杂系统。这一体系建立在自主自愿的原则上，强调社会力量在推动教育进步中的主导作用，并以认证制度作为确保教育质量和标准的核心机制。同时，它采纳了多元复合的评价路径，以更全面地衡量学生的能力和学术成就。2017 年以来，面对现有高等教育评价体系的不足，以及对学生学业成就的担忧，美国加速了对评价体系的改革步伐。这一改革旨在解决现实问题，提升教育质量，并确保学生能够更好地适应快速变化的社会和经济需求。通过这些改革，美国在提升高等教育质量方面取得了一些成效和实践经验，这对于我国深化高等教育评价改革、加快推进构建世界一流大学体系具有重要的借鉴意义。

一　美国高等教育评价概况

美国高等教育评价的历史可追溯至 18 世纪后期。1787 年，纽约州议会通过立法，赋予了美国首个全州治理机构——纽约州大学董事会（The Regents of the University of the State of New York）权力，使它成为一个先驱性的院校评估监测组织。19 世纪下半期至 20 世纪初，6 个地区性认证协会陆续产生和发展，美国高等教育评价真正得以确立并逐渐走向制度化。20 世纪 80 年代，评价进入美国高等教育领域，受到美国社会各界重视和关注，学界和公众热议学生学习和发展监控等问题，政府对高等院校的监管需求加强[2]。20 世纪 90 年代，两个主要的对认证机构资质进行认证的机构——官方的全国院校质量与诚信咨询委员会（the National Advisory Committee on Institutional Quality and Integrity，NACIQI）和非官方的高等教育认证委员会（Council for Higher Education Accreditation，CHEA）接续成立，认证体系得到进一步完善。目前，美国形成了一个高度透明的外部监督评价与内部自评联动融合的高等教育评价体系，非行政性和自愿性是其突出特点。整个体系是多维度的，各维度协同合作，保障美国高等教育质量，基本框架见图 1。

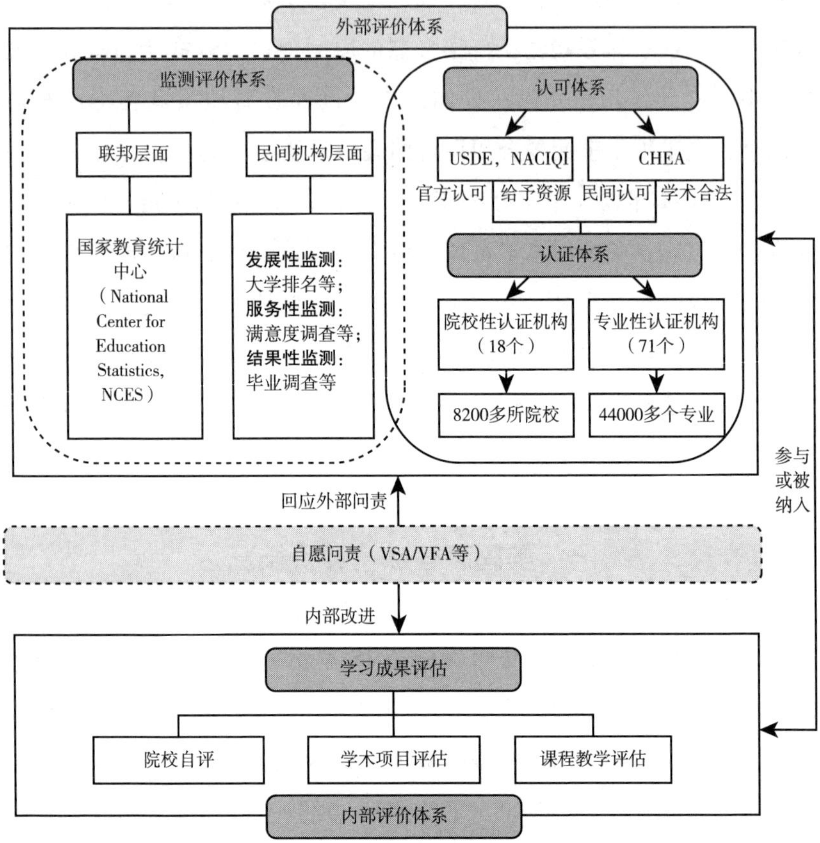

图 1　美国高等教育评价体系基本框架

资料来源：根据 USDE、CHEA、VSA 和 VFA 网站信息整理，https：//www2. ed. gov/admins/finaid/accred/accreditation - handbook. pdf，https：//www. chea. org/about - recognition；https：//www. vsaanalytics. org/about，https：//www. aascu. org/programs/VSA。

从图 1 可知，美国高等教育评价体系包括外部和内部两大体系。

外部评价体系主要由认证体系和监测评价体系两部分组成。两者相互补充，共同确保美国高等教育的质量和持续改进。其中，认证体系目前仍是美国高等教育评价体系中最基本、最核心的组成部分，主要在前端为大学办学和高等教育质量保障提供基本标准和方向，也驱动着高校开展学习成果评估，而高校自评又被视为认证的起点和基础，甚至是认证过程中最重要的部分。[3]监测评价体系几乎涉及了评价的全流程监测，具有持续性、动态性、全面性和及时性特征，与认证体系、高校内部评价体系交互支撑。不同的评价机构和评价体系不仅可以按照各自目标定位开展有关评价活动，而且他们的评价数据也得以相互对比验证，有利于全社会对高等教育系统的监督。

内部评价体系聚焦于学生的学习成果评估，通常分为三类：院校自评、学术项目评估和课程教学评估。其中，学术项目评估代表了高等教育机构一个专业或学科的学生学习结果，是高校办学水平最重要的体现。[4]另外，由高等教育协会主导的自愿问责体系，看似属于外部评价体系，实际上则处于内部和外部评价体系的中间地带。从设立的目标和使用范围来看，它既能为高校自评提供支持，促进其内部改进，也能为外部提供信息透明、问责监督的平台，服务于学生、家长等其他利益相关方对高校信息的需求。总体上看，美国高等教育评价体系是一个内外部评价紧密结合在一起的有机系统。

（一）美国高等教育外部评价体系——认证与监测系统联动

1. 认证体系：美国高等教育评价体系最具标志性的组成部分

高等教育认证是保障和改进大学、专业和课程质量的一种外部质量评价活动，从入口把好高等教育质量关，包括院校层面的认证和专业层面的认证两种类型。认证机构根据高校自评报告和现场考察情况，决定是否授予认证，保障高等教育质量。区域认证是美国高等教育机构认证的基本形式，是一个基于认证标准、院校自评、同行评议、认证委员会做出决定的过程。认证不是永久性的，而是周期性循环开展的。据统计，六大区域认证机构的认证周期基本为5~10年。近年来，为适应高校内外部环境变化，区域认证机构不断探索改革认证过程与周期，通过分级分层认证、缩短认证周期、重视中期审核等措施，加强认证的诊断反馈作用，帮助认证院校持续改进质量[5]，而不是“一认了之”。比如中部高等教育委员会（Middle States Commission on Higher Education，MSCHE）认证周期从 10 年改为 8 年，在院校自评和现场考察后的第四年进行中期同行审核（MPPR）；全面实施八年周期从 2020 年至 2021 年开展自评的认证院校开始[6]。截至目前，美国获得认证的高等院校有 8200 多所，专业有 44000 多个[7]。为了确保认证的质量和公信力，美国建立了认可体系。认可是一种根据特定标准对认证机构进行的审查评价（即元评估）。[8]美国联邦教育部（USDE）或高等教育认证委员会（CHEA）负责对认证机构开展认可（Recognition）。前者属于官方认可，能帮助高校及教师获得联邦政府的资金支持；后者是民间行为，赋予高校学术合法性[9]。认可期限也不是无限的，USDE 至少 5 年对认证机构进行新一轮认可[10]，CHEA 最长认可期限是 7 年[11]。当前已获得 USDE 和 CHEA 认可的认证机构共有 89 家。

表 1　美国高等教育认证机构认可情况

单位：家

机构名称	USDE	CHEA	USDE 与 CHEA 认可重合的数量
区域性认证机构（Regional Accrediting Organizations）	7	7	7
全国性宗教信仰类和职业类认证机构（National Faith-related National Career-related Accrediting Organizations）	10	4	4
院校认证机构（Institutional Accrediting Organizations）	1	1	1
专业认证机构（Programmatic Accrediting Organizations）	33	51	13

资料来源：根据 CHEA 网站信息整理，https：//www. chea. org/chea - and - usde - recognized - accrediting-organizations。

2. 监测评价体系：美国高等教育评价体系的重要支撑与保障部分

美国的高等教育监测评价体系不是单一的评价模式，而是监测与评价有效对接，评价机构、过程和结果多元复合的模式，有效地改善了传统评价的缺陷，在社会监督问责和动态全面监控、推动学校持续改进质量中发挥重要作用。在联邦层面，主要由国家教育统计中心（National Center for Education Statistics，NCES）负责全国教育数据监测和追踪调查工作。通过全面深入的教育统计和研究工作，发布的数据和调查结果对于指导美国的教育决策、优化教育资源配置、提高教育质量具有不可替代的作用。在民间层面，有很多专业协会组织建立了定期的监测报告和追踪制度，基本分为三类：①发展性监测，比如大学排名，U. S. News 自 1983 年发布“美国最好的大学”排行榜至今已有 40 年，虽然该类排名存在争议，但一定程度上对服务公众择校和学校、学科发展起到促进作用；②服务性监测，旨在检测学生作为消费者（顾客）对于教育产品质量和服务质量的满意度，美国大学生满意度测评体系 ACT/ESS（The American College Testing Program Evaluation Survey Service）得到政府和高等教育界的重视和支持，形成了较为完善的大学生满意度测评体系，主要包括学生满意度调查（The Student Opinion Survey）、辍学学生调查（The Withdrawing/Non-returning Student Survey）、校友满意度调查（Alumni Outcomes Survey）、学生需求评估调查（College Student Needs Assessment Survey）；③结果性监测，主要用于监测学生学习效果，也在一定程度上提高了高等教育的质量。美国已经建立不同层级、多样化的学生学习和发展评估项目，包括大学生学术能力评估（CAAP）、全国大学生学习性投入调查（NSSE）、大学生学习评估（CLA）、全国性学习成果评估调查活动等[12]。毕业生调查是较受重视的监测内容，美国大学与雇主协会（National Association of Colleges and Employers，NACE）的“首站调查”（First-destination Survey）最具代表性，是一项年度调查。2014 年的调查是美国第一次针对应届大学毕业生就业情况进行的全国性调查，旨在提供清晰、简明和一致的全美大学教育成果数据[13]。

（二）美国高等教育内部评价体系——聚焦学习成果评估

美国高校内部评价体系是高校自行制定评价内容、标准并组织实施，从而对校内学术活动做出专业判断和建议。20 世纪末开始，其将学生的学习成果作为重点评估内容。该评估是高校内部保障和持续提升学术质量的关键，是对教育效能的真实有效问责。[14]从美国高等教育内部评价实践来看，学习成果评估主要涉及三类评估内容，分别为院校评估、学术项目评估和课程评估，它们的主要推动力来自认证机构、社会团体和教师群体。[15]

1. 院校评估：认证不可或缺的基础环节

在美国高等教育评价体系中，院校自评是认证的必要组成部分。申请获得认证的院校必须先对学生的学习成果进行自我评估，并及时向认证机构提交自评报告。[16]有效的院校评估一般包含以下工作：建立自评组织与体系、制定计划、收集自评材料、编制自评材料、提交自评材料。[4]从评估内容来看，院校自评为认证提供了基本的资料数据，这些材料的质量很大程度上影响着院校评估和认证的结果；从评估过程和作用来看，学校内部广泛参与的自评，促使不同利益相关者依据评估指标进行反思，有效促进了学校的发展与质量改进。

2. 学术项目评估：保障学术项目前沿性和创新性

学术项目评估（Academic Program Reviews）是一种综合性评价，美国许多院校定期开展，旨在自我反馈、评价和改进高校学术活动能力，主要分为已有学术项目评估和新增学术项目评估。各院校基本按照自设标准、参评或新增项目的院系自评、外部同行评审、学术项目评定委员会给出意见的过程开展学术项目评估工作。已有学术项目的评估具有周期性，比如加州大学伯克利分校学术项目大约每 10 年评估一次，只有当主管院长和负责学术规划的副教务长一致认为需要改变审查时间的特殊情况时，才能对其进行修改。[17]项目评估管理委员会（Program Review Oversight Committee，PROC）建立了年度提醒和中期检查机制。年度提醒包括该院系近期项目审查结果和定制的学术项目审查日历。中期检查机制是为了确保各院系及时反馈评估结果建议的进展情况，并确保行政部门支持其实现目标。中期检查表由院系在收到评审结果通知后 5 年内完成。加州大学伯克利分校还对学术项目评估报告的保密工作进行了规定。总体来看，持续追求卓越是加州大学伯克利分校的核心发展理念，学术项目评估就是保证该理念得以实现的重要手段。[18]

3. 课程评估：持续改进与提升课程质量

课程评估是由来自不同学科领域的专家对学术项目及其组成部分（单门课程）进行检查的过程，旨在根据学生的学习状况及成就水平，评估该项目的流畅性、连贯性及其实施效果。[19]它与上文提到的学术项目评估的内容有交叠，但不完全重合。各个学校的课程评估体系各有特色。比如加州大学伯克利分校的课程评估可以划分为背景评估、输入评估、过程评估和成果评估四个环节，每个环节分别表现出规范标准、激励绩效、多元全面和追求卓越的核心特征。[20]华盛顿大学课程评估是一个系统的、持续的改进过程，即从评价现行课程到设计出更为完善的课程方案，再到实施新课程并对其进行周期性评估，以明确课程设计与开发的必要性、课程设计与开发项目成功的可能性。另外，学位课程和证书课程的评估过程与要求有所不同。[19]

（三）美国高等教育内外部评价联结桥梁——自愿问责体系

自愿问责是美国当前在高等教育协会组织框架下兴起的重要领域。其居于内部问责和外部问责的中间地带，以“自愿问责系统”（the Voluntary System of Accountability，VSA）和“自愿问责框架”（the Voluntary Framework of Accountability，VFA）为主要实现形式[21]。

VSA是由美国州立学院和大学协会（AASCU）以及公立与赠地大学协会（APLU）于2006年共同支持开发的计算机网络绩效报告系统。2019年，在VSA咨询委员会支持下，VSA更名为VSA Analytics（VSA综合分析系统），具有了新的外观、平台、数据以及能够创建和保存自定义设置的同类群组。[22]VSA建立时，正值美国教育部长Margaret Spellings颁布《美国高等教育未来发展规划》，引起了高校对大学“标杆”参照比较以及信息透明度的高度重视[14]。此外，该系统延续了20世纪80年代问责制特征——聚焦高等教育的结果和输出，明确提出通过测量学生学习结果来检测教育效果[23]，确定了由三个部分构成问责框架及其数据来源：①学生与家庭信息，具体包括大学费用、毕业率、保留率、学生住宿等。②学生经历与体会。VSA 推荐高校在以全美大学生学习性投入调查（National Survey of Student Engagement，NSSE）为代表的 4 种调查工具中选其一，来评估学生的学习体验。③学生学习成果。关注批判性思维、分析性思维、书面交流三项核心学生学习成果。对该部分，VSA 推荐高校在 CLA、CAAP 和 MAPP 三种测量工具中选其一，用于评估学生的学习成果[24]。

VSA 建立十多年来，学生学习成果评估经历了依赖标准化测验、引入真实性评估、参与元评估的三个阶段的变革。目前 VSA 基于全国数据，运用近 400 个变量发布了超过 25 份“标杆”式评估报告，有 4400 所成员大学[25]。VFA 是美国第一个专门针对社区学院的全国性问责“透明度”项目，是由美国社区学院学会（The American Association of Community Colleges，AACC）与其他有关组织合作，于 2009 年开发。VFA 衡量学生的进步和成果，包括大学前准备（如发展教育和成人基础教育）、学业进步和动力、完成和转换措施，以及职业和技术教育的劳动力成果[26]。开发该项目的 AACC 同样是美国高等教育六大协会之一，成立于 1920 年，是为美国 1200 多所社区学院以及授予副学士学位的两年制大学服务的社会团体。其服务涵盖学院领导力提升、政策咨询、革新项目开发、研究以及科教融合战略发展等[14]。VFA 的开发得到了 60 多所社区学院的支持与参与，旨在监测社区学院使命的全部范围，促进学生目标和教育经历的多样性[26]。

二 美国高等教育评价重要进展

美国高等教育评价体系具有类型多样、参与主体多元，以及各组织之间分工明确等鲜明特点。该体系以持续改进内部质量为基本导向，通过多种途径向政府和社会提供了与学校、学生发展相关的详细情况和数据。并且，特别重视学生学习成果评估，形成了全员参与评价的文化氛围。美国国家学习成果评估研究中心（National Institute for Learning Outcomes Assessment，NILOA）调查发现：参与调查的82%的高校已经对学习成果设定了清晰的目标，并且出于回应外部问责及内部质量提升需求，实施了学习成果评估。[27]总之，美国的高等教育评价在加强外部问责与科学引导高校内部改进质量方面较好地发挥了关键的引导作用。

随着新冠疫情席卷全球，以及国际局势的深刻变化，原有秩序被打破的同时，美国高等教育也迎来加速变革时期，给评价工作带来了持续不断的影响和冲击，不确定性和多变性成为美国高等教育评价必须面对的常态。[28]由此，高校不得不开启质量监管的“云时代”，许多线下评估工作不是取消就是面临转型，比如有许多高校直接废除了将传统的标准化考试作为录取标准的规定，但其他非标准化评测方式的公平性又备受争议。评价模式要及时跟随教育形态与业态的变化而调整，这给高等教育评价者带来了巨大的压力和挑战。不过，适当的压力也是进步的动力，美国高等教育评价在应对这些挑战中取得了一些重要进展。

（一）锚定教育质量和学生利益，加速推进认证制度改革

近年来，已经运行百余年的认证制度暴露出系列问题，比如加重高校人力和财力负担、保障质量的核心功效受到质疑、阻碍高等教育更加多样化和创新性发展、限制学生流动、缺少学生立场等，波及高等教育未来健康发展。认证改革成为此次《高等教育法》再授权关注的焦点之一。再加上联邦政府监管精简改革的推动，立法及行政机构针对认证存在的问题，提出系列认证改革的建议性文件。近五年美国涉及认证改革的重要政策文件见表2。

表 2 美国近五年与认证改革相关的重要政策文件

时间	发布机构/提案者	名称	主要措施
2018 年	联邦教育部	《反思高等教育之认证改革》(Rethinking Higher Education: Accreditation Reform)	1. 认可标准中纳入"实质相符"(Substantial Compliance)原则;2. 更加明确地界定认证机构、州政府和教育部对《高等教育法》第四条(Title IV)涉及的高等教育机构进行监督的角色和责任,重建"三位一体"监管机制;3. 通过消除院校之间由于提供的证书等级或认证院校或其项目而产生的人为界限,增加学生的学术和职业流动性;4. 为院校提供更大灵活性,促进教育实践创新,满足当地或国家劳动力需求;5. 依法保护院校自主权,尊重各院校使命,并为学校提供建立基于共同价值观的校园社会机会;6. 奖励院校价值增值,而不是学生水平;7. 调整"实质性变化"要求,为院校提供更大的灵活性,以创新和满足学生和雇主的需求,同时在院校使命、项目组合或所提供的证书水平发生更复杂或更高风险变化的情况下,认证机构能坚持严格监督;8. 精简和明确联邦教育部的认可程序;9. 鼓励并使认证机构能够支持创新实践,对实验教育给予有限认证,在认证机构采取不利行动时提供支持,并且不强制要求"全都或全不"纳入《高等教育法》第四条(Title IV)的制裁
2019 年	众议院议员 博比·司科特 (Bobby Scott)等	《大学教育负担能力法案》(The College Affordability Act of 2019)	联邦政府加强对认证机构的监管。比如专业审查小组将建立通用术语和指标供认证机构使用;认证机构将被要求对可比较的院校实行差别化评价,然后确定使用哪些联邦机构定义的指标来评估院校完成情况、完成进度和劳动参与情况;立法要求认证机构在网站上公布针对院校采取的行动的信息,这远远超出了当前确保认证机构行动透明度的措施等
2020 年	众议员 罗丽·特拉汉 (Lori Trahan)	《2020 年认证改革法案》(Accreditation Reform Act of 2020)	1. 要求教育部门进行更多调查和基于证据的审核评估;2. 通过加强全美院校质量与整合咨询委员会(National Advisory Committee on Institutional Quality and Integrity, NACIQI)的作用来增强对高等教育院校的审核力度;3. 增加认证审核的透明度;4. 鼓励更多运用教育行政管理部门的权力来限制认可院校或审核院校

资料来源:根据美国联邦政府和教育部网站信息整理, https://www2.ed.gov/policy/highered/reg/hearulemaking/2018/whitewaper.pdf; https://www.acenet.edu/Documents/Short - Summary - College-Affordability-Act.pdf; https://www.govtrack.us/congress/bills/116/hr5768。

从这些建议性文件提出至今，根据2020年7月联邦教育部公布的新的认可标准，已经实施的改革举措主要有三项：①精简联邦认可程序和监管，增加灵活性。新认可标准中删除了一些不必要的要求，明确规定高校只需通报那些“影响大、风险高”的变化，比如学校或其专业在教育目标、使命、法律地位、所有权和管理形式上发生变化等；采纳了2018年《反思高等教育之认证改革》中提到“要在认可标准中纳入‘实质相符’（Substantial Compliance）原则”的建议，增加了联邦教育部认可的宽容度和灵活性，提高了认可工作效率[29]。②打破区域认证的垄断，鼓励院校创新实践和行使自主选择权。比如2020年新的认可标准中规定“如果高校的主校和分校在同一个州，不要求认证机构对它们进行重复认证；认证机构也可以只认证本区域内某个州的分校或其他校址”。如此一来高校和认证机构都有了双向选择的权利，为高校创新教育实践和学生流动提供了制度空间。③增强认证的透明度，保护学生权益。2020年新的认可标准中，将以往对违规高校的处理规定“立即采取惩罚性措施”改为“应保留其认证或预认证资格，给予高校充分时间将学生移转去其他学校完成学业”“认证机构可以只对违规的专业或分校进行处罚”等，还要求认证机构制定“回溯应用认证决定政策”（Policies for Retroactive Application of An Accreditation Decision），保护高校初次认证期间首届毕业生的利益[30]。整体上，这些举措有力地回应了认证制度中长期存在的，并在政府、高校和民间协会之间达成共识的三个核心问题，从认证的层面，推动整个高等教育系统对学生权益进行保护，推动美国认证改革不断走向深入。

（二）深化改革自愿问责体系，推动循证教育和元评价在教育评价领域创新实践

“卓越评估”（Excellence In Assessment，EIA）认定是近期自愿问责改革中的一项重要举措。其于2016年由“公立与赠地大学协会”（APLU）、“州立学院与大学协会”（AASCU）、“美国学院与大学协会”（AAC&U）与“国家学习成果评估研究中心”（NILOA）联合发起，是美国第一个全国范围

内的学生学习成果评估活动认定项目[21]。它对美国高校现有评估进行再评估，聚焦于成功整合校园评估活动的实践，表彰为利益相关者提供学生学习成果的证据并利用评估结果指导院校进行决策、促进学生学习成绩提高的高校[31]。“卓越评估”认定的基本程序是各高校在申请认定前，完成一份自评报告；待报告完成后，提交申请；NILOA 组织不同的评估专家进行评审；公布评审结果，分为“卓越”（Excellence）和“持续卓越”（Sustained Excellence）两个等级。前者用来表彰使用评估活动结果信息构建证据文化、指导学校发展，在评估过程中展现强大领导力的院校；后者用来表彰五年及以上的时间里，持续整合校园内的评估活动，使用评估结果指导决策并在其他方面有良好表现的院校。以威斯康星大学麦迪逊分校为代表的 6 所院校和以堪萨斯州立大学为代表的 4 所院校分别获得首届“卓越”和“持续卓越”评估高校的称号；2021 年，以加州大学东湾分校为代表的两所院校和以卡梅隆大学为代表的 5 所院校分别获得“卓越”和“持续卓越”评估高校的称号[32]。

截至目前，“卓越评估”认定已实行 6 年，但参与该项目的院校规模和层次方面并没有明显提升。美国一流的研究型大学仍然没有对其产生兴趣，可能因为这些学校现阶段关心的是学术声誉、学术自治和国际引领力等，而这些关注点与该项目促进院校内部改进和教育质量提升的目标理念不相符。尽管如此，却不能否定“卓越评估”认定对美国高等教育元评价发展和循证教育创新应用所做出的贡献。它的评价框架灵活，鼓励高校围绕自身特色和定位开展评估活动[33]，为高校高质量特色化发展和持续改进提供了有效的引导工具。

（三）推进高等教育数字化转型，加速高等教育评价方式创新和治理效能提升

美国在将数字技术整合应用于高等教育评价方面积累了深厚的经验。近年来，面对新冠疫情对全球高等教育的持续影响、人们对数字化技能和工具的现实需求，以及智能技术与高等教育深度融合的需要，美国基于前

期的数字化发展经验，从政府、社会组织和高校等层面一体化推进高等教育评价方式的创新和改革。

在政府层面，主要举措包括完善与数字化转型有关的政策法律，启动数字系统建设项目。美国教育部教育技术办公室于 2017 年制定了《美国国家教育技术计划》（National Education Technology Plan，NETP），呼吁采取行动通过技术来改变学习，其中探讨了美国以学生为中心的高等教育生态系统中高等教育评价信息化的发展方向；加州 2021 年出台了“加州从摇篮到职场的数据系统”（The California Cradle-to-Career Data System，C2C）法规，要求加州教育局、卫生局、劳动局以及公私立高等教育系统共同建立加州学生层面的教育数据系统。该系统将采集学生所有成长经历和职业发展的跟踪数据，对教育决策和效能评价意义重大。[34]

在社会组织层面，它们的角色有所转变，主要通过联合多方力量开发信息平台，监测和保障高等教育质量，以 CHEA 为例。新冠疫情期间，它发布了线上教学项目质量自查标准框架，并联合开发了综合信息平台，委托霍布金斯大学和第三方软件咨询公司将收集到的数据发布到平台上，供全美高等教育机构在疫情期间使用。该平台是一个集质量自检、认证自测和指导安全重开校园于一体的综合性信息平台。另外，CHEA 还直接参与编制了 OpenSmartEdu 指导手册。该手册包括安全措施、政策制定、教学质量保障、财务统筹和日常管理 5 方面，涵盖 16 个大项、62 个小项的内容，为美国各高校在疫情期间的管理和运行提供了详尽指导。CHEA 此次参与手册编制的行为，也成为其中的一大亮点，使它从自上而下的协调监督者转变为自下而上的直接参与者。[35]

在高校层面，构建大数据平台是惯常做法。疫情蔓延初期，美国大部分高校在短短一周内就从线下运行转为完全线上运行，展示了数字化发展的成熟程度。目前，美国高校数据平台的功能正从仅仅提供公开评价框架、工具和结果，扩展到智能分析和解释相关评价数据，并将其直接转化为实际行动。卡内基梅隆大学的埃伯利卓越教学与教育创新中心（Eberly Center for Teaching Excellence & Educational Innovation）正在研发数据平台的智能分析功能，希望通过 Excel 软件、地理信息系统将数据分析从主观性向模式化转变，以减轻因分析评价结果而产生的时间、精力负担，以及减少对评价结果分析是否科学的质疑。这是当前美国高校数据平台建设的主要趋势。[36]

可见，信息化和数字化已成为重塑美国高等教育评价改革实践、促进其优化创新的重要驱动力量，不仅通过评价提供丰富的数据支持，也通过数字技术与智能化管理提升了评价的科学性和准确性。这些对我国推进教育现代化和数字化转型、实现教育评价方式的创新和治理效能的提升有所启发。

三 美国高等教育评价发展趋势

美国社会对各种高等教育评估活动进行理性反思后发现，作为高等教育接受者和“消费者”的学生理应成为高等教育质量评价的主体。因此，未来美国高等教育评价体系的发展也伴随这一理念继续推进，具体表现在以下几方面。

（一）更加强调以“价值增值”为目标的引导性评价

近期美国社会发现，以往基于资源和声誉的评价，比如政府组织的问责类评价、大学排行榜等，并没有有效发挥高等教育质量“守门人”的保障和监督作用，高等教育系统学生学业成就堪忧，引致公众和政府的极大不满；大学排名导致大学痴狂于“数字游戏”，偏离本质使命，忽视学生的发展和成长，遭到诸多学者抗拒与批判[37]。伴随着价值增值（Value-added）评价理念和相关理论方法的成熟，美国高等教育评价范式发生较大转变，“价值增值”评估理念直面高等教育质量的内核，在一定程度上超越了以水平评估等刚性标准为基础的高等教育评价范式，对当今美国高等教育评价具有奠基性和引领性影响。在这种理论观念的影响下，美国学界发起了学生主导通过自我评价的方式评估学生学习和发展的评价运动。高等院校对外部监管和评价机构的依赖和热情进入“冷静期”，逐渐转向关注内部改进和自我质量评价，围绕学校自身的特点和定位开展评价活动，评价成为高校自我诊断和反思的手段。自愿问责系统、“卓越评估”认定等举措的出发点和基本设计逻辑都遵循了这一理念。

（二）加强“三位一体”监管机构有机协作

从近五年与美国高等教育评价改革密切相关的重要建议性文件和2020年认证改革已实施的措施来看，联邦政府的改革紧扣教育质量和学生权益，具体从以下两个方向推进：一是全面精简监管，为认证机构和高等院校减负。比如2017年2月，联邦政府发布行政命令《执行监管改革议程》（Enforcing the Regulatory Reform Agenda），要求政府各部门对监管进行全面检查，精简不必要的监管；《2020年认证改革法案》中引入“实质相符”原则等。二是加强政府监管，一定程度上增加了其监管的广度和深度。美国进步中心（Center for American Progress）最近的一份报告提及，大学认证机构很少受到美国教育部的审查问责，认为这对学生、大学教育公平性，以及美国财政支出都会造成不良影响。因此，《2020年认证改革法案》主旨之一就是解决联邦教育部对认证机构监督不力的问题，提出“鼓励更多运用教育行政管理部门的权力来限制认可院校或审核院校”的改革措施，并将授权联邦认可审查转变为一个更深入的调查过程以改善监管体系。不过，从2022年联邦教育部发布的几份关于变更认证机构的指导文件来看，联邦政府更倾向于维持“监管天平”的平衡，加强联邦政府、州政府和认证机构“三位一体”监管体系内部有机协作。联邦教育部表示发布指导意见是为了确保高等院校高质量发展，维护联邦政府、州政府和认证机构组成的“三位一体”监管体系的完整性，并按照《高等教育法》的意图保障认证机构在监督中的作用[38]。

（三）更加聚焦学生学习和发展评价

即便高等教育机构类型和功能愈加多元，高校最根本和最核心的职能依然是人才培养，加上美国高等教育的消费者导向理念的兴起，学生作为受教育主体，在评价中的主体地位愈加重要。2017 年，NILOA 关于美国高校学生学习成果评估的调查结果显示，需要加大学生参与评估活动的力度——这是支持学生更多参与评估过程的积极信号与趋势[39]。《2020 年认证改革法案》提出要加强整个高等教育系统对学生的保护，并且在已经实施和商讨的举措中，都涉及维护学生权益的内容，比如已实施的“增加回溯性认证”避免了新的院校或专业在申请认证过程中对毕业生的利益造成损害；商讨中的改革举措未来更有可能“变现”，值得持续关注。比如有议员提出联邦政府应干预学生学业成就评价标准制定；参议员沃伦等人认为，联邦教育部应要求认证组织必须用毕业率、贷款偿还率、贷款违约率、就业率等指标衡量学生的学业成就，还应为高校设立这些指标的基础门槛[30]。总之，从近期美国的院校评估、专业认证及大学生学习和发展评估等系列改革来看，学生在评价中的主体性不断提升，学生成就的相关评价能保证学生的参与度，直接反映出学生的价值诉求已在美国政府、高等教育界和社会公众层面基本达成共识。

（四）更加重视评价透明度和元评价的实践应用

从认证改革的系列建议性文件和本科教育效能问责“透明度”项目的实践特征来看，增加评价透明度、加强信息公开是美国高等教育评价发展与未来改革持续关注的重点。这不仅是政府强化问责、促进高校提升绩效水平和“循证”决策能力的重要手段，也是保护和服务学生的有效办法。只是在技术层面上，建立数据共享平台和收集数据需要评价组织和高校投入大量资源，也会增加他们的负担。如何解决这一问题，做好大数据治理考验着相关部门的智慧。另外，评价方法与测量工具的创新和改进，可以反映出美国高等教育评价发展与革新的方向。具体包括两个方面：一是重视以直接测量的方式收集使用真实证据。《2020 年认证改革法案》要求教育部门要进行更多调查和基于证据的审核评估；2017 年，NILOA 的调查显示美国高校学生学习成果评估聚焦收集和使用学习过程中的真实证据，一些过程性评估方法应用增多，例如量规（71%）、课堂表现评估（64%）和顶点课程（61%）等。

它们均是不脱离实际课程的嵌入式评估方法[40]。二是关注对评价活动过程和结果应用的反思性评价——元评价实践。以“卓越评估”认定为代表，虽然目前参与该项目的院校层次和类型有待丰富，存在具体操作过程复杂冗繁、教师参与积极性不高等难题，但其为推动内外部质量评价系统整合、反思和重构问责文化和质量评价体系提供了专业性视野和颇有启发性的尝试路径。

四 美国高等教育评价对我国高等教育评价体系建设的启示

整体来看，美国高等教育评价在评价理念、主体、内容和方法等方面的改革思路和发展，与我国《深化新时代教育评价改革总体方案》和加快建设高质量高等教育体系的主要思想和战略部署有较多共通之处。我国的高等教育评价体系建设重点，也正逐渐从政府主导的问责评估向高校内部以质量改进为导向的评估推进。美国在高等教育评价方面的改革经验和教训为我国落实教育评价改革任务、建设高质量的高等教育评价体系提供了一些有益启示。

其一，回归高等教育的本质，将“立德树人”的核心理念与目标嵌入整个评价体系。从美国高等教育评价范式和理念转变历程可知，传统的标准性、问责性评价造成了高校被动性，将评价看成获取资源和增加声誉的手段，结果是既忽视了学生学习发展和高等教育培养人的本质，又无法体现各院校为提高质量所做的努力。后来，在价值增值理念和消费者导向理念双重作用下，确立了以“学生为中心”的评价理念，将学习成果评价嵌入育人过程和质量评价体系中，让评价更为有效地赋能人才培养的全过程。如此一来，学习成果的评价结果对学生和学校具有总结性意义，发挥了评价的工具性价值；同时，因其已经融入育人过程中，并且以改进质量为目标，使评价发挥的作用力具有了成长性意义，体现了评价的人文性价值，一定程度上缓解了评价与育人“两张皮”的问题。于我国而言，高等教育评价必须确立立德树人的核心理念，并将其作为衡量教育成效的根本标准，进而研制与该理念契合的评价框架和指标体系[41]，从根本上解决教育评价的导向性问题。

其二，构建多主体评价运行机制。我国高等教育评价主要由政府部门主导，以回应政府和社会问责为目的；高校作为评价和质量保障的主体和责任人的身份常被忽略；第三方机构参与评价的专业化水平有待提升，相关评价机制有待进一步落实和完善。因此，目前我国高等教育评价工作中，政府、第三方机构和高校要进行有机联合的基础和条件有待加强，以便形成评价合力。参照美国多维立体的高等教育评价机制建设经验，行政管理部门应加快在评价事务上的职能转变，从“划桨人”向“掌舵者”角色转换，适当退出“前台”（直接性的评价），而更多地去承担“后台”（元评价）的职能，引导、监控高等教育评价的质量与成效，为高校内部评价和第三方评价的职能定位提供坚实和完善的制度依据。高校应高度重视学生的学习和发展性评价，以此回归教育的根本宗旨，基于教育目的和规律开展评价，革新评价，而不是为了评价而评价，沦为评价的“工具人”。第三方机构要从依靠政府获得资助和委托评价项目，逐渐转向培育社会评价专家队伍，加强自身建设，维护和提高自身的独立性和专业性，面向教育大市场拓展自身的发展空间。[42]最终建立一套“政府元评价-第三方机构监测评价-高校内部质量评价”和高校内部“自我评价-自我监测-自我改进”的高校内外良性“双循环”的评价机制。

其三，重视高等教育评价领域的数字化转型发展。为了应对当前及未来高等教育发展的动态性、不确定性以及不可预见性，数字化转型已成为全球高等教育发展与改革的必选题。美国高等教育评价领域在数字技术应用方面已积累了较为丰富的经验，在高校、州和国家层面建立了较为完善系统的数字化平台，并在新冠疫情期间为这三个层面的机构做出有关决策和效能评价提供了有效支撑。相比之下，我国还需进一步加快以数字化赋能高等教育高质量发展，推动数字化转型融入高等教育评价的全过程。政府部门层面应不断完善相关立法和制度，提升数字化转型在高等教育治理中的重要性，树立数字化治理的价值理念，促使形成科学决策的循证文化；加强行政部门、高校和专业学会之间的联动合作，加大高等教育评价数据共享力度和提升透明度，解决“数据孤岛”和社会监督弱化的问题。高校层面要提升院校数据分析和研究的能力，运用于高等教育人才培养全过程，从简单的“技术支撑”向“智能驱动”转变，切实在院校决策和学生成长发展中发挥“数字智库”功能。而在数字赋能高等教育评价的过程中，也要注意保持理性和风险意识，基于我国高等教育的独有特征，坚定立场，通过科学研判，处理好“人”与“数”的关系，让数字技术为评价、高等教育和人类服务。

参考文献：

[1] 邱柯萍．美国高等教育评估制度分析与借鉴［J］．中国成人教育，2018（18）：112.

[2] 周廷勇．美国高等教育评估的演变及其新发展［J］．复旦教育论坛，2009，7（03）：21-22.

[3] 任京．互促与互补：美国高等教育第三方评估与院校研究的关系探析［D］．武汉：华中科技大学，2021：38；39-42.

[4] 谢晓宇．美国高校学生学习结果评估：内涵、实施与挑战［J］．外国教育研究，2021，48（05）：42.

[5] 庄丽君，王山玲．美国高校区域性认证研究［J］．高教发展与评估，2018，34（02）：77-78.

[6] MSCHE. Accreditation Review Cycle and Monitoring Policy［EB/OL］．（2020-10-01）［2022-12-20］．file：///C：/Users/gjscz/Downloads/accreditation-review-cycle-policy. pdf.

[7] CHEA. Database of Institutions and Programs［EB/OL］．［2022-12-20］．https：//www. chea. org/directories.

[8] 王铄．美国高等教育认证机构的官方认可研究：沿革、标准与程序［J］．世界教育信息，2021，34（11）：58.

[9] 尤铮．美国高等教育学科评估的体系及标准研究——基于对两所大学教育学院的调研［J］．世界教育信息，2018，31（19）：42.

[10] U. S. Department of Education Office of Postsecondary Education Accreditation Group. Accreditation Handbook［EB/OL］．（2022-02-01）［2023-02-28］．https：//www2. ed. gov/admins/finaid/accred/accreditation-handbook. pdf.

[11] CHEA. CHEA Standards and Procedures for Recognition［EB/OL］．（2021-10-04）［2023-02-15］．https：//www. chea. org/sites/default/files/other-

content/CHEA-Standards-and-Procedures-for-Recognition_ Dec2022-FINAL%20edits. pdf.

[12] 杨秀芹，李婷．美国高等教育监测评估体系：组织建构与运行［J］．中国高教研究，2017（08）：80-84.

[13] NACE. The NACE First-Destination Survey［EB/OL］．（2023-01-01）［2023-01-10］．https：//www. naceweb. org/job-market/graduate-outcomes/first-destination/.

[14] 常桐善．美国本科教育效能问责："透明度"项目解析［J］．中国高教研究，2019（09）：54-58.

[15] Charles Secolsky，D. Brian Denison. Handbook on Measurement，Assessment，and Evaluation in Higher Education［M］. New York：Routledge，2012：34.

[16] 周静，李晓虹．美国高校学生学习成果评估结果应用研究［J］．煤炭高等教育，2021，39（04）：81.

[17] Division of Academic Planning. Academic Program Review Schedule［EB/OL］．［2023-01-10］．https：//vpap. berkeley. edu/academic-program-reviews/academic-program-review-schedule.

[18] Division of Academic Planning. Guide for the Review of Existing Instructional Programs［EB/OL］．（2020-05-26）［2023-01-10］．https：//vpap. berkeley. edu/sites/default/files/apr_ guide. 2020_ 1. pdf.

[19] 李新朝，刘学东．美国公立大学研究生课程审查制度研究——以华盛顿大学为例［J］．学位与研究生教育，2019（10）：73；74-75.

[20] 马健生，时晨晨．规范·绩效·多元·卓越——加州大学伯克利分校研究生课程评估体系的核心［J］．外国教育研究，2015，42（05）：3-14.

[21] 柳亮．"卓越评估"：美国高等教育自愿问责改革的动向与思考［J］．国家教育行政学院学报，2018（03）：69-70.

[22] VSA. About VSA［EB/OL］．［2023-06-30］．https：//www. vsaanalytics. org/about.

[23] 刘声涛，傅冠华，廖敏．高校学生学习成果评估变革与发展趋势——基于美国公立院校本科教育自愿问责系统［J］．大学教育科学，2021，186（02）：79-86.

[24] AASCU. VSA Analytics［EB/OL］．［2023-01-10］．https：//www. aascu. org/programs/VSA/.

[25] AASCU. Summary PDF［EB/OL］．［2023-01-10］．https：//aascu. org/wp-content/uploads/documents/VSAFlyer_ aascu. pdf.

[26] VFA. About VFA［EB/OL］．［2023-02-08］．https：//vfa. aacc. nche. edu/about-vfa/.

[27] 李异飞，李艺辉．从分散走向一体化：美国高校学习成果评估模式新发展

[J]. 现代大学教育，2021，37（04）：77.

[28] Jankowski, N. A. and Bheda. Pandemic Insights to Shape a Better Future: Assessment for Teaching, Learning, Equity, and Student Success [EB/OL]. (2022-03-22) [2023-07-02]. https://www.learningoutcomesassessment.org/wp-content/uploads/2022/04/ExamSoft_FutureofAssessment_Report_2022.pdf.

[29] The U.S. Department of Education. Rethinking Higher Education Accreditation Reform [EB/OL]. (2018-12-01) [2023-02-18]. https://www2.ed.gov/admins/finaid/accred/rethinking-higher-education-accreditation-reform.pdf.

[30] 熊耕．美国高等教育认证近期改革针对的问题及具体举措分析 [J]．世界教育信息，2021，34（11）：52-54.

[31] [32] NILOA. Excellence In Assessment Designations [EB/OL]. [2023-02-08]. https://www.learningoutcomesassessment.org/eia/#1564426109491-4b801a24-e782.

[33] 张明广，茹宁．美国高校“卓越评估”认定：动因、实施及其评价 [J]．高教探索，2019（08）：92-93.

[34] 常桐善．推进高等教育数字化转型强化治理效能——美国的实践经验及其对中国的启示 [J]．中国教育信息化，2022，28（02）：20

[35] 陈肖纯．世界大变局下美国高等教育质量保障体系研究 [EB/OL]．(2021-01-21) [2023-07-02]. http://cahe.edu.cn/site/content/13905.html.

[36] 陈凡．评价如何赋能育人：美国高校的经验 [J]．中国高教研究，2023（04）：79.

[37] 孙碧．谁是一流？——大学排名作为“治理术”的美国起源 [J]．外国教育研究，2022，49（08）：115-116.

[38] CHEA. U.S. Department of Education Issues Accreditation Guidance [EB/OL]. (2022-07-25) [2023-02-08]. https://www.chea.org/us-department-education-issues-accreditation-guidance.

[39] 黄雨晴，李晓虹．美国高校学生学习成果评估：现状、困境与启示——基于美国国家学习成果评估中心的 NILOA 调查 [J]．煤炭高等教育，2020，38（05）：67-68.

[40] 谭小熙．美国高校作业的价值意蕴与主要特征——以美国国家学习成果评估研究中心作业库为例 [J]．煤炭高等教育，2019，(01)：103-106.

[41] 石中英．回归教育本体——当前我国教育评价体系改革刍议 [J]．教育研究，2020，41（09）：11-12.

[42] 常文磊．质量认证——美国高等教育评价体系的典型特征 [N]．中国社会科学报，2015-07-14.

The Evaluation System and New Trends in Development of Higher Education in the United States

Cao Zhaole

Abstract: The United States leads in the development of modern higher education evaluation systems. Through the analysis of the development of the American higher education evaluation system from 2017 to 2022, it is found that a highly transparent external supervision evaluation system integrated with internal self-assessment has been formed. Accelerating the reform of accreditation systems and deepening the voluntary accountability system, promoting evidence-based education and meta-evaluation in the field of educational evaluation, are important progress made in American higher education evaluation in the past five years. The future development of this system will emphasize guiding evaluation towards "value-added", strengthening the organic cooperation of the "three-in-one" regulatory agencies, focusing more on student learning and development evaluation, and paying more attention to the transparency of evaluation and the practical application of meta-evaluation. The reform experience of the United States in higher education evaluation concepts, construction of evaluation mechanisms involving multiple stakeholders, and digital transformation development provide references and insights for China to implement educational evaluation reform tasks and build a high-quality higher education quality evaluation system.

Keywords: Higher Education; Evaluation System; Value-added Evaluation; Student Development; United States

日本高等教育质量评价研究报告

符明秋　曾　探　董思梦*

摘　要： 本文通过探讨日本高等教育质量评价体制的发展历程，日本高等教育质量评价的程序与内容、重要进展以及发展趋势，指出日本高等教育的质量保障是建立在"多元协作""内外结合"评价模式的基础之上。日本高等教育质量评价体制的建立、实施及调整，有助于各大学根据周期性的评价过程与结果改善自身的教育研究活动，动态完善、改进和调整评价指标，推动日本高等教育评价体系不断走向优化和成熟，进而提升国家高等教育的整体水平。日本的这些措施和经验对于我国完善高等教育质量保障体系、推进高等教育高质量发展、建设高等教育强国具有重要的借鉴与参考意义。

关键词： 日本　高等教育　质量评价

第二次世界大战后，日本政府在高等教育领域采取了一系列改革措施，逐步建立起政府、大学和社会"三位一体"的高等教育质量评价体系，极大地提升了本国高等教育的整体实力，为日本跻身世界教育强国行

* 符明秋，重庆邮电大学日本研究中心主任，教授，博导；曾探，重庆邮电大学日本研究中心助理研究员，博士；董思梦，重庆邮电大学日本研究中心助理研究员，博士。

列提供了强有力的制度保障。面对第四次产业革命、大学适龄人口减少等时代挑战，日本政府启动了新一轮的高等教育改革，旨在进一步完善和创新高等教育评价体制机制，实现高等教育的高质量发展。

一 日本高等教育质量评价概况

（一）日本高等教育质量评价体制的发展历程

第二次世界大战结束后，日本高等教育质量评价经历了从政府主导到自我评价，再到第三方评价 3 个阶段，形成了比较成熟完善的高等教育评价体系。

1. 20 世纪 80 年代以前政府主导下的大学设置认证

二战后至 20 世纪 80 年代，日本高等教育质量评价集中体现在大学设置审查上。战后初期，作为教育民主化改造的重要组成部分，日本在高等教育领域实施了全面改革。1947 年，日本大学基准协会成立，负责对战后新设立的高等教育机构进行质量评价。同年，国会通过《教育基本法》和《学校教育法》，提出教育机会均等理念，旨在推动日本高等教育从精英教育向大众教育转变。1950 年，文部省成立大学设置审议会，1956 年颁布《大学设置基准》，负责新设立大学的审批认证，对大学的使命、学部设置基准、课程与学分基准、学生入学资格、课程设置、师生比、教学场所等基本标准做出规定，并依据检查结果判断是否批准学校、院系、专业的开设。

日本政府这一系列改革措施的出台，为高等教育的规模化发展奠定了基础。20 世纪六七十年代，日本高等教育进入大众化发展阶段，涵盖综合大学、短期大学、高等专门学校、专修学校四种不同类型高校的发展模式。日本高等教育的认证评价与质量评价实行分离，大学设置认证主要由文部省下设的审议会负责，大学质量评价工作则由非官方机构大学基准协会负责。

高等教育规模的迅速扩大保障了日本社会对各类人才的需求，支撑着日本经济的高速增长，但同时也带来了诸多隐患，尤其是高等教育质量下滑的问题。由日本政府主导的高等教育质量管理缺乏对大学设置后的制度性评价与监督，而大学基准协会开展的质量评价属自愿性质，缺少奖惩制度的约束，向其申请开展质量评价的高校并不多，未形成经常性与制度化的大学质量评价体系，高等教育质量无法得到真正有效的监控，从而引发政府和社会面的关注。

进入 20 世纪 80 年代，日本开始将高等教育的质量保障问题纳入议事日程，考虑引入新的质量评价机制，重视高等教育机构建立之后的运行过程和结果评价。1984 年，日本成立了临时教育审议会，建议各大学在教学研究和社会贡献度方面进行自我检查和评估，高校之间则需要进行互相评价。1987 年，日本修改了《学校教育法》，成立了大学审议会，作为文部省的常设咨询机构，负责参与制定政府的高校发展计划，提出高校评估的建议和方案，审查高等教育改革过程中存在的各种问题，推动高等教育评价制度进一步完善。

2. 20 世纪 90 年代高校内部的自我检查和评价

20 世纪 90 年代，日本高等教育质量评价改革进入新的阶段，由政府主导的大学设置认证逐步向大学自主实施的自我评价和自我监控转变。

1991 年，文部省根据大学审议会的政策建议，全面修改了《大学设置基准》，把原本属于政府的权力部分下放给大学，允许其依据自身的实际条件和社会需求，在课程与教学方面进行改革。为防止因权力下放而造成教育质量下滑，新基准中明确将开展自我评价作为大学的基本义务，并要求各大学建立自我评价机制，以确保大学的教育质量能够得到可持续的监控。自我评价的具体内容包括受评教师的授课情况、教学内容、教学方法，毕业生的就业情况及研究生比例、学校的科研情况等，自我评价的方法与模式则由文部省制定。

1998 年，大学审议会向文部省提交了《21 世纪大学的应有状态》研究报告，针对私立大学开展自我评价相对消极的情况，提出所有大学必须实施自我评价，以使该项工作具有强制性。为保证评价结果的客观性，学校有义务接受外部人员和机构的监控，肯定了第三方评价的必要性。

1999 年，文部省根据该研究报告，对《大学设置基准》进行了充实和完善，制定了大学实施自我评价的具体规定：一是将自我评价作为大学的基本义务；二是自我评价结果应予以公开；三是由政府、媒体、民间机构等构成的第三方将对自评结果进行检验。

《大学设置基准》的两次重大修改赋予了高校更多的自主权和灵活性，也使大学的自我评价从自愿性活动转变成为一项强制性和常规性工作，推动了日本高等教育步入“自我评价时代”。在政策驱动下，各大学纷纷成立自我评价委员会，制定评估标准和具体内容，并将《自我评价报告书》公开发表。到 1998 年，97. 8%的日本高校设立了自我评价机构，其中 88%的高校实施了自我评价[1]，有力地促进了日本高等教育改革和质量提升。但同时，对于引入第三方评价，由于未形成社会共识，在实施过程中受到一定阻力，以“大学委员会”为首的日本大学团体认为此举将影响高校的自主权和学术自由，总体持消极态度。

3. 21 世纪以来的第三方评价

进入 21 世纪后，在追求“小政府、大社会”管理模式的行政体制改革背景下，日本高等教育质量评价逐渐向第三方评价方向发展。

2002 年，日本中央教育审议会向文部省提交了一份《关于构建大学质量保障新体系》的政策报告，提出国立、公立、私立的所有大学都有义务接受文部省认证的评价机构实施的 7 年一轮的第三方评价。文部省依据该报告，修改了《学校教育法》，从法律上规定了 7 年一轮的外部评价制度，并将评价结果与资源配置挂钩。

2004 年，日本国立大学开始实施法人化改革，由文部省直属机构转型为具有自治性质的组织，旨在提升大学的自主性和自律性，提升教育研究的活力。文部省负责为其提供行政指导，并根据 7 年一次的第三方评价结果进行财政分配。各大学对第三方评价结果都非常重视，努力在教育、科研等领域多出成果。日本政府在高等教育质量评价改革方面出台的一系列法律，标志着建立在多样化评价主体和评价标准基础上的多元认证评价制度正式确立。

在第三方评价制度建立过程中，日本的第三方评价机构纷纷涌现。2000年，文部省成立了大学评价与学位授予机构，这是对国立大学实施外部评价的专门机构。2003年，该机构成为独立行政法人，不再隶属于文部省，由其自主实施第三方评价。2016年，大学评价与学位授予机构更名为大学改革支援与学位授予机构。随着认证评价制度的建立和完善，该机构的评价对象从国立大学扩大至所有大学，成为日本唯一的准政府认证评价机构。此外，其他一些大学自主成立的评价机构也被文部省纳入第三方评价体系，如日本高等教育评价机构被授权对私立大学进行评价，日本院校认证协会则主要面向专科院校进行评价。

文部省不直接参与高等教育的质量评价，外部机构实施的第三方评价在日本高等教育质量评价体系中发挥着十分重要的作用。政府通过立法，确立了第三方评价机构的合法性和权威性，并根据评价结果决定财政是否拨付，从而达到提升高等教育质量和推动高等教育改革的目的。

当前，日本成立的高等教育第三方评价机构有大学改革支援与学位授予机构、大学基准协会、日本高等教育评价机构、大学教育质量保障评价中心、短期大学基准协会等，这些机构与大学设置认证和大学自我检查评价共同构成了日本高等教育质量评价体系。

（二）日本高等教育质量评价的程序与内容

日本高等教育质量评价是在《学校教育法》第109条框架下进行的，该条款规定大学有义务对教育研究等情况进行自我检查与评价，并接受文部大臣认可的第三方机构实施的外部评价。

从评价程序上看，大学可以根据自身实际情况选择合适的认证评价机构。认证评价机构在收到参评大学的申请书后，通过对大学自我检查和评价情况进行分析、实地调查以及听取第三方意见等方式进行评价。评价结束后，认证评价机构将评价结果通知受评大学，如合格或不合格、优点和需要改进的地方，并有义务向社会公开评价结果，以便媒体进行社会层面的评价，同时向文部大臣汇报相关情况。对于评价不合格的大学，文部大臣有权要求其提交报告或相关资料，如有违反相关法令者，将对其采取劝告、变更甚至废止的措施。

以大学改革支援与学位授予机构为例，该机构设主任、理事和监事，有研究开发部、管理部、评价事业部和大学合作与支援部 4 个常设部门，还有 4 个对评价结果进行审议的分类认证评价委员会，即大学机构认证评价委员会、高等专科院校机构认证评价委员会、法科研究生院认证评价委员会和国立大学教育研究评价委员会。

大学改革支援与学位授予机构的评价程序通常包含四个阶段[2]。

第一阶段：评价准备阶段。在进行正式评价前一年的 5～6 月，大学改革支援与学位授予机构就评价的形式、方法等进行说明，并对实施自我评价的高校负责人进行培训；9 月底，开始接收各大学提交的评价申请。

第二阶段：评价实施阶段。评价当年 6 月，各大学提交自我评价书；7～12 月，大学改革支援与学位授予机构开始对申请大学实施评价。

第三阶段：评价完成阶段。评价次年 1 月，大学改革支援与学位授予机构将评价结果通知各大学；2 月，受评大学可对评价结果提出异议申诉；3 月，各分类认证评价委员会对异议申诉进行讨论，在确定最终评价结果后，向社会公布。

第四阶段：整改跟踪阶段。评价次年 6 月，受评大学就被要求整改的事项向大学改革支援与学位授予机构汇报整改情况，机构判断整改是否达标。

大学改革支援与学位授予机构设置的评价内容根据评价对象不同而有所差别，其中对大学的评价有 6 项指标，分别是教育研究组织、内部质量保障、财务和管理运营及信息公开、设施设备及学生资助、招生、教育课程与学习成果；对高等专科院校的评价有 8 项指标，分别是教育质量保障体系、教育机构及教员、学习环境及学生支援、财务基础及管理运营、准学士课程的教育课程与教育方法、准学士课程招生、准学士课程的学习教育成果、专业课程的教育活动；对法科研究生院的评价有11项指标，分别是教育理念及目标、教育内容、教育方法、成绩评价及结业认定、教改、入学者选拔、学生支援机制、教员机构、管理运营、设施设备、自评与信息公开。此外，还设有选择性评价指标，大学在提交申请时可自主选择填报，如地区贡献等。

二 日本高等教育质量评价的重要进展

（一）日本高等教育质量评价取得的成效

自2004年引入高等教育质量保障的认证评价制度以来，按照7年一轮的评价周期（专门职研究生院为5年），日本已经实施了两轮认证评价。截至2022年，日本共有153所大学、58所短期大学、2所高等专门学校，以及部分专门职研究生院接受了由文部省认可的15家认证评估机构实施的认证评估[3]。

日本高等教育质量评价机制的建立及实施，有助于各大学根据周期性的评价过程与结果运用改善自身的教育研究活动、提升国家高等教育的整体水平。认证评价机构在评价实践活动中，通过积累经验和积淀数据，动态完善、改进和调整评价指标，推动日本高等教育评价体系不断走向优化和成熟。

（二）日本高等教育质量评价存在的问题

取得成效的同时，日本在推进高等教育评价体制机制改革的进程中也暴露出一些问题，大致可以归纳为以下几个方面[4]：一是部分大学为契合相关法律的适用性，过多采用形式化的评价项目，将教育研究活动质量改善作为评价中心任务的目的并未完全达成；二是将评价结果作为教育研究活动质量改善手段而推进的机制建设不充分，弱化了评价的整体功能；三是在认证评价以外，大学还必须接受其他各种评价和检查，部分高校出现

"评价疲劳"的问题，尽管认证评价制度已经导入十余年，但社会认知度和关注度仍然不足；四是评价指标的通用性问题，由于每个大学的理念、目标、使命、规划都有所不同，采用什么样的标准来评价不同类型的大学，使评价结果具备透明性、公平性和客观性，还需要进一步研究和探索。

（三）日本高等教育质量评价的优化措施

为将高等教育评价体制机制改革向纵深推进，特别是强化大学内部的质量保障能力，推动大学形成自律性的改革循环机制，日本中央教育审议会大学分科会于2016年向文部省提交了《进一步充实认证评价制度》的政策报告。该报告指出，认证评价制度需要向重视大学内部质量保障机制建设的方向转变，更加关注对学生学习成果的评价以及整体的教学管理机制。评价制度改革的基本理念是提升大学实现自我改革循环的内部质量保障能力，促进大学完善对学生学习成果进行评价的机制，最大限度地活用评价经验并提高评价效率，进一步完善认证评价机构的后续跟踪机制以促使各大学自主地采取维持和提升教育研究质量的措施，强化评价的社会效应[5]。

根据该报告的政策建议，日本文部省采取了一系列措施以充实和完善高等教育认证评价制度，进一步优化高等教育质量评价体系。

一是完善大学评价基准。在大学评价基准中加入了通用性标准，对所有受评大学进行统一评价。从2017年开始，文部省规定，大学和短期大学必须制定和公布教育教学的三大方针，即毕业认定及学位授予方针、教育课程编制方针、入学者接收方针。认证评价机构须对所有受评大学的三大方针实施情况进行评价，并通过与文部省实施的设置计划履行情况等调查活动协同，准确把握大学基于调查结果整改的情况[6]。基于三大方针，各大学开始有组织地实施提升学生能力的教育活动，通过动态把握和观察学生的实际成长，建立起可经常审视检查和评价教育质量水平的教学管理机制。

二是修改相关法律。2018年9月，日本中央教育审议会大学分科会教改组指出，认证评价结果除非有制度性保障，否则难以对教育研究活动起到实质性的改善作用。为对教育研究活动的自我完善提供制度支持，进一步提升大学教育研究活动质量保障的实效性，日本于2019年5月修改了《学校教育法》第109条的第5项、第6项和第7项，规定认证评价机构须认定大学的教育研究等情况是否适用于大学评价基准，大学方面须提高教育研究水平以获得合格认定，文部大臣有权要求被认定为不合格的大学提供报告或资料[7]。这些举措推动了大学建立促进教育研究活动改善的保障性机制，确保了大学自主性和自律性改善的实际效果，切实保证和提高教育研究水平。

三是加大执行力度。赋予认证评价机构更多权限，包括要求大学就评价基准、评价方法、评价实施情况及组织运营情况进行自我检查和评价，并公布其结果；对于评价结果为需要进行整改的大学，须就教育研究等活动进行再次评价；将来自大学、地方公共团体、民间企业等相关方的意见纳入认证评价。文部省规定大学从学生入学到毕业为止，必须就授课科目开设情况和教员组织完善情况等设置计划履行情况进行报告，并就此开展实地调查。调查中如果发现问题，将以公开方式敦促大学进行主体责任整改。在问题事项没有得到有效整改、设置计划的履行情况被认定为明显不合格时，文部省将驳回大学提出的新认可申请，并要求其进行机制整改[8]。

四是促进信息公开。大学作为公共教育机构，履行对社会的说明责任是其基本义务。自2011年《学校教育法实施规则》出台以来，日本所有的大学都必须向社会公布教育研究活动等信息。为活用这些信息，2015年开始，向社会公布的相关信息被用于数据库建设，国立大学和私立大学在一个共同框架下实现了资源共享。随着文部省对大学内部质量保障能力的重视，与大学教育质量相关的信息，包括整体教育成果、教学活动等情况也被纳入信息公开范围。对于那些教育质量保障和信息公开做得较差、受到社会严厉批评的大学，文部省将撤销其办学资格。

三 日本高等教育质量评价的发展趋势

日本高等教育质量评价制度的演变，反映出高等教育随着发展阶段及其目标使命的变化，在打破原有力量平衡的过程中形成新的平衡。建立认证评价制度后，所有大学都必须定期接受外部评价，在保留由国家实施的“事前规制”权力的同时，通过定期进行组织运营和教育研究活动等方面的评估，提升了大学教育研究的整体质量，推动着日本高等教育评价从注重“量”的评价转向注重“质”的评价，把内涵建设作为推进高等教育体制机制变革的根本动力。

近年来，随着科学技术的进步和全球化的进一步发展，日本政府认识到，未来社会将发生急剧变化，大学需要培养掌握基础性和普遍性知识、具有理解能力和通用性技能、能够活用知识和技能的人才。为此，文部省采取促进大学教育质量提升和信息公开、推进应对 5.0 社会的教育改革、研究生院教育改革、国际大学改革等多项措施。其中，促进大学教育质量提升和信息公开被置于高等教育质量评价体制机制改革的首要地位。

2018 年，日本中央教育审议会发布了《2040 年高等教育总体规划报告》，作为面向 21 世纪中叶日本大学改革的指南，明确了日本高等教育的发展目标、人才培养需求、高等教育研究体制转型、高等教育素质保障的具体要求、人口老龄化对高等教育的挑战等多项日本高等教育中长期发展规划的重要战略问题，从确保教育研究体制改革、保证教育质量和信息公开、高等教育机构的规模与地区配置、高等教育机构的作用、高等教育投资等方面提出了具体对策，确立起以建立高等教育质量保障体系为长远目标的日本高等教育质量评价体系改革的总体方向。

一是建立整体性的教学管理机制。各大学须根据自身设定的三大方针对教育成果进行评价，制定并活用有关质量水平提升和具体实施方法等措施，在自我检查和评价的基础上，推动教育改革。重视 PDCA 循环（计划、执行、检查、调整）在大学全体、学位流程、各个授课科目板块中作用的有效发挥。为促进各大学在教学方面的改善，大学相关人员须在大学分科会指导下，除进行必要的制度修改外，还应当就推进改革进程中出现的问题制定整体性的教学管理方针。教学管理机制应发挥大学自身的主体作用，以符合各大学实际情况的形式进行建设，不强制大学采取特定的措施，也不强制其他大学采取类似的行动。各大学须建立学士课程质量转换的措施，在教学管理方针中加入有关学士课程教育项目、三大方针、全校教学管理机制的建设，课程体系的编制及促进 ICT 技术在教育领域中的运用，信息公开项目及说明等内容[9]。

二是促进学习成果的可视化与信息公开。在建立教学管理机制时，须准确把握有关学生学习成果和大学整体教育成果的信息，并在对教育活动进行调整时灵活运用。各大学要留意当地社会和产业界等外部声音和期待，积极履行说明责任，实现大学整体教育成果的可视化把握和公布大学教育质量提升的相关信息，并将有关学生学习成果和大学整体教育成果的可视化信息，以及教学措施实施情况等信息作为大学新的基本义务，并在教学管理指导方针中体现出来。须公布的学习成果和教育成果信息包括：学分的取得情况、学位的取得情况、学生的学习意愿、学生毕业后情况等。须公布的大学教育质量信息包括：入学者选拔情况、修业年限内毕业生比例、留级率、退学率、授课方法、授课计划等。在制定课程体系时，为实现对全校课程体系进行大研讨，须完善机制和强化管理，以确保毕业认定与学位授予方针与课程体系的整合性与系统性，并通过全国性的学生调查和大学调查，设置能够对这些信息进行整理和比较的一览化功能[10]。

三是优化教育质量保障体系。大学教育质量保障的第一要务是大学自身的努力，各大学不应该只关注“学位项目”层面的质量保障，而应该整体推进全校的质量保障。国家层面须进一步推进和支持旨在促进教学层面改革的教学管理机制的确立。有关大学设置基准，须发布解释性通知，以使定性规定解释明确化，并按照该解释实施设置申请、设置认可审查和认证评价。各大学在校长领导下基于三大方针系统性、有组织地开展大学教育，并按照统一的思考方式和标准进行检查和评价。为促进教育的实质性改善，文部大臣根据设置计划履行情况等调查中的问题事项及后续整改情况和认证评价结果，认定有违反相关法令的，将采取劝告、变更命令等措施[11]。

总之，经过几十年的探索和发展，日本高等教育质量评价日益成熟，为我国高等教育评价提供了可供借鉴的经验。一是在高等教育评价中应不断审视评价目标，着眼于整体而非局部，以确立大学整体的改革循环机制，推进大学教育质量转换，如改善大学评价基准、评价方法、促进评价结果运用等。二是不断充实评价基础，构建稳定的评价制度和稳健的评价程序，如提升认证评价机构的评价质量、强化评价与社会的关系、培养评价人才、提高评价效率等。三是注重高等教育与社会、政府、社区等的积极互动，强化与其他质量保障机制的协同发展，如与国家人才强国发展战略协同，以及认证评价机构间的协同、整体评价与单个领域评价间的协同等。

参考文献：

[1] 吴越．日本高等教育质量评价体系研究——基于评价模式的视角［J］．中国高教研究，2012（4）：43.

[2] 大学改革支援・学位授与機構．大学機関別認証評価実施大綱（2020 年 3 月改訂）［EB/OL］．https：//www. niad. ac. jp/media/006/202206/no6_ 1_ 1_ daigakutaikouR2. pdf.

[3]［6］［8］文部科学省．文部科学白書 2022［EB/OL］．https：//www. mext. go. jp/content/20230713-mxt_ soseisk02-000030936_ 11. pdf.

[4]［5］中央教育審議会大学分科会．認証評価制度の充実に向けて［EB/OL］．(2016－03－18)．https：//www. mext. go. jp/b_ menu/shingi/chukyo/chukyo4/houkoku/_ _ icsFiles/afieldfile/2016/03/25/1368868_ 01. pdf.

[7] 文部科学省高等教育局高等教育企画課．認証評価制度について（報告）［EB/OL］．(2020－08－24)．https：//www. mext. go. jp/content/20200902－mxt_ sigakugy－000009734_ 2. pdf.

[9] [10] [11] 中央教育審議会 . 2040 年に向けた高等教育のグランドデザイン [EB/OL]. (2018-11-26). https: //www. mext. go. jp/content/20200312-mxt_ koutou01-100006282_ 1. pdf.

Study on Quality Evaluation of Higher Education in Japan

Fu Mingqiu, Zeng Tan and Dong Simeng

Abstract: By exploring the development history of Japan's higher education quality evaluation system, its procedures and contents, significant progress, and development trends of Japan's higher education quality evaluation, this paper points out that the quality evaluation of Japan's higher education is based on the evaluation model of " multi-collaboration " and " internal and external integration" . The establishment, implementation, and adjustment of Japan's higher education quality evaluation mechanism can help universities improve their educational research activities based on periodic evaluation processes and results, dynamically refine and adjust evaluation indexes, promote the continuous optimization and maturity of Japan's higher education evaluation system, and ultimately enhance the overall level of national higher education. These measures and experiences of Japan serve important references for China to improve the quality evaluation system of higher education, promote high-quality development of higher education, and build a strong higher education country.

Keywords: Japan; Higher Education; Quality Evaluation

斯里兰卡高等教育评价研究报告

雷　勇　黄　绚*

摘　要：为了研究斯里兰卡高等教育评价情况，本文在简要介绍斯里兰卡高等教育基础之上，借助文献研究方法，系统梳理了2017年以来斯里兰卡对国立大学开展高等教育评估的基本做法。研究发现：斯里兰卡对国立大学开展高等教育评估是在高等教育部和大学教育资助委员会的领导下，制订斯里兰卡大学质量保证手册等评估标准，由高等教育质量保证委员会具体负责实施。在高等教育研究评估方案中，引入以学生为中心的学习和基于结果的教育理念，采取外部评估与内部评估两种评估方式。外部评估属于国家行为，由高等教育质量保证委员会负责安排，主要体现为对国立大学的机构审查和学科评估等，具有评价标准的统一性和评价结果的权威性，是获得国家资格认证的前提；内部评估则属于国立大学内部的行为，由大学自行组织安排，同时为外部评估奠定基础。斯里兰卡高等教育评估遵循相关法律法规，具有自身特点，质量保障体系有其优点和局限，也面临诸多新挑战。本文基于研究成果，提出若干主要建议，这对于促进我国高等教育评价现代化有借鉴意义。

* 雷勇，重庆师范大学教授，博士；黄绚，重庆师范大学讲师，硕士。

关键词： 斯里兰卡　高等教育评估　大学拨款委员会
外部评估与内部评估

斯里兰卡的高等教育以古代佛教僧侣培训中心为基础发展而来，1870 年成立锡兰医学院，开始了现代高等教育，1921 年起建立现代大学系统，更名为锡兰大学学院，后于 1942 年升格为锡兰大学[1]。目前，斯里兰卡已有 20 所在南亚地区较有影响力的高等教育机构。

斯里兰卡的高等教育机构主要包括三种类型：一是高等教育部（Ministry of Higher Education，MHE）和大学拨款委员会（又称大学教育资助委员会，教资委）（The University Grants Commission，UGC）管辖下的高等教育机构；二是其他政府部门管辖下的高等教育机构；三是私立高等教育机构。高等教育部和大学拨款委员会下辖的科伦坡大学等 17 所国立大学，是斯里兰卡高等教育的主体。本文所论斯里兰卡高等教育评价，就是高等教育部和大学拨款委员会针对这 17 所国立大学开展的高等教育质量评估。

一　斯里兰卡高等教育评价概况

斯里兰卡高等教育部和大学拨款委员会与学术界、工商界和其他主要利益相关者联系密切，共同寻求将高等教育系统提升到理想水平。高等教育部侧重于加强体制框架建设，大学拨款委员会负责质量评估，并于 2005 年设立质量保证和认证委员会（Quality Assurance and Accreditation Council，QAAC），2016 年更名为质量保证委员会（Quality Assurance Council，QAC）[2]。斯里兰卡高等教育质量保证委员会作为一个负责维持公立大学和研究机构学术水平的专门机构，致力于加强和提高大学拨款委员会下属国立大学的教育质量。它还明确规定了国家高等教育机构的院系、学位课程需要开展的主要质量保证活动[3]。

二 斯里兰卡高等教育评价重要进展

（一）斯里兰卡高等教育评价意义

2013 年以来，斯里兰卡高等教育领域的一个重要特征是国立高等教育机构数量的激增。与过去不同，大学不仅仅局限于本科课程，除了扩大所有学科的本科生规模之外，还推出了许多新的学位课程，研究生数量和证书课程也大幅增加，但大学的基础设施和人力资源都显得缺乏，特别是合格的教师明显不足，大学教育质量与水平难以得到有效保障。所有这些问题，都构成了高等教育部和大学教育资助委员会大力推行质量保证和认证议程的前提。由于高等教育质量保证与高等教育发展需求相一致，斯里兰卡高等教育评价成为势在必行的重要举措。

（二）斯里兰卡高等教育评价措施与方式

1. 搭建机构与框架，完善评估质量保障

质量保证委员会主要负责执行《斯里兰卡大学和高等教育机构审查手册》（2015 年 4 月出版）和《斯里兰卡大学本科学习计划审查手册》（2015 年 12 月出版）规定的高等教育机构外部审查。根据这两个手册，2016~2018 年已经进行了 7 次机构审查和 100 多次项目审查。

2017 年以来实施的质量保证评估，是在 2016 年教资委和质量保证委员会所共同制定的国家评审标准框架下进行的，此国家审查标准比较成熟，具有指导性、连续性和可操作性。斯里兰卡高等教育的质量保证框架由学科标杆（Subject Benchmarking）、实务守则（Academic Accountability）、学术责任（Academic Accountability）三个部分组成[4]。

学科标杆作为一种政策手段，旨在规范与提高学科与学术标准水平。学科标杆提供了若干参考点，以显示学科的主要特征、预期学习成果以及从成果中得出的标准如何与学科领域认为合适的内容相关联。涵盖 38 个学

科：会计、农业、建筑、考古学、植物学、土木工程、化学、化学与工艺工程、牙科、电气工程、教育、经济学、电子、英语、美术、食品科学与技术、林业、地理、历史、信息技术、本土医学、新闻与传播研究、语言研究、图书馆与信息科学、牲畜、管理、数学与统计、机械工程、医学、微生物学、巴利语与佛教研究、表演艺术、哲学、物理、政治学、僧伽罗语、兽医学与动物科学和动物学。

实务守则通过两个手册来体现：一是《质量保证手册》（后更名为《审查手册》），二是《学术程序手册》，它们构成斯里兰卡高等教育制定和实施的质量保证体系，是质量保证审查评估中使用的两本实务手册。2002 年 7 月出版的《质量保证手册》由英国质量保证委员会协助编写，世界银行提高本科生教育的相关性和质量（Improving Relevance and Quality of Undergraduate Education，IRQUE）和高等教育部 21 世纪高等教育（Higher Education for the Twenty First Century，HETFC）项目资助，经过大学校长及董事委员会（Committee of Vice - Chancellors & Directors，CVCD）和大学拨款委员会认定通过。第一轮机构和学科审查在 2004 年至 2013 年进行，使用的是原始手册《2002 年斯里兰卡大学质量保证手册》。之后，在修订手册的过程中，高等教育部提议在高等教育研究方案中引入以学生为中心的学习（SCL）和基于结果的教育（OBE）概念。高等教育部的世界银行 HETFC 分行也有一项任务是将高等教育部门的规范制度化，质量保证是其中的一项主要活动。因此，HETFC 为修订和更新质量保证手册提供了财政和技术援助，形成了 2015 年 4 月新的手册《斯里兰卡大学和高等教育机构审查手册》（Manual for Institutional Review of Sri Lankan Universities and Higher Education Institutions）。而《学术程序手册》（the Academic Procedures Handbook）涵盖学术标准和教育质量标准，为所有大学提供审查考核参考点。这些标准在实践中得到了大学和其他团体的认可，也有利于人才培养。这些标准具有动态性，会随着时间的推移而增加，反映大学和国家的发展。《学术程序手册》涉及 11 个守则：《学生评估实务守则》《职业指导实务守则》《外部评估员实务守则》《研究生研究项目实务守则》《计划批准、监督和审查实务守则》《学生支持和指导实务守则》《员工发展实务守则》《学生反馈实务守则》《同行观察实务守则》《外部学位实务守则》《斯里兰卡大学系统学术人员学术责任守则》。

学术责任包括大学教师道德、职业道德、大学教学中的道德原则、研究中的道德原则、学术自由和责任、工作量和工作规范，在大学教育资助委员会2015年4月9日举行的第914次会议上获得通过。

2. 外部评估和内部评估相结合，凸显外部评估权威性与内部评估常态化

在评价方式上，质量保证委员会主要通过外部评估（机构审查，Institutional Review，IR）和内部评估（机构内部质量评估，Internal Qaulity Assurance，IQA）组织实施[5]。外部评估在教资委和质量保证委员会领导下组织实施，其评估标准、程序与评价结论更具有权威性，同时也是大学各项标准得到国家认证的依据，对大学与机构乃至国家高等教育质量水平影响巨大。因此，外部评估（机构审查）是公立大学质量评价审查考核的重点。

机构审查用于分析和测试机构管理、学术活动质量与流程的有效性，重视大学等机构在质量和标准方面的权利和责任，关注大学如何向公众保证设定的质量和标准正在实现。机构审查的目的在于：一是通过透明的评估过程，促进机构在内部和外部维护标准上的能力与信心；二是通过外部审查，公开报告机构达到的质量和标准情况，实现问责制；三是提供有关机构的标准和质量的系统、清晰和可访问的信息，以便为潜在的学生、雇主、资助机构和其他用户的选择和决定提供信息；四是通过同行评审、良好实践以及鼓励创新，积极使用国家和国际标准实现共享，促进改进与优化。

机构审查关注点有以下几个方面[6]：大学目标和规划、财务资源与管理、研究工作、质量管理与行政管理、质量保证、学习资源和学生支持、外部学位课程、大学/行业/社区/其他推广活动、通过外部审查和公开报告机构自身关注质量和标准的情况，以及为改进和响应反馈而采取的行动，实现问责。机构审查基本程序是：机构提交《自评报告》（Self Evaluation Report，SER）→质量保证委员会→大学教育资助委员会委任的审稿人分析报告→质量保证委员会审查访问→形成评价报告→指导机构行动计划。机构审查按照 10 项评估标准进行打分[7]，总分为 1000 分，最后得分折合成百分制。获得 80 分及以上的得“A”，表示“非常好”；70～79 分得“B”，表示“良好”；60～69 分得“C”，表示“满意”；60 分以下得“D”，表示“不满意”（见表 1）。

表 1　机构审查评估标准及各个标准的权重分配

序号	评估标准	权重分配(分)
1	治理和管理(Governance and Management)	180/1000
2	课程设计和开发(Curriculum Design and Development)	120/1000
3	教与学(Teaching and Learning)	100/1000
4	学习资源、学生支持和连续性(Learning Resources, Student Support and Progression)	80/1000
5	学生评估和奖励(Student Assessment and Awards)	100/1000
6	工作人员的实力和素质(Strength and Quality of Staff)	100/1000
7	研究生学习、研究、创新和商业化(Postgraduate Studies, Research, Innovation and Commercialization)	100/1000
8	社区参与、咨询和外展服务及扩大服务范围(Community Engagement, Consultancy and Outreach)	60/1000
9	远程教育(Distance Education)	40/1000
10	质量保证(Quality Assurance)	120/1000

资料来源：HETFC & UGC. Manual for Institutional Review of Sri Lankan Universities and Higher Education Institutions [R]. 2015.

考察点一　治理和管理。制定政策、法规、细则和程序，将这些程序和做法制度化。设立行政机构和法定机构，如学院董事会、大学评议会、大学理事会和理事会下属委员会，如财务委员会、审计和管理委员会，是大学治理体系中的重要行为者。参与确保大学治理的角色包括校长办公室的所有行政层、学院院长、各系和行政办公室的负责人，如注册官、财务处、学监、副注册官、高级助理注册官、图书馆员和学生福利主任等。录取和注册程序、评分制度、绩效评估、公平性和透明度，以及财务管理，为大学的总体良好治理树立榜样。建立了治理和管理制度。运作中的组织结构符合大学的实际情况。明确的愿景和使命。遵循斯里兰卡大学资格框架（SLQF）、学科基准声明（SBS）和行为守则（COP）。提交年度报告与计划。透明的制度。有运行中的管理信息系统，这是维持高效运行和有效治理的关键。大学为学生、非学术人员和学术人员提供福利设施。制度化的员工绩效考核制度和奖励制度。学术人员和非学术人员分别进行年度绩效评估。大学确保学术诚实和正直，以及管理利益冲突和道德规范。设立申诉委员会。促进性别公平与平等。学生对学习计划、学习资源、公共设施和咨询服务等的满意度。毕业生就业能力。

考察点二　课程设计和开发。所有学位课程都是在需求分析的基础上制定，其中包括与行业的联系、对国家优先事项的审查、专业机构的意见、对研究领域最新发展和实践的反思。课程修订多方参与完成。采用规定的教学大纲设计课程。课程内容、教学方法以及评估策略遵循《QACC准则》。有课程批准、监督和审查的规定与时间表。学位课程修订符合质量保证要求。所有课程按照 SLQF 规定要求开发。有学位课程单独手册。非常具体的学位课程就业机会。学位课程/学科就业能力的定期评估。

考察点三　教与学。符合大学的愿景和使命。教与学必须以学生为中心，符合基于结果的教育（OBE）理念。有教学质量评估机制。重视学生反馈。大学可取的做法，如使用基于网络的教学和学习。课程结合新成果更新。保留学生实习或工业培训日志。实验室设备齐全、维护好，教室标准高。学生反馈及时分析。课程监测、教学大纲修订等记录在案。考勤表、学生签名、考试等文件妥善保存。

考察点四　学习资源、学生支持和连续性。图书馆组织良好，环境舒适。学生宿舍设施齐全，维护良好。学生食堂齐全、运营良好。医疗、安保和维修保障等及时到位。学生生活费用是否存在额外的负担。关注边缘化的学生，并提供额外支持。学生手册基本信息齐全。图书馆的开放时间满足学生需要。有学生学籍数据记录。定期调查毕业生就业和反馈情况。

考察点五　学生评估和奖励。大学遵循章程评估学生。用明确、公平和透明的方式评估和奖励学生，同时确保结果保密性和完整性。学生知晓评价标准。及时公布考试和评估结果。编写课程计划。遵循学科专业标准。学生成绩包括终结性评估和形成性评估。坚持学生成绩评估的公平性、透明度、一致性和可持续性。考试程序严格、公平和透明。教学人员非常熟悉考试规程。定期修订课程、定期审查和修订学生评估标准。研究生评估标准应有抄袭检测。有关于学分转换的政策和法规。

考察点六　工作人员的实力和素质。有足够多的高级学术职位。大学招聘合格人员，并进行高等教育培训。有指导新聘人员的结构化系统。技术技能和工作态度。师生比例符合标准。有明确的员工培训和职业发展政策。提供大学研究资金、鼓励申请外部资金、发展与国家和国际机构的研究合作、更新实验室设施、提供旅费参加科研以及传承大学研究文化，促进高端学术人员的职业发展。理解成员的工作角色和职责。公平分配工作量。通过评估工作表现，衡量个人贡献并奖励优点/纠正缺点。非学术人员也纳入工作量计算、业绩评估和奖励计划。制订工作分配和评估细则。设立人员申诉机制。

考察点七　研究生学习、研究、创新和商业化。开设研究生学位课程。建立设备良好的研究实验室。大学设有研究委员会。研究生学位相关规则和条例符合 SLQF。确保研究生课程的质量和效率；设立研究生院（FGS），下设相关委员会。建立从硕士到博士的机制。制订关于剽窃和高质量研究与出版的相关政策。构建与优化研究经费分配机制。研究和创新成果商业化，以加强大学社会责任。鼓励调查研究区域问题。利用大学资源，服务地方教育和培训需求。大学制定和修订研究政策，为国家和地方经济服务。学生配发《高等学位手册》等。研究政策、道德委员会文件、知识产权政策、大学—企业合作（UBL）章程制订与修改。在大学或院系一级，出台针对剽窃和高质量出版物的政策文件。履行大学社会责任，在创新和创造性活动中起带头作用。

考察点八　社区参与、咨询和外展服务及扩大服务范围。大学有许多加强社区活动的谅解备忘录。有关于社区参与、咨询和外联方案的政策文件，并促进大学与社区互动，特别关注政策实施。开展教师小组咨询服务。为商业化的创新取得专利。大学课程匹配行业需求。外部行业专家参与课程评估。开展离职调查和毕业生属性调查。经常实地考察实习活动。学生项目/作业可以立足行业现实问题，在实地考察中确定。学术研究应结合行业或社区关注领域开展研究，而不是仅仅为了出版和推广。专业计划/课程需要相关政策和程序。鼓励学生学习实践知识和技能。与专业机构建立稳定关系。更多学者和学生参与社区推广活动。

考察点九　远程教育。成立开放和远程学习中心（CODL）。推出远程教育文凭课程。提供必要的教育师资。提供关于课程讲授和评估的详细信息。远程学习设施，如虚拟学习环境（VLE），有效用于本科生课程学习。定期举办短期课程。机构（如管理委员会、研究委员会等）安排制度化。

考察点十　质量保证。质量保证纳入大学战略计划。建立质量保证体系。成立质量保证机构，并配有足够的人员和办公室设施。主动引入质量保证（QA）相关活动并定期研究与记录。质量保证活动包括研讨会、讲习班、学术人员培训等。清楚了解教资委在质量保证方面的角色、责任和活动。正确认识斯里兰卡大学资格框架和质量保证的有关要求。质量保证规程符合大学职能和愿望。教学和学习过程的正规化，包括评估标准与评分办法。大学改善基础设施，利用信息通信技术（ICT），确保学生的教育质量。

从 2017 年开始，质量保证委员会先后对 15 所国立大学进行机构审查[8]。以 2019 年为例，可以看出大学机构审查的基本工作程序（见表 2）。

表 2 大学机构审查程序（2019 年）

序号	时间安排	工作内容
1	2018 年 10 月	接收意向书
2	2018 年 12 月至 2019 年 1 月	工作准备
3	2019 年 2 月	大学教资委任命审查员
4	2019 年 3~9 月	QAC 安排人员交通与住宿
5	2019 年 3 月	接收相关大学付款
6	2019 年 3 月	QAC 接收大学《自评报告》
7	2019 年 4 月	安排审查员预备会议，提交《自评报告》
8	2019 年 4 月	审查员分析报告
9	2019 年 5 月	QAC 接收分析报告
10	2019 年 6 月	请求大学提供《自评报告》补充信息
11	2019 年 6 月	审查员第一次团队会议
12	2019 年 7~10 月	审查访问
13	2019 年 8~11 月	给 QAC 的主要调查结果信
14	2019 年 8~11 月	向 QAC 提交《审查报告》草稿并寄给大学
15	2019 年 9~12 月	大学提交评论《审查报告》草案
16	2019 年 9~12 月	公布《审查报告》
17	2020 年 4 月	大学发布整改行动计划

资料来源：https：//www. eugc. ac. lk/qac/。

内部评估以自我评估的形式进行，审查考核大学自身的教育质量执行力。为了支持可持续的质量提升，基于对自身计划的自我审查和优势、劣势、机会、威胁（SWOT）分析，从而实现持续的自我完善。内部评估的主要目标是提供优质教育，并为外部评估做准备。内部评估考察 14 个方面：提供优质教育、为外部评估做准备、协调大学内所有与质量保证相关的活动、与教资会/质量保证委员会和其他外部质量保证机构联络、实施质量保证审查/审计并实施后续行动、编制大学自我评估报告、为大学准备质量保证指南、向所有院系提供质量保证建议、监督和指导教师水平的质量保证活动、为员工组织质量保证计划、将质量保证方面纳入工作计划、确定良好做法并与其他部门分享、手册修订（如学术规程、设备手册、实验室手册等）、确保大学教职员工遵守相关学术规定。

内部评估遵循大学治理体系。校长是大学的首席执行官，根据 1978 年第 16 号《大学法》建立的机构等级管理大学。理事会是最高行政机构，而参议院是学术事务的最高权力机构，该法案还设立了学院、学院委员会和内部管理部门。

国立大学根据大学教育资助委员会通告（第 04/2015 号）要求，设立内部质量保证机构——质量保证中心（CQA），负责承担大学自身内部质量保证评估，内部评估质量标准与程序参照国家有关外部评估的质量标准与程序进行。2015 年 2 月，15 所国立大学都成立了质量保证中心，各中心负责人是在各大学校长推荐下任命的。比如，科伦坡大学质量保证中心（前身为内部质量保证部）于 2010 年在时任科伦坡大学校长高级教授 Kshanika Hirimburegama 的批准下成立。中心的任务是成为确保和提高大学教学、学习、评估、研究和学术治理质量的基准制定者，以透明度、问责制和反思性变革教育[9]。

在斯里兰卡高等教育评估中，内部评估与外部评估这两种评估方式都会采用项目审查（Programme Review，PR）和学科审查（Subject Review，SR）的方式。

3. 项目审查学习课程，关注学生学习质量

与机构审查以大学为对象，着眼于分析和测试大学管理和保证大学学术活动质量的有效性不同，项目审查的评审对象主要是课程，是评估学生在课程层面的学习质量，而不是机构一级。

项目审查用于评估学习项目满足学习者和其他受益人要求的程度，评估管理和确保学习计划质量、学生学习经验和学习计划奖励标准流程的有效性。项目审查提供有关课程与大学的标准和质量信息，以便为潜在学生、管理机构、资助机构和其他用户的选择和决定提供信息。让公众相信其学习计划的质量和标准正在实现和保持，确保大学为高质量学习课程提供合适的环境。更深入地评估项目层面的学生学习质量，重点关注课程体系、单一课程和模块的规划和使用，以及更详细的学生支持和评估。项目审查涉及 8 项标准，总分为 1000 分，最后再将总得分转化为百分制。项目审查获得 80 分及以上的得“A”，表示“非常好”；70~79 分得“B”，表示“良好”；60~69 分得“C”，表示“满意”；60 分以下得“D”，表示“不满意”。比如，科伦坡大学 2017 年文学院 A 组学士学位课程项目审查整体表现的评分为 80 分，得“A”，表示“非常好”；佩拉德尼亚大学 2017 年文学院古典语言和文化学士学位课程进行审查评估，阿拉伯研究等 6 个学位课程的总成绩为 63.9 分，表示“满意”（见表 3）。

表 3　项目审查的 8 项标准及其权重分配

序号	评估标准	权重分配（分）
1	项目管理（Programme Management）	150/1000
2	程序设计与开发（Programme Design and Development）	100/1000
3	人力和物力资源（Human and Physical Resources）	150/1000
4	课程/模块设计和开发（Course/Module Design and Development）	150/1000
5	教与学（Teaching and Learning）	150/1000
6	学习环境与学生支持和升学（Learning Environment，Student Support and Progression）	100/1000
7	学生评估和奖励（Student Assessment and Awards）	150/1000
8	创新和健康的做法（Innovative and Healthy Practice）	50/1000

资料来源：https：//www.eugc.ac.lk/qac/。

4. 学科审查院系标准，评估部门教育质量

学科审查用于评估研究部门的教育质量，旨在评估本科和研究生科目的质量。它侧重于学生学习体验的质量和学生的成绩，根据 8 个标准进行评审，在对每个方面做出判断时，审核人员可以选择“好”“满意”“不满意”三个选项之一。只有通过审查考核的大学或教育机构才可以申请国家资格认证。

学科评审的主要特点：一是同行评审；二是由提供科目的学术人员进行分析性自我评估；三是针对自我评估中包含的目标和预期的学生学习成果进行审查；四是有 3 天回访；五是综合判断，报告简洁。

表 4 学科审查的标准[10]

序号	审查标准
1	课程设计、内容与检讨(Curriculum design content and review)
2	教学、学习和评估方法(Teaching, learning and assessment methods)
3	学生素质,包括学生进步和成就(Quality of students including students' progress and achievements)
4	学生反馈的程度-定性和定量(The extent of students feedback-qualitative and quantitative)
5	研究生学习(Postgraduate Studies)
6	同行观察(Peer observation)
7	技能发展(Skills Development)
8	学术指导和咨询(Academic guidance and counselling)

资料来源：https：//www. eugc. ac. lk/qac/。

截至 2022 年底，已经对斯里贾亚瓦德纳布拉大学、拉贾拉塔大学、瓦扬巴大学、贾夫纳大学等 13 所国立大学的植物学、化学、食品科技、林业与环境科学、数学、物理、会计与金融、商业管理、保险与估价、应用营养、旅游与酒店管理等 255 个学科专业进行了学科审查。

5. 资格认证外部评估，把好国家质量标准

资格认证是一种质量保证程序，根据这一程序，机构和项目的服务和运作由一个外部机构进行评估，以确定是否达到适用的标准。如果达到标准，则由外部机构授予该机构/项目经过认可的地位。

大学教育资助委员会和质量保证委员会共同制订了高等教育资格标准——斯里兰卡资格框架（Sri Lanka Qualification Framework，SLQF）[11]，旨在通过承认和认证不同机构提供的资格，来提高高等教育和培训的质量。它确定了斯里兰卡整个高等教育部门提供的资格证书的不同级别，有助于解释资格和判断资格的相对价值。斯里兰卡资格框架第一版由高等教育部（MoHE）于 2012 年发布，2015 年进行了修订和更新，之后得到全面执行。

资格框架结合了学校、职业教育和高等教育部门规定，确定了不同资格证书持有者应具备的广泛能力水平，以及每种资格的最低入学要求和可能的升学途径。资格框架认可正规中等教育后取得的成果，整合高等教育和职业教育委员会（TVEC）制定的国家职业资格框架（NVQF），并为承认先前学习和学分转移提供基础，有助于确定职业教育和高等教育部门之间横向流动的灵活途径。资格框架明确规定获得更高资格的途径，有助于高等教育的纵向流动，并通过确定获得不同资格的机会来鼓励终身学习。通过认可有助于国民经济发展的工作经验，可以鼓励高质量的职业教育和培训。此外，资格框架也有助于开放学习和工作机会。因此，资格框架能够促进斯里兰卡高等教育系统的录取和升学。资格框架还促进国际对斯里兰卡提供的资格的认可，并帮助评估从海外机构获得的资格，为加强斯里兰卡高等教育部门的质量保证机制做出了重大贡献。

资格框架主要特征有：一是通过认证提高高等教育和培训质量；二是解释资格并判断资格的相对价值；三是使学习者能够做出明智的决定；四是确定获得更高资格的途径。

资格框架明确规定了认证范围：仅限于教资委旗下的17所大学目前授予的资格，因为教资委的权限仅限于这些高等教育机构，这些大学可以进行资格框架级别的任何资格认证（见表5）。

表5　资格框架级别认证程序

认证进程	工作内容
第一阶段	大学同时提交一个学院的所有申请，以获得一个学院提供的所有课程的教资委认证/等效证明
第二阶段	每个申请都由SLQF认证委员会单独考虑
第三阶段	必要时通过现场访问验证合规性。实地考察将为验证资格框架认证申请中声明的支持证据提供机会，并会见利益相关者
第四阶段	资格框架认证委员会向教资委推荐
第五阶段	教资委正式认可认证委员会的建议（最终建议可能是两个选项之一：证明完全符合指定级别的要求或者不推荐认证；应在对程序进行大量修改后提交新的申请；学院可以通过提交新的申请来对该决定提出上诉。认证的有效期将从大学理事会或教资委批准资格框架合规计划之日起，直至下一个审核周期重新认证）
第六阶段	认证委员会向大学颁发证书，教资委通过网站数据库向公众公布

资料来源：https：//www. eugc. ac. lk/qac/。

6. 国家发布《高等教育年度业绩报告》，助力大学依法行政

为了加强国家对高等教育质量的管理，自 2017 年以来，高等教育部每年发布《高等教育年度业绩报告》。比如，高等教育部在 2022 年发布了《高等教育年度业绩报告 2021》[12]。报告涉及的对象有 17 所国立大学（16 所传统大学和斯里兰卡开放大学）和 19 所高等教育机构（直接受大学拨款委员会监督）；斯里兰卡比丘大学、斯里兰卡佛教和巴利文大学、斯里兰卡高级技术教育学院，以及授予特定学位的 24 所公办学院。与大学有关的年度行政报告、大学基本建设项目、校长（副校长）等主要人员变动、院系设置与变化、研究生与本科生国外教育奖学金计划、财务执行情况、绩效指标、大学国际交流合作协议（谅解备忘录）等都被列入年度业绩报告之中。绩效指标是实际产出占预期产出的百分比（%），有三个等级（100%~90%、75%~89%、50%~74%）。具体指标有三个方面：一是毕业生就业能力，二是高等教育系统的学生入学率，三是大学世界排名。

总之，斯里兰卡高等教育评价措施与方式构成了大学质量保障体系，在维系斯里兰卡国立大学质量标准、提升办学质量与水平、促进可持续发展等方面无疑发挥了重要的作用。通过上述分析发现，优点主要有以下几点：一是多层次的评估。斯里兰卡高等教育采用了多层次的评估机制，确保全面而综合地评估教育质量。二是独立的质量保障机构。这种独立性有助于确保评估的客观性和公正性。三是提升教育质量。质量保障体系的存在，促使了高等教育机构不断改进和提升教育质量。四是学位认可和国际认可。通过质量保障机制的认证，斯里兰卡高等教育机构和学位获得更多的国内和国际认可，从而提高了学生的就业竞争力，增加了学术合作交流的机会。

局限主要有以下几点：一是在质量保障体系中，标准和指标的绝对统一性可能存在一定程度的不足。不同的机构可能更适合采用不同的评估标准，导致对评估结果的可比性和公正性有所影响。二是资源和技术支持不足，会影响其开展有效的质量保障工作。三是评估过程的复杂性，导致需要大学投入大量时间、人力和资金来准备和完成评估工作。

（三）斯里兰卡开展高等教育评估改革、特点与效应

1. 评估改革

自 2017 年以来，斯里兰卡高等教育评价领域已经进行了一些体制机制改革，主要体现在以下几方面：

第一，建立绩效评估体系。为了维持和提高公立高等教育系统的标准，斯里兰卡建立了一个充满活力的质量保证和学术与行政职能认证治理机制。在大学教育资助委员会、质量保证和认证委员会负责下，斯里兰卡建立了绩效评估体系，用于评估高等教育机构、教师和学生的表现。这样的体系有助于确保提高教育质量和学术标准，并鼓励高等教育机构和个人不断改进和创新。

第二，强调学习成果导向。体制机制改革致力于将教育评价，从仅仅基于考试成绩的评估，转变为更加综合和多样化的评估方式。重点放在学生的学习成果和能力发展上，例如项目作业、实践经验、创新能力和社会责任等方面。

第三，鼓励自主评估，助力质量保证。鼓励高等教育机构进行自主评估和质量保证，以确保其教学、研究和管理等方面的质量。这应该包括建立内部质量保证机制、设立教育质量评估委员会、开展对教育质量的内外部评估等。

第四，健全学分体系。斯里兰卡已经引入了学分体系，用于评估和认可学生完成的课程和学习成果。学分体系可以促进学生的学习可迁移性和灵活性，同时未来也有助于高等教育机构之间学分转移和认可。

2. 评估特点

第一，斯里兰卡高等教育评估具有统一性。斯里兰卡政府非常重视高等教育评价，成立专门的国家统一机构，立法建章，依法办事，统揽全国高等教育的重大事项。比如高等教育部、大学教育资助委员会，以及独立的质量保证和认证委员会。大学教育资助委员会是大学管理架构的最高组织，也是高等教育部和国内大学之间的主要纽带。根据《大学法》的规

定，政府通过大学资助委员会使大学遵守国家政策，按照资助委员会的规定与要求规划、协调与维持学术标准、资金分配、管理条例、学生入学等。在学位授予上顺应时代发展。1999 年之前的《大学法》规定，斯里兰卡只允许国立大学授予本科学位；随着《大学法》的修订，学位授予更具灵活性与开放性，近年来斯里兰卡信息技术学院等机构被获准授予学位。

第二，斯里兰卡高等教育评估具有规范性与可操作性。斯里兰卡的 17 所国立大学的质量保证统一由质量保证和认证委员会负责监督与评估。质量保证和认证委员会作为相对独立的机构，受大学资助委员会的监督，按照大学资助委员会制定的教育质量标准体系，对所有国立大学进行机构审查评估，所采用的评估程序、评估内容、评估标准、评估方法、评估技术等都是相同的，属于“一把尺子量到底”。这种评估规范且可操作，是针对国立大学作为机构一级实施的，属于外部审查评估，也是最重要的评估手段，对国立大学基础设施、师资力量、教学科研、人才培养、办学水平、办学质量、社会声誉、未来发展等影响巨大。

第三，大学内部评估具有自主性。国立大学根据大学资助委员会的要求，内部设立有关质量保障中心等机构，以协调质量保证委员会的活动，并承担配合关于内部评估的相关工作，促进大学教学、科研、学习、评估、研究、学术治理等方面的质量提升。

第四，机构审查和项目审查的评价标准具有相似性。与机构审查针对大学一级不同，项目审查针对大学课程，评估学生在课程学习中的质量与成效情况。虽然评估对象更为具体，评价标准有所侧重，但是评估的流程、计算方法、评价结果和等级标准等与机构审查相比较，具有很大的相似性。

第五，学科评估具有全面性。学科评估同样针对大学内部而言，是对本科与研究生学科专业质量与水平的检验。由于学科专业是人才培养和科学研究的主要载体，也是体现国立大学本身办学特色和办学水平的重要指标，因此，几乎所有的国立大学各个学科专业，都进行了学科评估。

第六，资格认证具有权威性。资格认证是对高等教育机构和课程、学科专业等学术项目的官方认可，是机构或者项目达到了预期标准和质量的证明。同时，认证也体现国家权威，是对国家所有高等教育机构标准和质量的认可。

3. 评估效应

作为斯里兰卡大学系统的最高机构，大学教育资助委员会扮演着极其重要的角色，决定着斯里兰卡高等教育的发展方向、整体规划、质量保证、学生招录与经费划拨等重大事项，笃定四个核心价值观——诚信、承诺、尊重、忠诚[13]。大学教育资助委员会是斯里兰卡高等教育质量保证与评估国家层面的领导者与指挥者，在大学教育资助委员会领导与监督下，大学质量保证委员会具体组织实施，对斯里兰卡17所国立大学开展高等教育质量评估。

斯里兰卡高等教育的机构评估、项目评估、学科评估等，虽然不尽完美，但是评估结果无疑可以为国家教育管理部门和大学资助委员会等专门机构制定政策和规划提供真实而权威的依据，也可以作为公立大学机构一级，以及其内部二级单位谋求可持续发展和提升质量的重要指针。具体而言，评估结果可能会产生以下效果。

第一，提升学校声誉。通过参与评估和取得良好的评估结果，可以提升大学与学科的学术声誉和知名度。这有助于吸引更多优秀的学生和教师加入，同时也为大学与学科在国内外的合作和交流提供更好的基础。

第二，改进办学质量。评估结果可以帮助大学识别和改进存在的问题和不足。通过高水平专家团队评估反馈和建议，大学可以制定和实施改进计划，提高教学质量、研究水平和学术管理能力。学科评估的结果可以帮助学校了解学科的教学质量、研究水平和发展方向，学校可以制定改进计划，提升学科的质量和水平。课程评估的结果可以提供有关课程内容的反馈和建议，学校和教师可以根据评估结果，及时更新课程内容，确保课程与行业和学科的最新发展保持同步，从而提高课程的质量和效果。

第三，获得资金支持。评估结果对于大学和学科获取额外的资金和资源支持具有重要意义。政府和其他机构可能会将资金和资源更多地投入那些通过评估认证的大学和学科，以促进其发展和提升整体教育水平。

第四，提升学生满意度。通过评估，学校和教师可以更好地了解学生对学校管理服务、学科专业、课程的需求和期望。针对评估结果，学校和教师可以采取有效措施改进工作，提高学生的满意度和参与度。

第五，学位认可和学生就业。评估认证可以增强大学和学科所颁发学位的认可度，有助于提高学生的就业竞争力，使他们更容易在国内和国际就业市场上获得工作机会。

第六，对外合作与交流。评估认证的大学和学科通常更容易得到其他机构和国际伙伴的信任和青睐，这为学术合作、研究项目和学生交流提供了更多机会和资源。

当然，评估也是一把双刃剑，一旦评估结果不理想，也会对大学、学科专业、课程等带来负面影响。因此，对于评估结果的社会化，还需要慎重对待。

三 斯里兰卡高等教育评价发展的挑战与建议

面对未来，斯里兰卡需要不断优化质量保障体系，以适应时代发展的新要求。

（一）未来挑战

根据斯里兰卡《国家高等教育政策建议》[14]（斯里兰卡国家教育委员会，2019）中所提到的未来挑战与发展趋势，应重点关注以下方面。

《国家高等教育政策建议》认为质量保证的实施是高等教育最近最具决定性的变革，课程、教学过程、大学评估、教师的素质、研究和创新以及遵守国家和国际规范等方面被视为质量保证的关键领域。

2017 年以来，斯里兰卡的高等教育系统已经进入了一个重要阶段，也面临着新的挑战。这些挑战来自内部和外部两个方面。内部挑战来自斯里兰卡自身，其高等教育系统一直处于应对矛盾压力的状况，如大学教育和就业之间日益增多的不匹配现象，以及扩大高等教育机会的社会需求和公立大学系统在能力和资源方面的局限性之间的矛盾等。外部挑战来自经济全球化背景下出现的因素，各国教育的目标和性质正在经历重新构建。当前教育政策改革的全球趋势与以市场为中心的经济重建密切相关，斯里兰卡的高等教育政策改革无疑也需要融入这种全球趋势。

为应对全球经济新动态与技术革命新变化，政府一直在鼓励各大学建立新的医学、工程、技术和护理学院，以满足以职业为导向的学位日益增长的需求。同时，国立大学不再是斯里兰卡高等教育的唯一提供者。私立高等教育机构的数量正在增加，入学人数不断增长。国立与私立大学扩大本科教育规模引起了两个紧迫的问题：教育和培训的质量，以及为越来越多的毕业生提供就业的能力。

为了应对这些问题，高等教育部和大学拨款委员会一直在进行改革，提高本科教育的质量和标准是最近发起改革的一个关键目标。鼓励大学将技能培训纳入本科教育，作为解决某些领域，特别是艺术、人文、商业和科学领域大学教育与毕业生就业机会不匹配的一项措施。强调通过质量保证和认证机制使质量制度化，这也是应对这些挑战的一项显著政策。

在世界范围内，教育总的来说正趋向于以市场为导向，培养出具备资格的毕业生，以适应所谓就业能力的新要求。全球化导致高等教育系统在市场条件下，努力具有竞争力和学术吸引力。

目前，斯里兰卡也在越来越多地讨论如何通过涵盖整个教育部门的改革来应对全球压力。政府、高等教育部和大学拨款委员会一直在设计新的政策选择，旨在使大学课程现代化，以便高等教育能够充分应对不断变化的全球趋势。最大限度地降低大学毕业生失业问题的严重性，也已成为大学课程改革的一个优先事项。

目前，斯里兰卡学生接受高等教育的机会仍然非常有限。2017 年，斯里兰卡的国立大学只能容纳 160517 名合格学生中的 30662 名学生，占比只有 19.10%。对高等教育的渴望和接受高等教育的实际机会之间的不匹配也仍然是一个严重的社会问题，高等教育公平仍然是社会关注的主要问题，斯里兰卡发布 2023 年的战略计划，旨在促进学术卓越、改善基础设施、加强治理和增加公平机会[15]。

（二）主要建议

斯里兰卡正在努力将其国立大学系统提升到世界一流水平，建设南亚地区的知识中心。为了更好地适应教育国际化和现代化的新要求，斯里兰卡的高等教育系统也要经历巨大的变化，以质量保证评估为抓手，提高高等教育质量与水平，这无疑是非常重要的措施。结合研究，提出如下建议。

第一，牢固树立“高等教育质量是大学的生命线”的理念。提高高等教育质量是斯里兰卡国立大学参与国际竞争的必然要求，同时它也直接影响学生等利益相关方对高等教育的满意度。一些学校还没有充分认识到质量保证是它们的职责，存在优先考虑规模扩张或物质基础设施改善，而不是学校质量发展的问题，需要加强质量保障与评估的文化建设。

第二，建议分类别统一评估标准。针对不同的大学类别，统一和明确评估标准和指标，以确保评估结果的可比性和公正性，完善评估机制。在进行大学评估的过程中，可以引入投诉程序，让学校有机会对评估报告提出异议或投诉，它有利于获得大学对评估报告的信任。高等教育部应引入基于需求和绩效的资助体系，为所有国立大学提供激励性资金。在每所大学与大学教育资助委员会之间引入绩效合约制度，作为提高绩效标准的激励措施。教资委可以与大学讨论：是否有必要设立一个以质量保证评估表现为基础的排名制度。

第三，提供更多支持和资源。为了促进高等教育机构的质量保障工作，建议提供更多的资源支持，包括培训、资金和技术支持等。由于财政限制，斯里兰卡政府正在逐渐减少对国立大学的资助，允许国立大学可以通过合法途径自筹资金，依法合规用于大学建设。支持师范教育发展，为在困难地区服务者提供奖励津贴，以确保更公平地分配教学资源，着力解决资源限制和增加教学人员数量问题；加强能力建设，促进从学校到国家层面的有效教育治理。

第四，在评估课程方案指标设计上，突出人才培养影响要素。在大学课程结构中，将知识与技能和态度相结合，这是当代提高大学教育质量的客观要求。设立学分转移制度，鼓励高等教育机构之间的学生流动。目前的高等教育体系存在制度上的僵化，不允许学生从一个机构流动到另一个机构，它抑制了学生的创造性和兴趣，无法跨越科学、艺术、人文、法律和商业等严格划分的传统学科界限。

第五，强调学生参与和反馈。鼓励学生参与评估过程，并提供他们对课程、教学和学校环境的反馈。这有助于更全面地了解学生需求，改进教学方法和课程设计，提升学生体验和学习成果。学生的意见和建议可以为改进教学提供宝贵的参考，同时增加学生的参与感和学习动力。关注学生对高等教育人才培养质量的期望和看法至关重要，学生的感受与评价应该成为考核高等教育服务质量和绩效的关键性因素之一。

第六，重视评估持续监测和跟踪。质量保障体系应该包括持续的监测和跟踪机制，以评估改进计划的实施效果和机构的进展，确保持续提高教育质量。在完成内部和外部评估后，大学需要根据评估结果和建议实施整改反馈计划，需要在学校董事会和参议院中认真讨论，并保持进度监控，以确保评估更加有助于推动大学发展和学科专业建设，形成评估与发展之间的良性互动。

第七，坚持高等教育公平政策。关注与帮助妇女群体、贫困家庭、残疾学生等获得高等教育公平机会。鼓励增设远程教育现代化项目，符合政府增加高等教育机会的政策。斯里兰卡开放大学、传统大学和专业组织利用在线学习和公私伙伴关系等模式，来满足农村地区、大学系统之外或就业者的需求，提高评估关注度；鼓励增加私立大学，在统一质量标准下，坚持应用型、特色化办学，扩大享受高等教育的渠道，扩大高等教育的覆盖面。

第八，高等教育机构应加强与其他国家和国际机构的交流与合作，为斯里兰卡高等教育提供更多的评价经验借鉴和合作机会，促进质量保障体系的不断改进和提升。

参考文献：

[1] Ministry of Higher Education and Highways-Sri Lanka [EB/OL]. [2022-06-28]. https://www.mohe.gov.lk/index.php?option=com_content&view.

[2] [3] [4] [5] [6] [8] [9] [10] [11] Quality Assurance Council, University Grants Commission - Sri Lanka [EB/OL]. [2022-7-18]. https://www.eugc.ac.lk/qac/.

[7] HETFC & UGC. Manual for Institutional Review of Sri Lankan Universities and Higher Education Institutions [R]. 2015.

[12] Ministry of Higher Education and Highways-Sri Lanka. Annual Performance Report 2021 [R].

[13] [15] Noel Bartholomeusz. A Journey Towards Ensuring Quality Higher Education in Sri Lanka [EB/OL]. (2021-12-14) [2022-07-28]. https://www.ft.lk/columns/A-journey-towards-ensuring-quality-higher-education-in-Sri-Lanka-Part-2/4-727473.

[14] National Education Commission. National Policy Proposals on Higher Education [S] 2019, 12. https://www.nec.gov.lk.

Study on the Evaluation of Higher Education in Sri Lanka

Lei Yong, Huang Xuan

Abstract: In order to study the evaluation of higher education in Sri Lanka, on the basis of a brief introduction of Sri Lanka's higher education, with the help of literature research method, a systematic review had been conducted on Sri Lanka's basic approach to the evaluation of higher education in national universities since 2017. The study showed that the higher education assessment of

Sri Lankan national universities was conducted under the leadership of the Ministry of Higher Education and University Grants Committee, which developed evaluation criteria such as the Quality Assurance Handbook for Sri Lankan universities, the Higher Education Quality Assurance Committee should be responsible for the implementation. The concepts of student-centred learning and results-based education were put into the higher education research and evaluation programme by using both external and internal evaluation. The external evaluation was an act of the state. The Quality Assurance Commission for Higher Education was responsible for the institutional review and subject evaluation of national universities during external evaluation. The external evaluation had the unity of evaluation standards and the authority of evaluation results. The internal evaluation was the internal behavior of the national university, which was organized by the university itself and laid the foundation for the external evaluation. The evaluation of higher education in Sri Lanka followed the relevant laws and regulations and had its own characteristics. The quality assurance system had its advantages and limitations, and it also faced many new challenges. Based on the research results, this paper put forward some main suggestions, which had reference significance for promoting the modernization of higher education evaluation in our country.

Keywords: Sri Lanka; Higher Education Evaluation; University Grants Commission; External and Internal Evaluation

印度高等教育评价研究报告

蔡　枫　林晓铭*

摘　要： 印度高等教育体系十分庞大。自1947年至今，印度共颁布了《四次国家教育政策》，分别是1968年、1979年、1986年和2020年，对高等教育的导向都指向“提高质量”这一主题。为了实现这一目标，1994年大学拨款委员会成立了国家评估与认证委员会，作为一个自治机构来评估和认证高等教育及其单位，并据此建立了内部质量保障小组，对高等教育机构进行自我审查。《2020年国家教育政策》颁布后，建立了国家认证委员会作为“元认证机构”，进一步建立健全分级认证体系，并设立相应的标准以提高高等教育机构质量和水平。未来，印度高等教育评价将着重发展精细化评价，设立多层级认证子机构和加强信息公开等方面的工作。

关键词： 印度　高等教育　教育评价

高等教育评价是对大学的教育质量进行反馈和检测的机制，可以帮助大学评估教育质量，深入剖析教育实践的优缺点，建立有效的改进机制，

---

* 蔡枫，深圳大学印度研究中心主任助理，副教授，文学博士；林晓铭，香港岭南大学国际高等教育与管理专业，文学硕士。

从而提高教育质量和水平，推动教育改革。印度在独立后不遗余力地发展高等教育，持续保持对高等教育的高投入，在教育领域取得了重要的成绩，这得益于其相对完备的高等教育体系，尤其是高等教育评价体系。印度的高等教育机构数量和学生的入学人数迅速增长，高校学生注册人数位居全球第二，仅次于中国。“他山之石，可以攻玉”，对印度高等教育评价进行深度考察，可为我国高等教育评价提供借鉴。

一 印度高等教育评价概况

印度的高等教育体系十分庞大，尤其是1947年以后，独立后的印度大力发展高等教育，机构的数量和入学的人数迅速增长，使得印度的高等教育取得了较大的发展。

（一）印度的高等教育体制

印度是一个联邦制国家，通过《宪法》及立法来规定各项事业的管理权限，中央政府和邦政府合作管理教育事业。从管理体制上来看，印度的高等教育事业由中央领导地方，协同合作，即由人力资源开发部（Ministry of Human Resource Development）行使总的行政管理权。1986年，印度原教育部并入新组建的人力资源开发部，其下设立中等和高等教育司、初等教育和识字司、妇女和儿童发展司。在这一系列行政机构之下，又设立了各类教育局，并设有多种直属机构，如科研机构、高等教育机构、国立大学、中央直属大学等。印度普通高等教育机构的主要负责部门为高等教育司（the Department of Higher Education），该司主要通过制定政策和规划来推动高等教育的发展，增加高等教育的入学机会，提升高等教育的质量[1]。专业的高等教育则由相关的委员会管理，如全印技术教育委员会、印度律师职业委员会、印度医学研究委员会、印度农业研究委员会分别管理印度的技术教育、法学教育、医学教育和农业教育。印度的中央政府主要通过大学拨款委员会（University Grants Commission，UGC）对大学进行管控。中央政府为大学拨款委员会提供经费，通过拨款委员会对高等教育机构的发展进行监督和审查，有效地协调印度高等教育发展，改善高校办学条件、倡导高等教育质量和学术创新等。

印度是一个教育改革的自由国家，截至 2022 年，约有 1113 所大学、43796 所学院和 11296 所独立机构。与 2021 年相比，增加了约 70 所大学和 1453 所学院[2]。印度的高等教育分为普通高等教育和专业高等教育。按照学科专业性质来区分，印度政府倾向于把文科、理科、商科、社会、自然、法律和教育学科划分为普通高等教育；把农业教育、职业、技术与工程教育、医学教育等划分为专业高等教育。按照大学与学院的关系，印度的高等教育机构分为附属制大学和单一制大学；按照与中央政府的隶属关系，印度高等教育机构分为中央大学、国家重点大学、准大学和邦立大学，其中国家重点大学是教学设施和教学质量最好的大学。在大学内部，有大学直属院系、附属学院及自治学院。大学直属院系一般为公立机构且数量较少。附属学院的数量庞大，既有私立公助的形式，也有纯私立的形式，其中以私立公助占大多数。自治学院则是一些教学质量高的附属学院。此外，印度的高等教育还有全日制大学与开放大学之分，后者的灵活性和创新性可以满足印度公民的多样化需求，尤其是在职工作人员的教育需求[3]。

（二）印度高等教育的问题

印度的高等教育注册人数位居全球第二，仅次于中国。自 1947 年以后，经过七十余年的发展，印度的高等教育形成了极具复杂性、多层次、多类别、多形式的结构体系[4]。截至 2020-2021 学年，印度高等教育注册人数 4138 万余人，其中大学及其组成单位约 908 万人，学院 2954 万余人，自治学院 226 万余人。高等教育的总入学率为 27.3%，教师人数超过 155 万人，较 2019—2020 学年增加了近 5 万人[5]。庞大的规模之下，印度高等教育存在一些问题。

首先，高等院校的教学质量参差不齐，这是最根本的问题。印度既有印度理工学院、国家理工学院、印度信息技术学院、印度管理学院等因其教学质量高而在全世界范围内享有盛誉的代表性院校，也有大量教学设施简陋、师资力量薄弱，利用学生对学位的旺盛需求来牟利的私立高校和部分非营利高校。前者培养出了在科学、技术、科研、管理、工商等领域做出突出贡献的人才，而后者的文凭一文不值。除此之外，大多数高等院校处于两个极端之间，这些院校的基础设施、实验室设备、图书馆和师资水平以及教学质量差距悬殊。不少大学和学院存在基础设施落后、优秀师资缺乏的问题。造成这一系列问题的原因是多方面的，包括政府资金投入不足、教育体制缺乏透明度和问责不到位等。

其次，高等院校难以招聘到优秀的师资。随着印度高等教育规模的扩大和入学人数的迅速增加，招募优秀师资的需求随之增加。高校能否招募到教师则取决于研究生入学人数和科研项目。当前印度研究生人数总量占印度高等教育总入学率的 11.5%[6]，因此印度高校很难招收到教师。

印度高等教育的质量问题正在掣肘印度高等教育走向世界一流的宏愿，年复一年积累起来的教育质量问题亟待解决。为了保证质量和遵守教学标准，印度的高等教育机构需要进行评估和认证，提高院校及其所授予的学位的声誉和认可度，从而逐步提高教学质量，培养出高质量的人才。

（三）印度高等教育的质量保障

印度的高等教育存在一些系统性的缺陷，因此，对大学和学院进行持续性的评估和认证尤为重要。评估高等教育的质量问题，需要从外部和内部两个层面的需求来考虑。根据国家评估和认证委员会（National Assessment and Accreditation Council，NAAC）的指导方针，每个获得认证的机构都应建立一个内部质量保障小组（Internal Quality Assurance Cell，IQAC）作为认证后的质量维持机制。IQAC 的首要任务是开发一个系统，以有意识地、持续地和催化地改进机构的整体绩效。由于质量提升是一个持续的过程，IQAC 成为该机构系统的一部分，并致力于实现质量提升和维持的目标。

通过 IQAC，高等教育机构从自身内部开始进行自我监督、自我审查，解决内部出现的问题并努力提高他们的教育质量。通过 NAAC 对高等教育机构和大学的教育系统进行评估，从而全面保证机构的政策和实践的质量。NAAC 是印度评估和认证高等教育机构质量水平的首要机构，它隶属于印度政府教育部，使用明确定义的基准来评估高等教育机构的质量表现，NAAC 认证对高等教育机构保持并提高教学质量具有至关重要的作用[7]。

二 印度高等教育评价的重要进展

印度的大学、附属学院及其他自治学院数量众多，是当今世界有一定影响力的高等教育大国。印度的高等教育体系一直在为应对当前竞争激烈的环境而进行改革。在过去的几十年里，高等教育机构的数量迅速增加，教育质量降低，甚至出现了一些“教学商店”。此外，印度高等教育面临着高校分布不均衡、总体治理效能低下、师资短缺、教学质量和科研创新能力不强等问题。针对教育出现的种种质量问题，1986 年国家教育政策强调维护印度高等教育的质量。因此，人力资源开发部和大学拨款委员会采取了若干措施，以恢复高等教育的标准。高等教育认证是一个由外部机构评估质量保证的过程，用以确定高等教育机构或项目的服务和运作是否符合适用的标准。1994 年，大学拨款委员会成立了国家评估和认证委员会，作为一个自治机构来评估和认证高等教育及其单位，总部设在班加罗尔[8]。

（一）不同时期的国家教育政策

印度政府共颁布了四次《国家教育政策》，分别在 1968 年、1979 年、1986 年和 2020 年。在这四次颁布的国家教育政策中，印度政府对高等教育的导向都指向“提高质量”这一主题。1968 年的《国家教育政策》强调高等教育的人才培养质量，要求大学有序扩招并开设研究生课程。1979 年的《国家教育政策》在此基础上强调加强基础理论和应用研究，建议设置跨学科课程以满足学生和社会发展的需要，鼓励大学开展基础研究和应用研究。1986 年的《国家教育政策》提出设立专门的质量鉴定与评估委员会。1987 年，该政策得到实施，由印度大学拨款委员会设立“质量鉴定与评估委员会”（Accreditation and Assessment Council，AAC），专门负责检查和鉴定高等教育的质量；由全印技术教育委员会设立“全国质量鉴定委员会”（National Board of Accreditation，NBA），负责高等职业教育的质量保障和监督。这两个委员会的设立，初步建立起高等教育的质量保障和监督体系，为后续开展高等教育评价奠定了基础。

2020 年印度政府颁布《2020 年国家教育政策》，以质量提升为目标，进一步深化高等教育体制改革和评估与认证机构的改革。该政策勾勒出面向 2035 年的印度国家高等教育转型发展的新蓝图，规划出以印度国家为中心的教育体系，期望将印度社会逐步建设为公平和富有活力的知识社会。预计到 2030 年，全球每 4 名大学毕业生中将有 1 名毕业生来自印度高等教育系统，印度将成为全球最大的人才提供国。

《2020 年国家教育政策》有关高等院校改革的主要内容包括：①每个地区或附近拥有由至少一所大型的多学科的大学和学院组成的高等教育体系，并提供当地或印度语言的教学课程；②走向更多学科的本科教育；③逐步实现教师和机构的自主权；④改革课程、教学方法、评估和学生支持，以丰富学生的经验；⑤通过基于教学、研究和服务的择优任命和职业发展，重申教师和机构领导职位的完整性；⑥建立一个国家研究基金会，资助优秀的同行评审研究，并积极为大学和学院的研究提供支持；⑦由具有学术和行政自主权的高素质独立委员会对高等教育机构进行管理；⑧由单一的高等教育监管机构进行“轻而紧”的监管；⑨通过一系列措施提高入学率、公平性和包容性，包括为优秀的公共教育提供更多的机会；由私立/慈善大学为弱势和贫困学生提供奖学金；在线教育和开放式远程学习（ODL）；所有基础设施和学习材料对残疾学生无障碍。

其中，第⑥⑦和⑧项，提出了具体的提升高等院校质量的方案。印度政府设想设立国家研究基金会（National Research Foundation），通过绩效考核、同行评审等竞争性科研经费支持机制，深化科研创新制度改革，提升高等院校的科研创新力和国际竞争力。设想以高等教育委员会（Higher Education Commission of India，HECI）为领导核心，下设国家高等教育监管委员会（National Higher Education Regulatory Council）、通识教育理事会（General Education Council）、高等教育拨款委员会（Higher Education Grants Council）和国家认证委员会（National Accreditation Council，NAC）四个职能部门，从信息监管、分级认证、资金资助、课程设计等方面进行统筹管理和监控，全方位治理高等教育管理机构，科学推进高等教育质量改革。

《2020 年国家教育政策》一方面延续了印度 2020 年以前的国家教育政策，在 1986 年国家教育政策和 1992 年《行动纲领》的基础上，继续推动高等教育机构的自治，促进职业教育与普通高等教育的融合发展，深化研究生教育改革。另一方面，提出高等教育国际化新举措，完善高等教育体制改革，并针对提高高等教育质量建立了更加健全的高等教育监管体系[9]，强化了高等教育质量意识，为印度高等教育转型铺平改革之路，为印度实现全球教育领先者的宏愿做好制度准备。

（二）外部评价：国家认证委员会和国家评估与认证委员会

1. 国家认证委员会：元认证机构（Meta-accrediting Body）

国家认证委员会（NAC）是《2020 年国家教育政策》颁布后设立的“元认证机构”[10]。过去几十年来，对高等教育的监管虽然严厉，但收效甚微，权力集中在少数几个机构之中，缺乏对监管机构的问责制，因此，《2020 年国家教育政策》明确高等教育的监管体系将确保监管、认证、资助和学术标准制定的不同职能，并由不同的、独立的和有授权的机构来执行。确保执行这四项基本职能的体系机构同时工作，并建立在同一个委员会，即印度高等教育委员会之下。

NAC 的认证主要基于基本规范、公开自我披露、良好治理的原则，并由被 NAC 监督和监管的认证机构的独立系统对高等教育机构进行评估认证。在短期内，应建立一个健全的分级认证体系，为所有机构制定标准，使机构达到一定的质量水平。

2. 国家评估与认证委员会

国家评估与认证委员会（NAAC）是由大学拨款委员会（UGC）于1994年成立的一个自治机构，拥有二十多年评估与鉴定高等教育机构的经验，旨在解决印度高等教育的质量问题。在过去的二十多年里，NAAC对于持续提高高等教育质量产生了重大影响，通过不断努力改进其评估和认证的方法，认识到高等教育的变化趋势，从快速变化的全球情景和利益相关者的反馈中吸取经验和教训。为了设定评估的标准和参数，NAAC组织了各种与高等教育相关的专家一起参加头脑风暴会议，设计严谨的认证程序。为了提高对评估和认证的认识，NAAC还组织了数次研讨会和方案。大学拨款委员会强制对所有获得资助的高等教育机构进行认证[11]。

NAAC进行机构认证，采用投入-过程-产出的方法来评估高等教育机构的表现。机构必须向NAAC提交其学术表现报告。该报告被数据验证和核实的工作人员接收后，NAAC将安排一个由校长、副校长和教授组成的代表团进行现场调查，该代表团被称为同行小组。同行小组将对该机构进行实地检查，验证该机构提供的信息，并向NAAC提交报告。经过审查和执行委员会的核实，NAAC会公布评估结果。NAAC采用累计平均分（CGPA）系统，使用七个标准来评估高等院校的质量表现，即（a）课程方面，（b）教学、学习和评估，（c）研究、创新和推广，（d）基础设施和学习资源，（e）学生支持和进步，（f）治理领导和管理，以及（g）机构价值和最佳做法。对于不同类型的高等教育机构，NAAC使用不同的权重来计算机构的CGPA，并将机构分为四类，A类表示表现非常好，B类表示表现良好，C类表示表现令人满意，D类表示表现不令人满意。认证期为5年，之后机构必须向NAAC申请新的认证。当高等院校第一次接受认证时，称为第一周期，连续五年后，称为第二周期，以此类推。NAAC认证对高等院校非常重要，因为这有助于他们从各种政府机构获得财政援助，也有助于他们自我反省。通过与社会上其他机构相比，可获知他们的质量状况。不仅高等院校会从 NAAC 中受益，社会上的其他利益相关者，如学生、教师和家长也同样会受益[12]。

认证结束后，NAAC 将提供包含三个部分的认证结果文件：同行团队报告、基于定量度量的图形表示和机构等级表。除了在 NAAC 网站上公示外，高等教育机构也必须在其机构网站上公示该文件。

《2020 年国家教育政策》颁布后，NAAC 修订了它的认证框架，修订后的认证框架在质量保证方面引入了几个概念，如学生满意度调查（SSS）、数据确认和验证（DVV）、质量基准评分、创新生态系统、校友参与、机构价值观和认证过程中的独特性[13]。质量指标数字认证的新时代是印度高等教育标杆主导的质量改进过程的基础。认证结果表明，改革正在实现其主要目标，包括提高客观性、提高透明度、加强数据管理和利用信息和通信技术提高质量。它表明需要努力加强和调整其认证流程和程序。在建立印度高等教育的外部质量保证体系方面进行了二十年的开创性工作后，NAAC 重塑了其评估和认证的方法，以适应数字时代的要求[14]。

（三）内部评价：内部质量保障小组

在每个高等教育机构内部建立的内部质量保障小组（IQAC）是处理评估和认证过程的权威机构，有助于发展和提高该机构提供的高等教育的质量和水平。IQAC 能够确保高等教育机构执行一系列良好的时间和质量计划，通过进行持续的自我审查，监督和提高机构的内部质量，保证高等教育提高教育质量政策实施的有效性[15]。

在 NAAC 的推动下，IQAC 的任务是利用自我审查和学习的优势，在课程设计与开发、教学、学习与评估过程、研究与咨询、基础设施建设等具体领域进行内部质量检查，并确保这些领域能够稳健可持续地运作，这也是获得 NAAC 外部高质量评价的关键。同时，在 NAAC 有效的内部协调和监督机制下，IQAC 受到了密切的监督，从而能够为提高高等教育机构的教育质量做出努力。根据 NAAC 的指导方针，每所计划获得 NAAC 评级的高等教育机构都必须建立 IQAC，以持续监控教育的质量。质量保证是高等教育机构的核心责任，也是高等教育机构获得外部评价的重要手段。质量保证应该成为每一所高等教育机构提供最佳服务的一个不间断的持久过程，而不仅仅是教育评价过程中的一种短期的活动。基于此种背景，IQAC 承担起监督高等教育机构提高其教育质量的责任，通过经常检测高等教育机构的所有质量维度，包括各种有形资产、学术人员的能力、机构内所有员工的态度、工作的内容及其交付的相关材料以及各方面的可靠性，保持向学生提供优质教育服务的一致性[16]。

由于教育质量保证和提升是一个持续的过程，IQAC 成为高等教育机构不可分割的一部分，从而能够对高等教育机构的自我评价、质量过程、教学和评价、学生、员工等起到监督作用。质量保证和质量提高是 IQAC 的两个方面，它有助于规划、指导、维护和执行利益相关者之间的高等教育学术工作。IQAC 的组成结构分为两类，分别是外部框架组织和内部框架组织。外部框架组织由校长担任主席，成员包括高级行政官员、优秀的资深教师、社会人员、校友、家长、行业雇主的成员和 IQAC 的联络员。IQAC 内部框架组织则由高等教育机构内部成员组成，承担高等教育机构核心质量评价的主要工作。IQAC 联络员作为主要责任人，致力于优质教育，设立学术监督委员会和院系咨询委员会，并向高等教育机构的管理层提供必要的建议。院系的联络员是 IQAC 内部结构的骨干成员，包括班主任、制定计划的负责人、考试和项目的负责人、培训和就业的负责人等，他们负责管理所有类型的学术工作，如制定学术发展计划、按照既定计划开展学术活动、执行考试课程、监督讲座和实践、分析学术反馈、组织家长会和开展学生评估活动等[17]。

内部质量保障小组与外部的评估认证机构相辅相成。通过 IQAC，学术机构和大学能够实现自我监督，提高教育质量，及时审查并发现存在的问题，监督政策实施的进展。通过 NAAC 等外部评价机构对教育机构和大学的教育系统进行评估，有助于持续提高高等教育质量。

三　印度高等教育评价发展趋势

当前印度的高等教育评价仍需加大投入力度，通过加强评估认证程序，扩大评估认证范围，使高等教育机构的评估与认证成为一种强制和必要的趋势。

（一）现行的教育评价的缺点

1. 监管体系过于单一

过去的几十年里，印度对高等教育的监管过于严厉，试图对高等教育机构进行过多的监管，然而却收效甚微。监管体系的单一性导致了一些基本的问题，如对高等教育的监管、认证、资助和学术标准的制定等不同职能的权力集中在少数机构中，这些机构之间存在利益冲突，由此导致缺乏适当的问责机制。

2. 难以满足当前数量巨大的认证需求

过去，印度高等教育评价机构只对大学拨款委员会资助的普通高校进行强制性认证评估，其他类别的高等教育机构不需要进行评估认证。目前对未评估、未认证的高校缺乏处罚措施，积压了很多未获得评估和认证的学校。在现行的评估程序中，存在故意拖延问题，缺乏处理大数据和形成质量评估的必要能力。此外，针对数量庞大的评估与认证的需求，缺乏足够数量的合格的评审专家来参与评估与认证的工作。这些因素导致了印度高等教育机构的评估与认证的工作进展缓慢。

3. 评估与认证结果的信息公开程度不够

尽管 NAAC 要求被认证的高等教育机构在其网站公开刊登评估结果的详细报告，但由于 NAAC 认证是高等教育机构自愿参加的，主要针对高质量的机构，不适合那些仍在努力解决一些基本问题的机构，因此只有部分高等教育机构经过认证且公开了评估报告。对于一个拥有如此庞大教育体系的国家而言，当前高等教育机构的评估结果信息公开程度是远远不够的。

（二）印度高等教育评价未来的发展趋势

1. 建立独立的监管体系

《2020 年国家教育政策》颁布后，印度高等教育的监管体系将确保监管、认证、资助和学术标准制定的不同职能由不同的、独立的和有授权的机构来执行。这将有利于在监管系统中制造平衡、尽量减少利益冲突和消除权力的集中。在认证方面，未来印度高等教育评价有必要进一步采用更加开放的方法，精准地针对不同类型的高等教育机构设立专门的认证子机构，如教学型高校、科研型高校、创新创业型高校、工程教育高校等，分别采用不同的评估体系，对高等教育机构进行分类评价。

2. 设立更多的高等教育认证子机构

印度的高等教育通过 NAAC、NBA 等不同类型的机构，针对相应类型的高校进行定期质量检查[18]。过去的评估与认证的监管系统无法满足当前大量高等教育机构的认证需求，当前积压的数百所大学和数千所学院都等待认证，仅仅靠 NAAC、NBA 等机构无法迅速完成巨大的评估认证工作量。政府需要分配更多的预算，未来或可通过提高认证标准来对高校进行良好的评估与治理[19]。未来印度将设置更多的子机构，通过选聘有资质的专家，在地方建立下设机构，分别承担当地的高等院校的评估需求。

3. 加大信息公开程度，集中公示评估结果文件

未来印度政府要求已获得认证、正在进行认证和未申请认证的高等院校公示他们的评估结果和评估进程。对已获得评估结果的机构，应在机构网站上公示其认证结果文件；对正在进行认证的院校，应公示评估认证的过程进展；对未申请认证的高等院校，应在其机构网站上注明情况。除此以外，NAC 和印度高等教育委员会将对印度所有的大学进行认证进程及结果的汇总公示，以督促高等教育机构尽快完成评估与认证过程。

综上所述，通过认证、系统化和标准化的审查，能够让高校识别优势、劣势和机会[20]。这种认证工作将会促使高等教育机构寻求新的教学方法，最终提高学生的培养质量。未来，印度高等教育机构与其国家认证机构能够互相促进，印度的高等教育机构的质量将在评估机构的认证中得到提升[21]。

参考文献：

[1] DHE. About Department of Higher Education [EB/OL]. https: //education. gov. in/overview.

[2] [5] [6] Ministry of Human Resource Development. All India Survey on Higher Education (2020-2021) [R]. New Delhi: Government of India, 2022.

[3] 杨明全等. 现代化进程中的印度教育——改革的视角 [M]. 人民出版社, 2022 (8).

[4] 王战军，雷琨. 印度国家教育政策变革及其对高等教育的影响——基于印度《国家教育政策 2020》的研究 [J]. 江苏高教，2021 (10): 109-115.

[7] [10] [19] Mandavkar P. Reform Process in Higher Education and Need of Assessment and Accreditation [J]. Available at SSRN 3472356, 2019.

[8] V. S. Prasad, Antony Stella. Accreditation of Higher Education Institutions: Indian experience [R] . Paper presented in the NAAC-COL Round Table Conference on "Innovations in Teacher Education-International Practices on Quality Assurance", Bangalore, India, March 17-19, 2004.

[9] Aithal P S, Aithal S. Analysis of the Indian National Education Policy 2020 towards achieving its objectives [J]. International Journal of Management, Technology, and Social Sciences (IJMTS), 2020, 5 (2): 19-41.

[11] Suryawanshi V S, Shinde V S. NAAC Assessment: A Boost for Higher Education [J]. Research Journey, 2019.

[12] Ravikumar K, Samanta S, Rath A K, et al. Quality Assessment of Indian Universities: An Analytical Study of NAAC Accreditation Scores [J]. Psychology and education journal, 2021, 58 (2): 5903-5914.

[13] [15] Ghatole S M, Dahikar P B. NAAC Accreditation: A Quality Initiative Reform in Indian Higher Education [J]. The Research Journal (TRJ): A Unit of I2OR, 2021, 7 (1): 42-47.

[14] Oza C. A Study on Impact of Quality Assurance on Higher Education in India [J].

Available at SSRN 3105154, 2018.

[16] Mangnale, V. S., & Potluri, R. M. Quality Management in Indian Higher Education System: Role of Internal Quality Assurance Cell (IQAC) [J]. Asian Journal of Business Management, 2011, 3 (4): 251-256.

[17] Nikam, R. M., Kapadnis, K. H., Borse, R. Y., & Patil, A. Research Study of IQAC and NAAC in Indian Higher Education System [J]. International Journal for Research in Applied Science & Engineering Technology, 2021, 9, 5.

[18] Hota P, Sarangi P. Quality Revolution of Higher Education: A Study in India [J]. Srusti Management Review, 2019, 12 (1): 49-56.

[20] Gholap P, Kushare P. A Comparative study of Accreditation Grades of NAAC vis-a-vis NBA for Quality Improvement of Higher Education in India [J]. International Journal of 360 Management Review, 2019, 7 (02): 72-84.

[21] Ravikumar K, Samanta S, Rath A K. Impact of NAAC Accreditation on Quality Improvement of Higher Education Institutions in India: A Case Study in the State of Karnataka [J]. PURUSHARTHA - A journal of Management, Ethics and Spirituality, 2021, 14 (1): 34-49.

Study on Evaluation of Higher Education in India

Cai Feng, Lin Xiaoming

Abstract: The higher education system in India is very large, and since 1947, India has promulgated four National Education Policies (NEPs), namely, the National Education Policy 1968, 1979, 1986 and 2020, all of which are oriented towards the theme of "Quality Improvement" in higher education. In order to achieve this objective, the National Assessment and Accreditation Council (NAAC) was set up in 1994 by the University Grants Commission (UGC) as an autonomous body to assess and accredit higher education and its units, and accordingly, the Internal Quality Assurance Cell (IQAC) was set up to carry out self-reviews of higher education institutions. Following the promulgation of the National Education Policy 2020, the National Accreditation Council (NAC) was established as a "meta-accrediting body", and in the future, a graded accreditation system will be further developed and standards will be set up to improve the quality and standards of higher education institutions. In the future, evaluation in Indian higher education will focus on the development of refined evaluation, the establishment of multi-tiered accreditation sub-agencies, and the enhancement of information disclosure.

Keywords: India; Higher Education; Education Evaluation

英国高等教育最新"教学卓越框架"研究

王小栋*

摘　要：作为高等教育的强国，英国政府历来重视高校教学质量保障，其将质量评估视为保障高等教育发展的重要手段。2022年，英国颁发了最新的"教学卓越框架"，并于2023年开展为期四年的全英高等教育教学评估。新颁布的"教学卓越框架"界定了评级与卓越等级，从学生体验和学生成果两个核心维度，比较了高校、学生以及全国学生调查数据内容和信息，保障了信息的准确性，并评估了高校教学质量的发展水平。本研究首先介绍了"教学卓越框架"的出现与发展的背景；其次，解析了最新"教学卓越框架"的结构与实施内容；最后，讨论"教学卓越框架"制定和实施过程中存在的争议。

关键词：教学卓越框架　高等教育评估　教育质量保障　英国

英国的高等教育享有世界一流的声誉，在教学、科学研究与创新方面世界领先。随着高等教育的普及化，英国始终致力于改革高等教育评估体系以期保障高等教育的质量。教学是高等教育的重要组成部分，也是提高

* 王小栋，北京外国语大学国际教育学院副教授，教育学博士。

人才培养质量的重要手段。但长期以来，对科研的过分关注，导致了教学在一些高校，特别是研究型大学中受重视的程度不够。作为高等教育改革的指挥棒，英国政府于 2015 年首次启动“卓越教学框架”（Teaching Excellence Framework，TEF）评估项目，将教学的重要性重新拉回了人们的视线。

从全球范围看，该框架的先进之处在于它“首次将学生知情选择与就业质量相联系，首次以教学卓越作为质量评估的着力点，首次将教学质量的维度覆盖教学过程、学习环境和学习结果，首次将评估与奖励有机结合，首次将教学经费政策与评估结果直接挂钩。”[1]尽管该评估项目于 2019 年中断，但 2022 年英国政府更新了 TEF 并发布了新的评估指南。这意味着 2023 年全英新一轮教学质量评估开始了。

一 “教学卓越框架”的建设背景

在 TEF 出现之前，英国的高等教育市场出现了高校教学水平下降、学生满意度低、学生学习体验不良、毕业生与劳动力市场存在不匹配等问题。但其表象的症结，却源自国际大学排名冲击，造成了英国高等教育机构对于教学和科研关注的失衡。许多大学认为，它们的声誉、国际地位、享有的盛誉及其边际资助主要取决于学术成果。这种观念不仅导致了高等教育机构重科研、轻教学的治理意识倾斜，也忽略了高等教育机构教学质量与教学地位的现实意义，造成了学生高校的学习体验差。

针对全英高等教育系统中普遍存在的问题，2015 年，鲍里斯·约翰逊（Boris Johnson）提出，要终止上述情况，不仅要让卓越的教学得到高度的认可，也要将低水平的教学“请”出高等教育系统中[2]。为此，英国政府推出了“教学卓越与学生成果框架”（The Teaching Excellence and Student Outcomes Framework，TEF，2022）。该框架最初由英格兰高等教育资助委员会（Higher Education Funding Council for England）与高等教育质量保证局（Quality Assurance Agency for Higher Education）合作设计，从教学质量、学习环境和学习结果三个核心方面，对英国高等教育机构进行教学质量评估。

TEF 的出现，旨在帮助全英本科教学实现五大目的：一是鼓励高校将办学重点放在教学上，为所有学生提供教学；二是帮助机构提高教学质量；三是建立一种承认教学与研究具有同等地位的文化；四是帮助雇主了解和招聘毕业生；五是为英国和其他国家或地区的学生提供明确方式，辨别高质量高等教育机构[3]。

此后，为了加强 TEF 评估工作的制度规范，鲍里斯·约翰逊首先通过英国议会制定了《2017 年高等教育和研究法案》（Higher Education and Research Act，2017）。在该法案的讨论中，有关 TEF 的优点被多次提及，这使得 TEF 的作用被拉回了人们的视线，并要求英国政府委托对可能建立的任何对高校的教学质量和标准进行“评级”机制进行独立审查[4]。

同时，在该法案的推动下，英国保守党制定了一系列政策改革。这些改革不仅导致了英国高等教育格局的深刻变化，也重新定义了高等教育的关键目标。政策明确规定，寻求使“创新和专业高校”更容易和更快地建立、授予学位和确保大学地位，并与现有高校竞争；为了提高透明度，高校有责任发布学生申请、录取、接收和升学的情况，从而为学生提供更多信息；创建一个单一的监管机构，赋予他们运行新的 TEF 的权力，提高本科教学水平[5]。

为了统一 TEF 评估工作的管理归口，鲍里斯·约翰逊又成立了高等教育的新监管机构英国“学生办公室”（Office for Students，OfS），该机构取代了资助委员会开展高等教育教学的评估工作。实际上，OfS 不是中央政府的一部分，而是一个独立的公共机构，所做的报告要通过英国教育部（Department for Education）向议会提交[6]。成立后的 OfS 创建了高等教育机构登记册，其中包括对已建立的高等教育机构和新的、独立的高校进行监管。但这种监管与公共资金的支出连接不似从前那么紧密。

2019 年，随着第一次全英 TEF 评估的结束，OfS 重新规划了用于教学卓越发展的新指南，并将名称修改为“教学卓越框架”。2022 年，OfS 又发布了《2023 年监管建议 22：教学卓越框架指南》（Regulatory advice 22：Guidance on the Teaching Excellence Framework 2023，以下简称“指南”）。该指南指导着 2023 年新一轮评估的开展，进一步激励了英国高校优先考虑那些为学生提供最佳体验，实现其学习成果的课程与活动[7]。

实际上，英国实施的 TEF 是英国唯一由政府主导的国家高等教育教学质量评估体系。其设计的核心目的是表彰和奖励卓越的学习和教学。具体来说，TEF 是为了更好地告知学生关于学习内容和学习地点的选择；提高对教学的尊重；表彰和奖励卓越教学；更好地满足雇主、企业、行业和专业人士的需求[8]。

二 “教学卓越框架”的实施内容

与上一个版本相比，2022 年发布的最新 TEF 指南，将关注的三个核心方面调整为学生体验（Student Experience）和学生成果（Student Outcomes）两个方面（维度）。尽管参与评估的高校依旧以自愿为原则，但英国各地的高等教育机构都参与了此项评估[9]。该项目从 2023 年启动，开展为期四年的评估工作。为了保证评估工作的整体性和完成性，评估持续四年直至后续工作结束。也就是说，TEF 评估的结束日期以最后一项工作结束的时间为准。

（一）评估原则与指标体系

1. 评估原则

在开展评估时，评估组成员要遵循最新 TEF 指南中的五项原则。原则一，评估时应考虑高校为其学生和课程提供卓越服务的程度。TEF 评估组要考虑高校的背景、学生和课程的特点，并在其背景下，判断学生体验和成果的卓越程度。原则二，应寻求高于最低质量标准且符合卓越标准的佐证（Evidence）。参与评估的高校要满足它在 OfS 注册时设定的最低质量要求。评估组可以将监管框架（Regulatory Framework）中的这些条件和指南视为参考点。该评估组应寻求佐证来证明学生体验和学生成果两方面的质量“非常高”或“杰出”，以便授予 TEF 评级。原则三，评估时要对不同来源的佐证进行均衡考量。提交的佐证材料和指标应相互检验，在做出总体判断时适当加权。原则四，开展评估时，评级标准应全面适用于所有佐证材料。评估将考量各方面有关“卓越”的佐证，总体评判高校的卓越程度。之后，根据整体评级标准在最适合的基础上做出判断。原则五，评估过程与结果是透明和连贯的。TEF 评估活动要在指南的基础上开展，评估组要对其结果的评级决定做出解释。分项（各维度的）评级与总体评级之间应该存在连贯性。

在贯彻以上原则的基础上，通过专家判断来解释和权衡佐证材料，最后给予评级。需要说明的是，该指南中的五项原则，照顾到了评估主体的多样性、特殊性与综合性，也兼顾了卓越特征的标准界定，更适用于高校与学生佐证材料的对比，避免对课程创新的限制。

2. 指标体系

TEF 的指标体系涉及学生体验和学生成果两个维度。这两个维度也是参评高校获得总体评级的主要组成项。学生体验侧重于评估高校在教学、学习、评估与教育环境方面为学生提供教育的体验程度；学生成果侧重于评估高校的学生在学业内及学业外取得成就的程度，以及学生获得的教育收益。

学生体验与学生成果两个维度的指标设计，是根据高校每年提交的个性化学生数据反馈，以及学生的毕业成就和“国家学生调查”（National Student Survey，NSS）项目调查反馈构建的。评估范围通常覆盖了所有在英国学习的本科生，以及通过英国远程学习的学生，包括国际留学生。在开展评估时，OfS 需要保持其指标概念界定的一致性和评估方法使用的统一性。

具体来看，评估学生体验维度的指标有五项，分别为课程教学、评价与反馈、学术支持、学习资源、学生声音。在评估时，这些指标使用英国 NSS 的数据来评估和报告本科生（其中大部分学生临近毕业）有关教育体验的多方面看法。同时，根据特定的主题与规模，每个指标下还设计了多个具体的问题。每个指标都反映着学生的意向程度。实际上，在评估过程中，高校也希望在评估材料中纳入 NSS 量表或陈述的信息。

学生成果维度的评估指标包括三类。一是持续性指标，是指在课程开始后的一年零十五天（非全日制学生为两年零十五天），持续接受高等教育（或获得资格）的学生比例；二是完成性指标，指的是在课程开始后的四年零十五天（非全日制学生为六年零十五天），获得高等教育证书（或继续接受高阶学习）的学生比例；三是进展性指标，是指评价毕业生成就（Graduate Outcomes），主要调查毕业 15 个月之后学生在劳动市场和其他岗位的情况。在衡量方法上，持续性和完成性成就的计算，主要是确定一批获得高等教育资格的入学者，并跟踪他们的课程完成情况，获得资质的情况，以及继续深造的人数。而进展性指标的，是在毕业生成就普查的期限内，计算在管理岗位的、继续深造的，以及从事其他工作取得成就的毕业生的比例。

此外，两个维度的评估范围特指学生的教育体验以及在其体验中获得的成就，而不是超出这一范围的高等教育经历。但 TEF 指南中也规定了可能超出课程或直接授课范围的学生教育活动，包括学术支持，或是支持职业发展和就业能力的活动。这些活动属于 TEF 的评估范围。

（二）评估佐证的使用

TEF 评估组将根据学生体验和学生成果两个维度，评估高校所提供给学生的教育体验及其课程的卓越程度。评估要根据 TFE 的标准评测（权衡）所有佐证，并给予评级结果。通常，TEF 评估组在确定高校的总体评级时，会考虑这两个维度的评级情况。若每个维度都获得了相同的评级，那么总体评级也将相同。若每个维度获得的评级不同，评估组成员将会考量所有佐证，并判断这两个维度的权重，旨在从整体上做出最适合的评级。在开展评估时，OfS 使用组合性评估佐证，这些佐证来自高校提交的证据、学生提交的证据以及 OfS 指定的指标数据（见表 1）。

表 1　拟议的 TEF 两个维度及其与 B1 至 B5 条件的关系

<table>
<tr><td>TEF 评估维度</td><td colspan="2">学生体验</td><td colspan="2">学生成果</td><td rowspan="3">未在 TEF
中评估</td></tr>
<tr><td>这些方面所涵盖的内容</td><td>学术经验与评估</td><td>资源、支持和学生参与</td><td>积极成就</td><td>教育收益</td></tr>
<tr><td>佐证来源</td><td colspan="2">高校提供
学生提供
基于 NSS 的 OfS 指标</td><td colspan="2">高校提供
学生提供
OfS 成就指标</td></tr>
<tr><td>拟议的持续性质量和标准条件</td><td>B1:学术体验
B4:评估和奖励</td><td>B2:资源、支持和学生参与</td><td colspan="2">B3:学生成果</td><td>B5:安全标准</td></tr>
</table>

注：B 指基线（Baseline）。

资料来源：Office for Students. Consultation on the Teaching Excellence Framework（TEF）［Z］. Office for Students，2022：18。

OfS 也意识到，高校会提供证据来证明他们是如何开展活动用以提升教育体验以及成果质量的。例如，此类活动可能包括培养学生的归属感、社区感或支持其福祉。若要使用这些佐证，需要考虑他们与评估指标的相关性。实际上，TEF 并不会评估这些活动的质量，但若提交的材料包含此类能够促进教育体验或成果质量的材料，则可能被认为是具有相关性的。TEF 也不会评估与 TEF 内的教育无关的其他体验。例如，社交经验，或来自社会经历的结果与收益。

事实上，为了保证评估结果的准确性与公正性，TEF 评估十分重视佐证材料的选择与使用，并结合现实情况进行考量。评估组成员在遵循“三步走”评估过程（见图 1）中，一方面，确定单项中有关“卓越”的特征，在每一个单项评级的基础上做出总体评估；另一方面，佐证材料紧密嵌套在“三步走”评估过程中。

在佐证的使用上，评估组成员要根据高校的现实考量，决定佐证材料的评估顺序。评估组成员要熟悉高校的背景，也要熟悉高校所提供的佐证材料。之后，评估组成员要反复参看和对比不同的佐证材料。同时，评估组成员会考虑有关高校学生在每种学习模式（全日制、非全日制和学徒制）中的评估指标与提交的材料。在任何情况下，评估组成员都要优先权衡所有佐证材料之后再做判断。

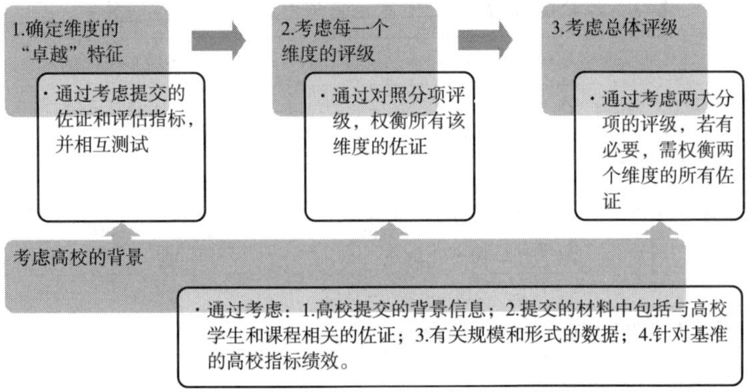

图1　评估的程序与方式

资料来源：OfS. Regulatory advice 22：guidance on the teaching excellence framework 2023［Z］. Office for Students. 2022：61。

值得注意的是，学生提交的材料与高校提交的，两者所涵盖的内容及范围应该大体相同。第一，与学生成果相关的佐证更多地涉及高校在当下支持学生取得成就的程度，而不是在过去；学生提交的评估维度的内容及其反映的特征，要与高校提交的相同。第二，学生提交材料中的课程范围和学生群体的范围，也要与高校提交的相同，受评的学生群体必须是高校注册的学生。第三，近四年中任何一年的佐证材料，都可以纳入学生提交的材料中，但最好是近期的。需要强调的是，在评估过程中，学生提交的材料是可选项，但评估组成员不应假设学生提交的材料有影响或没有，应通盘考量所有佐证材料。

（三）评估组成员与配置

TEF 评估组是 OfS 的一个委员会，负责决定并授予每个高校的评级。[10]评估组成员是通过公开招聘程序，在不同类型的高校中招聘不同背景的、具有教与学相关专业知识的学术专家和学生，目的是保证该评估组成员具有广泛的专业知识，了解不同评估场景的情况。同时，该评估组也要照顾到学生经历与学习成果的多样性。在开展评估时，评估组成员要根据指南中规定的原则和指导方针，做出专业的判断。

在开展评估前，TEF 评估组成员需要接受评估培训。首先，OfS 将为小组成员提供培训，使他们能够了解并合理应用发布的指南；了解评估指标，解释和权衡需要评估的材料，并形成评级。其次，在评估之前，小组成员将进行试评估（Calibration）。所有小组成员会对个别高校的材料进行试评估，并不断反思所做判断与指南准则的一致性。

在开展评估时，OfS 将把评估组成员分成小组（Panel Sub-group），每个小组都包括学术专家和学生作为成员（通常由一名学生和两名学术小组成员组成），保证小组的专业性。同时，根据高校的特征，分配给专业匹配的小组进行评估。因此，分配前就要仔细考虑受评高校与小组成员的匹配度。在初始评估的过程中，高校与小组成员的匹配度将会涉及：一是小组成员的体验要与受评高校的背景具有一定的匹配度，确保小组成员对受评高校有一定的了解；二是确保小组成员能够评估具有不同特征的高校。

值得注意的是，为了避免利益冲突，评估组成员的配置也要考虑评估成员与参评对象的关系。利益冲突是指个人利益可能损害或影响评估的专业判断和诚信。为确保评估的公正性，与特定高校有利益冲突的评估组成员将不会参与该高校的评估与决策。如果评估对象与 TEF 评估组的主席存在利益冲突，将由一名副主席代理 TEF 评估组主席的职务。

委任小组成员后，OfS 将会收集其成员与评估对象有关的利益冲突。OfS 也会公布有关利益冲突的政策，并发布小组成员声明的利益冲突名单。[11] 利益冲突政策中规定了三个方面的情况。一是 OfS 认为可能存在利益冲突的情况。二是要求小组成员按照政策规定申报潜在的利益冲突，并在整个任期内不断更新信息。三是若存在利益冲突，OfS 将采取行动来保护受评高校和小组成员的利益。

（四）评估的决策过程

在评估决策过程中，评估组成员最初将在小组中进行初评。之后，“推荐组”成员从小组中抽调，执行终期评估。TEF 小组主席将会得到学术小组和学生小组成员的支持。两个小组各派出一名成员，并任命为副主席。在副主席的支持下，主席将指导专家组根据评级标准和评估指南做出一致和严谨的决策。具体过程包括初始评估、临时决定、最终决定三个阶段（见图 2）。

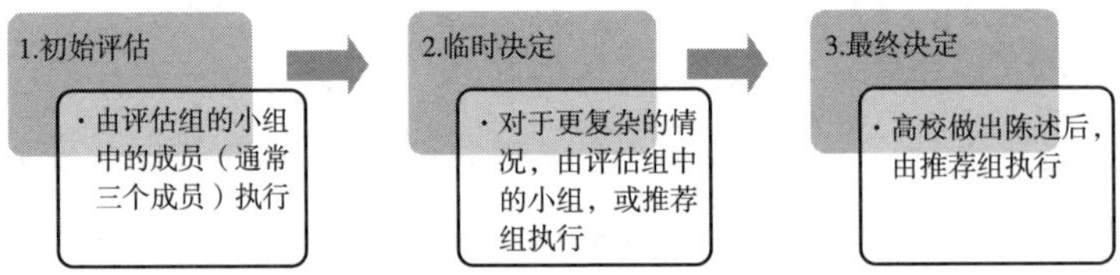

图 2　决策过程

资料来源：OfS. Regulatory advice 22：guidance on the teaching excellence framework 2023［Z］. Office for Students. 2022：58。

在初始评估阶段，TEF 评估主要做两件事情。一是要根据被评高校的特征与评估组成员的专业背景，划分评估小组成员，实现人员配置与评估需求的高度匹配度；二是小组成员审查与高校有关的材料，并对其评级结果形成建议，之后提交给评估组。

在临时决定阶段，评估组中的小组开会对其建议进行审议，并对大多数高校的评级做出临时决定。必要时，小组将进一步考量相关评估材料，这有可能会做出与其建议不同的临时决定。同时，有相应的机制来测试小组评估的一致性。例如，将所有成员聚集在一起审查进展情况，并解决评估时的疑问，确保指南使用的一致性。但若遇到更为复杂的评估案件，小组会将其移交给推荐组的成员。例如，小组专家认为，案件情况处在评级类别之间的边界上、缺乏卓越性，或存在相互矛盾的佐证。推荐组的成员将从所有分组中抽取并进行评估以支持决策制定的一致性。而推荐组也将对更复杂的案例做出临时决定。

这些临时决定评级的理由将记录在专家小组的书面声明中。与此同时，OfS 也会起草临时决定函（Provisional Decision Letter），包括评估组书面声明，其中包含评估组临时决定的理由，以及对高校的其他反馈。之后，临时决定函将发送给高校。在此过程中，OfS 还将发送一份学生提交的副本，以确保高校可以看到评估组所参看的所有佐证。

在最终决定阶段，收到临时决定函后，若高校认为评估组的评价没有准确地反映出原始佐证的内容，从而做出了不恰当的“临时决定”，或是评估组声明中存在任何与事实不符之处，高校将在 28 天内做出陈述。此时，推荐组将考虑高校所做的任何陈述。一方面，它将考虑高校提供的信息，考量“临时决定”所使用材料的适切性，或者是否需要修改决定；另一方面，推荐组还将考虑评估组书面声明的更改请求，以及高校所提及的适当理由。最后，推荐组将做出最终决定并告知高校，其结果也将被公布。若高校未作任何陈述，推荐组会在最终决定中确认该结果。

（五）等级划分与评定

TEF 框架中将“卓越”（excellence）的标准划分为三类评级，即金、银、铜。这三类评级明确地界定了有关“卓越”的不同等级，且均高于高校在 OfS 注册时所要求的最低质量标准。若评估结果没有达到“铜”的级别，这类高校将被划为“亟待改进”的行列（见表 2）。实际上，该评级不仅是教学水平的公开指标，还将决定高校学费的涨幅。那些没有进入或未能达到质量门槛的高校不会获得评级[12]。

表 2　TEF 的评级类别

级别	级别描述
金	学生的体验和成果非常出色
银	学生的体验和成果质量非常高，且可能有一些出色的表现
铜	学生的体验和成果质量高，且有一些高质量的表现
亟待改进	接受了 TEF 的评估高校没有授予评级。TEF 评级为亟待改进

资料来源：Office for Students. Consultation on the Teaching Excellence Framework（TEF）［Z］. Office for Students，2022：18.［Z］. Office for Students，2022：9。

判定 TEF 总体评估级别，主要关注学生体验与学生成果两个维度卓越特征的表现。“卓越”的特征是基于一种广泛的、基于原则的方式界定的，适用于不同的高校和学生，且避免对高校创新培养的限制。同时，界定这些特征也是在向高校和 TEF 评估组说明，什么是高于最低质量要求的“卓越”。也就是说，这些标准要让高校和 TEF 评估组明白，所谓的“卓越”的具体含义和表现形式。

但是，卓越特征的界定并非详尽无遗，也会根据实际情况而定。实际上，TEF 评估组既不会限制高校在创新方面的内容体现，也不会限制高校展示“卓越”的方式，而是更加重视与这些特征直接相关的佐证。若所提交的材料包含特征以外的信息，评估组成员也会考虑这些材料中与学生教育体验，或者学生成果质量最为相关的信息。高校要根据其使命，以及学生和课程的表现，强调其特征及其独特之处，并突出积极的影响和结果。

需要说明的是，TEF 框架从三个方面（学生适应高校方法的程度，高校方法的有效性，高校的方法在学校中的贯彻程度）对“卓越”的特征做了区分，并划分了两个等级。一是“杰出的质量”（Outstanding Quality），是指在评估高校教授学生和课程时，学生体验和其成果的表现被评为了最高质量。在评估该等级时，有足够的证据表明，高校教授学生和课程，致使学生的体验和成果在该行业中名列前茅；二是“非常高的质量”（Very High Quality），是指在评估高校教授学生和课程时，学生体验和其成果的表现远高于最低质量要求。

这两个等级旨在高于 B1、B2、B3 和 B4 中规定的最低质量要求（见表 1），其被视为卓越。总体上，评估组成员要评估每一个方面在“非常高”或“杰出”两个等级的特征程度，以及适用于高校学生群体、课程与学科范围的程度。然后，专家组成员将应用评级标准做出“最适合”的判断，以确定分项评级和总体评级。需要说明的是，在做出整体评级和分项评级时，TEF 评估组可以不授予那些超出最低卓越标准不多的评级。若对某个分项或整体未授予评级，其评估结果将是“亟待改进”。

针对获得“亟待改进”结果的高校，OfS 要对其质量和标准进行日常监控。实际上，该评估结果将成为 OfS 了解高校教学情况的一部分。OfS 将利用这些信息来确定需要调查的高校案例，并找出原因，考虑高校是否符合其底线的要求，是否满足最低质量条件但却没有表现出超过“铜”评级所需的足够卓越特性。

2023 年之后，若高校在评估过程中出现了如下三种情况，将不会获得 TEF 评级。其一，高校不参加 TEF 评级；其二，评估后未获得 TEF 总体评级，并收到“亟待改进”的结果；其三，获得评级但 OfS 认为高校缺乏保留该评级的资格。

（六）评估的报告与呈现

在开展 TEF 评估时，评估组会使用最近四年的数据，且这些数据对应不同的学年，具体取决于相关指标的要求。同时，TEF 的评估结果要根据不同的学习模式（全日制、非全日制和学徒制）分别报告。值得注意的是，在每种学习模式中，TEF 还要在整体和分项（维度）两个层面进行报告。

整体评估包含了所有本科学习阶段的学生数量、四年的所有可用数据，以及在高校学习或注册的学生（或两者）数量。它们代表了学习模式下的本科课程、学科和学生群体学习的整体表现。而分项评估是在总评估中，对不同学习模式下学生群体的进一步细分。其中包括对整体指标有贡献的四个单独年份的时间序列，本科学习水平，学生特点，学习的课程，特定课程类型，高校伙伴关系安排。

在结果呈现方面，TEF 的评测属于点估计（Point Estimates），其数据的显示表明了在特定时间内，高校就读人数的具体情况。TEF 的指标数据将表现在交互式数据仪表板（Data Dashboard）中。对比不同高校间学生的课业表现，数据仪表板中显示的基准表明了高校在其学生和课程方面的表现程度。具体包括两类数据。其一，在学生体验与学生成果维度中，数据仪表板显示了其持续的成果、已完成的成果和进步的成果的衡量标准[13]。其二，另一类随附数据（Accompanying Data）也通过数据仪表板显示了每所高校学生数量和规模的基本信息[14]。考虑到统计具有不确定性，采用数据仪表板的显示方式，旨在使 TEF 评估组和其他人能够理解其学校卓越程度的表现。

三　讨论与争议

（一）新指标体系的出现与负累

作为英国治理高等教育教学危机下的产物，在制定 TEF 时，OfS 就将提高知名度、提升教与学，认定卓越，并影响学生择校融入其中[15]，旨在通过评估这一指挥棒，提升高校在课堂教学、学生学习以及学生成果方面的质量[16]。同时，TEF 也是 OfS 规范英国高等教育教学质量和标准的一种方法。值得注意的是，TEF 只是提升教学卓越的手段，OfS 更大的报负是，希望通过 TEF 帮助学生择校，并激励高校提升教学质量的内动力，自主追求卓越[17]。

尽管 TEF 的出现旨在改进并提升英国高等教育课堂教学的质量，但在落实 TEF 并开展相关工作时，社会舆论反映出了诸多的担心。TEF 是继“全国学生调查”“科研卓越框架”“高等教育质量保证署”“高等教育评估”等评估项目之后新设立的一项评估机制，且已成为高等教育领域的一个常规评估项目。为此，英国高校内部又要开始建立新的行政结构、机制和流程，用以应付 TEF 评估。这无疑在高等教育领域中，又增加了所谓的“TEF 成本”[18]。

（二）评估体系的作用与风险

TEF 的制定与改良，遵循了 OfS 的目标和变革理论，贯彻了英国的国家意志。而《2017 年高等教育和研究法》的内容也正逐渐转化为高校教学的政策和实践[19]。因此，TEF 评估有助于让高校和评估者认真思考国家政策工具要如何为大学的教学改进服务，创造尽可能有利的教学环境。同时，TEF 评估也能够帮助高校抓住改进自身教学体系的契机[20]。更有针对性的是，在评估的过程中，TEF 能够帮助高校了解并挖掘自身优质的教学案例和良好的教学实践。

尽管高等教育机构大多数人都承认数据和指标的价值，但很少有人认为，指标能够反映大学教育质量的全部情况，而且许多人担心，过于倾向数据主导下的质量评估会对高校产生不良影响。如果高校认为只有指标才重要，那么高校会以指标为基础开展教学活动，而不是注重本校教学工作的可持续发展，这会有很大的风险[21]。

此外，也有反对者认为，作为一种问责制度框架，TEF 具有市场化手段，进一步增加了教育作为个人、机构和国家获得经济优势的手段[22]。同时，TEF 的引入也加剧了“表演性措施”的恶化与“审计文化”的增长[23]，这种文化将话语、交易和实践注入被迫的、去语境化的“卓越”措施中[24]。也就是说，参与 TEF 评估的高校变得更加目标驱动、更具审计化。

（三）评估结果的审视与忧患

TEF 评估结果反映了高校的课程质量，影响着高校的社会声誉，引导学生在择校时做出理想的选择，也通过评级向市场提供有关高校教学质量的信号。值得注意的是，OfS 在回应 TEF 的设计和实施中强调了：一是要提高教学质量的重要性，二是将其与更广泛的质量评估和机构问责制的议程牢牢地联系在一起。因此，TEF 评估不仅能对高校的卓越表现提出改进意见，也能够加强高校内部的对话与活动。一些大学借此机会开始审视自己的教学实践情况，并创建了一个更符合毕业生属性的新教育框架[25]。

但人们对评估结果的质疑却发生在评估的过程中。实际上，民众真正的担忧不是所谓卓越的体验，而是（高校）提供不真实和标准化的体验。此外，从评估过程来看，TEF 体系中清晰地反映了高校的教学工作“是由投入、活动和结果三个部分组成，而评估证据将它们（三个部分）缝合在一起”[26]。但实际评估过程却并非如此，且较为混乱，表现在两个方面。

其一，在很多情况下，评估机构根据来源于 NSS 的内部数据做出判断，并告诉受评高校他们所预判的结果。但在某些情况下，评估团队要对其结果做大量的解释性、审查性的工作。其二，根据学校和学生所提交的佐证，评估组要在其中找到正在发生的事情和实际可用的材料。尽管在不同学科领域中会有不同的评估成员负责评估不同的课程，但对于活动与结果之间的相互关系，评估成员的理解和表述却各不相同。在这种不确定的情况下，OfS 想听到的结果内容和高校教学的现实情况会存在偏差[27]。

四 小结

TEF 的出现、应用与改良，遵循了英国高等教育评估一贯的行事风格，做到了指标详尽具体、对象指向明确、程序公正有序、数据丰富多样、结果公开透明等。最为特别的是，TEF 的体系设置始终以学生的根本利益为基础，通过评估学生的体验与成果，加强高校、学生与市场之间的联系，倒逼英国高等教育机构提升办学质量。

但自评估开展以来，TEF 指标本身、评估过程与结果呈现依旧受到颇多质疑，主要围绕着三个方面，即评估重复下的工作成本负担、目标驱动下的高校教学发展、佐证质询下的评估结果偏差，尽管新版 TEF 指南在体系设计时已试图“应付”舆论的争议，也为不同高校的教学特色化发展保留了测评的空间。但不可否认，TEF 是英国政府加强高等教育治理的现实手段，最为积极的作用在于稳固英国高等教育学科建设免受国际大学排名冲击，并回应了学生培养与市场需求之间的平衡。

参考文献：

[1] 崔军，汪霞，胡小芃．英国高等教育“教学卓越框架”：形成、实施及评价[J]. 教育研究，2018，39（7）：146.

[2] Debbie McVitty. Previously on… value, quality, and teaching excellence policy and politics [EB/OL]. (2023-01-31) [20222-01-24] https://wonkhe.com/blogs/previously-on-value-quality-and-teaching-excellence-policy-and-politics/.

[3] ICEF Moniter. British government proposes major higher education reform package [EB/OL]. (2015-11-09) [2023-01-31] https://monitor.icef.com/2015/11/british-government-proposes-major-higher-education-reform-package/

[4] Debbie McVitty. Previously on... value, quality, and teaching excellence policy and politics [EB/OL]. (2023-01-31) [20222-01-24] https://wonkhe.com/blogs/previously-on-value-quality-and-teaching-excellence-policy-and-politics/

[5] Department for Education. The Higher Education and Research Act 2017 [EB/OL]. (2017-04-27) [2022-12-11] http://services.parliament.uk/bills/2016-17/highereducationandresearch/documents.html

[6] [12] [13] OfS. Who we are [EB/OL]. [2023-01-24] https://www.officefors tudents.org.uk/about/who-we-are/

[7] Universities UK. Our response to the higher education reform consultation [EB/OL]. (2022-12-20) [2023-01-24] https://www.universitiesuk.ac.uk/what-we-do/policy-and-research/publications/our-response-higher-education-reform.

[8] Higher Education Funding Council for England. Teaching Excellence Framework: year two specification: Year two additional guidance [R]. 2016: 7.

[9] UCAS. A Guide to the teaching excellence framework [EB/OL]. [2023-01-31] https://www.ucas.com/advisers/guides-resources-and-training/tools-and-resources-help-you/guide-teaching-excellence-framework-tef

[10] OfS. TEF data dashboard [EB/OL]. (2022-09-30) [2022-11-31] www.officeforstudents.org.uk/data-and-analysis/tef-data-dashboard/

[11] OfS. Size and shape of provision data dashboard [EB/OL]. (2022-09-30) [2022-11-31] www.officeforstudents.org.uk/data-and-analysis/size-and-shape-of-provision-data-dashboard/

[14] Tim Rudd. Teaching excellence framework: re-examining its logic and considering possible systemic and institutional outcomes [J]. The Journal for Critical Education Policy Studies, 2017, 15 (2): 62.

[15] [20] [21] [25] [26] [27] Debbie McVitty. What is the teaching excellence framework's theory of change? [EB/OL]. (2023-01-30) [2023-01-31] https://wonkhe.com/blogs/what-is-the-teaching-excellence-frameworks-theory-of-change-2/

[16] David Phoenix. The new TEF proposals could punish inclusive providers [EB/OL]. (2022-01-30) [2023-01-31] https://feweek.co.uk/the-new-tef-proposals-could-punish-inclusive-providers/.

[17] OfS. Regulatory Advice 22: Guidance on the Teaching Excellence Framework 2023 [Z]. Office for Students. 2022: 6.

[18] Richard Harrison. What Next for TEF? [EB/OL]. (2023-01-24) [2023-01-

31] https: //wonkhe. com/blogs/what-next-for-tef/.

[19] Tom Woodin. Co-operative Education, Neoliberalism and Historical Perspectives-the Dilemmas of Building Alternatives [M] //. Tim Rudd and Ivor. F. Goodson. Negotiating Neoliberalism: Developing Alternative Educational Visions. Rotterdam/Boston/Taipei: Sense Publishers, 2017: 117-128.

[22] John Holmwood. Slouching toward the Market: the New Green Paper for Higher Education, Part I [EB/OL]. (2015-11-08) [2022-11-11] http: //publicuniversity. org. uk/2015/11/08/slouching-toward-the-market-the-new-green-paper-for-higher-education-part-i/

[23] Justin Cruickshank. Putting Business at the Heart of Higher Education: on Neoliberal Interventionism and Audit Cultures in UK Universities [J]. Open Library of the Humanities, 2016, 2 (1): 77.

[24] Stephen J. Ball. The Teacher's Soul and the Terrors of Performativity [J]. Journal of Education Policy, 2003: 18 (2), 215-228.

A Study of the Teaching Excellence and Student Outcomes Framework for UK Higher Education

Wang Xiaodong

Abstract: As a leading country in higher education, the UK government has always attached great importance to the quality assurance of higher education teaching, considering quality assessment as an important means to ensure the development of higher education. In 2022, the UK government issued the Teaching Excellence and Student Outcomes Framework (TEF) and carried out a four-year national higher education teaching evaluation in 2023. The latest TEF defines the TEF Rating and Categories, compares the content and information of universities, students, and the National Student Survey data based on the two dimensions of Student Experience and Student Outcomes in order to ensure the accuracy of information and evaluate the development level of higher education teaching quality. This study first introduces the background of the TEF's emergence and development. Secondly, it analyzes the structure and implementation contents. Finally, it discusses the controversies existing in the formulation and implementation process.

Keywords: Teaching Excellence and Student Outcomes Framework; Education Quality Assurance; Higher Education Assessment; UK

职业教育评价篇

美国职业教育评价进展及发展趋势

汤　霓　陆宇正*

摘　要： 美国职业教育评价是全球职业教育评价领域的重要参照，经过多年发展，形成了涵盖国家、州和地方、院校三个层次的职业教育评价体系。当前，美国职业教育评价在政策制定与评价模式方面体现出新进展：一方面，《强化 21 世纪生涯与技术教育法案》对美国职业教育评价提出"绩效问责"新要求；另一方面，美国社区学院形成具备开放包容新特征的教师评价制度，进一步推动了职业教育评价的改革与发展。未来，美国职业教育评价将更加注重考查学生职业技能，开展教师评价促进教师专业化发展，关注科学公正的评价方式，融入国际化评价要素。

关键词： 职业教育　美国　教育评价

职业教育是美国教育体系的重要组成部分。为充分发挥评价对职业教育的推动作用，美国很早就开展了针对职业教育的评价活动。自美国 1976 年《教育修正案》（Education Amendments of 1976）中正式提出"问责"

* 汤霓，教育部职业教育发展中心副研究员，博士；陆宇正，天津大学教育学院博士研究生。

(Accountability) 以来，对“绩效”的强调成为推动美国职业教育评价发展的最直接动力。2006 年的《卡尔·D. 帕金斯生涯与技术教育改革法案》对“职业与技术教育”核心绩效指标重新修订，侧重于职业教育评价功能，特别是加强对联邦政府资助的职业教育项目的绩效问责，推动了美国职业教育评价的科学化、规范化和专业化发展[1]。近年来，美国社会发展呈现复杂多变的态势，特别是在新冠疫情的背景下，美国经济的发展更加复杂和不确定。美国愈加重视发展职业教育以培养更多适应市场需求的技术人才，提高劳动力素质和就业竞争力。为了推动职业教育发展，提升职业教育质量和水平，美国正在加快对职业教育评价体系的建设，以加快其发展步伐。本研究将从美国职业教育评价概况、美国职业教育评价重要进展、美国职业教育评价发展趋势等方面展开论述，全面分析美国职业教育评价的建设和发展进程，为我国职业教育评价体系的建设与改革提供借鉴和参考。

一 美国职业教育评价概况

美国职业教育评价是全球职业教育评价领域的重要参照，经过多年发展，形成了多层次的职业教育评价体系，其展现的特色与典型做法值得我们深入研究。

（一）美国职业教育评价体系与特色

1. 美国职业教育评价体系框架

美国职业教育评价体系分为国家、州和地方、院校三个层面（见图1），涵盖中等职业教育和中等后职业教育两个阶段。

国家层面的职业教育评价主要由联邦教育部组织实施，评价模式是全面且多元化的。国家层面的职业教育评价活动在国家法案指导下开展，涉及的评价主体有国家技能标准委员会、国家职业教育评估机构以及职业、技术和成人教育办公室等。评价内容较为丰富，并不是仅仅考查学生的学

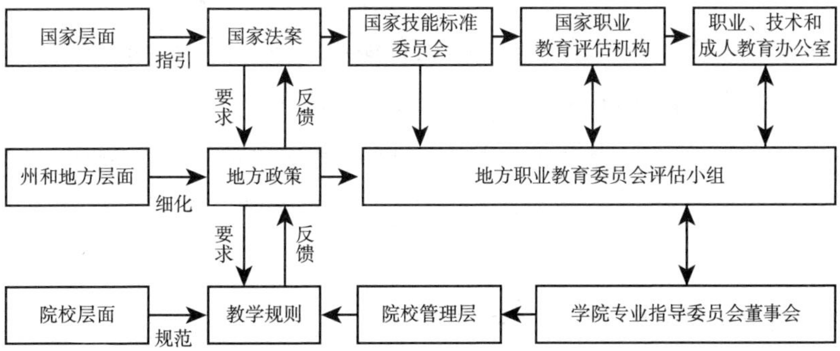

图 1　美国职业教育评价体系框架

资料来源：根据美国“社区学院学生参与度调查”（CCSSE）的报告自绘。

习成果，而还会囊括教师教学质量和学校管理水平等多个方面；评价方式包括考试、课程评估、学生作品展览、学生实习表现等多种形式；评价标准方面，联邦教育部还与各州教育部门合作，共同制定职业教育评价标准和指标，确保评价结果的客观性和准确性；评价结果被广泛应用于职业教育改进和政策制定。

州和地方层面的职业教育评价主要由各州政府分别组织实施，制定适合本州的评价标准和指标，以保证各州和地区的职业教育符合联邦法律和政策要求。评价主体为地方职业教育委员会评估小组。评价内容更加具体和具有针对性，同样是从学生学习、教师教学等层面出发；评价方式上，各州情况存在差异，更加灵活；评价结果上，主要用于本州职业教育的改进和政策制定。

院校层面的评价主要由各职业院校自主开展。美国职业院校收集和提供关于教学实践的相关信息，以便于国家或地方政府和教育部门使用这些信息或资料来改善学生的学习成果，以此提升职业院校学生的学业水平与就业竞争力。以社区学院为例，始于 2001 年的“社区学院学生参与度调查”是一种典型的以学生为主的评价方式，这种评价方式既具有第三方机构的外部质量评价的特点，又能够实现内部质量评价的目的。具体而言，该调查包含五个衡量教育教学质量的指标，即“主动与合作学习”“师生互动”“学业挑战”“学生努力”和“支持学习者”[2]。这些指标被用作评价有效教育教学实践的基准，以评估教育教学的质量水平。这种评价方式的核心目的在于反馈教育信息，协助社区学院及其官方决策者改善学生职业素质，并有效提升教育教学的实际质量。同时，院校会成立专门性质的专业指导委员会董事会指导评价工作的开展和实施。

2. 美国职业教育评价体系特色

美国职业教育评价体系以其评价主体多元协同、评价内容全面系统、评价实施持续改进等特色而著称，这些特色有助于提高职业教育人才培养质量，保障职业教育发展与改进。

第一，多主体协同参与，形成内外部互促机制。美国职业教育评价体系的利益相关者包括政府部门、社会机构、工商企业、雇主、职业教育院校等，这些利益相关者数量众多，他们在制定评价标准、组建评价委员会、检测评价流程、作出评价结果等方面扮演着关键角色。他们积极参与职业教育评价的各个环节，确保评价结果的准确性和有效性。同时，美国职业教育评价体系还形成了外部评价和内部自我评价相结合的机制，既保证了评价的客观性，又有助于院校自我完善和提高。这种内外部评价相融合的机制，使美国职业教育评价工作开展得更加全面、高效、客观和有效。

第二，以促进全面发展为导向，注重公平与效率。美国职业教育评价的目的是促进中等和中等后职业教育学生在学术、职业和技术技能方面的全面发展。评价结果不仅能够保障人才培养质量，还能够保障教育的公平及效率。通过科学评价，可以及时发现人才培养过程中存在的问题和不足，为职业教育改革和提高质量提供有力支持和依据。同时，评价结果还能够为学生提供更加精准的职业发展预判，服务于他们未来的就业和求职，为社会经济发展和企业创新提供更多人才支持。因此，美国职业教育评价不仅是教育的必要环节，也是社会发展的重要动力源泉。

第三，根据社会需求不断调整，持续跟进职业教育现实需求。美国职业教育评价体系是一个动态的系统工程，根据经济社会的变化和发展需求，不断调整和完善评价内容、指标、方法和流程，这样可以确保职业教育的质量与时俱进，适应不同阶段、不同层次、不同领域的职业教育实际发展需要。评价内容和指标的调整，可以反映出职业教育的新需求和新趋势，提高职业教育的针对性和实用性；评价方法和流程的调整，则可以提高评价的科学性和精确度，减少评价中的主观因素和误差，以反映出职业教育的真实情况和效果。因此，美国职业教育评价体系的不断调整和完善，有助于提高职业教育的质量和效果，更好地满足社会和经济的需求。

（二）美国职业教育评价典型做法

以下从中等职业教育、中等后职业教育两个阶段中选取不同的典型评价案例和做法，剖析美国职业教育评价的具体举措和实践。

一是综合高中课程评价模式。美国综合高中非常关注借助课程评价检验学生对 21 世纪技能（21st Century Skills）的学习效果，采用过程性评价和以学习成果为导向的评价方式。学生在课程学习过程中各项技能的具备程度通过量表或表格记录，并由多元主体参与评价和反馈。21 世纪技能的获得包括团队协作、沟通交流等能力，学校会通过量表的形式进行量化评价。以沟通技能为例，部分学校的评价量表将沟通能力的行为进行分类，通过考察在不同行为领域不同程度的具体表现，给予学生不同的评价（见表 1）[3]。

表 1　美国部分综合高中学校有关沟通技能的评价

表现程度	优秀 (Excellent)	熟练 (Skilled)	达标 (Meeting Standards)	新手 (Novice)
团队沟通	在谈话和讨论中使用有效的人际交往技巧，有所想法且尊重地回应他人	在谈话和讨论中使用有效的人际交往技巧，有所考虑且尊重地回应他人	在谈话和讨论中使用有效的人际交往技巧，尊重地回应他人	在谈话和讨论中能意识到但不能熟练地进行有效的人际交往

续表

表现程度	优秀 (Excellent)	熟练 (Skilled)	达标 (Meeting Standards)	新手 (Novice)
利用资源进行有效沟通	不局限于教室环境,有针对性地使用最有效的沟通资源使个人或社区居民恰当理解	有针对性地使用最有效的沟通资源使个人或社区居民恰当理解	有针对性地使用有效的沟通资源使个人或社区居民恰当理解	有针对性地使用沟通资源使个人或社区居民恰当理解
通过聆听参与	口头或非口头表达对知识、价值、态度、意图的全面理解;批判性地分析信息以开展进一步探究	口头或非口头表达对知识、价值、态度、意图的理解;分析信息以得到更好的理解	口头或非口头表达对知识、价值、态度、意图的粗略理解;考虑信息以增进理解	不能口头或非口头表达对知识、价值、态度、意图的理解;不能使用信息以增进理解

资料来源：4Cs Rubic [EB/OL]. [2018-08-14]. http://www.p21.org/ storage/exemplars/ 2015-2016_ Case_ Studies_ /bspa_ clea nt_ technologies_ echs_ combined_ rubric_ _ 4_ cs. pdf。

二是社区学院教育质量评估制度。美国社区学院是美国教育体系中的重要一环，它提供两年制的初级高等教育。美国社区学院教育质量评估制度的建立已历经百余年的历史考验，其评估方式也从单一的质量认证发展到学生学习参与度评估和学习成果评估等多元并存的新局面。社区学院教育质量评估主要分为五个发展阶段：①客观测量；②目标标准描述；③价值判断；④建构改进协商发展；⑤满足需求。在这五个阶段中，社区学院教育质量评价逐渐从简单的定量测量转向了更加综合的定性评价，强调学生学习参与度和学习成果评价，以及利益相关者的需求满足评价。社区学院教育质量评估制度的确立目的在于满足社会群体对接受职业教育的需求，以提高职业教育质量为目标。在此过程中，第三方机构最早掌控了教育质量评估话语权，成为社区学院教育质量评估的主要评估机构。同时，社区学院也逐渐意识到了教育质量评估的重要性，开始积极参与到教育质量评估的过程中，以提高教育质量为目标，满足社会需求。整体上看，美国社区学院教育质量评估制度已从单一的质量认证发展为多元化评估方式，这一大胆尝试旨在满足职业教育利益相关者的实际需求。

三是高等职业教育第三方认证制度。第三方认证制度在美国学位制度中有着举足轻重的地位，分为机构认证（Institutional accreditation，IA）和专业认证（Professional certification，PC），两者有着截然不同的评价目的与途径。机构认证审查学校整体情况，专业认证对高等院校中的专业进行认可。在美国，高等教育专业认证机构大部分是社会第三方专业机构，由美国高等教育认证协会（Council for Higher Education Accreditation，CHEA）对这些认证机构进行认可。以工程教育为例，美国负责实施工程教育专业认证的机构是工程技术认证董事会（Accreditation Board for Engineering and Technology，ABET），其下设的应用科学认证委员会（Applied Science Accreditation Commission，ASAC）和工程技术认证委员会（Engineering Technology Accreditation Commission，ETAC）可分别对高等职业教育层次的应用科学和工程技术教育专业进行认证。例如，普渡大学理工学院是当前学校工程技术学位授予的主要单位，学院设有专门的评估与认证办公室（Office of Assessment and Accreditation），负责管理和协调学院课程的评估与认证活动。目前，普渡大学理工学院所有学士学位（含副学士学位）专业均获得高等教育委员会（Higher Learning Commission，HLC）的机构认证，在此基础上，很多专业也进行了专业认证。长期以来对普渡大学理工学院课程进行专业认证的机构主要有国际航空认证委员会（Aviation Accreditation Board International，AABI）、工程技术认证董事会（Accreditation Board for Engineering and Technology，ABET）等六家机构[4]。可以发现，美国第三方认证制度是对高等职业教育实行外部质量保障的重要手段，在保证其能够培养出符合劳动力市场需求的人才方面发挥了重要作用。

二　美国职业教育评价重要进展

近年来，美国职业教育评价在理念、机制和保障方面取得重要进展，以下主要从政策制定与教师评价新模式两个方面来具体阐述。

（一）《强化 21 世纪生涯与技术教育法案》提出“绩效问责”新要求

2018 年，美国颁布了《强化 21 世纪生涯与技术教育法案》（以下简称“新法案”），又称《帕金斯生涯与技术教育法案 V》，作为美国生涯与技术教育（Career and Technical Education，CTE）[①] 的纲领性文件，它的制定、实施以《帕金斯生涯与技术教育法案Ⅳ》（以下简称《法案Ⅳ》）的基本方针和内容为依据，提出了美国未来六年生涯与技术教育变革的趋势和内容。随着新公共治理理念在教育领域的盛行，“绩效”与“问责”正日益成为美国职业教育评价改革的核心议题。

第一，关于核心绩效指标的设计。一方面，新法案明确了主要分析单位。新法案将学生分为“CTE 专注者”（CTE Concentrators）[②] 和“CTE 参与者”（CTE Participants）[③]，引入对“CTE 专注者”这一术语的正式定义，成为新法案中绩效问责框架的主要分析单位，它是新法案绩效问责制中的主要内容和关注对象。另一方面，更新核心绩效指标。新法案在《法案Ⅳ》的基础上，对中学与中学后教育阶段的绩效指标进行了精简和更新，精简后重点关注关键性的指标。中学阶段的绩效指标包括毕业率、阅读/语言艺术和数学的学术成就、安置情况、CTE 项目质量评估、参与和完成非传统领域 CTE 项目的“CTE 专注者”的比例；中学后阶段的绩效指标包括安置情况、获得证书和文凭的比例、参与和完成非传统领域 CTE 项目的“CTE 专注者”的比例。在核心绩效指标的设计上，新法案更加关注 CTE 学生的学业成就，并且重视加强中学和中学后教育之间的衔接与联系。

第二，绩效问责制度的执行与规范。尽管强调统一评价标准的重要

---

① 在 2006 年的《卡尔·D. 帕金斯生涯与技术教育改革法案》中，美国将之前的“职业教育”（Vocational Education）改称为“生涯与技术教育”。基于分析和阐述的方便，本研究中对美国的“职业教育”与“生涯与技术教育”不作区分。

② “CTE 专注者”是指在中学教育阶段，在一个 CTE 项目中完成至少两门课程的学生；在中学后教育阶段，在一个独立的 CTE 项目中至少获得 12 个学分的学生。

③ “CTE 参与者”是指在一个独立的 CTE 项目或学习项目中至少取得 1 个课程学分的学生。

性，新法案仍尊重各州 CTE 发展现状的不同，在尊重差异的基础上最大限度地赋予各州自主制定契合当地经济和教育发展现状的绩效目标的权力。新法案还规定了各州绩效目标必须满足以下要求：一是以百分比或者数值形式表示，具有客观性、可量化、可测性，能审议如何推进州计划所确定的目标，从而持续有效地提高 CTE 绩效；二是要求州在提高所有 CTE 学生的成绩方面不断取得有意义的进展，同时考虑到特殊人群和 CTE 专注者等子群体，包括 1965 年《中小学教育法》中所述的学生分组；三是在 CTE 办学联合体提交计划前至少 60 天，必须经过公开征求意见程序咨询不同的利益相关者，并向这些利益相关者和公众提供书面答复。另外，新法案要求如果一个州没有达到绩效目标的 90%，那么该州就必须为未达标的核心绩效指标重新制定并实施一个项目改进计划，并且处于改进计划下的州没有资格调整其州绩效目标。与此同时，新法案保留了国务卿基于绩效制裁与追究州责任的权力，包括减少对连续两年未达到设定绩效目标 90%的州的资助。

（二）社区学院形成具备开放包容新特征的教师评价制度

近年来，美国社区学院注重师资队伍建设，形成了新型教师评价模式。美国社区学院教师评价制度要求董事会、教师、行政部门共同参与，评价原则为开放包容、机会均等、公平公正，肯定教师工作绩效和授予任期。该评价制度成为美国职业教育办学水平不断提升的重要保障。

首先，以促进教师专业化发展为评价目的。美国社区学院教师评价的主要目的是通过帮助教师了解职业要求，为教师提供机会和资源，提高技能并积累经验，选择有效的评价方式等手段来促进教师专业发展；同时，通过阐述学术自由理念、界定学术自由界限等方式强调教师享有学术自由权。教师专业化发展是西方大学所追求和践行的理念，强调了教师在高校的权利。教师专业化发展不仅需要教师自身努力，也需要获得外部力量的帮助，而教师评价赋予了教师为实现专业发展享有外部帮助的权利。

其次，借助多维途径设置评价标准。美国社区学院职工类型较多，如教员协调员、顾问、图书管理员等。许多社区学院教师包含终身教师（Tenured Faculty）、试用期终身教师（Tenure-track Faculty，试用期为四年，不继续聘任即离职的教师）、兼职教师（Adjunct Faculty）、助学金资助的教师（Grant-funded Faculty）。其中，终身制教师每三年至少评价一次，包括标准评价和全面评价。标准评价涉及三个方面：一是教师评估委员会成员开展学生问卷调查；二是院长或相关管理员完成对非教学责任的评估表；三是教师完成自评表。全面评价包括两部分：一是评估员和院长或负责的管理员联合评估，若双方意见不能达成一致，由评价委员会进行甄选；二是观察教师表现，填写观察表，审查教师文件包，完成评估总结表（包括评价委员会、教师本人、副主席或指定人员意见），并酌情给予表扬和建议。在具体内容上，教师评价标准包括一般和具体标准，涉及学生关系和专业责任两方面。

最后，形成多等级的结果指导教师发展。定性评价和定量评价是常用的评价方式，各有特点。美国社区学院在进行教师评价时，部分具体内容涉及定量评价，如学生问卷，但总体上对教师采用定性评价的方式，充分考虑教师的能力、情感等综合情况，分为四个等级，具体为“超出预期（Exceeds Expectations）、达到要求（Meets Expectations）、需要改进（Needs Improvement）、不满意（Is Unsatisfactory）”。其中，“超出预期”是指教师在所有重要的责任领域都高质量地完成工作，整体工作质量极高，远超过对教师的预期要求。“达到要求”是指在整个审核期间，教师始终高质量地完成工作，并且完成的质量明显高于基本完成工作职责的标准。“需要改进”是指这些教师某些方面的表现低于评价标准，需要通过确实改进才能达到评价标准，但因为能力有限需要额外指导，还需要进一步采取针对性措施以提高工作整体绩效。“不满意”是指教师在各方面的表现均低于评价标准，需要有策略地计划以实现教师整体绩效提高的目标。

三　美国职业教育评价发展趋势

近年来，为应对经济发展环境的复杂性、严峻性、不确定性，美国愈加重视发展职业教育以培养更多适应市场需求的技术技能人才，为此在职业教育评价方面也呈现一些新的改革发展趋势。

（一）注重考查学生职业技能，强调实践教学和学生工作经验

近年来，新冠疫情对美国经济产生了较大影响。在美国当今就业市场竞争激烈的环境中，劳动者的职业技能重要性愈发受到雇主的重视。为此，美国职业教育更加注重培养学生的职业技能，以帮助学生在未来职业生涯中适应市场需求。所以，在美国职业教育评价中，评价内容更加注重考查学生职业技能要素。正如有学者指出，“美国职业教育评价社会化和市场化特征明显，实质上体现了职业教育社会培训的职能”[5]。随着实践经验和实际工作能力愈发成为企业关注的重点，越来越多的职业院校认为只有通过实践教学和实际工作经验积累，才能真正有助于学生掌握职业技能和知识，所以美国职业教育评价愈发强调考查实践教学和学生的实际工作经验。

（二）关注教师专业化发展和教学质量，通过评价提高教学水平

美国职业教育评价体系通过建立教师评价制度，以提高教师的教学水平。通过教师评价制度，各类院校可以直接评估和监控教师的教学质量，以发现教学中存在的真实问题并及时整改解决。同时，教师评价制度还可以为教师提供专业化发展机会，让他们不断提高自己的教学水平和专业素养。由此可见，教师专业化发展也是美国职业教育评价的关注重点，美国社区学院通过建立健全教师评价制度提高教学质量，为教师提供专业发展机会，以提升教师的教学水平和专业化素养。通过评价制度优化职业教育教师队伍的整体素质将继续成为美国职业教育评价发展过程中的特色与优势。

（三）注重评价方式科学性和公正性，采用多种手段开展客观评价

为确保评价的科学性和公正性，美国职业教育评价采用多种评价手段

和工具来开展客观评价。这些评价手段和工具包括问卷调查、学生作品评估、教师评估、实习评估等。美国职业教育评价通过这些评价手段和工具，可以全面评估学生在接受职业教育时的整体学习情况、实践能力和职业素养，同时也可以对教师的教学质量和专业能力进行评估。正如有研究者指出，“美国职业教育评价的层次体系比较健全，评价内容具有显著的侧重点和区分度，评价工作具有较强的针对性、系统性、侧重性和互补性”[6]。这些评价手段和工具旨在确保评价的科学性和公正性，让评价结果更客观和准确。此外，美国职业教育评价还注重评价方式的多样性，以适应不同类型的职业教育课程和学生群体的需要。研究表明，“第三方评价已经成为美国职业教育评价的主要形式，由联邦高等教育委员会（CHEA）或教育部（USDE）认可的第三方认证机构实施”[7]。在评价过程中，职业院校会根据不同课程和学生群体选择不同的评价方式和工具，以确保评价的全面性和准确性。

（四）融入国际化评价要素，助力全球视野和跨文化沟通能力发展

美国是职业教育国际化的“先锋者”，逐步实施高等职业教育国际化的行动策略，先后完善了富布赖特法（Fulbright Act，1946）、《国际进修机会法》等政策性的保障制度，依托政府和非政府组织严密的机构体系、以社区学院为高等职业教育的主导力量[8]。美国职业教育评价注重培养具有全球视野和跨文化沟通能力的技能人才，为此在评价标准中融入国际化要素。各类院校会在职业教育的课程设计和教学过程中，注重融入国际化要素，促使教师积极开展相应课程，帮助学生掌握国际化知识和技能。同时，在评价学生的职业能力和素养时，也会融入国际化要素，如跨文化沟通能力、国际化视野等，以确保学生具备全球竞争力。通过该方式，可以培养具有全球视野和跨文化沟通能力的技能人才，为国家经济发展和国际交流做出贡献。由此可见，融入国际化要素、提升学生国际竞争力，也成为美国职业教育评价中一个重要的发展趋势。

参考文献：

[1] [6] 曾东升．新时代职业教育评价体系建设的思考与建议［J］．职业技术教育，2021，42（15）：29-35.

[2] 马君．美国高等职业教育质量评价框架研究——基于“社区学院学生参与度调查”的分析［J］．职业技术教育，2013，34（22）：84-89.

[3] 4Cs Rubic［EB/OL］．［2018-08-14］．http：//www. p21. org/ storage/exemplars/ 2015-2016_ Case_ Studies_ /bspa_ clea nt_ technologies_ echs_ combined_ rubric_ _ 4_ cs. pdf.

[4] 王浩南，李政．美国大学工程技术学位的授予研究——以美国普渡大学为例［J］．职教通讯，2022（2）：27-35.

[5] 何方容．高等职业教育评价改革思路［J］．苏州市职业大学学报，2022，33（1）：43-48.

[7] 朱春雨，闫志利．国内外学徒制质量评价研究现状与实践取向［J］．职业教育，2023，22（15）：27-33.

[8] 胡强．江苏省高职院校国际交流与合作现状及对策研究［J］．兰州教育学院学报，2017，33（04）：67-69.

Progress and Development Trend of American Vocational Education Evaluation

Tang Ni, *Lu Yuzheng*

Abstract: American vocational education evaluation is an important reference in the field of global vocational education evaluation. After years of development, it has formed a vocational education evaluation system covering national, state, local and college levels. At present, the American vocational education evaluation reflects new progress in policy formulation and evaluation mode: On the one hand, the 21st century career and Technical Education Act puts forward new requirements of “performance accountability” for American vocational education evaluation; On the other hand, American community colleges have formed a teacher evaluation system with new characteristics of openness and inclusiveness, which has further promoted the reform and development of vocational education evaluation. In the future, American vocational education evaluation will pay more attention to the examination of students' vocational skills, carry out teacher evaluation to promote teachers' professional development, pay attention to scientific and fair evaluation methods, and integrate international evaluation elements.

Keywords: Vocational Education; America; Education Evaluation

欧盟职业教育评价研究

——基于欧盟教育和培训计划与职业教育指标体系发展的思考

谢青松*

摘　要： 新兴数字技术、人口流动、全球气候变化以及新冠病毒大流行等因素加剧了欧盟教育结构性变革。欧盟通过制定教育和培训计划，从宏观层面先后开发了多套教育评价指标体系，提出了欧盟教育发展的战略目标和具体举措，并推动了欧盟各类教育指标体系的建立与应用，包括欧盟职业教育与培训评估框架，以及欧盟职业教育质量指标体系。目前，基于欧盟教育和培训计划宏观导向，欧盟职业教育评价具有数字化、终身化、灵活化、可持续化、绿色化等发展趋势，强调基于资历衔接与生态环境适应，持续发展欧洲及国际职业教育与培训评价体系。

关键词： 数字技术　职业教育　评价指标体系　可持续发展　资历衔接

欧盟十分重视职业教育发展①，并将其视为成员国应该共同努力推进

---

* 谢青松，重庆开放大学/重庆工商职业学院创新教育学院副院长，教授、博士。

① 欧盟官方政策文件中通常使用职业教育和培训（Vocational Education and Training）术语，为便于与国内术语兼容识别，本报告同时使用职业教育，以及职业教育和培训术语。

的合作领域。随着哥本哈根和博洛尼亚进程的推进，欧盟职业教育合作已经取得突出进展，但仍然面临巨大挑战。欧盟新的发展目标是成为全球最具竞争力和活力的知识型经济，而职业教育和培训在目标实现中起着关键作用；通过职业教育和培训促进人力资本投资，实现基于知识的可持续增长和就业，在重视多样性发展的同时，制定长期战略发展框架可以为职业教育与培训系统提供持续的利益支持，服务于更广泛的欧洲战略[1]。目前，在所有会员国面临老龄化社会加剧、劳动力技能不足、全球竞争激烈、数字技术变革等共同挑战背景下，加强职业教育评价改革和指标体系构建，提升职业教育质量内涵建设已经成为欧盟各国共同支持和推动的战略举措。

一　欧盟职业教育评价进展：教育和培训计划与职业教育评价体系

（一）欧盟教育和培训指标体系

1. 发展历程

2000 年，欧盟开始制定教育和培训指标体系，经历了动态构建和不断完善的过程，先后开发了多套指标体系。2002 年 3 月，巴塞罗那欧洲理事会批准了《教育和培训 2010 计划》，该计划在《里斯本战略》的背景下，首次建立了欧洲在教育和培训领域的合作框架，其共同目标和主要目的是通过开发欧盟层面的辅助性工具，加强相互学习，开放协调，交流良好做法，从而支持并改进成员国教育和培训系统[2]。2003 年 5 月，欧盟教育理事会批准了 5 个“2010 基准”，奠定了欧盟教育指标体系的基础。2007 年 5 月，教育理事会批准了目标监测的 16 个核心指标（含 5 个“2010 基准”），从而形成了系统的、较为完善的欧盟教育指标体系。

2009 年欧盟制定了《教育和培训 2020 计划》，提出了欧盟教育发展的战略目标和具体目标。2019 年 6 月，欧盟理事会通过了《欧盟新战略规划（2019—2024）》，即《教育和培训 2025 计划》，提出成员国“必须加大对公民技能和教育的投入，并保证有效支出”[3]。

2. 基本结构与内容

2002 年 6 月出台的《教育和培训 2010 计划》提出的教育和培训发展的三大战略目标分别是：大力提高欧盟教育和培训的质量和效益；扩大全民接受教育和培训的机会；向世界更加开放欧盟的教育和培训。欧盟在每个战略目标下面又分解为若干个具体目标，总计为 13 个具体目标，即提高教师以及培训教师的培养和培训质量；培养学生在知识社会所需的能力；确保人人有接受信息技术教育的机会；增加数学和理工科专业学生的人数；大幅增加年度人均人力资源投入；建立开放的学习环境；使学习更具吸引力；培养积极的公民意识，保证机会均等，促进社会凝聚力；加强教育同工作生活、研究和社会的联系；培养创业精神；改进外语学习；增加流动和交流；加强欧洲国家间的合作等[4]。

2009 年 5 月，欧盟教育部长理事会批准了“欧盟教育和培训合作战略框架”，即《教育和培训 2020 计划》，提出了以下战略目标：使终身学习和流动成为现实，改进教育和培训的质量和效率，促进公平和社会凝聚力，培养积极的公民意识，提升创造力和创新能力，培养创业精神。每个战略目标又包含若干个具体目标。例如，在改进教育和培训的质量和效率战略目标中，欧盟提出的具体目标是：保证每个人都能获得关键能力，提升各级教育和培训的吸引力，使欧洲能够保持全球强大角色地位；大力提高读写能力和计算能力等基本技能水平，使数学、科学和技术学科更具吸引力，加强语言学习能力；保证高质量教学，提高数量上足够的初始教师教育水平，促进教师和培训教师继续实现专业发展，使教学成为有吸引力的职业生涯选择；改进教育和培训机构的治理和领导力，建立具有效能的质量保证体系；保证公共和社会资源的使用既有效率又有可持续性，促进以证据为基础的教育和培训的决策和实践，实现教育与培训的高质量发展；等等[5]。

2019 年 6 月，欧盟教育部长理事会批准了《欧洲教育区 2025 规划》，即《教育和培训2025计划》，旨在巩固现有建设成果，推动教育和培训可持续发展，促进欧洲教育与培训的公平、实效和灵活。《教育和培训2025计划》包括六大战略目标：教育与培训质量；全纳和性别平等；绿色与数字转型；教师与培训师；高等教育发展；地理政治融合。具体包括22个发展目标，分属不同维度。例如：教育与培训质量战略目标中，有4项具体目标，即提升基础横向技能，促进流动和合作机会，支持终身语言能力提升，建立欧洲教育观[6]。

3. 具体指标及其含义

欧盟《教育和培训计划》主体内容包括战略目标、具体目标和基准。目标通常包括多个维度以及具体指标，为欧盟发展提供指南和方向性指引，为欧盟成员国就相关教育和培训主题达成共识、形成合作、搭建平台奠定基础。基准是欧盟目标监测最核心的量化指标，是可测量进步的具体目标，以欧盟15个老成员国的平均表现为基础确定“欧盟平均成就参照水平”，以衡量各国表现的相对水平，同时确定三个最佳表现国家，数据有可比性，能与美国和日本比较。欧盟《教育和培训计划》的目标与基准详见表1。

表1 欧盟《教育和培训计划》目标与基准

名称	目标维度	具体指标	基准
《教育和培训2010计划》	大力提高欧盟教育和培训的质量和效益；扩大全民接受教育和培训的机会；向世界更加开放欧盟的教育和培训	提高教师以及培训教师的培养和培训质量；培养学生在知识社会所需的能力；确保人人有接受信息技术教育的机会；增加数学和理工科专业学生的人数；大幅增加年度人均人力资源投入；建立开放的学习环境；使学习更具吸引力；培养积极的公民意识，保证机会均等，促进社会凝聚力；加强教育同工作生活、研究和社会的联系；培养创业精神；改进外语学习；增加流动和交流；加强欧洲国家间的合作等	15岁学生阅读素质低成就者比例从2000年的21.3%降到了2009年的20.0%，早期离校生比例从17.6%降到了14.4%，青年人高中阶段教育完成率从76.6%提高到了78.6%，成人参加终身学习的比例从8.5%提高到了9.3%

续表

名称	目标维度	具体指标	基准
《教育和培训 2020 计划》	使终身学习和流动成为现实，改进教育和培训的质量和效率，促进公平和社会凝聚力，培养积极的公民意识，提升创造力和创新能力，培养创业精神	保证每个人都能获得关键能力，提升各级教育和培训的吸引力，使欧洲能够保持全球强大角色地位；大力提高读写能力和计算能力等基本技能水平，使数学、科学和技术学科更具吸引力，加强语言学习能力；保证高质量教学，提高数量上足够的初始教师教育水平，促进教师和培训教师继续实现专业发展，使教学成为有吸引力的生涯选择；改进教育和培训机构的治理和领导力，建立具有效能的质量保证体系；保证公共和社会资源的使用既有效率又有可持续性，促进以证据为基础的教育和培训的决策和实践，实现教育与培训的高质量发展；等等	增加新的基准。学前教育参与率到 2020 年达到 95%，15 岁学生数学和科学素质低成就者比例不超过 15%，30～34 岁具有高等教育文化程度的比例达到 40%。调整 2010 年基准目标值。将 PISA 阅读测试中仅达到水平 1 或水平 1 以下的 15 岁低成就学生比例由 17%调低到 15%，25～64 岁成人参加终身学习的比例由 12.5% 调高到 15%；保留不变。早期离校生欧盟平均比例控制在 10%以下的目标保持不变。去掉部分 2010 年基准。去掉高中阶段教育完成率以及数学和理工科毕业生两个 2010 年基准
《教育和培训 2025 计划》	教育与培训质量；全纳和性别平等；绿色与数字转型；教师与培训师；高等教育发展；地理政治融合	提升基础横向技能；促进流动和合作机会；支持终身语言能力提升；建立欧洲教育观；畅通学校成功路径；50 个职业教育与培训卓越中心；欧洲微学位方案；性别敏感教育；气象教育联盟；教育基础设施绿色化；理事会环境可持续教育倡议；数字教育行动计划；25 座伊拉斯谟师范学院；欧洲国家职业框架指南；欧洲创新教学奖；欧洲大学全面推出；欧洲学位发展；大学联盟法律法规；伊拉斯谟移动应用；团队欧洲方案；加强与全球战略伙伴的合作；扩大伊拉斯谟的国际规模	15 岁低成就儿童在阅读、数学和科学方面的比例应低于 15%；八年级低成就学生在计算机和信息素养方面的比例应低于 15%；至少 98% 的 3 岁至义务初级教育年龄的儿童应参加幼儿教育；20～24 岁年龄段具有高中文凭的人口比例应达到 90%；30～34 岁年龄段具有大专及以上学历的人口比例至少达到 50%

资料来源：Council of the European Union，2002[7]；Council of the European Union，2009[8]；European Commission，2020[9]。

4. 功能作用与实施成效

欧洲高等教育区的发展植根于数十年欧洲层面的教育合作，《教育和培训计划》的出台与实施促进了成员国之间的相互信任与理解，对欧洲高等教育战略发展和国家改革具有重要意义[10]。迄今为止，通过赋能教师、改善通识教育、数字化转型、制定职教培训新规则，合作已取得显著成果[11]。此外，《教育和培训计划》设定了欧盟的共同目标（基准），并提供了广泛的相互学习和政策支持工具，鼓励成员国将工作重心放在最紧迫的优先事项上。截至 2020 年，取得了以下主要成果。

第一，从 4 岁开始，几乎 95%的儿童接受了早期儿童教育。现在，这一极其重要的教育阶段可以充分重视质量标准，特别是对于处境不利的儿童。

第二，在过去 10 年间，年轻人的高等教育水平得到了极大的提升，甚至超过了欧盟 2009 年设定的 40%的目标。更高的教育水平与获得并维持工作机会、更高收入以及民主生活的参与高度相关。

第三，离开高中教育且不再接受培训的年轻人的比例从 2009 年的 14%下降到 2019 年的 10.2%，实际上达到了欧盟设定的 10%的目标，这一成果有助于降低年轻人的低技能风险。

第四，2019 年应届毕业生的就业率提升至 80.9%，表明已从 2013 年创纪录的 74.3%低位稳步回升，已接近欧盟 82%的发展目标。

第五，受金融危机等因素的影响，成年人的学习参与率未达到 15%的目标；虽然在 2019 年已上升至 10.8%，但成员国之间存在较大差异[12]。

5. 主要特征与重要影响

欧盟从两个视角确立教育目标。从世界视角看，欧盟教育的地位和发展水平与竞争对手美国和日本比较，是从终身学习的视角统筹各级各类教育发展，为了加快进入学习型社会，教育就要为增长、就业和人民福祉做出贡献。随着新兴经济体的崛起，欧盟将竞争对手从美国和日本扩大到金砖国家。欧盟的教育目标是三级目标体系，包含宏观目标、战略目标和具体目标。教育宏观目标包括“使欧洲教育和培训系统成为世界教育质量参照系”“使教学专业成为更具吸引力的职业生涯选择”“使欧洲高等教育区和研究区在世界上更具吸引力”“创立欧洲研究和创新区”“实现知识化欧洲”“使欧洲终身学习区成为现实”等。这些教育宏观目标的实现，使欧洲教育与培训体系服务于“里斯本”战略目标和欧盟社会经济发展战略[13]。欧盟的指标体系具有以下特点。

第一，高度重视使用基准指标，在最核心领域对最关键问题以欧盟平均表现水平设置了量化目标值、年度监测和评价实现目标的达成度，评定最佳表现国家，共享最佳实践，激励后进国家向前追赶，同时与主要国家进行国际比较。

第二，注重指标的可比性、相关性、时效性和高品质，同时保持指标的动态性和发展性。

第三，重视新兴技术与教育和培训的融合，加强可替代性数字证书的应用，强化对学习成果的数字化管理，基于大数据、人工智能、区块链等技术，为学习者学习成果跨国跨领域资历认证提供便捷新路径[14]。

第四，注重数据来源的多元化。数据结构既有描述性统计数据，也有抽样调查数据和测评数据，特别是高度重视质量内涵较高和具有国际可比性的调查测评数据，加强与经济合作与发展组织（OECD）、联合国教科文组织、国际教育评价协会（IEA）等国际组织的合作，实现数据共享，参加调查测试或搭载测试模块，满足欧盟的数据需求，积极开拓新的数据来源，实施语言能力和学会学习能力的调查。

第五，推动了欧盟各类教育指标体系的建立与应用。例如，参照《教育和培训计划》，欧盟发布了职业教育与培训评估框架，从就业能力、匹配程度和机会三个维度，在背景、输入、过程、产出和结果五个方面构建了由 73 个具体指标构成的指标体系[15]；建立了欧盟中小学教育信息化指标体系，包括 12 个指标领域[16]；发布了欧盟职业教育质量指标体系，由 10 个一级指标、14 个二级指标构成[17]。

（二）欧盟职业教育评价体系

1. 欧盟职业教育与培训质量评估框架

为系统评估职业教育与培训的质量，欧盟对国际上通用的职业教育指标体系进行了分析，并根据欧盟职业教育政策的三个重要领域——提高学生就业能力、实现职业教育供给与需求的匹配、实现所有人口特别是弱势群体的平等参与，即就业能力、供需匹配度和机会三个维度构建了职业教育与培训评估框架，并对每一个维度都从背景、输入、过程、产出和结果五个方面构建了由73个具体指标构成的指标体系（见表2）。在具体指标的构建过程中，特别参照了以下几个方面原则：指标与职业教育政策发展目标密切相关，指标应容易理解和定义，同时具有软指标和硬指标，应具有可操作性，同时满足客观性、可靠性和有效性等方面的要求，能够促进收集有价值的信息。

表2　欧盟职业教育与培训质量评估指标体系

维度	方面	指　标
就业能力	背景	1. 基本经济和就业指标（经济增长、收入、生产力、就业、失业、长期失业、没有稳定工作的工人）
		2. 人口教育成就、职业教育与培训项目完成情况
		3. 不同教育成就人口失业情况
		4. 青年人教育、就业、失业和消极就业情况
		5. 成人参与终身学习比例
		6. 获得网络家庭数
	输入	7. 教育支出占 GDP 比例，以及职业教育与培训所占份额
		8. 对职业教育与培训参与与对普通教育参与比较
		9. 失业人口通过接受职业教育与培训改善技能与就业前景情况
		10. 初始职业教育与培训项目中对母语、外语、信息通信技术及其他基本能力培养情况
		11. 企业对就业培训总投入占劳动力总支出比例
		12. 工人对就业培训参与情况
		13. 把某种语言作为第二语言对半文盲和文盲者的提供情况
	过程	14. 职业教育与培训参与者在真实工作环境下接受培训至少达到 25%受训时间的比例
		15. 职业教育与培训参与者获得信息通信技术技能培训的比例
		16. 信息通信技术在课程教学中的运用比例
		17. 促进学生流动措施的实施情况

续表

维度	方面	指　标
	产出	18. 开始和成功完成职业教育与培训参与者的比例(根据不同的职业教育与培训课程类型分析)
		19. 在初始职业教育与培训中获得基本能力情况
		20. 20~24 岁年龄人口中最高教育水平为 ISCED 0、1、2 的比例
		21. 早期学校辍学者的比例
		22. 获得资格证书比例及职业教育与培训完成率
	结果	23. 青年人口的教育与就业情况,具有较低教育背景的青年人口比例
		24. 职业教育与培训参与者成功完成培训后在受训专业领域找到工作并在一定时期内(如 6 个月)保持该工作的比例
		25. 没有获得稳定工作的青年人口比例
		26. 没有稳定工作工人进入新兴行业(部门)培训情况
供需匹配度	背景	27. 在劳动力市场上减少供给与需求不匹配,并把其运用到职业教育与培训中的措施
	输入	28. 对某些特定行业职业教育与培训项目的参与情况
		29. 企业观察到的对资格及继续教育与培训的需求情况
		30. 企业在未来对资格的需求情况
		31. 个人提出的具有满足需求更加迫切工作的技能情况
		32. 现有的向职业教育与培训机构传达劳动力市场需求信息的机制
	过程	33. 地区及地方机构在确定职业教育与培训目标及对职业教育与培训拨款的参与情况
		34. 具有继续教育与培训计划或继续教育与培训预算的企业
		35. 为应对劳动力市场需求,每年对职业教育与培训课程的修订或更新比例
		36. 职业信息与指导整合系统的开发及运用情况(用户数量)
		37. 职业教育与培训机构对受训者完成课程后去向的追踪记录情况
		38. 正式学分转换系统的建立情况
	产出	39. 对公共劳动力市场项目的支出情况
		40. 企业对培训的支出情况(根据不同行业和部门细分)
		41. 企业对职业教育与培训的提供情况,员工对继续职业教育与培训的参与情况(根据不同行业细分)
		42. 企业对继续教育与培训的评估
		43. 为应对地区就业市场需求,对课程的设计情况
		44. 职业教育与培训机构在与就业市场和继续教育机构联系方面采取的行动
	结果	45. 对工人调查,他们所拥有的正式技能是其目标工作所需要的,非常有利于其目前工作情况

续表

维度	方面	指 标
	结果	46. 个体及失业人员通过职业教育与培训改善技能及就业前景并发现其有用者比例
		47. 企业本位培训和公共劳动力市场培训的影响
		48. 从雇主和雇员的角度通过职业教育与培训获得的技能在工作场所使用情况
机会	背景	49. 人口中没有达到高中阶段教育水平的比例
		50. 人口的教育成就水平及其性别差异
		51. 父母的教育成就水平
		52. 不同性别人口支出差异、绝对就业情况差异、失业差异以及父母身份对就业的影响
		53. 不同行业和职业中的性别隔离情况
		54. 贫困率风险
		55. 弱势人口教育与就业情况
	输入	56. 义务教育后、弱势人口及早期辍学者对职业教育与培训参与率
		57. 不同社会背景人口对职业教育与培训参与率
		58. 现有促进职业教育与培训平等机会(包括定向、信息及对先前学习认可)机制的实施质量
		59. 被职业教育与培训机构拒绝申请入学者的数量(根据群体特征细分)
		60. 目前针对促进某一类特定人口(如某一类男性、女性、土著人口、少数民族、残疾人及面临危险人口等)参与职业教育与培训的政策
	过程	61. 对学生及其家庭公共经费支持情况
		62. 接受 ISCED 3(高中阶段)职业教育与培训后能够获得更高层次继续教育机会情况
		63. 对于学生现有的监督、指导和支持(包括经费)机制的实施情况
		64. 根据个体特殊需要获得个性化培训项目的情况
		65. 职业信息和指导整合系统的使用情况(用户数量)
		66. 把某种语言作为第二语言对半文盲和文盲的提供情况
		67. 采取一些预备性的措施和支持性的活动,促进参与者达到预期目标的情况
		68. 正式学分转化系统的建立情况
	产出	69. 失业者中过去接受过职业教育与培训的比例(根据社会群体细分)
		70. 弱势社会群体对职业教育与培训的参与率(考虑所参与领域的流行程度)
		71. 优势和不利社会群体对职业教育与培训的参与率及其年度变化
		72. 面临学习困难及具有学习天赋个体获得培训的机会

续表

维度	方面	指 标
机会	结果	73. 弱势社会群体开始和成功完成职业教育与培训的比例(根据不同课程类型)

资料来源：Lorenz Lassnigg. Indicators for Quality in VET：European Experience [M]. Reihe Soziologie Sociological Series, December 2003. 转引自：李玉静. 国际职业教育质量评估指标体系比较分析——以 UNESCO、欧盟和澳大利亚为样本 [J]. 职业技术教育，2012，33（28）：76-82.

从表 2 可以看出，欧盟的指标体系全面且复杂。其评估体系以职业教育政策核心目标为基本维度，注重体现当前职业教育重视培养学生通识能力的基本理念以及欧洲职业教育的双元制传统，具体表现为其指标体系中关于企业对职业教育参与情况、学习者掌握信息通信技术情况、青年人发展情况的指标较多。在 73 个具体指标中，关于企业参与职业教育的指标将近 10 个，这与欧洲国家双元制职业教育传统以及重视学徒制的发展有关。此外，其指标体系中不仅有定量的指标，还有定性的指标（第 28、60、61 个指标）；不仅有衡量实现某一目标的肯定性指标，还有衡量没有实现某一目标的否定性指标，如“人口中没有达到高中阶段教育水平的比例”。

2. 欧盟职业教育质量指标体系

欧盟职业教育质量指标体系由 10 个一级指标（指标 A～J）、14 个二级指标构成，其中 7 个一级指标（指标 A、B、D、E、H、I、J）包含二级指标。一级指标中基础性指标 4 个（指标 A～D），包括：职业院校内部质量管理系统、教师专业发展、入学率、辍学率；社会性指标 4 个（指标 E～H），包括：就业率、技能实用性、失业率、弱势群体学生比例；发展性指标 2 个（指标 I、J）：劳动力市场技能需求预测机制、职业教育吸引力。

（1）基础性指标

指标 A 为职业院校内部质量管理系统建构，包含两个二级指标。指标 A1：职业院校建构内部质量管理系统比例；指标 A2：成员国获得认证的职业院校比例。

欧盟职业院校内部质量管理系统建构与另外 9 个一级指标密切关联。建构内部质量管理系统有利于职业院校教育教学过程透明化，发现日常管理、教育教学活动薄弱环节，采取措施提升教育质量。职业院校内部质量管理系统涉及职业院校内部活动各方面。

指标 B 为职业院校教师专业发展，包含两个二级指标。指标 B1：职业院校教师参与职后培训比例；B2：职业院校教师培训经费。职业院校教师培训经费既包括总体经费投入，也包括教师年均培训经费额度。教师队伍建设是欧盟职业院校教育教学活动质量保障的核心。

指标 C 为职业院校入学率，欧盟倡导成员国分类统计职业院校入学率。第一，按职业教育类型分类统计。分为初始职业教育、继续职业教育、非正式培训项目等类型。第二，按学生类型分类统计。以学生的年龄、性别、教育背景、家庭背景、是否移民等个体及社会因素为分类依据。第三，按职业教育专业分类统计。具体专业入学率变化反映劳动力市场需求变化，是职业院校专业结构调整的重要依据。该指标是鉴别欧盟成员国职业教育吸引力的有效方法和工具。

指标 D 为职业院校辍学率，包含两个二级指标。指标 D1：初始职业教育项目辍学率；指标 D2：继续职业教育项目辍学率。欧盟成员国通过辍学率分类分析并发现其影响因素。该指标与职业教育技能实用性、失业率、弱势群体学生比例等指标关系较为密切。一些学生辍学原因主要是自身兴趣，但欧盟弱势群体学生辍学原因多为经济负担、家庭背景、就业前途等社会性因素。欧盟成员国及时发现职业教育辍学率变动影响因素，有助于进行有针对性的改进，降低辍学率。

（2）社会性指标

指标 E 为职业院校就业率，包含两个二级指标。指标 E1：职业院校毕业生去向；E2：职业院校毕业生就业比例。就业率是衡量欧盟成员国职业教育质量的关键指标。职业教育“作为进入劳动力市场的守护者，其作用相当于过滤器”，使学习者获得在劳动力市场竞争中的必备技术技能。第一，促进就业是成员国各项职业教育政策的核心任务。第二，就业率反映职业院校教育教学总体质量，反映培养人才的劳动力市场竞争力。

指标 F 为技能实用性，以职业院校毕业生自身及企业满意度为判断依据。该指标与技能需求预测机制（指标 I）关系较为密切。技能需求预测是保证毕业生技能实用性的前提。欧盟对这一指标信息采集主要集中在三个方面：第一，毕业生完成学业时所获得的实际技术技能水平。第二，毕业生在专业相关工作岗位就业比例。第三，成员国从国家层面调查毕业生、企业对职业院校所学技能实用性满意度；职业院校从学校层面调查满意度。技能实用性满意度调查依据毕业生家庭背景、年龄、性别、从业时间等进行分类。技能实用性是促进职业院校毕业生就业的关键因素。追踪调查是欧盟获取职业教育技能实用性的主要方法。

指标 G 为失业率，即欧盟成员国适龄劳动人口中未就业比例。失业率影响因素很多，包括经济发展状况、产业发展状况、劳动者技能水平与劳动力市场需求匹配度等。成员国失业率统计根据失业人口年龄、性别、健康状况、教育背景、家庭背景、是否移民等分类统计。不同国家对适龄劳动人口年龄段界定存在些许差异。失业率是欧盟成员国职业教育发展政策制定的重要依据，是进行职教改革的主要诱因。

指标 H 为弱势群体学生比例，包含两个二级指标。指标 H1：职业院校弱势群体学生比例；指标 H2：职业院校弱势群体学生毕业率。成员国对弱势群体的界定存在差异。欧盟政策语境中弱势群体不仅包括移民、刑满释放人员、弱势人群，还包括年龄、性别上的弱势者。成员国从国家、职业院校层面对弱势群体学生入学比例、毕业率进行分类统计，旨在发现弱势群体学生入学、毕业的影响因素，为弱势群体学生提供适切的职业教育援助。促进弱势群体社会融入是欧盟职业教育政策主要目标之一。促进弱势群体参与职业教育体现了教育公平、社会公平。

（3）发展性指标

指标 I 为劳动力市场技能需求预测机制，包含两个二级指标。指标 I1：技能需求预测机制构建；指标 I2：技能需求预测机制效果。职业教育劳动力市场技能需求预测机制具有层次性，包括成员国国家层面、区域层面、职业院校3级预测机制。国家层面技能需求预测机制与经济发展状况调查、职业教育发展监控机制、劳动力市场分析机制等互为补充。同时，技能需求预测机制兼具短期预测与中长期预测功能。技能需求预测旨在解决欧盟技能供需不匹配问题。“教育质量指标不仅要关注学校成功指标，而且要关注社会成功指标”，技能供需匹配是促进学习者实现社会成功的必要条件。导致欧盟技能供需不匹配状况的因素包括过度教育、欧盟经济发展状况等。

指标J为职业教育吸引力提升，包含两个二级指标。指标J1：职业教育吸引力提升策略内容；指标J2：职业教育吸引力提升策略效果。职业教育吸引力对象主要包括学生及家长、企业等直接利益相关者。职业教育吸引力首先体现在它在教育体系中的地位。欧盟调查主要以4个指标为依据：中学阶段以上参与职业教育学生与普通教育学生间比例；职业院校与普通院校毕业生就业率对比；职业院校与普通院校毕业生收入对比；社会声誉对比。职业教育吸引力往往由所在社会价值观、经济、政治、文化背景等诸多因素共同影响。欧盟重视提升职业教育吸引力以应对外部挑战。

二 欧盟职业教育评价发展趋势

欧盟理事会联合成员国制定了发展目标，即到2025年，至少有60%的职业教育和培训毕业生应在职业教育和培训期间受益于以工作为基础的学习。2020年11月24日，欧盟理事会通过了一项关于职业教育和培训促进可持续竞争力、社会公平和韧性的建议。该建议确定了确保职业教育和培训灵活的关键原则，即迅速适应劳动力市场需求，为有需要的人提供高质量的学习机会。该建议注重提高职业教育和培训的灵活性，增加以工作为基础的学习机会，加强学徒制和改进质量保证，并取代了欧洲职业教育和培训质量保证建议，包括更新了欧洲职业教育和培训质量保证框架。综合而言，欧盟职业教育评价具有以下主要发展趋势。

（一）基于经济社会发展现实，推进数字技术支撑的职业教育评价体系建设

新技术、新商业模式、数字化、人工智能、人口变化、气候变化以及2019年新冠病毒引发的经济社会危机，需要基于职业教育和培训体系构建适当的治理模式从而灵活应对。弹性的职业教育和培训能够适应并将危机转化为机遇，从而在地方、区域、国家和欧洲层面促进经济社会的创新，提升经济社会的韧性。职业教育使公民能够应对变化，同时也应使公民能够塑造变化。职业教育和培训的创新与新技能、课程、教育方法和评价工具密切相关。数字学习可以在支持学习方面发挥补充的重要作用，除了自上而下的治理方法外，各种横向协作网络在新条件下的作用发挥也越来越大，包括形成相互支持和产生知识的实践社区。因此，发挥数字学习和人工智能的潜力，构建基于数字技术的质量评价框架和指标体系，智能支持学习者发展知识、技能和能力，从而适应不断变化的劳动力市场和社会需求。

（二）塑造新的终身学习文化，强调基于资历衔接的职业教育评价体系

随着工作和资历结构的变化，以及数字化和绿色转型带来的新职业的出现，个人需要得到持续支持以不断提高和更新技能。欧洲和各国的资历框架已经发展成为支持资历透明度和质量提升的基石。有必要将职业教育培训作为一种有吸引力的、高质量的就业和生活途径来推广。特别是通过培训路径的适应性、灵活性、高质量、包容性和渗透性来增强其吸引力。职业教育终身学习意味着个人能够掌握广泛的技能和能力，并在教育和培训体系中持续进阶，使用最先进的技术和学习工具，跨越教育和培训机构的界限。因此，职业教育应该采用一种系统的评价方法，以适应整个工作过程中的技术转变，进一步发展终身学习新文化，确保提供高质量、无障碍、包容、相关和可持续的终身职业学习系统，这是所有利益相关方的责任，包括国家和地区当局、社会合作伙伴、职业教育培训提供者和学习者。

（三）立足数字学习环境与生态环境，促进职业教育评价的可持续性

以负责任的态度对待环境变化影响着欧洲社会和经济的可持续发展。可持续性是一个横向问题，与劳动力需求、教育、技能、职业以及工作和工人的地理分布相关。公司、私营部门、组织和社会倡议是经济社会可持续发展的主要驱动力。职业教育评价应将可持续发展技能纳入其政策规划和实践中。此外，数字化与可持续性之间的联系是实现这一目标的核心，数字科技的发展推动了教育和培训行业的增长，开放源码和数字学习环境的发展可以使教育和培训环境内外得以可持续发展，无论是在学校、公司还是在家里，都更容易获得。因此，职业教育的评价不管是理念导向还是内在指标维度的设计，都要充分考虑数字化与可持续性要素。

（四）应对全球化和移民趋势，发展欧洲及国际职业教育与培训评价

市场全球化和人口移民趋势要求欧盟成员国在国家、区域和部门层面对职业教育体系和机构进行优化调整。全球发展也为欧洲提供了巨大的教育和培训机会，这也契合《哥本哈根宣言》意图，即使欧洲成为全世界学习者的参考。在这种情况下，欧洲和国家资历框架以及欧洲通行证为职业教育区域评价铺平了道路。在过去的二十年里，职业教育的流动性显著增加，超过 150 万的职业教育学习者和工作人员受益于“伊拉斯谟+”的流动性。在新冠疫情背景下，虚拟出行和混合出行获得了新的发展动力，致使联合职业教育培训项目和资历认证的合作项目蓬勃发展。移民对每个人都是挑战，资历和能力的透明度和可比性有助于主管机构、教育和培训提供者、雇主和个人做出明智的选择和决定。因此，欧盟职业教育评价体系要充分利用欧盟的倡议和计划，打造欧洲以及全球通用的评价指标体系，为全球化与移民趋势提供参照标准。

参考文献：

[1] European Commission. The EU's Strategic Framework for Education and Training [EBJ/OL]. (2019-02-25) [2021-01-29]. https://www.etf.europa.eu/sites/default/files/2019-03/Presentation_ ETF%20Director_ 0.pdf.

[2] Council of the European Union. Council Conclusions on A Strategic Framework for European Cooperation in Education and Training [EBJ/OL]. (2009-05-12) [2021-01-29]. https://www.consilium.europa.eu/uedocs/cms_ data/docs/pressdata/en/educ/107622.pdf.

[3] [12] European Commission. On Achieving the European Education Area by 2025 [EB/OL]. (2020-09-30) [2023-02-01]. https://ec.europa.eu/education/sites/default/files/document-library-docs/eea-communication-sept2020_ en.pdf.

[4] [7] Council of the European Union. Detailed Work Programme on the Follow- up of the Objectives of Education and Training Systems in Europe [S]. Official Journal of the European Communities (2002/C 142/01). [JB/OL]. (2002-06-14) [2023-02-01]. http://aei.pitt.edu/42880/1/Council_ work_ progam_ 2002.pdf.

[5] [8] Council of the European Union. Council Conclusions of 12 May 2009 on a Strategic Framework for European Cooperation in Education and Training ("ET 2020") [S]. Official Journal of the European Union (2009/C 119/02) [JB/OL]. (2009-05-28) [2023-02-01]. https://eur-lex.europa.eu/legal-content/EN/TXT/PDF/? uri=CELEX: 52009XG0528 (01) &from=EN.

[6] [9] European Commission. Achieving the European Education Area by 2025 - Commission Staff Working Document [EB/OL]. (2020-09-30) [2021-02-01]. https://ec.europa.eu/education/sites/default/files/document-library-docs/eea-swd-212-final_ en.pdf.

[10] Cesare Onestini. The EU's Strategic Framework for Education and Training [EB/OL]. (2019-02-25) [2021-02-08]. https://www.etf.europa.eu/sites/default/files/2019-03/Presentation_ ETF%20Director_ 0.pdf.

[11] European Commission. Unlocking the Potential of Education and Training to Support the European Project [EB/OL]. (2018-05-30) [2023-02-01]. https://ec.europa.eu/education/sites/default/files/factsheet-education-may2018-en.pdf.

[13] 李建忠，曾天山．中国和欧盟未来十年教育发展指标体系比较研究［J］．教育理论与实践，2011，31（25）：20-25.

[14] 谢青松，张亦弛．资历框架的成果认证路径：可替代性数字证书+区块链

[J]. 中国职业技术教育，2020（24）：28-35.

[15] 李玉静．国际职业教育质量评估指标体系比较分析——以UNESCO、欧盟和澳大利亚为样本［J］．职业技术教育，2012，33（28）：76-82.

[16] 卢双奇，赵建华．欧盟中小学教育信息化指标体系分析与启示［J］．中国教育信息化，2013（21）：14-17+21.

[17] 张义民，任胜洪．欧盟职业教育质量指标体系探析［J］．中国职业技术教育，2018（15）：72-76.

EU Vocational Education Evaluation Research

—Reflections on the Development of EU Education and Training Plans and Vocational Education Indicator System

Xie Qingsong

Abstract: Emerging digital technologies, accelerating population mobility, global climate change and coronavirus pandemic are exacerbating the need for structural change in education in the European Union. Through the formulation of education and training plans, EU has developed a number of education evaluation index systems from the macro level, proposed the strategic objectives and specific measures for the development of education in EU, and promoted the establishment and application of various education indicator systems in EU, including the EU vocational education and training evaluation framework and EU vocational education quality indicator system. At present, based on the macro-orientation of EU education and training plan, EU vocational education evaluation has the development trend of digitization, lifelong, flexible, sustainable and green, emphasizing the continuous development of the European and international vocational education and training evaluation system based on qualifications and ecological environment adaptation.

Keywords: Digital Technology; Vocational Education; Evaluation Index System; Sustainable Development; Qualifications Connection

综合教育评价篇

澳大利亚联邦教育评估研究报告

张军锋*

摘　要： 本文调取 ACARA 发布的 NAP 系列报告以及 2017~2022 年国外权威期刊上发表的有关澳大利亚联邦教育评估的学术论文及相关书籍，对该国过去五年的教育评估概况和重要进展及发展趋势进行了描述。澳大利亚联邦的教育评估研究主要聚焦于评估机制的创新，同时关注到新技术条件下评估研究趋势、评估模型建构、评估方法和混合方法的采用。澳大利亚联邦五年来的教育评估实践和理论既有坚持也有革新。“形成性评估”“学生中心”“公平”和“面向未来”等诸多元素已贯彻到新的评估探索中。尤其是新信息技术条件下紧跟教学变革的评估设计和对大规模标准化第三方评估的不断修正，对于“百年未有之大变局”下中国的教育评估改革具有很大的借鉴意义。

关键词： 教育评估　NAP　PISA　元评估　评估效用

作为发达的联邦制国家，澳大利亚联邦在教育领域也有着独特的体系。在澳大利亚，教育是各个州和地区的责任，对于教育评估，联邦宏观

* 张军锋，西安科技大学 MTI 中心主任，副教授、博士研究生。

指导，各州和地区政府负责制定政策、分配资源。近年来，联邦政府设立多个全国性教育机构来负责教育评估，并以此介入对教育事务的宏观管理，确保全澳教育和培训的公平性、一致性和连续性，对办学行为进行评价和约束，形成了政府主办、社会评价和学校自治的教育评估体系。本研究报告采取文献研究法和文本质性研究法，梳理和探究澳大利亚联邦的教育评估状况，以期对中国的教育评估有所启发。

一 澳大利亚联邦教育评估概况[①]

教育评估是指按照一定的价值和标准，对各种教育活动的质量和水平及其满足社会与个体需要的程度收集信息、做出判断，以期改进教育质量的过程，是教育研究领域重要的方向之一。近年来，教育评估工作越来越得到政府、社会和各级各类办学机构的高度重视和广泛关注。20 世纪 80 年代以来，中国的教育评估事业得到长足的发展和进步，但随着经济社会的快速发展也面临许多机遇和挑战。“他山之石，可以攻玉”，有必要参酌其他国家教育评估研究与实践的经验。

澳大利亚联邦是较早开展教育评估的西方国家之一。其最具借鉴意义的大规模系统化的教育评估以 1999 年发布的《阿德莱德 21 世纪国家教育目标宣言》（The Adelaide Declaration on National Goals for Schooling in the Twenty-First Century）为开端。迄今，澳大利亚的教育评估已形成较为完备的体系，主要包括国内评估（如 NAP）和国际评估（如 PISA）。

NAP 即澳大利亚国家评估项目（The National Assessment Program），是对澳大利亚中小学教育进行全国范围内监测的教育综合评估系统，由澳大利亚教育部授权澳大利亚课程、评估和报告局（Australian Curriculum, Assessment and Reporting Authority, ACARA）与考试管理局（Test Administration Authorities）合作实施和管理，是该国制定相关教育政策的重

① 澳大利亚联邦的高等教育评估在我国国内已有较为详尽的研究，本文不再赘述。

要依据，并为政府、教育部门、学校以及社区提供有效可靠的教育数据。

作为国内教育评估主要项目的 NAP 系统包括三个子项目：读写及计算能力评估项目（Literacy and Numeracy，NAPLAN）、公民与公民身份评估项目（Civics and Citizenship，NAP-CC）和信息素养评估项目（Information and Communication Technology Literacy，NAP-ICTL）。澳大利亚所有学校的 3 年级、5 年级、7 年级与 9 年级学生都必须参加 NAPLAN（受新冠疫情影响，2020 年度报告缺失）。NAPLAN 一般包含阅读、写作、语言规范（包括拼写、语法与标点符号使用）与计算四个子系统；NAP-CC 测评由 6 年级和 10 年级学生组成的样本组，旨在评估学生作为一个群体的一部分是否具有归属感或身份感。2019 年，NAP-CC 首次被纳入澳大利亚联邦课程，并于 10 月和 11 月进行网上测评，全澳约有 13250 名学生参加）；NAP-ICTL 评估学生是否具有创造、批判以及负责任地使用信息技术的能力。ICTL 素养从 2005 年开展测评，每三年进行一次，受新冠疫情影响，在 2022 年才实施本该在 2020 年开展的第六次测评，近 10000 名学生参加了在线评估。

国际教育评估也是澳大利亚全国评估计划的一个重要组成部分。澳大利亚中小学生参加的国际重要教育评估测试项目主要有三个：国际学生评估项目（PISA）、国际数学与科学趋势研究项目（TIMSS）与国际阅读素养进展研究项目（PIRLS）。由于澳大利亚的国际评估项目的主要目标是将教学评估结果放置在经合组织、英联邦、东南亚等国际语境下进行解读和比较，从而反拨国内教育评估，故并非本文讨论之重点。

NAP 和 PISA 几乎每年都会公布报告，相关指标和数据均可在 ACARA 官方网站上获取。此外，探究澳大利亚教育评估研究动向还得提及澳大利亚教育研究会（Australian Council for Educational Research，ACER）。ACER 成立于 1930 年，是全球知名的教育研究智库。ACER 报告也是了解澳大利亚联邦教育评估研究动向和进展的信息来源之一。

综合 2017~2022 年的 NAP、PISA[1] 和 ACER[2] 报告，可以看出目前澳大利亚教育评估基本样态呈现以下特点：①评估设计围绕国家教育目标，评估指标细致清晰；②评估实践积累充分，技术可靠；③已普遍建立教学标准和教师注册制度，为发展型教师评估提供了良好的基础；④学校的自我评估和第三方审查共同形成绩效数据和评估结果；⑤国家监测工具不断加强，州和地区层面也确立了系统监控程序。

二 澳大利亚联邦教育评估研究的重要进展

（一）教育评估设计、反思和结果解读的新动向

自 2008 年《关于澳大利亚青年教育目标的宣言》（Declaration on Educational Goals for Young Australians，即“墨尔本宣言”）公布以来，澳大利亚的教育目标日渐形成共识：促进公平和卓越，培养成功的学习者、自信和有创造力的公民。这一目标在 2019 年澳大利亚教育部公布的《艾丽斯泉教育宣言》[Alice Springs（Mparntwe）Education Declaration] 中得到再次确认，并进一步提出要建立一个世界级的教育体系，鼓励和支持每个学生成为最好的自己，无论他们住在哪里，或可能面临什么样的学习挑战。围绕这一目标共识，学界对教育评估的探讨大多集中在范式设计和效果反思上。同时，随着信息技术的日益迭代和新冠疫情对经济社会发展的影响，教育评估面临着诸多挑战，主要包括：评估中怎样尊重学习者和学习方式的多样性、评估结果与问责制、跨国教育的发展、评估的数字化转型、评估结果的数字化分析、整合式学习和合作式学习如何评估，以及教育评估结果对教学方法手段的反拨机制如何确立。面对这些挑战，亦有学者进行了卓有成效的探索，篇幅所限，本文无法一一详细介绍，仅将主要期刊及报告文章撷要综述如下。

1. 评估设计新视角

理论始终是实践革新最大的推进器。对于教育评估设计的关注和其中各个因素互动机制的探究一直以来都是澳大利亚教育评估研究的特色之一。这一时期，最值得注意的是循证教育和学习理论的引入。

循证理论的引入使得评估机制的设计有了新的切入口。该理论是以学生发展和学习为中心收集数据和资料（包括以“数字”和“文字”形式呈现的资料），构建数据库，开展对数据的分析和解释，得出研究结论，进而为教育实践和决策提供有力的证据。Duraiappah 等将这一理念应用于教育评估，提出教育评估要直面当前和未来的教育需求和挑战，为教育决策提供信息，而循证教育的理念有利于综合各级不同社区和利益攸关方产生的知识流，有利于以开放和包容的方式为当前的教育评估体系及其必要的改革提供科学支撑[3]。

另一个值得注意的新视角是学习理论被引入教育评估。以往的文献很少有关于学习理论与教育评估之间联系的研究，Baird 等参酌学习理论和评估理论，重申评估是为教育目标服务，从评估理论的基本方面如结构、单维度、不变性和可量化性出发，将学习评估统筹协调，以利于对教育评估的综合研究[4]。同样的趋势还见于 Carless 等的研究。该研究在综述相关文献后，为学习评估和反馈研究架起桥梁，文章指出，为了更深入和更广泛地实施学习评估，需要综合考虑教育评估中以往被单一研究忽略的宏观要素，即质量保证、领导力和激励、专业发展评估和技术杠杆[5]。

2. 评估范式新反思

由于澳大利亚联邦在 PISA 和一些大型教育评估中的成绩出现了较为明显的退步，许多学者对现有的评估范式进行了反思。反思主要集中在评估理论与教育实践的脱节和教育评估质量的失范上。

学者们认为，澳大利亚联邦的教育管理部门过于依赖标准化的考试，现有的教育评估并没有给大学、学院或雇主提供他们想要的关乎学生的福祉和健康成长的信息。总而言之，就是评估与教育学理论不同步，没有跟上评估科学发展的步伐。Hemming 等呼吁，所有从事教育工作的人要更加清楚评估在教育中的用途，加深对评估科学的理解。要真正认识到，如何创建和使用能证明学生全面进步的有效评估系统，才是评估范式转变的目的，此外，他们还呼吁迅速从理论辩论转向实际模型和实施[6]。关于教育质量的评估，Harrison 使用关键词、同义词和主题标题搜索了 2009 年 1 月至2019年8月的六个电子数据库，试图通过文献揭示评估质量的重要因素，最终总结出：学生反馈数据、自我评估工具、教学同行评议（形成性和终结性）以及教学档案的使用都是目前在用的主要观测方法。在此基础上，他们报告了与每种方法有效性相关的证据，并提出多种观测整合，认为多种模式并用的方法才是最为有效的评估质量保障途径[7]。与此类似，也有学者把现存的评估质量问题归因于模型落后。

2017~2022年，澳大利亚和其他国家一样，高等教育评估类型和评分方案也处在不断变化中。综合看来，现在使用的模型多种多样，但通常都包括标准表和水平评估准则。前者采取传统矩阵式准则，而后者主要是另一种连续性模型。Grainger等在分析可用的评估模型及其指导任务评分的基础上，讨论了用于确定每个标准预期质量的标准描述符。这项研究通过分析一所高等院校教育学院内部的实践社区的同行评审过程，探究了新的评估质量模型[8]。除此之外，还有通过文献调研探究评估质量保障的学者。他们认为，教育评估质量低下的原因在于缺乏评估质量的明确和总体概念。如Gerritsen等试图通过概述评估质量标准和影响对高等教育评估质量进行概念化。其研究汇总了78篇同行评审的期刊文章，并使用Leximancer进行了文本分析。结果确定了有效性、透明度和可靠性作为评估质量标准；标准化、利益相关者、清晰性和构建不相关的差异，作为影响评估质量的主要因素。他们提议，可以通过验证和统计数据分析来评估质量，但师生、政府和专家的反应也应作为评估质量时考虑的因素[9]。

3. 评估结果新解读

（1）一般评估结果的解读

国际教育大规模评估和比较已成为重要的政策现象。一个国家在这些评估中表现如何，不仅意味着一个国家的教育系统表现如何，也意味着它在全球经济竞争中的未来前景。关于国际教育大规模评估和比较的有效性、有用性和用途等，学术界存在严重的分歧。

Gorur等借用科学与技术研究和数字人文及社会学的概念，提出在这种评估中引入社会学技术综合方法，能够使之更有成效[10]。政府和民间组织都希望 PISA 一类的国际大规模评估及结果能为施政和研究提供决策依据，但如何系统地跟踪并判断评估结果的有效性也是一个难题。数据并不能自动提出政策解决方案，因此就需要一种更好的系统化解读大规模评估结果的模型。

Rutkowski 等人开发的模型可以帮助我们更好地了解 ILSA 是否提供了有效证据来支持其在政策制定中的使用，并可以用于分析这种影响的持续后果[11]。同样，还应该观测到，已有研究论文虽未以模型为名，却也关注到学习评估及其结果的反馈。如前所述，学习理论被纳入教育评估已经成为很多学者的共识，这样的研究思路就不为突兀。事实上，评估和反馈过程一直都被视为并存的活动，在政策和实践中相互渗透，甚至在学理上也模糊不清。Winstone 等对评估和反馈的纠缠所产生的问题进行了批判性的审查，试图厘清基于学习理论解读评估结果的 6 个新着眼点：学生对成绩的关注，评估对学习的关注度，评估结果的时效性，评估结果和课程设计其他环节的关系，评估结果和评估过程的地位消长，以及匿名反馈作为评估来源时的效果强度。由此，他们提出了一系列策略，通过在学习周期内优先考虑评测结果反馈的模型，来保持评估对学习的反拨和指导[12]。

（2）元评估结果解读

元评估，即“meta-assessment”或者“meta-evaluation”，字面意思是“对评估的评估”，其内涵是指对评估标准和评估质量的评估。近年来，标准、反馈和公正性一直是元评估领域的主要关注点。

Grainger 考察了澳大利亚某地区大学商业课程的评估准则，使用“10 个问题”框架对来自学者和学生的访谈数据进行分析，以评估课程中使用的评分标准的质量，指出“10 个问题”框架是保证评估准则质量的有用工具[13]。Ajjawi 对当代高等教育评估标准的使用进行了批判性的理论探索，指出评估标准必须建立在共识之上，必须满足社区期望（积极回应公众期待），而评估标准应该是动态的、不断变化的，评估主体应该促使教育者使标准对学生“透明”和“稳定性”[14]。Yashim 等试图揭示教育评估标准中普遍存在的系统性和非系统性错误的来源，包括与学生相关的错误，如任何类型的考试不当，以及与教师相关的错误（如项目开发、考试管理和评分过程等），建议通过增加采样观测值的数量，在一定程度上控制误差。该文的另一个结论也引人注目：即使标准优化，教育评估中的错误也无法完全控制，只能最小化，这是每个测量模型的重要前提[15]。

除了评估标准外，对评估结果的反馈性评估也属于元评估的重要内容。教学评估反馈主要由教育工作者及其管理人员掌握，用于审查和提高课程和教学质量。近年来，学者们倾向于认为，该反馈也应被用作强调学校对学生福祉和需求的回应。Hemming 等人梳理文献，从评估反馈的指向转变出发，试图去发现是否存在一个关于高等教育评估中学生“选择”的有意义的研究机构，以及未来学生“选择的程度”可能会如何变化。其重点放在澳大利亚法律和专业学位所采用的评估反馈上[16]。当然，将这一新提法用于评估设计尚需时日。设计评估是一项需要知识性、科学性和创造性的工作，在其中构建评估反馈更需要经验和反思能力，好在已有学者进行了尝试。Goel 介绍了学术人员对跨文化高等教育背景下接受和提供反馈的经验和看法的反思。评估反馈是由学生的消极和积极经验、机构限制、教学需求以及与学生和同事的关系所形成的。他提出通过改进评估机制来解决高等教育系统中影响评估反馈实践的文化制约因素和挑战，强调包括学生、教师、学术领袖、政策管理者、家庭和家长在内的关键利益相关者共同参与制定高等教育背景下学术评估反馈策略的价值[17]。

此外，还有学者关注到评估的公正性。Pohl 等提出在教育大规模评估，如国际学生评估计划（PISA）中，主要目标是评估应对现实挑战所需的能力，评估中的考试行为与现实生活结果相关，因此要将考试相关因素作为绩效组合的一部分进行分解和报告，可以使各群体之间进行更公正的比较[18]。

4. 以学生为中心的评估改革趋势

随着实践和研究的深化，以学生为中心的教育评估已渐成共识。以学生为中心的评估的核心包括自我评估和同伴评估，两种各有偏重的评估方式都有助于将学生的关键能力纳入观测和评估范围，在评估内容上体现学习责任、突出评估的引导作用和对批判性反思技能的重视。Wanner 等报告了澳大利亚一所大学为期两年的自我评估和同伴评估研究的结果，认为学生对自我和同伴评估过程和结果的见解有助于改进学习。提出自我和同伴评估需要精心设计和实施，才能成为提高评估质量的有效工具；同时，发展学生的反馈能力，以及教师的持续和及时参与，是成功自我和同伴评估的核心方面[19]。Adachi 等通过对 13 位澳大利亚学者的访谈分析，探讨了学者们认为实施自我评估和同行评估的益处和挑战，通过对定性数据进行专题分析确定了 7 个利益主题和 5 个挑战。研究表明，学者们对自我评估和同伴评估作为形成性评估的力量表现出强烈的信念感。值得注意的是，该文不仅深入了解了学术界对自我评估和同伴评估的重视程度，还发现了实践中潜在的阻碍因素，从而提出了改进高等教育自我评估和同伴评估的设计和实施的建议[20]。

5. 评估数据使用的伦理

信息技术不断被应用于教育评估领域，但在新的技术条件下如何有效使用计算机记录的过程性数据，在评估中使用过程性数据时与之相关的技术伦理和监管影响应如何考虑？Murchan 等进行了系统的文献综述，发现伦理、隐私和监管问题在教育评估研究中长期缺位。该文讨论了技术伦理对教育评估领域和过程数据使用的影响，并呼吁制定一套具体的道德规范，以管理教育评估过程、规范日志数据的使用[21]。

（二）评估机制的创新

1. 基于新技术的评估机制改革

新冠疫情的全球大流行促使教育大变革，最为明显的是线上技术的应用扩张，这也进一步加剧了教育评估的不确定性，正如 Devlin 等所言，在这种新的背景下，需要重新审视教育评估的内容，重新考虑、修订和更新其规则[22]。

从评估理论上纳入对“公平”的审视，在评估机制中纳入公平审查就显得顺理成章。Bazvand 等报告了促进评估公平的建议，其中包括“评估实践中需要平衡权力和集体知识”和“需要建立一个倡导机构来捍卫学生公平评估的权利”等主题，提出加强公平评估实践的机制[23]。

新教育技术（如慕课、智慧教学和即时聊天工具）的广泛采用，也为公平审查提供了越来越多的便利，泛在学习、精细化、个性化学习和基于兴趣的学习社区的建立改变了教育评估设计理念。Koomen 探索了信息技术辅助下教育评估的设计，认为采用信息手段在线识别和探索不同的学习态度，以及这些态度如何影响当代教育评估设计从而强调教育评估，日益成为一种象征性的媒介[24]。就具体例证来说，Garg 等综述了 2016～2021 年完成的在线评估研究。提出互联网可用性可能是诱发学术不端的重要诱因，从而影响了对学习结果的评估。该研究提出，利用机器学习技术来自动检测学术不端有助于引导学生在在线评估中保持诚信[25]。

随着教学中日益使用多种模式、符号资源和数字工具，目前的评估实践越来越难以捕捉多模态教育样态。Ross 等人的研究为此提出了一个多模态评估框架，该框架考虑了关键性、创造性、这些任务的整体性以及评估多模态的重要性[26]。同样注意到开发使用新技术的系统，提高教育评估的效率和实用性至为重要的还有 Neumann 等人。该研究讨论了数字时代评估的相关因素，强调在使用未来评估系统时，围绕发展适当性、项目开发、心理测量验证和教师实施等问题[27]。

以上研究，反映了澳大利亚教育评估研究对信息条件下评估机制的趋势有着较为及时的关注和探讨。随着疫情后教学改革的深化，评估机制也必将面对新的挑战和机遇。无论是机器学习技术还是多模态技术的采用，都为线上评估和精细化评估提供了新的想象空间。

2. 评估模型的构建

教育评估模型是指在特定的时空范畴内，围绕特定目的，以概念、结构和各因素互动机制的等方式，设计的关于教育评估的应用机制。如前所述，澳大利亚教育评估研究的一大特色就是评估设计，而评估设计的主要反映即为模型的构建。囿于篇幅，本文对于模型运作的完整机制不予赘述，仅对其结构和构建原则上的创新予以介绍。

Morton 等提出构建模型的合作评估准则，该模型的构建以学生和教师的定性和定量数据为支撑。[28]。Broadbent 等探讨了形成性评估与终结性评估在评估模型中的交互关系，提出在设计模型时，把终结性评估放置在形成性评估中[29]。

关于评估模型的新因素，同行评议（Peer Assessment）也成为重要关注点。同行评议是澳大利亚大学教学评价的普遍做法，也被普遍认为是一种有效的质量保证机制。Grainger 通过访谈，利用数据制定评估框架的同行评审。在这个机制中，所有利益相关者都得到了关注，其关切都得到来自同侪的回应[30]。

3. 评估人员素养

在理论探讨、模型构建之外，教育评估机制归根结底离不开人这个要素。近年来一个值得注目的研究切入点，在于评估人员素养。

Simper 等发现教育评估人员对一些评估要素往往缺乏必要的专业理解，如教师期望、指标一致性、行为表现差异、学生期望、时间限制/工作量、后勤/技术限制以及评估政策的指向，而反思、协作和专业发展有助于整合评估知识，帮助评估人员建立对评估阈值的概念理解至关重要[31]。

Gibson 等讨论了技术的日新月异给评估人员素养带来的四大挑战：数据处理与时间变化；数字展示如何与学习者的行动、沟通和产品互动；如何将原始数据进行有意义的扩张解释，以便于对某人所知所能做出推断；如何表示学习者之间的互动状态。由于从纸质测试转向在线评估，为了在应对这些挑战时取得进展，作者主张对下一代评估人员进行技术支持评估的培训[32]。

作为微观评估最主要的实施者，教师的课堂评估也是评估素养研究的题中应有之义，教师进行课堂评估和使用评估证据的能力是质量评估实践的核心。Looney 等首先提出教师作为专业人员的身份、对评估的信念、对实施评估的态度，以及对其作为评估者的角色的认知，都对其评估工作具有重要意义，并提出了对教师评估素养和与评估相关的教师身份自我报告量表的系统审查结果。研究结果表明，此类量表和以往探索教师评估实践的研究对教师评估身份的关注应予以加强[33]。

4. 形成性评估技术

形成性评估是美国教育家布鲁姆最先提出的三种教学评估方式之一，指对学生日常学习过程中的表现、所取得的成绩以及所反映出的情感、态度、策略等方面的发展做出的判断，其目的在于激励学生学习，帮助学生有效调控自己的学习过程。随着形成性评估在教育评估中的重要性越来越凸显，为获得预期成果所需要的执行性方法和手段也日益重要。

Asamoah 等提出，新冠疫情期间教育评估中的形成性评估更多地体现为反馈技术的采用，而非正式和正式评估均应被纳入[34]。同时，信息技术的采用显得愈发重要。Van der Kleij 等回顾了在形成性评估中使用的信息技术，特别是数字学习环境、基于游戏的评估、课堂响应系统、Web2.0 和视频反馈。结果表明，使用信息技术作为反馈平台能够提供个性化反馈、提高学生参与度、为所有学生收集学习证据、促进反思过程和支持自主学习[35]。

5. 教师评估机制

鉴于教师在教育活动中扮演的重要角色，教师的评估机制是教育评估中的重要内容。Clinton 等首先对澳大利亚的教师评估方法进行了分析性回顾。然后，提出了两种创新的方法，支持评估过程和评估系统更广泛的信息需求，同时发展教师和学校领导的评估思维，这种思维涉及基于证据的变革，最终为教育系统带来更可持续的结果[36]。值得注意的是，教师评估机制中同样有形成性评估和终结性评估的关系纠结。Wyatt 等专注于教学绩效评估的全过程，研究以该领域的文献、研究、证据和声音为指导，从合作的动态中得到启发，探索了教学绩效评估中收集和分析数据、教师教育标准制定、跨学科团队合作和规模化的新方法[37]。

6. 混合评估方法和设计

近年来围绕教育评估机制的研究还有一个值得注意的动向，就是对混合评估方法和相应设计的普遍提倡和认同。如 Ewing 等人采用混合方法设计参与式评估，开展了协作行动研究和社区研究，试图在评估设计中综合采用多种社会学方法[38]。又如 Cumming 借鉴了三种评估范式——心理测量、基于结果的评估和基于课程的评估来讨论澳大利亚昆士兰州过去 50 年来高中评估和成绩标准制定的典型变化。从 2019 年开始，引入了校本评估和外部评估相结合的方式，从理论兼容性和对新标准的潜在影响方面综合设计其评估机制[39]。

值得注意的是，评估机制的方法混合，必然指向对现有评估结果的再认识。做出重要的教育政策决定时，PISA 和 NAPLAN 等标准化学生评估的数据并不总是“正确”，评估系统也可能指向具有偏向性或者狭隘的结论。

7. 评估效用问题

评估效用是量化赋值后的评估结果对决策的价值，直接表现为对评估结果如何准确有效的解读。教育评估的结果如何解读，如何使用，是评估研究的关注点之一。

NAP 的评估数据往往被用于问责。但 Fletcher 等人却提出，该结果更应被用于帮助构建学生自我调节学习的能力，以期更好地发挥大规模评估的效用。该研究制定了研究人员—从业人员自我评估框架，提出利用大规模评估准则作为形成性评估活动的基础是完全可能且有效的[40]。Wilson 等人也摒弃了“系统监控”和“问责”两个效用，提出评估结果主要是用于改进评估机制本身，发挥评估效用，应在后续的评估设计中充分体现利益相关者需求分析[41]。

三 澳大利亚联邦教育评估发展趋势

新冠肺炎疫情给教育带来了前所未有的思考空间，各国都在寻找新的解决方案，以应对疫情后的种种变革。评估方式因此也走到了一个新的节点。技术转向成了评估研究的新关键词，尤其是深度学习和以 ChatGPT 为代表的人工智能技术的风起云涌，使得更个性化的评估、利用内置知识库提供学习支持的自适应评估、基于人工智能的评估大数据和单独的课堂评估和大规模形成性评估日益成为可能。作为较早采用大规模标准化第三方教育评估的国家，澳大利亚联邦的探索和实践无疑具有参考意义和借鉴价值。

（一）对学业素养评估的强化

澳大利亚于20世纪90年代开始讨论“一般能力”，倾向于将对这种能力的评估作为学科知识和技能评估的组成部分[42]。尤其是2017年，在PISA项目评估中，澳大利亚在经合组织国家中排名靠后，与其发达国家的定位不符，也不符合其国内对于教育质量的预期。因此，2017年评估结果出来后，NPLAN重新得到全方位的加强[43]。

（二）素质教育评估的加强

澳大利亚教育评估近年来最明显的一个趋势就是对素质教育评估的加强，主要是对公民素养、科学素养和数字化素养的不断强调和日益将其纳入早期教育。例如从2023年起，在第二学期对现有的NAP样本的科学素养、公民和公民身份以及数字化素养进行评估。对于所有学校或系统，每年第二学期也将进行这些领域的入学评估。2024年将增加科学素养评估，2025年将增加公民和公民身份评估，2026年将增加数字化素养评估。

（三）评估结果报告的变化

以往，评估结果会提供给参与的学校和系统，以支持教学计划的完善。为了凸显公平性和对学生个性的尊重，ACARA将不再公开报告评估结果，从而更好地避免歧视和不公。

（四）对信息技术的日益重视

随着时代的变迁，澳大利亚联邦对信息素养评估越来越重视。自NAP-ICTL于2005年启动以来，一直强调评估要保持“未来视角”[44]，以确保所评估的知识和技能跟上信息和通信技术的进步和变革，力图把学生定位为信息和通信科技的创造性和生产性用户、全球公民。ACARA 开发的 NAP-ICTL 测试工具将得到全面使用，并从 2023 年起把“信息素养”改称为“数字化素养”。

（五）对教育公平的观照

基于大规模评估，围绕线上评估结果提供教育资金和调配教育资源，仍是澳大利亚联邦教育评估政策的一部分。澳大利亚联邦教育部门在评估过程中非常注重“公平”，并试图将之纳入教育评估的核心价值体系中，对残疾儿童、原住民儿童和边缘人群中的适龄儿童的教育评估也进行了全方位的考量和观照。

然而，对于“教育公平”的提倡，似乎与评估的公平有所龃龉。新冠疫情使得在线学习和在线评估迅速扩张到每一个角落，疫情后的智慧教学和泛在学习等变革，也给学生获得教育成果的公平性和对该项成果的科学评估带来了更大的压力。由于每个人享有的数字资源不相同，如何在信息技术被广泛采用的情况下保证评估的“公平”？同时，多元化和形成性评测和评估标准的不断调整是否真如所宣称的那样能够尊重每一个个体的发展？这不仅是技术难题，恐怕还是澳大利亚联邦教育部将大规模评估体系赋予专门机构，并不断强调和推行公开而便捷的大规模评估服务的逻辑悖论。

大规模标准化设计和个性化评估结果如何应用于不同的教育利益相关方？如何确保评估在各环节的规范施行？标准化、数字化、多元化、个性化与教育公平之间如何弥合，如何平衡？这些超越国界的课题，值得我们在学习借鉴中思考。

参考文献：

［1］NAP. NAP results and reports［EB/OL］. https：//www. nap. edu. au/results-

and - reports/national - reports? aspxerrorpath =/docs/default - source/default - document-library/2022-naplan-national-report. pdf#NAP_ sample_ assessments

[2] ACER. ACER Annual Reports [EB/OL]. https: //research. acer. edu. au/ar/

[3] Duraiappah A, van Atteveldt N, Asah S, et al. The International Science and Evidence-based Education Assessment [J]. Science of Learning, 2021, 6 (1): 1-4.

[4] Baird J A, Andrich D, Hopfenbeck T N, et al. Assessment and Learning: Fields apart? [J]. Assessment in Education: Principles, Policy & Practice, 2017, 24 (3): 317-350.

[5] Carless, David, et al., eds. Scaling Up Assessment for Learning in Higher Education [M]. Singapore: Springer Singapore, 2017.

[6] [16] Hemming A, Power M. Student 'voice' and Higher Education Assessment: Is it all about the Money? [J]. Journal of University Teaching & Learning Practice, 2021, 18 (1): 6.

[7] Harrison R, Meyer L, Rawstorne P, et al. Evaluating and Enhancing Quality in Higher Education Teaching Practice: A Meta-review [J]. Studies in Higher Education, 2022, 47 (1): 80-96.

[8] Grainger P, Christie M, Thomas G, et al. Improving the Quality of Assessment by Using A Community of Practice to Explore the Optimal Construction of Assessment Rubrics [J]. Reflective Practice, 2017, 18 (3): 410-422.

[9] Gerritsen-van Leeuwenkamp K J, Joosten-ten Brinke D, Kester L. Assessment Quality in Tertiary Education: An Integrative Literature Review [J]. Studies in Educational Evaluation, 2017, 55: 94-116.

[10] Gorur R. Towards Productive Critique of Large-scale Comparisons in Education [J]. Critical Studies in Education, 2017, 58 (3): 341-355.

[11] Rutkowski D, Thompson G, Rutkowski L. Understanding the Policy Influence of International Large-scale Assessments in Education [J]. Reliability and Validity of International Large-scale Assessment, 2020, 261.

[12] Winstone N E, Boud D. The Need to Disentangle Assessment and Feedback in Higher Education [J]. Studies in Higher Education, 2022, 47 (3): 656-667.

[13] Grainger P, Fleischman D, Birch D. Using A Triad Based Structure to Peer Review Assessment Rubrics in Business [J]. e-Journal of Business Education and Scholarship of Teaching, 2021, 15 (3): 1-15.

[14] Ajjawi R, Bearman M, Boud D. Performing standards: A Critical Perspective on the Contemporary Use of Standards in Assessment [J]. Teaching in Higher Education, 2021, 26 (5): 728-741.

[15] Yashim A U, Mhab L C, Waziri J A. MEASUREMENT ERRORS IN

EDUCATIONAL ASSESSMENT [J]. Journal of Educational Theory and Practice (JETP) Online Journal: Vol, 2021, 1 (1).

[17] Goel K. Assessment Feedback in Higher Education-Cross-cultural Perspective [M] //Social Work Education, Research and Practice. Springer, Singapore, 2020: 31-42.

[18] Pohl S, Ulitzsch E, von Davier M. Reframing Rankings in Educational Assessments [J]. Science, 2021, 372 (6540): 338-340.

[19] Wanner T, Palmer E. Formative Self-and Peer Assessment for Improved Student Learning: The Crucial Factors of Design, Teacher Participation and Feedback [J]. Assessment & Evaluation in Higher Education, 2018, 43 (7): 1032-1047.

[20] Adachi C, Tai J H M, Dawson P. Academics' Perceptions of the Benefits and Challenges of Self and Peer Assessment in Higher Education [J]. Assessment & Evaluation in Higher Education, 2018, 43 (2): 294-306.

[21] Murchan D, Siddiq F. A call to Action: A Systematic Review of Ethical and Regulatory Issues in Using Process Data in Educational Assessment [J]. Large-scale Assessments in Education, 2021, 9 (1): 1-27.

[22] Devlin M, Samarawickrema G. A Commentary on the Criteria of Effective Teaching in post - COVID Higher Education [J]. Higher Education Research & Development, 2022, 41 (1): 21-32.

[23] Bazvand A D, Rasooli A. Students' Experiences of Fairness in Summative Assessment: A Study in A Higher Education Context [J]. Studies in Educational Evaluation, 2022, 72: 101118.

[24] Koomen M A J. Educational Assessment for Economies, Societies and Citizens: Towards A General Theory of Educational Assessment [D]. Victoria University, 2019.

[25] Garg M, Goel A. A Systematic Literature Review on Online Assessment Security: Current Challenges and Integrity Strategies [J]. Computers & Security, 2022, 113: 102544.

[26] Ross J, Curwood J S, Bell A. A Multimodal Assessment Framework for Higher Education [J]. E-Learning and Digital Media, 2020, 17 (4): 290-306.

[27] Neumann M M, Anthony J L, Erazo N A, et al. Assessment and Technology: Mapping Future Directions in the Early Childhood Classroom [C] //Frontiers in Education. Frontiers Media SA, 2019, 4: 116.

[28] Morton J K, Northcote M, Kilgour P, et al. Sharing the Construction of Assessment Rubrics with Students: A Model for Collaborative Rubric Construction [J]. Journal of University Teaching & Learning Practice, 2021, 18 (4): 9.

[29] Broadbent J, Panadero E, Boud D. Implementing Summative Assessment with A Formative Flavour: A Case Study in A Large Class [J]. Assessment & Evaluation

in Higher Education, 2018, 43 (2): 307-322.

[30] Grainger P. Enhancing Assessment Literacies Through Development of Quality Rubrics Using A Triad Based Peer Review Process [J]. Journal of University Teaching & Learning Practice, 2021, 18 (4): 4.

[31] Simper N. Assessment Thresholds for Academic Staff: Constructive Alignment and Differentiation of Standards [J]. Assessment & Evaluation in Higher Education, 2020, 45 (7): 1016-1030.

[32] Gibson D C, Webb M E, Ifenthaler D. Measurement Challenges of Interactive Educational Assessment [M] //Learning Technologies for Transforming Large-Scale Teaching, Learning, and Assessment. Springer, Cham, 2019: 19-33.

[33] Looney A, Cumming J, van Der Kleij F, et al. Reconceptualising the Role of Teachers As Assessors: Teacher Assessment Identity [J]. Assessment in Education: Principles, Policy & Practice, 2018, 25 (5): 442-467.

[34] Asamoah D, Shahrill M, Latif S N A. A Review of Formative Assessment Techniques in Higher Education During COVID - 19 [J]. Qualitative Report, 2022, 27 (2).

[35] Van der Kleij F S, Adie L. Formative Assessment and Feedback Using Information Technology [J]. 2018.

[36] Clinton J, Dawson G. Enfranchising the Profession through Evaluation: A Story from Australia [J]. Teachers and Teaching, 2018, 24 (3): 312-327.

[37] Wyatt-Smith C, Adie L, Haynes M, et al. Professionalizing Teacher Education: Performance Assessment, Standards, Moderation, and Evidence [M]. Taylor & Francis, 2022.

[38] Ewing B. An Exploration of Assessment Approaches in A Vocational and Education Training Courses in Australia [J]. Empirical Research in Vocational Education and Training, 2017, 9 (1): 1-18.

[39] Cumming J J. Senior Secondary School Assessment and Standard-setting in Queensland, Australia: Social Context and Paradigmatic Change [J]. Assessment in Education: Principles, Policy & Practice, 2020, 27 (2): 160-177.

[40] Fletcher A. Australia's National Assessment Programme Rubrics: An Impetus for Self-assessment? [J]. Educational Research, 2021, 63 (1): 43-64.

[41] Wilson R, Piccoli A, Hargreaves A, et al. PUTTING STUDENTS FIRST: Moving on from NAPLAN to A New Educational Assessment System [J]. 2021.

[42] Weldon, P. 2019. Changing Priorities? The Role of General Capabilities in the Curriculum. Camberwell: Australian Council for Educational Research.

[43] Rose J, Low-Choy S, Singh P, et al. NAPLAN Discourses: A Systematic Review After the First Decade [J]. Discourse: Studies in the Cultural Politics of

Education, 2020, 41 (6): 871-886.

[44] NAP. About NAP sample - ICT Literacy [EB/OL]. https: //nap. edu. au/ nap-sample-assessments/ict-literacy

Research Report on Educational Evaluation in the Commonwealth of Australia

Zhang Junfeng

Abstract: This report retrieves the NAP series reports published by ACARA from 2017 to 2022, as well as academic papers and related books on Australian federal educational assessment published in authoritative international journals since 2017. It provides an initial description of the general profile, significant progress, and trends in educational assessment in Australia over the past five years. The research on educational assessment in the Australian Federation primarily focuses on the innovation of assessment mechanisms, while also addressing research trends, model construction, and the adoption of assessment methods and mixed methods under new technological conditions. Over the past five years, the practice and theory of educational assessment in the Australian Federation have seen both continuity and innovation. Elements such as "formative assessment," "student-centeredness," "equity," and "future orientation" have been incorporated into new assessment explorations. In particular, assessment designs that keep up with teaching reforms under new information technology conditions and the continuous refinement of large-scale standardized third-party assessments hold significant referential value for the reform of educational assessment in China amidst the profound changes unseen in a century.

Keywords: Educational Assessment; NAP; PISA; Meta-assessment; Assessment Utility

巴西教育评估系统研究报告

陈殊琦*

摘　要： 巴西教育质量提高虽被国际认可，但国际教育评估制度的横向对比也反映了巴西教育系统存在的不足。教育评估是各国提高教育水平的重要手段，巴西的教育评估体系也正处于修正阶段。巴西目前正在探索如何支持该国教育评估系统的长期改革，如何使国家教育评估将教育资源导向性发挥至最大效果。本报告内容主要包括巴西教育评估系统的构成、发展现状和对我国教育评估体系的启示。巴西教育评估系统的多样性与资源分配的矛盾、教育评估权利的多元化与同质化的矛盾使得巴西追求高质量高水平教学制度任重而道远。

关键词： 巴西　教育评估　资源导向　教学质量

了解国际社会的教育评估发展趋势对我国教育评估事业的开展、教育制度的改革具有重要意义。伴随着中国“一带一路”倡议在拉美地区的推进，巴西教育事业的发展也受到了我国教育界的关注。然而，目前国内对巴西的研究多呈现经济、政治和社会领域的学术成果，对巴西教育评估领

---

* 陈殊琦，安徽大学创新发展战略研究院拉丁美洲研究所，安徽大学师资博士后，博士研究生。

域的研究成果甚微。本文对巴西当前教育评估系统现状进行概括分析，以响应我国教育评估系统的发展需求。

一 巴西教育评估系统概况

巴西的国家规模和多样性影响着巴西教育体系的模式。巴西联邦政府与地方政府共同承担学校教育（ISCED0 至 ISCED3）责任。具体而言，5570 个市政府主要负责初等教育（幼儿教育和护理、小学）和初中教育；州政府负责巴西的中等教育（初中和高中教育）；联邦政府负责高等教育及一系列其他职责[1]。巴西的教育分权结构理论上是一个协作机制，机制整体协调但并不总是有效[2]。

（一）巴西教育评估机构体系概述

巴西的国家教育评估制度由多个机构和行为主体参与制定、实施、检测和改进。教育部（Ministério da Educação，MEC）、地方政府和其他利益相关主体合作制定了巴西国家教育计划（Plano Nacional de Educaão）。教育部与国家统计局共同管理中央评价、评估和监测系统，同时向各州和市政府提供技术和财政援助。此外，一些私人机构为巴西的评估系统提供重要的技术支持。联邦和地方各级的政府部门依赖私人承包商（包括私人机构和基金会）实施大规模评估和考试①。巴西各州教育评估的标准和方法由各州自治，但就目前的发展状况来看，各州的教育评估趋同于中央评估标准。

巴西国家教育委员会是教育部的一个学院咨询机构，负责所有教育水平的立法合规性和质量标准。州和市教育秘书处和委员会管理自己的评估

① 参与支持巴西稳健的评估系统的一些主要承包商是非营利组织，包括：朱利兹·德福拉联邦大学公共政策和教育评估中心；塞斯格兰里奥基金会；VUNESP 基金会；与巴西联邦大学有联系的 Getúlio Vargas 基金会（Fundação Getúrio Vargas FGV projetos）和巴西活动评估、选择和推广研究中心（Centro Brasileiro de Pesquisa em Avaliação e Seleço e Promoço de Eventos，Cebraspe）的项目单位。

系统。巴西国家教育委员会与教育部协同制定和批准课程指南，并监督国家教育计划的实施。巴西国家教育委员会还对国家基础教育评估系统的概念、设计和规划的未来发展提供技术咨询和意见。

国家教育研究所（Instituto Nacional de Estudos e Pesquias Educacionis Anísio Teixeira，INEP）利用技术能力收集参考信息和统计数据，开展研究并评估巴西教育系统。国家教育研究所负责制定国家级的质量绩效指标，利用基础教育评估结果和学校年度普查信息每两年计算基础教育发展指数（Indice de Desenvolvimento da Educação Básica ，IDEB），主要职责是管理巴西的所有国家评估以及该国参与的国际评估[3]。

教育秘书处负责制定和实施教育政策（例如学校课程的设定、招聘决定等），理事会更多地发挥监督管理作用。教育部通过州级的国家教育秘书委员会（Conselho Nacional de Secretários de Educação，CONSED）和市级的全国市政教育管理者联盟（União Nacionaldos Dirigentes Municipal de Educaão）促进地方当局间的协调互动，然而各级政府缺乏明确的责任分配问题给国家教育政策的协调工作带来了挑战。在实践中，教育工作的重复、教育机构之间的恶意竞争（争夺学生和有限资源）以及其他降低教育工作效率的现象普遍存在[4]。

（二）巴西教育评估系统概述

根据不同的评估对象，巴西教育评估可分为教师评估和学生教育评估；根据评估机构的不同，可分为国际教育评估和国家教育评估；根据教育阶段的不同，可分为基础教育评估与高等教育评估。

为构建开放、兼容的教育评估体系，巴西也在不断肯定不同评估活动的实践价值。目前巴西参加的国际教育评估较为全面，涉及教师评估和学生教育评估。国际教育评估结果对巴西教育制度的导向作用也日益明显。巴西基础教育评估系统涵盖全国基础教育评估系统、国家高中教育考试（Exame Nacional do Ensino Médio，ENEM）和国际学生评估项目三大体系；高等教育评估系统（Sistema Nacional de Avaliac，ão da Educac，ão

Superior，SINAES）则由院校及资源评估、研究生课程评估以及高等教育学生表现测试（Exame Nacional de Desempenho dos Estúdantes，ENADE）构成。巴西通过建立国家教育评估体系和参与国际教育评估获得关于国内学生成绩和与国际标准相比的大量宝贵数据，由此建立起较为强大的教育评估文化。近年来，巴西 27 个联邦单位（州和联邦区）中的约 23 个已经确立并实施自己的标准化评估，各市也纷纷发起对学校网络的评估[5]。

二　巴西教育评估系统的新发展

（一）巴西基础教育评估系统进展

1. 巴西全国基础教育评估系统发展历程

巴西全国基础教育评估系统（Sistema de Avaliação da Educaço Básica，SAEB）创建于 20 世纪 90 年代初，是一套大型的外部评估体系，也是巴西衡量学生基础教育学习成果的主要国家工具。追溯至 1995 年，巴西政府一直在使用标准化评估考试评估基础教育小学 5 年级和 9 年级以及中等教育 3 年级的学生，评估样本覆盖城市和农村地区的公立和私立学校。随着时间的推移，巴西修改了全国基础教育评估系统的设计，改革后的基础教育评估系统逐步整合了不同目标人群的其他标准化测试，现在简称为 SAEB，而不是其旧名称的首字母缩写[6]。巴西基础教育评估系统发展至今，现行的评估版本每两年进行一次，通过项目反应理论和背景调查问卷方式实施，其可持续性、可靠性和有效性与许多经合组织国家的评估系统相似。目前的全国基础教育评估系统包括以前被称为国家扫盲评估（Avaliação Nacional da Alfabetizaço，ANA）的测试、国家基础教育评估（巴西国家教育局），以及国家学校成绩评估（Avaliação Nacional do Rensettio Escolar，ANRESC）。基础教育评估制度的发展趋势也反映了巴西国家标准化评估的趋同形势。

政府认为，应当将全国基础教育评估系统应用于所有小学生，Prova Brasil 应运而生。Prova Brasil 评估于 2005 年被首次应用，现已进入第四版，评估方法与全国基础教育评估系统相同。Prova Brasil 评估覆盖了巴西城市公立学校 5 年级和 9 年级的所有学生，并对农村和私营部门的学生进行抽样评估。考虑到巴西社会、文化和经济的多样性，Prova Brasil 评估还使用社会经济问卷辅助评估。在评估过程中，学生可以提供与其相关的社会背景信息，教师和学校管理人员也是评估问卷的调查主体。此举丰富了评估数据用途的多样性，对人口数据、教育相关职业概况和社会工作条件的统计均有助益[7]。

全国基础教育评估系统和 Prova Brasil 都是根据联邦、州和市的课程指南制定的，Prova Brasil 和全国基础教育评估系统被认为是由国家教育研究所开发的诊断评估工具，目的并非是评估学生成绩，而是衡量巴西基础教育系统中教育机构的整体质量[8]。巴西政府文件曾定义全国基础教育评估系统和 Prova Brasil 为互补的评估工具。教育部以及州和市教育当局可以根据两种评估工具提供的信息更好地改善教育，减少不公平政策，同时利用其财政和技术资源来解决基础教育发展的问题并确定基础教育改革的优先事项，如《巴西教育计划（2014~2024）》的制定[9]。

在中等教育评估方面，巴西的学生在高中结束时参加中央管理的全国高中教育考试。全国高中教育考试是巴西高等教育选拔的主要工具，与 Prova Brasil 和全国基础教育评估系统相似，全国高中教育考试测评学生的认知能力（所有知识领域的基础）、语言能力、批判性推理能力、解决问题的能力、对自然现象的理解，以及项目推进和创新提案的能力。全国高中教育考试的最初目标是评估国家中等教育发展水平，发展至今已经在一定程度上等同于高等教育的入学考试。角色的转变使全国高中教育考试的评估内容不断受到不同大学对自身入学标准的看法的影响，表现出修改高中教育考试评估内容的倾向。虽然以高中教育考试作为高等教育入学标准的做法日渐普遍，但并非所有的巴西高等教育机构都决定采用全国高中教育考试作为唯一的入学标准。巴西教育部最近决定考虑一项替代性改革，即将全国高中教育考试从单纯的高中毕业考试扩展到 3 年制大学的入学考试，这项新的扩展考试将与现有的全国高中教育考试并行。该政策方法的变化将有助于维护全国基础教育评估系统和全国高等教育考试工具的独特目的，同时给予巴西探索在整个高中阶段使用年度考试监测学生动态发展状况的评估体制的空间。

2. 巴西地方基础教育评估系统发展进程

巴西的一些州、市政府对本地区学生实施地方性标准化评估。在巴西，州评估比市级评估更为常见，巴西的市级测试通常只发生在类似于首都这样资源充足的大城市。考虑到实施大规模标准化评估对成本和资源的较高要求，州一级政府有更多的能力开发系统的评估制度，以弥补全国基础教育评估系统的监测功能局限。

巴西的州评估通常每年一次，相比两年一次的全国基础教育评估系统，州评估可以更频繁地提供学生学习信息。然而由于教育官员拥有采用、维持或取消测试的完全自主权和评估样本的选择权，实践中各州市的评估频率不尽相同。一般来说，巴西教育评估的样本基于当地人口普查的结果，但也有个别州使用全队列与基于样本的评估相结合的方法。例如，2019 年，圣保罗选择为小学 2 年级和 7 年级的学生以及其他年级的学生进行州评估[10]。此外，州评估将私立学校学生作为样本的情况并不常见，这与巴西私立学校的占比密切关联。数据显示，巴西小学学生中 19%，初中学生中 15%，高中学生中 12. 5%来自私立学校[11]。

从评估内容看，州评估的背景调查问卷对学校领导、教师和学生进行抽样调查，问卷强调学校教学基础设施和学生的学习氛围（包括校园霸凌的情况），对社会经济信息的收集有助于提高评估结果的应用性价值。州评估结果的应用价值还体现在大多数州将评估结果与教师培训政策挂钩，更有约 1/3 的州通过评估结果管理教师和学校领导[12]。然而，将州评估结果直接作为学校衡量奖惩的因素被许多经合组织国家质疑，因为评估结果展现的学生成绩还受诸多非学校因素影响，例如父母的参与[13]。另外，有部分州使用或曾用州评估结果创建教育质量指数，基于国家评估结果、学生入学率、留级率和完成率为市镇和学校设定绩效目标，包括圣保罗州、亚马孙州、圣埃斯皮里托州、戈亚斯州、帕拉伊巴州和伯南布哥。

近年来，为确保评估结果的可比性，越来越多的州政府选择将本州的评估能力等级趋同于国家评估，然而实践效果不尽如人意。州评估量表与全国基础教育评估系统的趋同，一方面可以帮助地方更好地了解当地学校系统在国家评估体系中的表现，另一方面却也导致资源浪费。在需花费较高经济和资源成本的前提下，次国家一级评估系统重复国家评估的设计和目的只是徒增经济和资源负担。在巴西财政压力增加和社会需求不断增长的当下，为协调中央和地方的评估系统，提高评估效率，改革全国基础教育评估系统迫在眉睫。目前巴西基础教育评估系统的政策侧重于提高巴西全国基础教育评估系统与州级评估之间的互补性。

3. 基础教育评估结果的应用

现有基础教育评估系统的主要目的是监测巴西教育系统的质量，并衡量实现国家教育计划中规定的目标的进展情况。评估结果可为教育政策提供信息，也可作为问责措施。具体来说，全国基础教育评估结果主要用于为公共教育管理机构提供信息数据，帮助出台更合理的教育政策；给教育者和民众呈现直观的教育条件和结果；呈现国内基础教育平均水平的差距。

基础教育的学校评估基于学校的基础教育发展指数分数。一所学校的发展是根据其自身目标和国家最终目标（即 2021 年 OECD 国际学生评估计划平均分数）的进展情况来衡量的。Prova Brasil 和全国基础教育评估系统是政府构建评估指数的一揽子计划的一部分，该评估指数在每个评估期（即每两年）为每所学校提供“最终成绩”，称为基础教育发展指数。该指数创建于 2007 年，旨在衡量巴西教育系统中每所学校的整体质量，促进市级和州级评估系统的政策实施和目标实现，以提高其绩效。基础教育发展根据 Prova Brasil 和全国基础教育评估系统的汇总结果以及学生过渡的管理数据，基于一个数学方程式得出结果计算出单一的量化指标，以 0 到 10 的尺度区间衡量教育质量，对学校进行等级划分。该方程式包含政府认为与教育质量相关的变量。因此，基础教育发展指数在全国基础教育评估系统和 Prova Brasil 结果中反映了学生是否掌握了相对于国家课程指南而言必要的能力。此外，基础教育发展指数将反映学生是否成功通过学年测试。换句话说，该指数将反映学生是否及格或留级以及是否辍学。基于基础教育发展指数，教育部提供的评估工具反映学校管理层在多大程度上致力于确保学生出勤和避免辍学，以及如何有效地营造有利于课程开发的教育氛围。上述评估内容都反映在基础教育发展指数中，从而得出学校的最终成绩。

全国教育质量指数反映巴西基础教育的质量水平，教育主管部门根据在国家、州、市和学校各级产生的绩效分数设定基础教育发展目标和制定基础教育制度的改进计划。例如，国家教育研究所为各级政府编制报告，组织大型宣传活动，并管理在线数据平台，以便民众根据地区和国家平均水平比较学校[14]。巴西基础教育发展计划（Plano de Desenvolvimento da Educação，PDE 2012-2022）将基础教育发展指数成绩 6.0 确定为巴西基础教育发展的主要目标，获得该成绩被视为拥有可与大多数发达国家相媲美的优质基础教育体系。

此外，为更好地激励学生的高中学习，并增强对教育教学的激励作用，巴西政府始终坚持探索考试制度的改革。巴西政府一直鼓励高等教育机构采用全国高中教育考试作为学生进入高等教育的唯一标准，但因未实行强制规定，实践中仍由各高等教育机构自行决定入学标准。目前，巴西的一些大学也管理自己的入学考试，作为全国高中教育考试的替代或补充。直到 2021 年，联邦政府还计划在高中最后三年使用新的年度基础教育评估作为进入高等教育的替代考试。因此，全国基础教育评估系统改革的一个重大变化是其结果将作为进入高等教育的替代选择机制。具体来说，每个学生在高中三年的全国基础教育评估系统成绩将转化为一个分数，随后使用该分数申请大学。巴西将如何具体落实该政策，以及州、市和私立大学对这种考虑的接受程度如何都尚待研究。

（二）巴西高等教育评估系统的发展

1. 高等教育评估系统的发展历程

巴西高等教育体系包括联邦、州和市各级支持的公立高等教育机构及私立替代机构（包括非营利宗教、慈善和社区机构以及营利机构）[15]。这些高等教育机构可分为：大学、大学中心和综合高等教育学校。2017 年的排名显示，巴西是拉丁美洲国家高等教育的领头羊，拥有一所世界排名第 121 位的州立大学，43 所大学世界排名靠前。值得注意的是，巴西排名靠前的大学大部分是由联邦和州支持的公立机构，私立天主教机构表现始终紧随其后[16]。高等教育中的质量评估一直是国际辩论的主题。

在巴西，高等教育的质量控制是国家的责任，国家在高等教育评估系统的框架内制定了高等教育机构的质量标准[17]。20 世纪 90 年代以来，巴西高等教育机构的质量评估一直受到国家的监管。高等教育质量评估及其定义由联邦政府通过国会批准并经总统批准的法律发布。国家高等教育评估委员会和国家教育研究所是负责学习成果评估的工作机构。国家高等教育评估委员会制定评估的标准规范，负责高等教育评估实施过程中的指导原则和参数。国家教育研究所负责高等教育评估手段的具体实施（包括系统的维护和评估项目的开发），以及教育评估信息的统计和分析[18]。

巴西于 1996 年通过建立国家课程考试制度（Exame Nacional de Cursos，ENC）来加强高等教育质量控制。国家课程考试与学生的毕业证书直接相关，但考试的结果并不影响学生学位的获得。国家课程考试每年举行一次，针对毕业年级的学生实施，考试科目逐年增加，测试内容主要由学术界各领域团体和专家制定。国家课程考试的测试结果曾经是巴西各高等院校绩效评估和课程更新审查的重要依据。

2004 年，巴西联邦政府基于 5 条轴线面向所有高等教育机构建立了替代国家课程考试制度的新的教育评估系统。轴线包括：机构规划和机构评估，分析机构发展计划实现机构发展，教学、研究、社会需求的延伸，学术政策、行政政策，以及基础设施[19]。高等教育评估系统通过 3 种评估方法保证教育质量，即机构评估（自我评估），研究生课程评估，通过应用高等教育学生表现测试和全国高中教育考试对学生进行评估[20]。巴西的联邦大学认为采用全国高中教育考试有助于高等教育机会的平等获得。理由是在采用全国高中教育考试的所有院校中，学生只需参加一次入学考试（而不是每个高等教育学院规定的各种考试）就能被一所适合他们能力的高等教育机构录取，不受州市限制[21]。值得一提的是，巴西最大、最重要的大学之一——里约热内卢联邦大学，自 2012 年开始将全国高中教育考试的成绩作为录取学生的依据（个别专业结合自主测试成绩录取）[22]。

高等教育学生表现测试是基于国家课程考试制度改进而成的本科生的学习成果评估工具。相较于国家课程考试制度，高等教育学生表现测试的评估对象增加了一年级学生群体，目的是动态监测考查学生的学习状况[23]。此外，高等教育学生表现测试的评估频次为 3 年一次。由于高等教育学生表现测试的评价指标已包含监管和惩罚措施，因此国家课程考试中的相关评估被取消[24]。为适应形势变化，巴西近年来又对高等教育评估系统的构成进行了调整完善。改革之后，高等教育评估系统的全国学生表现评估的结论与学生的动态学习状态和教师发展水平存在有机关联，做到既相对独立，又彼此支撑，为反映本科生的课程水平和院校的课程表现提供更合理的评估方式[25]。

2. 高等教育评估结果的应用

对国家而言，高等教育学生表现测试中巴西各高等教育机构和学生在校期间的动态数据结果可以作为巴西教育部评判高校教育质量、衡量巴西高等院校办学绩效的参考。例如，巴西教育部采用在高等教育评估周期内得出的数据资料和报告结果，对院校的整体和内部的各专业教学表现做出评估。

对学校而言，各高校可根据教育评估结果及时进行自我诊断，探寻高质量高水平教学的突破口。对公立高校来说，教育评估结果影响国家教育资源的配置，是学校取得更多财政资源的重要依据。教育部根据教育评估数据决定增加或减少对各公立高校的资源分配。对私立高校来说，教育评估则是其优胜劣汰的生存考验。教育部根据周期性的教育评估结果对院校或院系发出处理结果，最严重的会责令个别私立院校关停。实践中，受教育评估结果影响，巴西私立高校的医学系招生名额缩减上千，截至 2019 年，巴西本科法学的招生名额被削减高达 3 万多[26]。此外，评估结果未达到标准的课程也不被赋予申请的资格。

（三）巴西参与国际教育评估的进展

1. 巴西参与国际教育评估调查的现状

截至2023年，巴西参与的国际评估包括国际学生评价项目（PISA）、教师专业发展和学校教学调查项目（TALIS）、区域比较和解释研究（TERCE）、国际阅读素养进展研究项目（PIRLS）。

巴西于1997年开始参与大规模的国际学生成绩评估，首先是拉丁美洲教育质量评估实验室的初步区域比较和解释研究（PERCE），然后是2000年的国际学生评价项目，接着在2008年参与了教师专业发展和学校教学调查项目。2022年，为帮助促进学生早期识字，巴西首次参加国际阅读素养进展研究项目。2023年，巴西还参加了国际数学与科学教育趋势研究（TIMSS）[27]。多年来，巴西始终保持上述评估活动的参与度，以衡量国家教育发展的程度，并与其他参与国家对比衡量教学实践和学习成果。参与国际评估项目不仅有助于巴西本国教育工作者熟悉能力评估制度，而且有助于参与评估的学校利用评估数据改善教学。同时，大规模国际评估方面的丰富经验有助于巴西政府制定国家教育政策，提升国内教育评估设计和实施标准化评估的能力。

2. 巴西参与 TALIS

意识到教师对教育水平的影响后，巴西对教师评估日益重视，教师的社会地位逐渐提高。由于重视教师专业发展，巴西各类法律法规明确了教师职业的专业性，法规强调要通过教师实践能力的增强来促进其专业领域的发展，通过保障教师的最低工资优化其职业价值和社会地位。巴西结合国际教师评估和国内教师评估系统，对比分析评估结果，完善国内教师职业规范，提高国内教育水平。

TALIS 2018 评估报告显示，约11%的巴西教师表示自己的地位在社会中得到重视（TALIS 平均值为26%），53%的教师对教学合同条款感到满意（TALIS 平均值为66%），18%的教师对薪资感到满意（TALIS 平均值为39%）。

近几年巴西的教师评估系统发展较快。TALIS 2013 报告显示，约13.4%的巴西教师表示职业未被正式评估（TALIS 平均值为 7.4%），发展至 2018 年，该比例降至 9%，低于经合组织平均水平（10%）。TALIS 最常用的评估方式是基于学校和课堂的结果（83%）、对教师课堂教学的观察（78%）和教师教学产生的外部结果（75%）。教师评估系统的反馈可以通过承认教师的优势和解决其教学实践中的问题等方式提高教学效率。TALIS 2018 报告显示，与其他参与国相比，巴西有更多的教师对教师评估的反馈效果持乐观态度。77%的教师报告说教师评估反馈对他们的教学实践产生了积极影响（经合组织平均水平为 71%），教师评估系统对教师教学成果的分析和教学质量提高的作用得到认可①。教师评估系统是提高教学质量的重要杠杆，巴西教师评估系统的发展潜力亟待发掘[28]。

（四）巴西教育评估系统的发展趋势

巴西素有民族大熔炉之称，移民较多，种族复杂，巴西的教育评估体系本应具有鲜明的民族性和较强的包容性。可是，从巴西教育评估系统的发展趋势来看，却是逐渐趋于同质化。

上述矛盾的缘由可追溯至巴西相关立法的冲突。一方面，巴西州和市政府可以自由制定课程设计和教师培训计划；另一方面，由于学校和高等教育机构的课程应遵循国家课程指南，对个性化评估施加了同质化要求。因此，尽管表面上为各州市的教育评估系统选择的多样性和自主性提供了空间，但实际却强加于各州、市以限制。具体来说，巴西各州、市的评估工具，如学生的高等教育学生表现测试，以及全国高中教育考试和 Prova Brasil，都强制以国家课程指南为制定基础。2017 年 12 月 20日，国家共同课程基础（Base Nacional Comum Curricular，BNCC）获得总统批准，成为影响巴西所有学校课程的强制性文件。此文件的发布在巴西学界引发了对教育评估系统的同质化和多元化的文化敏感度之间的紧

① Result from TALIS 2018：Volum II ［R］. 2018，https：//search. oecd. org/education/talis/TALIS2018_ CN_ BRA_ Vol_ II. pdf.

张讨论[29]。国家共同课程基础规定的评估方法在实施过程中容易导致教育教学的同质化，对各教育机构的个性自治产生威胁[30]。对此，有学者认为可以采取一些措施，使评估制度更具文化敏感性，例如改变分析单位或某些输入措施的相对权重以控制变量，并提出将排名机构纳入考虑的策略[31]。考虑少数群体的地位，反对方学者用反霸权排名系统的案例来阐释自己的论点，超越“被认为只对大学声誉有影响的排名做法”[32]。

巴西国家教育评估系统在采用同质化的质量控制方法的同时忽视了文化多样性和巴西联邦体系的特殊性，因此这种同质化的方法需要通过增加体现文化多样性和包容性的措施来平衡。例如，尽管在全国高中教育考试和高等教育学生表现测试中将同质化考试适用于学生，但测试还需附有社会经济调查问卷来平衡普遍和兼顾文化多样性，旨在减少多样性问题对评估结果的影响。此外，巴西可通过制定为学校和高等教育机构的基础设施分配更多多元文化教育资源等措施提升教师处理文化差异的能力和文化感知价值，保障多元文化的嵌入。

三 巴西教育评估系统对我国教育评价的启示

我国教育评价系统作为现代教育发展的指挥棒，在教育的矛盾中指引方向，致力于破除“五唯”的顽瘴痼疾①。提高国际教育地位，实现构建教育强国的政策目标，要求教育评价体系扎根本土，加强与国际社会的交流互鉴，顺应国际教育发展的潮流。同为发展中大国，巴西与我国的教育制度也有相似之处，巴西的全国高中教育考试被誉为仅次于中国高考的世界第二大考试。因此，巴西教育评估系统的实践效果对我国具有启示价值。

2020 年 10 月，中共中央国务院印发《深化新时代教育评价改革总体方案》，提出“稳步推进中高考改革”。中考和高考是我国教育评价的关键环节，中考和高考制度的改革需与时俱进。巴西教育评估改革中，教育部

① 五唯：唯分数、唯升学、唯论文、唯文凭、唯帽子。

将全国高中教育考试扩展至贯穿高中教育的三次年度测试的考量，可为我国的中、高考制度改革提供新思路。高中阶段的年度测试既可对学生学习和教师教学状态实现动态监测，又可减少“一考定终生”的压迫感，对我国当代教师和学生的心理健康同样有益。

从我国教育评价实践来看，当前的教育评价重视显性指标轻视过程性因素，导致实践产生的结论性成果居多，而动态的过程性数据常被选择性忽视，教育评价体系的科学性亟待完善[33]。在这方面，巴西高等教育评估系统的高等教育学生表现测试以监测巴西高等教育机构和高校学生的动态数据作为参考，以此评估巴西各高等教育机构的办学质量。就我国高等教育评估制度而言，可探索高等教育教学动态监测的方法，持续追踪高等教育机构的办学状态和学生的学习情况[34]。通过对评估过程的重视获取更为科学的数据结论，对高等教育教学暴露的问题及时应对，为我国高等教育的发展指引方向。

四　结语

考虑到巴西当前的经济形势和新冠疫情对巴西教育系统的冲击，未来教育评估制度的设计需要的时间和资源可能很难保证。为此，巴西应为高等教育评估系统试验全国高中教育考试系列和全国基础教育评估系统的广泛改革制定一个现实的、分阶段的时间表，细化教育评估制度的改革进程安排。这一方法将确保学生和其他利益相关方清晰地了解着手建立一个新的国家评估框架的整个过程。就我国而言，建立健全教育评估制度也是一项庞大的系统工程，应做好教育评价系统的层级设计，统筹各级评估工作，简化评估项目，减少教育评估工作对学校办学、教师教学和学生学习造成的负担，构建以学习者为中心的教学范式，避免本末倒置、扰乱教育教学秩序。

参考文献:

[1] OECD, Education Policy Outlook in Brazil: With A Focus on National and Subnational Policies [R]. OECD Publishing, Paris, 2021; OECD, Education in Brazil: an International Perspective [R]. OECD Publishing, Paris, 2021.

[2] [5] AnnaVitoria Perico E Santos and Caitlyn Guthrie, How Brazil's National Assessment Can Support Learning and Equity Goals [EB/OL]. OECD Education and Skills Today, (2021-7-15) [2023-8-4]. https: //oecdedutoday. com/how-brazils-national-assessment-can-support-learning-and-equity-goals/.

[3] [4] SASE/MEC, Instituir um Sistema Nacional de Educação: agenda obrigatória para o país [Instituting a National Education System: mandatory agenda for the country] [R]. 2015; SASE/MEC, O Sistema Nacional de Educação [The National Education System] [R]. 2014.

[6] In S. Vandeyar (Ed.). Hyphenated Selves: Immigrant Identities Within Education Contexts [M]. Amsterdam: Rozenberg Publishers, 2011: 149-164.

[7] Secretaria da Educação do Estado de São Paulo [EB/OL]. (2019-4-10) [2023-8-4]. http: //siau. edunet. sp. gov. br/ItemLise/arquivos/52_ 19. HTM? Time = 25/11/2020%2008: 36: 48.

[8] BRAZIL, MINISTéRIO DA EDUCAçãO (MEC). 2011a, 2011b. SAEB [EB/OL]. (2019-4-10) [2023-8-4]. http: //www. mec. gov. br/.

[9] MEC, Plano Nacional de Educacao 2014-24 (PNE) [National Education Plan 2014-24] [R]. Ministry of Education, 2014.

[10] [11] Ingvarson, L. & Rowley, G., Quality Assurance in Teacher Education and Outcomes: A Study of 17 Countries [J]. Educational Researcher, 2017, 46 (4), 177-193.

[12] [28] INEP (n. d.), Histórico SAEB [Historical SAEB] [EB/OL]. (2021-06-21) [2023-8-4]. https: //observatoriodeeducacao. institutounibanco. org. br/api/assets/observatorio/4b8c85be-d825-495c-b7d6-729244a73b76.

[13] [17] Ana Ivenicki, Assessment and Curricular Policies of Higher Education in Brazil: Enhancing Both Performance and Cultural Diversity? [J]. Higher Education Forum, 2019, 16 (3), 92-94.

[14] Censo da Educação Básica Resumo Técnico [Basic Education Census 2019: Technical Summary] [R]. Instituto Nacional de Estudos e Pesquisas Educacionais Anísio Teixeira, Ministério da Educação, Brasília, 2019.

[15] Machado, C., O. Alavarse and P. Arcas, "Sistemas estaduais de avaliação: interfaces com qualidade e gestão da educação [State assessment systems: interface with quality

and education management] ” [J]. RBPAE, 31 (3), 667-680.

[16] Scorsoline, A. B. , Controle de qualidade da educação superior Brasileira: Modelos em transição, laplage em revista (Sorocaba) [Quality Control of Higher Education in Brazil: transitional models] [J]. LAPLAGE EM REVISTA, 2015, 1 (1), 73-83.

[18] Ministry of Education of Brazil, Establishes the Selection Index for Course Evaluators (ISACRSO) and the Selection Index for Institutional Evaluators (ISAIES) of the SINAES [R]. 2016.

[19] [20] [22] 王永林，巴西高等教育学习成果评估：实践特色与挑战镜鉴 [J]. 高教探索，2020 (6), 53-58.

[21] [23] [24] Cleber Augusto Pereira, Joaquim Filipe Araujo, Maria De Lourdes Machado-Taylor, The Brazilian higher education evaluation model: “SINAES” sui generis? [J]. International Journal of Educational Development, 2017 (61), 5-15.

[25] Emilio Maltez Alves, Filho Mariano Yoshi-take, Jose Antonio Arantes Salles, Relationship between the National Survey of Development of Students (ENADE) and Testing of Sufficiency Federal Council of Accounting (FCA) [J]. Procedia Social and Behavioral Sciences, 2015, 174 (1), 2967-2974.

[26] Tatiana Melguizo, Jacques Wainer, Toward a set of Measures of Student Learning Outcomes in Higher Education: Evidence from Brazil [J]. Higher Education, 2016, 72 (3), 381-401.

[27] Rosenkvist, M. , Using Student Test Results for Accountability and Improvement: A Literature Review [EB/OL]. OECD Publishing, (2010-11-22) [2023-8-4]. https://doi.org/10.1787/19939019. Morris, A. , Student Standardised Testing: Current Practices in OECD Countries and a Literature Review [EB/OL]. OECD Publishing, Paris, (2011-10-11) [2023-8-4]. https://doi.org/10.1787/5kg3rp9qbnr6-en.

[29] Santana G N, Carmo D S N. A BASE NACIONAL COMUM CURRICULAR: uma estratégia a favor da educação emancipatória das infâncias e redução das desigualdades educacionais? [J]. Ensino em Re-Vista, 2018, 25 (4), 1056-1086.

[30] Document of the Brazilian Association of School and Educational Psychology as An Aid to the Public Consultation of the National Curricular Common Base-Inclusion of the Discipline Psychology in High School [J]. Psicologia Escolar e Educacional, 2017, 21 (2), 347-352.

[31] [32] Shahjahan. R. A. Ramirez, G. B. & Andreotti, V. de O, Attempting to Imagine the Unimaginable: A Decolonial Reading of Global University Rankings [J]. Comparative Education Review, 2017, 61 (2), 568.

[33] 刘振天，现代高等教育评价体系建设：成效、经验及完善之路 [J]. 社会科学战线，2021 (3)，223-232.
[34] 王战军、王永林，监测评估：高等教育评估发展的新图景 [J]. 复旦教育论坛，2014，12 (2)，5-9.

Research on the Brazil's Educational Assessment System

Chen Shuqi

Abstract: In Brazil, it is true, the progress of education quality has been internationally recognized, but the horizontal comparison of the international education assessment system also reflects the shortcomings of the Brazilian education system. Educational assessment is an important means for countries' education improvement, and Brazil is now revising educational assessment system. Brazilian officials are currently exploring ways to support long-term education assessment system reform and maximize the effectiveness of national education assessment in the orientation of educational resources. The report mainly includes the detailed composition and development status of the Brazilian education assessment system, also the illumination that Brazilian education assessment reform for China. Brazil still has a long way to go in pursuing a high-quality and high-level education system because of two contradictions, namely the contradiction between the diversity of the educational assessment system and the allocation of educational resources, and the contradiction between the pluralism and homogeneity of educational assessment rights.

Keywords: Brazil; Education Assessment; Resources Direction; Teaching Quality

俄罗斯教育评价研究报告

李迎迎　顾曙娅　王思源*

摘　要：2017年12月，俄罗斯政府颁布了《联邦教育发展国家纲要（2018—2025年）》，明确了教育发展的三个迫切需求：提高国际竞争力、推进教育现代化以及建设创新型国家。为了满足这些需求，俄罗斯积极开展教育评价理论和实践的研究。本报告从学习成果、学校教育环境、教育系统管理效率三个维度入手，结合2017~2022年俄罗斯本土及国际评价方式评价内容和结果应用的数据和资料，对俄罗斯学前教育、基础教育、高等教育及职业教育等学段的教育评价重要进展及发展趋势进行了阐释。研究结果表明，俄罗斯建立和实施的教育评估与监测体系对俄罗斯教育质量提升起到了良好的推动和促进作用。希望本报告能为我国教育评价事业的发展和完善提供有益借鉴和参考。

关键词：俄罗斯联邦　教育评价　教育质量

教育评价作为教育体系中重要的一环，是推动教育质量持续提高的关

* 李迎迎，天津外国语大学俄罗斯研究中心主任，教授，博士生导师；顾曙娅，天津外国语大学中央文献翻译研究基地在读博士生，新疆大学外国语学院讲师；王思源，天津外国语大学中央文献翻译研究基地在读博士生。

键。它不仅对学校的办学环境、教育质量、教学水平等方面进行科学有效的评估与监测，而且为学校提供了完善教育教学策略、提升教育质量的重要依据。自 20 世纪末以来，俄罗斯联邦致力于开展教育政策的专门研究，并在教育评价理论与实践方面取得了丰硕成果，使其成为当今世界教育发达的国家之一。

一 俄罗斯教育评价概况

俄罗斯教育质量评估是在俄罗斯联邦教育部、联邦科学与高等教育部的领导下，由俄罗斯联邦科学与教育监督局主导执行，俄罗斯国家教育质量研究院在促进各级各类教育质量评估体系的资源整合和教育质量的全面提升方面也发挥重要作用。

俄罗斯教育质量评估具有全覆盖、本土化和国际化相结合、内部评价与第三方评价相结合、公开透明、与教育改革相结合以及长期性和连续性等突出特点。这些特点有助于促进教育教学的高质量发展和教育体制的不断创新。

第一，各学段教育教学评估工作实现“全覆盖”，注重教育评估与教育改革相结合。在评估范围上，覆盖学前教育、基础教育、高等教育和职业教育全学段。俄罗斯教育评估的目的不仅在于评估教育质量，还在于推动教育改革。评估结果被用来制定教育政策和改进教学方法，促进教育体制的创新和发展。此外，俄罗斯教育评估注重长期性和连续性。通过定期进行评估和监测，及时反馈教育质量的动态变化，及时调整教育政策和教学方法，确保教育质量的持续提高。

第二，学生学习成果评估方式本土化和国际化相结合。国内主要依据国家统一考试（ЕГЭ）、基础教育统一考试（ОГЭ）、全俄学生测验（ВПР）等三项考试成绩进行测评。除此之外，俄罗斯还积极参与国际测评项目，包括国际学生评价项目（PISA）、国际阅读素养进展研究项目（PIRLS）和国际数学与科学教育趋势研究（TIMSS）等项目。积极采取多元化评价方式，促使评价结果更加全面和客观。

第三，学校教育环境内部评价与第三方评价相结合。俄罗斯学校教育环境评估主要考察的内容有办学单位的信息透明度和公开度、硬件设施的配备情况、对残疾学生的关怀与帮扶情况、师生和家长对办学环境的满意度等方面。以校内自评与第三方评价相结合的方式，以俄罗斯教育部颁发的《学校教育环境质量第三方评价指数模型（НОК）》和《幼儿学习环境质量评价研究（ECERS-R）》作为主要评价工具，全面有效地开展评估工作。通过向学校、教师、学生和家长等各方公布评估结果，促进教育质量的提高和问题的解决。评估结果还被用作学校评级和教师职称评定的依据，对于教育机构和个人的发展起到指导作用。

俄罗斯教育质量评估体系在不断完善本土评价方式的同时，充分借鉴国际教育评价经验，积极参加国际性调查测试，实时了解俄罗斯教育水平在国际上的排名，对标评分处于领先地位的国家采取有针对性的改进措施，确保俄罗斯的教育高质量发展。

总体而言，俄罗斯建立和实施的教育评估与监测体系对俄罗斯教育质量起到了良好的推动和促进作用。面对数字化时代对教育评价带来的全新挑战，俄罗斯在教育评价方面不断追求更加公平的全息化评价方式，同时进一步加强对学生实际运用能力和学校数字化应用能力的评价。

二　俄罗斯教育评价重要进展

（一）学生学习成果评价

1. 俄罗斯本土评价方式

俄罗斯本土的学生学习成果评估主要依据国家统一考试、国家基础考试、全俄学生测验三个方面的成绩数据。

国家统一考试（Единый государственный экзамен，ЕГЭ，以下简称

“统考”）是俄罗斯国家鉴定考试的重要组成部分。统考既是俄罗斯高中学业水平鉴定考试，具有评估知识水平，提升教育质量的作用；也是俄罗斯高校招生的主要依据[1]。统考制度的实施在一定程度上提高了教育质量和公平性。通过统考，学生们有了公平竞争的机会，不再受到地区差异和学校背景的限制。同时，学校和教师也受到了更多的监督和评估，激励他们提供更好的教育质量。

为了提高统考的组织效率和减少人为干预，从而保证考试的公平性和准确性，俄罗斯政府在 2018 年对统考的组织流程进行了重大改革。采用统一印刷程序和加密磁盘替代纸质测试材料，有效防止试题泄露和篡改，确保试卷的安全性。试卷在考场现场进行打印，减少试卷运输和分发的时间和成本，提高考试的及时性和效率。此外，俄罗斯联邦科学与教育监督局研发了一种互联网应用技术，实施无纸化考试，考试材料通过电子方式提供给考点，减少纸质材料的印制和传递成本，同时也减少考试过程中的人为干预。2018 年末，俄罗斯还进行了网上向考点提供考试材料的技术测试，这项测试以试点方式进行，首先选择了地理科目，俄罗斯 71 个地区的 800 多个考点参与了测试[2]。在网上向考点提供考试材料的技术测试进一步验证了无纸化考试的可行性和效果。通过试点方式进行测试可以及时发现问题并进行改进，为全面推行无纸化考试提供了宝贵的经验和数据支持。这些改革的成功经验和实践经验可以为其他国家和地区的考试制度改革提供借鉴和参考。

此外，为提高多语种国际型人才选拔效率，俄罗斯司法部通过了针对高年级学生的俄罗斯国家教育新标准，从 2020 年开始，外语科目成为统一考试中继语文和数学之后的第三门必修科目，等级同数学科目一样分为基础和高级两个级别。考生可根据所报考的高校和专业要求自愿选择考试级别[3]。

俄罗斯统考制度为追求公平和效率而不断改革，然而，仅仅依据统考进行区域教育质量评估是不科学的。俄罗斯联邦科学与教育监督局局长安佐尔·穆扎耶夫（Анзор Музаев）表示，如果只使用统考数据，会影响地区教育水平的整体评估的客观性，因为同一年龄段的学生仅有一半左右参加了考试，会造成分析结果缺乏一定的客观性和真实性。例如，如果120万学生参加国家基础教育考试（Основной государственный экзамен，ОГЭ，以下简称“基础考试”），那么只有61万~61.5万人参加统考，因为许多学生在9年级之后就进入了中等专科学校[4]。据俄罗斯联邦科学与教育监督局网站2021年3月11日的报道，在对区域学生学习成果的评价中，除统考数据之外，还使用了国家基础考试、全俄学生测验这两个方面的成绩数据[5]。

基础考试（即俄罗斯“中考”）是国家鉴定考试的另一个重要组成部分，是9年级学生的学业水平测试。从2016~2017学年开始，为了避免除俄语和数学外的选考科目无人选择的情况，俄罗斯国家基础考试规定，考生必须选择两门选考科目。这样可以更全面地考察九年级毕业生对基础普通教育课程的掌握水平[6]。

全俄学生测试是对学生知识水平的评估与监测，也是俄罗斯基础教育质量评估统一体系中规模最大的评估程序。从2018学年开始，测试工作所涵盖的年级数量和测试科目的数量有所增加[7]。俄罗斯联邦教育部基础教育国家政策和管理司司长叶甫盖尼·谢姆琴科（Евгений Семченко）指出，全俄测试工作评估的客观性方面进展已经很明显：“几年前，我们在分析全俄测试工作的结果时发现，几十个城市千余所学校的成千上万的孩子，全部科目考试成绩均是5分。我们知道，不可能有这样的奇迹。显而易见，这是不客观的数据，存在舞弊现象。最近几年我们没有再看到此类现象[8]。”俄罗斯联邦科学与教育监督局局长安佐尔·穆扎耶夫呼吁教师不要单纯地为了应试而训练学生，也不要过分关注他们的成绩。他强调，这项工作应该展示学生真实的知识水平和地区教育系统的实际情况[9]。

2. 国际评价方式

俄罗斯积极参与国际测评，不仅能够获得国际认可，还能够与其他国家进行比较，从中学习和借鉴经验。在PISA排名中的提升，反映出俄罗斯学生在阅读、数学和科学方面的能力得到了提升。这不仅说明了俄罗斯教育质量的改善，也证明了教育改革所取得的成果。在 PIRLS 和 TIMSS 中跻身前十名的表现也证明了俄罗斯学生在这些领域的学习成果[10]。这些成就展示了俄罗斯在提高教育质量方面的努力和成就，为俄罗斯的未来发展提供了坚实的基础。

俄罗斯自 2019 年起全面参与 PISA。2021 年，16000 所中学和 6439 名在校生参与该项目测试。其中，9 年级学生最多，占比 70%，10~11 年级学生为 24%，7~8 年级为 1%，大学 1~2 年级学生为 5%。除 PISA 中所考察的阅读、数学以及科学能力以外，在俄罗斯测试中还将每一项能力的掌握情况详细分为 6 个不同等级（1~6 级，由低到高）。测试结果显示，学生的阅读能力分数呈逐年上升趋势，数学能力和科学能力测试分数虽有小幅波动，但是均保持整体上升趋势。

从学校测试数据来看，根据学生在 PISA 评价模式中取得的成绩，学校分为以下 3 个等级：低分学校，指 2~3 项基本技能未达标的学生占总人数的 20%及以上；高分学校，指 2~3 项基本技能未达标的学生人数占总人数的 5%以下，且所有技能测试项目均达到等级 3 的学生数占总人数的 30%及以上；中等学校，指除高分低分学校外的其他学校。测试分数高的学校和测试分数低的学校各占 27%，其余分数中等的学校则占 46%。影响学习成果的因素有：①教师职业技能水平；②家校合作程度；③各科目学习动机；④学生对课程的自我评价等。

除上述影响学生学习成果的因素外，“就业指导与实践课程”也是一个重要的影响因素。测试分数高的学校开展的就业指导与实践课程水平高且形式多样。研究表明，有效开展就业指导工作能够帮助学生明确个人学习目标，尤其是对测试分数靠后的学校学生显得尤为重要。

参与国际研究对于俄罗斯提升教育质量具有重要意义。既能对比俄罗斯与其他国家基础教育质量，又能在所得测试结果的基础上做出关于俄罗斯在国际评估项目中“加权平均排名”的相关指数，从而确定俄罗斯是否达到“全球基础教育质量前 10 名”的目标[11]。

（二）学校教育环境评价

1. 大中小学教育环境评价

俄罗斯联邦科学与高等教育部于 2022 年颁布了最新的“学校教育环境质量评价指数”，旨在对高校办学环境质量进行第三方评估，俄罗斯联邦科学与高等教育部、俄罗斯联邦社会院及俄罗斯联邦科学与高等教育部公共委员会为评估的主导部门，对于办学环境质量的相关材料搜集主要采取浏览学校官网、走访学校和问卷调查 3 种方法。

从具体操作来看，根据学校官方网站和校园内公布的信息内容，按照材料完整度赋分。从以下 13 个方面进行评估：①基本信息（学校成立时间、创办者信息、工作时间表、联系电话、邮箱等）；②办学机构的组织及管理结构（分支机构领导姓名及职务信息、地点、官网等）；③文件（办学机构总章程、国家认定资质证书、学生管理规定、成绩评定形式及规则、学生转学及复学规则等）；④教育（教学大纲、授课语言、电子化教育和远程教育技术使用情况、各科目电子版教学大纲及教学日历、职业教育情况等）；⑤教育标准及要求；⑥成员管理（领导者信息、教员信息）；⑦技术保障（物质技术保障、办公室设备、图书馆、学生饮食条件、信息技术及网络情况等）；⑧奖学金评定及实施办法；⑨教育收费情况；⑩财务经济活动情况；⑪可接纳学生入学和转学的名额情况；⑫为残障学生提供便利条件的情况；⑬国际合作情况。

在对员工素养及学校办学条件满意度进行问卷调查时，着重考察了受访者对学校以下工作的满意度：在学校官网和校园内公布信息的透明度和公开性、办学机构服务提供的舒适度、给残障人士提供的服务、第一次直接接触时学校员工提供服务的态度、在向学校寻求帮助时工作人员提供服务的态度、在远程互动中工作人员提供服务的态度、提供服务的条件、整体服务质量以及是否愿意向熟人推荐该学校。

学校教育环境质量指数评价模型有利于公开透明地对实施教育活动的环境质量进行第三方评估，为参加高考的学生在选择未来的学校时提供补充信息，同时也是从监督办学机构到提升办学服务环境质量的教育管理新原则的基础，阐明与服务对象需求相符的办学机构教育环境质量[12]。

2. 幼儿学习环境质量评价

2016~2018 年，俄罗斯根据美国《幼儿学习环境评价量表》（ECERS-R）对幼儿学习环境质量进行了评估，该量表在世界范围内具有广泛影响力。量表包括 7 个评价维度，即空间与设施、个人日常照料、语言—推理、活动、互动交流、课程结构、家长与教师[13]。

2016~2018 年幼儿学习环境质量研究涉及 73 个地区的 1581 所幼儿园。三年的测评平均分为：2016 年 3.54 分，2017 年 4.01 分，2018 年 4.297 分。数据表明，2016~2018 年幼儿学习环境教育质量分数呈逐年上升趋势，评估帮助幼儿园更加关注自身存在的不足，精准高效地提高幼儿学习环境质量。

2018 年，从参评地区各选取 3~15 所幼儿园进行了 ECERS-R 环境质量评估，总计 289 所，其中提供有效数据的有 218 所。根据测评结果将幼儿学习环境质量分成低、中和高三个不同等级。同年，对幼儿学习环境质量和儿童认知发展的相互关系进行研究，结果表明：①学习环境质量越高，越有利于认知低下的儿童发展；②学习环境质量直接影响儿童社会认知和语言能力的发展；③“物理环境”“互动（师幼互动、幼幼互动）”“学习活动”以及“课程结构”这 4 项指标对幼儿发展产生直接影响；④儿童逻辑思维能力与以下指标联系最为密切：“游戏空间与设施”“数学/计算”“大肌肉活动管理”“师幼间互动”；⑤儿童社会认知发展与以下指标联系最为密切：“进餐”“大肌肉活动管理”“作息表”。规律作息可以有效预防幼儿攻击性行为，帮助其更快适应社会；⑥儿童的创造力与以下指标联系最为密切：“游戏空间与设施”“大肌肉运动设施”“图书与图片”“小肌肉运动管理”“美术”“音乐/律动”“数学/算数”“促进接受多元性”[14]。

2019 年 8 月 16 日至 17 日，俄罗斯国家教育质量研究院（НИКО）举办“俄罗斯联邦学前教育质量评估体系：从学前教育质量监测研究到学前教育质量监测构想制定”跨区域研讨会，来自 49 个地区的 120 多人参会。

会议确定了有关学前环境质量的项目任务：①研制一套用于与学龄前儿童认知发展和学前教育机构环境参数相关的综合研究方法；②评估研究中包含的教育环境各类参数；③分析学龄前儿童认知发展结果与教育环境参数评估结果，以确定教育环境质量与学龄前儿童认知发展之间的重要关系；④在结果分析的基础上，为区域学前教育系统制定实施指南[15]。

（三）教育系统管理效率评价

1. TALIS

TALIS 作为一个重要的国际教育研究项目，通过一线教育实践者的意见和反思，为教育决策提供依据，主要有以下几个方面的特点：①重视一线教育实践者的意见。TALIS 鼓励校长和教师等一线教育实践者参与调查，提供他们对教学实践的意见和反思，以及对教育决策的建议。②为教育决策提供依据。TALIS 基于一线教育实践者的意见和反思，为相关领域的教育决策提供依据，帮助制定更有效的教育政策和改进教育实践。③多个主题涵盖全面内容。TALIS-2018 调查涵盖了 9 个主题，包括教师的教学实践、专业发展实践、学校领导、教育经历与教学准备、教师反馈与发展、学校环境和氛围、工作满意度、人际关系以及自我效能感[16]。这些主题全面反映了教师和学校的各个方面。④反映学校的创新、公平和多样性。TALIS 的目的是反映学校的创新、公平和多样性，通过了解教师和学校的实践和体验，评估教育系统的效果，并促进改进和创新。

俄罗斯中学也参与了 TALIS-2018 调查。俄罗斯《独立报》2018 年刊载的全俄社会舆论研究中心（ВЦИОМ）调查显示，在相关中学教育质量评估调查中，50%的受访者认为，中学为孩子们在当今世界的生活提供了足够的知识和技能。40%的受访者认为俄罗斯的中学教育是无效的。45%的受访者认为，现在的教师不如他们上学时的老师教得好。接近 3/4 的受访者认为，中学教授的知识无法让学生在高考中获得高分，从而进入理想的学校[17]。

TALIS-2018 调查研究反映了俄罗斯在教育领域实施的政策具有积极影响，明晰了俄罗斯中学需要解决的问题和面临的新挑战，在实施国家教育法案的背景下，学校师资结构、学校管理、教学实践、职业培训和教师与校长发展等问题引起特别关注。

在学校师资结构方面，和上一轮调查研究相比，教师年轻化的速度有所减缓，但仍然存在中学年轻教师流失的现象。对于俄罗斯教育系统来说，吸引年轻老师并且提高教师的社会价值感十分迫切，这一方面的数据跟踪调查可以定期进行并且不受国际调查框架的限制，将有助于监测采取的干预措施的效力。

在学校管理方面，教师的行政事务相较上一轮调查有所减少，但依然比其他国家繁重，教师的工作量也相较于其他国家更长。学校校长的行政压力大，且与上一轮调查相比有增无减。与 PISA 测试中排名靠前的国家相比，俄罗斯校长从事发展战略、制定教学计划、与师生及同事互动等方面管理工作的量较少。因此，全国教育行业需要推广先进的经验，全面推动教育质量提高。

在实践教学方面，俄罗斯教师普遍具有较强的教学能力，课堂驾驭能力强。课堂上，教师鼓励学生使用移动通信设备，但较少使用已成型的评价方式，缺少学生评价反馈环节，这些因素可能直接影响本国学生在 PISA 测试中的最终成绩。俄罗斯学者们认为，要将教师的职业发展与教育质量标准有机结合，要提高教师在批判性思维和创造能力培养等领域的创新性。同时，为全面提升教师的专业技能提供一切有利条件。

在职业技能培养和教师队伍发展方面，教师享有丰富且优质的教学资源与工具。但多数教师认为，自身对掌握学生情况的积极性不高，且缺乏自信心。在多元文化和多语种的教学环境中，教师的包容性教育和因材施教的能力亟待提高。

2. 俄罗斯“未来教师”计划

为了进一步提升俄罗斯教育质量，确保 2024 年俄罗斯基础教育跻身世界十强，俄罗斯政府于 2019 年 1 月 1 日正式启动“未来教师”计划。计划提出，要全面加强对教师的考核评估工作，鼓励教师自愿接受评价考核。对教师进行评价考核是提升教师业务能力和提高教育教学质量的重要评价机制，是教师终身学习、自我完善的核心动力源。

计划提出，各学校应设立教师发展中心和专业技能评估中心，并按照要求对教师专业技能进行评估；国家职业资格认证监管部门应成立全国教师专业技能评估中心，制定新的绩效考核办法，促使教师反省自身不足，及时采取有效的整改措施；利用数据库和信息技术，建立专家库，确保教育学、心理学等各方面资深专家的参与；提供一系列教师自我评价工具和实施办法，使教师能够随时随地对自己的知识、技能进行系统全面的检测和评估；要求各校领导班子对教师专业技能评估工作有深刻认识，并积极组织开展相关工作，认真总结评估结果，努力为教师提供更多、更有效的发展路径。

“未来教师”计划中提到，到2024年，俄罗斯大中小学至少有10%的教师能够接受评估。教师评估考核体系将对整个教育系统，特别是学校的教学工作产生广泛影响[18]。时任俄联邦教育部长的奥莉佳·瓦西里耶娃（Ольга Васильева）在接受采访时表示：“评价考核的最终目的不是为了奖惩，而是为教师未来的职业发展提供有价值的建议。”[19]

三　俄罗斯教育评价发展趋势

（一）秉持“学以致用”的评价理念

教育评价理念是教育领域各项工作良性推动的灵魂和旗帜，近年来俄罗斯教育教学工作愈来愈关注“学以致用”的评价理念，通过评价考查学生应用所学文化与技能，有效开展自主发展和社会实践的能力，帮助推动解决如今重理论轻实践、补充职业教育不完善、职业指导不充分等问题。

第一，俄罗斯国家教育质量研究院于2020年开展以先进的国际实践为基础制定区域教育质量评估方法的研究项目。该研究的目标群体是年龄为15

岁的中学生，主要考查学生利用在自然学科中获得的知识和技能解决具体情境中相关问题的能力。重点关注学生 3 项技能：根据现有科学知识解释或描述自然科学现象并预测其变化的能力，科学问题的识别和自然科学研究方法的应用能力以及解释数据和利用科学论证方法得出结论的能力[20]。

第二，俄罗斯库尔斯克教育发展研究所所长加林娜·波德恰利莫娃（Галина Подчалимова）于 2019 年提出了补充职业教育内部评估体系，该体系的任务是根据国家教育法明确补充职业教育优先发展方向，构建补充职业教育的统一评价模型，研究影响学生职业发展的补充职业教育客观因素，培养学生职业发展能力，提高教师和管理人员的职业技能。该评价模型主要从制度保障、大纲教学法保障情况、人员业务能力提高和职业进修、科研教育活动、物质保障等方面进行评估[21]。

第三，针对教师和家长们提出统考形式重理论轻实践导致职业指导不足的问题，2018 年 11 月，俄罗斯国家杜马教育和科学委员会副主席鲍里斯·切尔尼绍夫（Борис Чернышов）专门致函教育部长，提出用区块链系统取代统考，便于尽早发现学生的天赋。该系统包括三部分：职业指导结果、学生成绩和学生社交活动。基于此，教育部决定启动“通向未来的门票”专项活动，旨在实现初高中学生的职业规划一体化，帮助 6～11 年级学生进行早期职业定向[22]。这一专项的实施有助于解决当前教育体系中存在的一些问题。首先，通过提前进行职业规划，学生可以更早地明确自己的兴趣和优势，有针对性地选择学科和课程，从而更好地发展自己的潜力。其次，通过加强对学生的职业指导，学生可以更好地了解不同职业的特点和要求，以及未来就业市场的发展趋势，从而做出更明智的职业选择。在实施过程中，教育部采取一系列措施来促进学生的职业规划一体化。首先，加强学校和社会资源的整合，提供更多的职业指导和实践机会，帮助学生了解不同职业的特点和要求。其次，加强对学生实践能力的考察，通过实践活动和项目，培养学生的实践能力和创新精神。同时，教育部推动高等教育机构与企业的合作，加强实习和就业机会的对接，为学生提供更好的职业选择和发展机会。

反观我国，如今也存在唯分数、唯升学、唯文凭、唯论文、唯帽子的顽瘴痼疾，亟须纠正片面的教育评价理念，转变注重考试成绩、忽视社会实践能力的评价导向。教育评价应关注如何规划和落实与各级各类教育人才培养目标相对应的学习者社会实践能力，把“学以致用”的教育评价理念贯穿教育教学各环节。

（二）重视数字教育环境的评价内容

21世纪之初，俄罗斯在教育领域开展大刀阔斧的改革，出台了一系列纲领性文件。其中，《俄罗斯联邦国家教育学说（2000—2025年）》明确提出，要充分利用现代教育技术，实现教育现代化[23]。2018年5月7日普京签署的第204号联邦总统令《关于2024年前俄罗斯联邦国家发展目标和战略任务》进一步夯实了教育领域的一项重要国家目标任务——“创造现代和安全的数字教育环境”。基于此，俄罗斯出台了教育专项——“数字教育环境”项目。该项目旨在通过扩大俄罗斯数字教育空间规模和增加学生数量，为终身学习创造条件[24]。

为更好地监督办学质量，俄罗斯注重对学校转向数字化教育准备情况进行评价。新西伯利亚技术大学的学者们梳理了俄罗斯大学在数字化教育环境转型中的问题，如作为当今信息化教育体系中的基本元素，大学的信息组织水平还很低。俄罗斯联邦科学与教育监督局审查高等教育领域的网站，发现了诸多不合规的现象。1592所大学中只有84所完全符合规定，10%的大学官方网站中不合规的现象超过30%，319所大学无官方网站或者网站无法正常运行。

学者们对大学向数字化教育转型程度的评价要素进行了归纳总结，在评价要素中突出强调以下几点：学校配备电脑硬件和软件的水平、教工数字化能力的水平及其对数字化转型的准备情况、企业和大学进行网络互动的意愿和准备情况，以及师生的数字化知识掌握程度。此外，学者们认为，决定大学对数字化准备程度的因素中应增加法律法规保障和跨学科交叉融合指标；在跨学科能力方面，大学必须打破院系和专业壁垒，实现资源快速整合，制定在线课程上线教育平台办法。

根据以上评价要素，学者们研制出大学对数字化准备程度的评价方法模型。评价过程中主要运用专家评价法、形态分析法、聚类分析法三种方法，并以 2017 年 Round University Ranking 国际排名新西伯利亚地区排名第二的新西伯利亚技术大学为例进行了评估试验[25]。

数字社会对教育提出了新的需求，教育领域的应用技术不断迭代优化，我国的教育评价也应重视数字化应用能力的评价，通过数字教育环境评价引领数字化教育的健康发展。

（三）追求客观公正的评价方式

俄罗斯统考制度的实施体现了对考试效率和公平性的重视。通过不断改革和优化，考试制度不断走向成熟。根据俄罗斯科学与教育监督局的说法，通过使用人工智能技术来替代阅卷专家对整个考试过程进行技术化管理，可以尽可能地消除人为因素的干扰，客观准确地评估考生的知识和能力，同时加强对舞弊现象的监督和打击，以确保考试的公平性和可靠性[26]。

2019 年，普京在国情咨文中提到，统考制度的施行在俄罗斯社会中获得了一定的支持和认可。全俄社会舆论研究中心的调查数据显示，57%的俄罗斯人认为统考制度给偏远地区的优秀学生提供了进入名牌大学的机会，52%的受访者认为统考制度使知识评估系统更加客观和公正。通过实行统考制度，俄罗斯实现了统一教育空间的目标。这意味着不论学生来自哪个地区，他们都可以通过参加统一的考试来评估自己的知识水平，通过公平竞争考入大学，享受更好的教育资源。这种制度为学生提供了透明和客观的终结性评价，不再受到主观因素的干扰[27]。

教育领域第三方是教育行业冷静的“旁观者”，价值无涉的“观察员”[28]。2019 年俄罗斯国家教育质量研究院对莫斯科州学前教育活动质量进行了第三方评估，并将评估结果纳入对领导工作成效和补足短板完成情况方面的考评中[29]。2022 年俄罗斯联邦科学与高等教育部颁布了最新的

“学校教育环境质量评价指数”并对办学环境质量进行了第三方评估[30]。第三方教育评估的核心意义就在于客观、公正和独立，是俄罗斯在教育评价方面不断追求公平的体现。

莫斯科国立大学校长、俄罗斯科学院与教育科学院院士维克多·萨多夫尼奇（Виктор Садовничий）撰文指出，“莫斯科国际大学排行榜”（mosIUR），又称“三项大学使命”排名，是世界上最具代表性的学术评级项目之一。该项目的创新之处在于，它取消了主观性较强的大学声望调查，成为全球首个将“社会关联度”作为评价指标的排行榜。“社会关联度”包含接受教育程度、与人才市场联系、与地区联系、校园质量，以及与社会关联度，充分反映了大学和社会各界的联系，大学对国民经济发展的贡献度，就业市场对大学毕业生的需求，毕业生对社会各方面的影响。同时，排名还反映了大学生将所学知识技能回馈给社会，以及其他对社会有益的层面。据不完全统计，2020 年全球超过 96 个国家的 1500 余所高校参加了排名，2021 年达到 97 个国家 1650 所大学，参与的国家与地区数量呈逐年上升趋势。2022 年增至 103 个国家 1800 所高校，创历史新高。截至目前，“莫斯科世界高校排行榜”正式公布排名 7 次，在加强全球大学排名的客观性和提升高等教育的质量等方面做出了重要贡献[31]。

建立科学公平有效的教育质量评价体系是实现教育公平的重要途径之一。利用人工智能技术和第三方评估机构，可以更好地实现教育评价的公平化，推动教育向着更加公平的高质量发展方向迈进。

参考文献：

［1］［6］［7］郭广旭．俄罗斯基础教育质量评估统一体系的建构、运行及特点［J］．郑州师范教育，2020，9（1）：39-43.

［2］［3］［10］［22］［26］［27］肖甦，朱佳悦．俄罗斯持续性国家统一考试改革：追求教育公平［J］．比较教育研究，2019，41（11）：43-50.

［4］В каких регионах завышают оценки школьникам？［EB/OL］．［2021-08-

29]. https://dzen. ru/a/YStL33womzI4b6qm.

[5] 范永胜. 俄罗斯：从学习成果、教育环境、管理效率等维度整体评价学校教育质量 [J]. 人民教育, 2021 (09): 19.

[8] Единая система оценки качества школьного образования в России [EB/OL]. [2023-01-03]. http://www. obrnadzor. gov. ru/common/upload/news/infomaterial/ESOCO_ rus_ Print. pdf.

[9] Рособрнадзор впервые представил рейтинг регионов по качеству школьного образования [EB/OL]. [2023-01-10]. https://skillbox. ru/media/education/rosobrnadzor_ vpervye_ predstavil_ reyting_ regionov_ po_ kachestvu_ shkolnogo _ obrazovaniya.

[11] Комплекснаяаналитика по результатам оценки качества общего образования за 2021 год [R]. [2023-01-09]. https://fioco. ru/ru/osoko.

[12] [30] Доработанная модель по расчету показателей независимой оценки качества условий осуществления образовательной деятельности организациями, осуществляющими образовательную деятельность по образовательным программам ВО и ДПО [R]. [2023-01-09]. https://nok-mon. ru.

[13] 王双. 美国学前教育质量评级与提升系统的元评价研究述评 [J]. 外国教育研究, 2017, (9): 86-103.

[14] Сводныйотчет о результатах исследования качества дошкольного образования в 2016, 2017, 2018 годах [R]. [2023-01-01]. https://fioco. ru/Media/Default/Documents/NIKO/Issledovaniye_ kachestva_ doshkolnogo_ obrazovaniya_ 2016_ 2017_ 2018_ . pdf.

[15] Национальное исследование качества дошкольного образования [EB/OL]. [2022-12-22]. https://old. niko. institute/en/projects? url = monitoring-kachestva-doshkolnogo-obrazovaniya.

[16] 梁茜. 教师信息技术应用能力国际比较及提升策略——基于 TALIS2018 上海教师数据 [J]. 开放教育研究, 2020, 26 (1): 50-59.

[17] 朱雁. 中国上海教师的工作压力水平及其对工作满意度的影响——基于 TALIS2018 数据的实证分析 [J]. 全球教育展望, 2020, 49 (8): 117-128.

[18] 范永胜, 孔令帅. 俄罗斯教师教育改革新进展——以“未来教师”项目为例 [J]. 世界教育信息, 2020, 33 (12): 62-67.

[19] Учитель из будущего. Министр просвещения Васильева про нового педагога и сильную школу [EB/OL]. [2019-12-22]. https://futurerussia. gov. ru/nacionalnye-proekty/274867.

[20] Разработкаоценочных средств для проведения регионального исследования на основе передовых международных практик [EB/OL]. [2022-11-24].

https：//niko. institute/.

[21] ПодчалимоваГ. Н. Внутренняя система оценки качества дополнитель ного профессионального образования/Г. Н. Подчалимова, С. Н. Белова// Педагогика [J]. 2019 (10)：27-35.

[23] [24] [25] Указ Президента РФ от 7 мая 2018 г. № 204 «О национальных целях и стратегических задачах развития Российской Федерации на период до 2024 года» [EB/OL]. [2022-12-06]. https：//www. garant. ru/products/ipo/prime/doc/71837200/.

[28] 邢海燕．第三方教育评价的内涵探讨［J］．中国高等教育评估，2018，41（3）：43-50.

[29] Приоритетные проекты 2 сентября 2019 г. Дошкольное образование：Независимая оценка качества образовательной деятельности ДОО в Московской области [EB/OL]. [2022-11-24]. https：//niko. institute/.

[31] Садовничий В. А. Московский международный рейтинг "Три миссии университета" как инструмент оценки высшего образования//Высшее образование сегодня [J]. 2019 (4)：2-9.

A Study on the Educational Assessment in Russia

Li Yingying, Gu Shuya and Wang Siyuan

Abstract：In December 2017, the Russian government issued the Federal State Program for the Development of Education (2018-2025), which identifies three urgent needs for educational development：improving international competitiveness, promoting the modernization of education, and building an innovation-oriented country. In order to meet these needs, Russia is actively conducting research on the theory and practice of educational assessment. Starting respectively from the three dimensions of learning outcomes, learning and educational environment and managerial effectiveness of the educational system, the study explains the important progress and development trends of educational assessment in Russia in the academic segments of pre-primary, basic, higher and vocational education by combining the data and information based on the evaluation and the application of the results of the assessment in the local and international assessment methods in Russia during 2017-2022. The results of the study show that the educational assessment and monitoring system established and implemented in Russia has played a positive role in promoting and facilitating the improvement of the quality of education in Russia. It is hoped that the present study will provide useful reference for the development and improvement of China's educational assessment.

Keywords: Russian Federation; Educational Assessment; Quality Of Education

加拿大教育评价发展研究报告

刘　琛*

摘　要： 加拿大的教育水平位居世界前列。总的来看，加拿大重视教育质量评价，在融合欧洲教育传统和美国现代教育发展的基础上，根据加拿大国情和教育发展的现实需求，形成独具特色的多元化教育评价体系。本报告首先梳理教育评价概念的缘起和学界对教育评价的定义，以明晰教育评价的内涵和外延。根据文献梳理和对加拿大教育评价现状的前期调研，本文尝试提出加拿大教育评价的定义：加拿大教育评价是对加拿大各教育类型阶段教育质量的监测与评估；根据评价结果，加拿大教育利益相关方会相应调整各自负责领域的教育和管理行为，以提升加拿大教育整体质量。根据加拿大教育类型特点，本文将加拿大教育评价发展报告划分为三大板块：加拿大基础教育评价、职业教育评价、高等教育评价。各板块按照教育评价的客体分类，从系统评价、学校评价、教师评价、学生评价四个维度，对加拿大教育评价现状、体系、特色项目等进行梳理和评述。

关键词： 加拿大　基础教育评价　职业教育评价　高等教育评价

* 刘琛，博士，北京外国语大学教授，北京外国语大学加拿大研究中心主任。

教育评价的概念是由美国著名教育学家、“评价之父”拉尔夫·泰勒（Ralph W. Tyler）于1929年首次提出。他指出，教育评价是用来检验学生学习的体验实际上带来多少预期效果的过程，使教师、学生和相关人士通过评价结果了解教学的成效。泰勒对教育评价领域的突出贡献是发起美国中学教育课程改革项目（The Eight-Year Study），采用以改良教育为目标的过程性评估而非单一的成果性检验。随着教育评价领域的发展，教育评价的内涵和外延不断扩展，国外学者对教育评价目标有以下代表性论述：教育评价是用来评估教育资源、教育系统质量和有效性；是对学校进行的质量认证，为协助家长和学生择校、学校改革工作提供依据；监测地方、省（州）和国家层面的教育质量状况，推动教育管理和决策[1]。

国内学者从不同角度出发对教育评价进行了概念界定，如我国教育评价学者陈玉琨从理论基础的角度出发，认为教育评价是以价值论和认识论为基础，整个评价过程与评价者自身的价值观和认识观紧密联系，是评价者对于教育过程中的某种教育现象的价值的判断过程[2]。教育测量专家黄光扬对教育评价进行了更精细的界定，提出“教育评价是基于一定的价值标准和教育最初的目的，利用测量和非测量的方法收集信息证据，对受教育者各方面的改变以及相关因素进行价值分析和价值判断，并为教育决策提供证据的过程。”[3]

关于教育评价的类型，通常有以下三种划分方式：按照教育评价的层级划分，可分为国际层面、国家层面、地区（省）层面、校级层面的教育评价；按照教育评价对象的教育类型（阶段）划分，可分为高等教育、职业教育、基础教育评价；按照教育评价客体分类，可分为宏观角度的系统评价、中观角度的学校评价、微观角度的教师评价和学生评价。

对于加拿大教育评价的定义，目前学界尚无权威说法。根据对加拿大教育评价的调研，本文尝试提出加拿大教育评价的定义：加拿大教育评价是对加拿大各教育类型阶段教育质量的监测与评估；根据评价结果，加拿大教育利益相关方会相应调整各自负责领域的教育和管理行为，以提升加拿大教育整体质量。

一 加拿大基础教育评价

(一) 加拿大基础教育评价概况

1. 加拿大基础教育体系概述

为了适应多元文化，加拿大设置了多元文化教育系统。在实施多元文化教育过程中，加拿大的教育管理体制也体现出多元性。加拿大实行地方分权制，没有统一的中央教育管理机构，教育行政由各省负责。各省的教育系统虽有与其他省相似之处，但都体现出本省地区性和自身历史文化传统的特色[4]。教育服务由联邦、省和地方三级政府共同提供、拨款和监管，但教育事务属于省级政府管辖范围。加拿大基础教育包括学前教育、小学教育和中学教育。尽管加拿大各省份中学和小学的学制划分有所不同，但总体而言，加拿大公立中小学提供 12 年免费义务教育。在择校方面，除了公立学校和私立学校外，还可选择在家教育（Home School）模式。本文教育评价是指面向加拿大公立中小学开展的教育评价。

2. 加拿大基础教育评价概览

加拿大重视对基础教育质量的监测与评估，以保证教育质量与效果。构建了国际、国家、省级、校级四级基础教育质量监测与评价体系。根据评价结果，相关各方会及时在各自工作领域中，对自己的教育行为进行相应的调整和改进，以实现促进学生发展、提高教育质量的目标[5]。在此，采用从微观到宏观的角度，分析加拿大基础教育评价的四个维度，即学生评价、教师评价、学校评价以及系统评价。在学生评价方面，加拿大形成多层次的基础教育学生评价体系；在教师评价方面，加拿大形成以提高教师专业水平为导向的评价体系；在学校评价方面，加拿大从注重合规到注重质量；在系统评价方面，加拿大注重经济和社会意义的评价，为决策提供重要依据。

（二）加拿大基础教育学生评价

1. 学生评价概述

加拿大中小学学制 12 年，分为公立和私立学校。设立教育质量和问责办公室（Education Quality and Accountability Office，EQAO），负责评估中小学教育质量和效果，制定中小学学生测试的方法与条例，开发并评估中小学教育质量和有效性系统，研究和收集有关评估学术成就的信息，评估董事会的公共问责制并收集有关改进该问责制战略的信息，向公众和部长报告测试结果、中小学教育质量和有效性以及董事会的公共责任，在向公众和部长提交的报告中提出建议，等等[6]。EQAO 是一个独立的政府机构，专注于为教育工作者、家长、监护人、利益相关者和广大公众提供支持学生学习和提高学生成绩所需的信息。其个性化报告有助于提升个体学生的学习。该机构通过交互式在线报告工具向学校和学校董事会提供有关学生成绩的详细报告，以及来自问卷调查的背景、态度和实施信息。这些数据用于改进学校规划和课堂教学。EQAO 还报告省级评估结果，这有助于使公共教育系统对纳税人负责，致力于通过报告、研讨会、学校建设等项目来实现数据应用能力。EQAO 组织调查影响学生成绩、学校效能和最佳评估实践的因素，协调参与国家和国际评估。

2. 学生评价项目介绍

（1）国际层面的学生评价

加拿大历来比较重视并积极参加一些基础教育学业质量国际评估项目。就学生的学业表现进行国际比较，体现本国基础教育发展的优势，并弥补自身不足。基于比较，制定有效的教育改革政策及措施，不断提高教育水平与质量，增强本国教育的国际竞争力。

①国际学生评价项目（PISA）

国际学生评价项目是对 15 岁学生的技能和知识的国际评估；此外，它还提供有助于学生提升学业水平，以及学校和教育系统取得相关成就的一系列信息。PISA 是经济合作与发展组织（OECD）成员国共同协助并实施的一项国际学生学业评估项目。该项目于2000年开始，重点关注即将结束义务教育的15岁儿童的能力。主要检测阅读、数学和科学素养，每轮检测侧重一个领域，在此领域进行更详细的研究和更深入的测试，大约占用总测试时间的一半。2022年PISA以数学为主要领域，阅读和科学为次要领域，创造性思维为创新领域。可以就定期评估产生的即时数据进行不同时空上的动态比较。由于PISA是一项国际评估，它所衡量的技能通常被认为是教育过程的关键学业成果。该评估不是对事实进行测试，而是关注义务教育即将结束的学生运用知识和技能应对现实生活挑战的能力。

PISA的国际参与度稳步增长——从2000年的32个国家或者经济体增加到2003年的41个、2006年的57个、2009年和2012年的65个，2015年的72个，以及2018年79个。加拿大自PISA启动以来就通过加拿大教育部（The Council of Ministers of Education，Canada，CMEC）与加拿大就业和社会发展部（Employment and Social Development，Canada，ESDC）之间的伙伴关系参与了PISA。加拿大在国际学生评价项目中表现突出，各项评估结果位于参与国家和经济体前列。所有10个省都参加了每次评估。来自大约1000所学校的大约20000名加拿大学生以英语或法语参加了每次PISA评估。

②其他国际教育质量学生评价项目

除国际学生评价项目外，近些年来，加拿大还积极参加了其他一些国际机构组织的基础教育质量评估与监测项目。例如，国际阅读素养进展研究项目（Progress in International Reading Literacy Study，PIRLS）、国际数学与科学趋势研究（The Trends in International Mathematics and Science Study，TIMSS）和国际计算机和信息素养研究（The International Computer and Information Literacy Study，ICILS）。通过参加多形式的国际教育质量监测和评估，加拿大能够更全面地了解国家教育质量，明确自身教育在国际教育中的位置，而且还可以为及时调整和完善教育政策与实践提供参照，从而有利于提升教育质量[7]。对学生而言，国际学生评估项目的评估结果对学生未来继续进行学术深造，或是进行技能学习以尽早进入劳动力市场提供决策参考。

（2）国内层面的学生评价

国内层面的教育质量评估包括国家层面、省级层面和校级层面的教育质量评估。

①国家层面的学生评价

泛加拿大评估项目（The Pan-Canadian Assessment Program，PCAP）是加拿大最具影响力的国家层面的教育评价与监测项目。此项目旨在让加拿大人了解他们的教育系统如何满足学生和社会的需求。通过阅读、数学和科学方面的周期性测试，为各省和地区提供了课程评价和改进评估工具的基础。

学校成绩指标计划（School Achievement Indicators Programme，SAIP）自1993年开始实施。PCAP在每次测试中，将一个科目设置为评估的重点，其他两个科目为次重点。PCAP和SAIP并非旨在取代省和地区评估，而是补充它们。鉴于随机抽样和PCAP评估的性质，它也不是衡量个别学生成绩的标准。在计划层面，司法管辖区可以根据PCAP的结果以及PISA的结果来验证他们自己的评估结果。PCAP和SAIP评估还包括有关在加拿大教育系统中进行数学、阅读和写作以及科学教育的环境信息。由于新冠疫情的影响，PCAP评估由2022年推迟到2023年。

②省级层面的学生评价

加拿大各省根据自身的情况和特点，采取了多元化的评价与监测策略，力求保障教育质量。根据评价结果，明确本省教育在全加拿大和世界中的位置、优势及存在的问题，并在教育实施过程中不断改进教育行动方案和质量评估监测方案，以保持本省教育在全加拿大乃至在全球的教育竞争力[8]。例如，安大略省教育质量监测评估由EQAO组织实施，重点考察基于安大略省课程目标的阅读、写作和数学技能。艾伯塔省教育质量监测评估主要包括省级学业成就测试（Provincial Achievement Tests）和文凭考试项目（Diploma Exam Program）两种形式。不列颠哥伦比亚省教育质量监测评估主要是对学生的知识、理解和能力进行评估，有省级考试和基础技能评估两种形式。

③校级层面的学生评价

校级层面的教育评价就是对学生日常学业成绩进行的评估。以安大略省为例，该省要求各学校对1~12年级的在校生学业表现进行评价，包括两个主要方面：一是对学生学习技能与工作习惯进行整体评估与评价；二是基于各学科课程期望表现标准对学生学业成就做出评估与评价[9]。

3. 优势与挑战

通过多种形式的国际教育质量检测与评估，不仅有利于加拿大了解国家教育质量，明确自身教育在国际教育中的位置，而且可以为及时调整和完善教育政策与实践提供参照，从而有利于提升教育质量。加拿大各省可以根据评估结果验证自己辖区的教育质量，并与加拿大其他省进行比较，从而为各省检测课程设置、提升教育教学质量提供依据。PCAP目前在基于计算机的在线平台上进行管理。转向基于计算机的评估与当前的教育和社会实践相一致，并支持提高学生的参与度。基于计算机的评估可以将无障碍工具纳入评估平台。

目前，育空地区、西北地区和努纳武特地区不参加PISA，来自乐队学校的本土学生也不参加，结果仅在泛加拿大和省级有效。加拿大正在致力于通过分学段制订具体的评价指标，不断改进评价手段和工具，力求客观、全面地评价学生的学业发展水平，以全方位了解不同省的学生学业表现及其在全球的位置。

（三）加拿大基础教育教师评价

1. 教师评价概述

加拿大基础教育教师评价制度在不同的省份和地区不尽相同。安大略省以立法的形式确立全省统一的评价要求，颁布全省统一的评价指引，全省各公立中小学都必须按照法律要求执行教师评价。而有些省份，比如英属哥伦比亚省没有全省统一的评价要求和指引，教师评价制度的确立和要求反映在教师入职时与校方签订的集体协议（Collective Agreement）中，该集体协议的条款是教师工会与校方谈判的结果。

尽管加拿大没有全国统一的教师评价体系，但总体上仍然能呈现以提高教师技能为导向的教师评价体系特征。作为加拿大人口最多和经济最发达的省份，安大略省的中小学教师评价体系备受关注。

2. 教师评价项目介绍：安大略省中小学教师评价制度

安大略省于2002年通过立法形式，统一全省公立中小学校教师评价制度，配套的《教师绩效考核要求指引》使之更具可操作性。

依据评价对象的工作经验，该教师评价体系包括新入职教师和经验型教师两大类别。在评价标准方面，安大略省考察教师5大方面（对学生及其学习情况的责任感、专业知识、教学实践能力、领导力、持续学习能力），及其细分出的16项能力。表1为新入职教师与经验型教师的评价比较[10]。

表1　安大略省新入职教师与经验型教师的评价比较

类别	新入职教师	经验型教师
评价数量	入职第1年必须进行2次评价	每5年进行1次评价
评价能力	5大方面,8项子能力评价	5大方面,16项子能力评价
评价结果	第1次:满意,需提升;第2次:满意,需提升,不满意;第3次(如需要):满意,不满意	满意,不满意
学习计划	当评价结果为"需提升",或者"不满意"时,需要设计和实施提升方案	年度学习计划每年都会依校长的意见进行修改和更新

资料来源：Government of Ontario［EB/OL］.［2022-12-17］. https://files. ontario. ca/edu-teacher-performance-appraisal-manual-en-03-10-2022. pdf。

在评估体系中，教育部门、校长、被评价人以及同行在评估体系中都有分工的责任。安大略省教育厅负责评价体系的程序构建，包括观摩课前会议、课堂观摩、观摩课后会议以及评估报告，校长负责担任教师的评价人（校长可授权给副校长或监督员担任），同行教师（peer）参与被评价教师职业提升方案的设计，被评价教师接受评价并完成学习计划。

从教师评价的流程可以看出，采用的方法是课堂观摩。此方法排除了一些评价影响因素，比如学生成绩（学生的成绩受多种因素影响，不仅受当前教师的影响，也可能受之前教师的影响）、教师笔试理论考核、家长和学生的评价等。

评价的结果将以书面形式交给被评价的教师，指出教师存在的问题，并根据情况提出提升方案。相较于有经验的教师，新入职教师更需要指导和培训，安大略省的教师评价体系对新入职教师的评价流程充分体现以提高教师技能为导向的评价特征。新入职教师的第 1 年需进行 2 次教师评价，2 次评估都通过后即完成新入职教师的培训计划。若有评估不过的情况，教师将接受对应的学习和提升安排，并需在 2 年内成功通过 2 次教师评估。

3. 优势与挑战

安大略省的中小学教师评价体系最明显的特征和优势是通过塑造以学习为导向的评价体系，促进教师成长与发展，体现人本主义和终身学习的教育理念。从流程设计中可以看出，针对未达标的教师，评价体系把教师的提升方案放至重要位置，有利于促进教师成长与发展。另外，作为内部评价手段，该评价体制将评价的组织和实施权限下放至学校，由校长担任考官，可以提高评价的效率和降低评价的成本。

以安大略省为代表的加拿大评价体系也反映出其面临的诸多挑战。其中，最突出的是如何通过教师评价，达到真正提高教师的专业能力的目的。有调查显示[11]，许多安大略省教师认为教师评价不能达到提升教师能力的效果。虽然评价体系很重视教师提升方案的设计，但政策框架缺少关注用什么实实在在的资源去提升教师的能力。评价目标与实现路径存在脱节的情况。此外，还有调查显示[12]，关于如何评价教师，学校领导层（校长、副校长）认为他们没有接受到充分的培训而得到的培训对学校领导层并不是十分有用。学校领导层在教师评价过程中具有决定性的作用，学校领导层的主观性和个人偏好可能会影响到评价的公平公正。

（四）加拿大基础教育学校评价

1. 基础教育学校评价概述

学校评价是加拿大基础教育质量保障的重要途径，各地教育委员会制定教育法规章程、指导各地教育委员会的教学管理工作、监督并评价各校的政策贯彻与落实情况、组织教师的各项能力培训、促进学生评估与测试工作的有效开展、收集各地各校的教育诉求与意见等。除了对学校持续进行督导管理之外，加拿大还拥有专门辅助教育质量保障的评估机构。

由于加拿大没有联邦层面的教育管理中央机构，也没有全国统一的教育系统，教育服务（包括学校评价）由联邦、省和地方三级政府共同提供、拨款和监管，此类教育事务属于省级政府管辖范围。因此，加拿大没有全国性统一的官方中小学排名，但是一些省份根据省的通测成绩进行学校排名，社会上一些非官方的独立研究机构也会每年推出一份中小学排名，例如，温哥华的菲莎研究院（Fraser Institute）[13] 自 2003 年开始，每年都对全省小学排名。菲莎研究院每年公布的中小学排名数据具有很大影响，但仅提供参考。

2. 学校评价项目介绍：安大略省中小学表现评定

安大略省中学表现评定（Report Card on Ontario's Secondary Schools）（以下简称“中学表现评定”）和安大略省小学表现评定（Report Card on Ontario's Elementary Schools）（以下简称“小学表现评定”）将各种相关的学校评价客观指标集于一体，进行评价并公布评价结果，由此分析和比较各所学校的表现。此评定不仅可以帮助家长做出更适合孩子学业发展的选择，还有助于推动学校的进步。评定结果成绩单提供一系列指标，体现被评定学校的优势以及不足。另外，通过校际的比较，各校找到差距、设定目标并逐步完善。

中小学表现评定建立在每所学校整体学业评定的基础之上，中学表现评定包括由 EQAO 列出的以下指标：理论数学平均水平，应用数学的平均水平，首次符合条件的学生成功完成安大略省中学读写能力测试（Ontario Secondary School Literacy Test，OSSLT）的百分比，先前符合条件的学生成功完成 OSSLT 的百分比，OSSLT 中被评为不及格或低于省标准的学生的百分比，首次参加 OSSLT 的男女生在成功完成测试率上的差异。2020 年安大略省中学表现评定（Report Card on Ontario's Secondary Schools 2020）已公布[14]。小学表现评定包括三年级和六年级分别在EQAO阅读、写作和数学评估中的平均成绩，男女生在六年级阅读和数学测试中平均成绩水平的差异以及EQAO考核不符合省级标准的学生人数比率。2020年安大略省小学表现评定（Report Card on Ontario's Elementary Schools 2020）已公布[15]。

3. 优势与挑战

对学校进行评价，有助于确保它们达到最低标准，协助家长和学生选择学校。通过监测学生在地方、州/省和国家各级评价认证的表现来提高问责制，评估各地区学校系统的有效性，指导学校改革工作并提高学校管理人员和教师学习能力等。[16]学校评价管理是以学校为本位或以学校为基础的分散决策权的管理模式。在这个模式中，管理决策从更大的、更集中的权威（如学区）转移到更小的单位（如学校）。学校因此拥有了更大的办学自主权，可以根据自身的发展需要确定发展目标和方向，成为完善自我管理、促进自主发展的主体，从而提升学校教育的适应性、责任感和有效性。

近年来，基础教育治理评价体制改革已成为加拿大教育发展亟待破解的问题。随着发达国家一系列新的社会治理理念诸如公共选择理论、新公共管理理论等兴起并传播至加拿大，加拿大人逐步将它们作为公共基础教育治理体制改革的重要依据。另外，教育评价并非只有单一目的，所以单一的评价方法是行不通的。就目前形势而言，教育评价是在现实世界的动荡环境中进行的一种应用活动，这为教育评价提出了挑战，评价者通常在评价中遇到多种相互竞争的目的、许多利益相关者的信息需求相互矛盾、评价时间和预算有限，以及评价方法对立等问题。

（五）加拿大基础教育系统评价

1. 基础教育系统评价概述

经合组织教育和技能理事会（The OECD Directorate for Education and Skills）周期性地面向包含经合组织成员国在内的国家大规模收集教育数据和分析教育政策。通过国家之间的数据比较，可得知一国具体在哪方面的教育指标处于世界领先地位。其中最直观的是其数字化比较平台工具“教育全球定位系统”（Education GPS）。根据该系统数据，在加拿大，6～14岁儿童的入学率是经合组织和有可用数据的伙伴国家中最高的（100%，排名1/43，2020年），但是中等教育机构的公共支出占公共总支出的比例相对较低（2.9%，排名41/42，2019年）。

另外，加拿大联邦政府会对一些受联邦机构资助的基础教育项目进行系统性评价，从而判断教育项目是否达到预期的政策效果，以此作为继续拨款资助的依据。其中最有代表性的教育项目是加拿大 Pathways 项目。加拿大 Pathways 项目专门为低收入社区的高危青年提供课后辅导和培训，以帮助他们顺利完成高中学业，并成功过渡到职业教育和高等教育。

2. 系统评价项目介绍：加拿大教育通道（Pathways）项目

成立于2001年的教育通道（Pathway to Education）是加拿大一家慈善组织，其目标是通过教育打破贫困的恶性循环，为低收入社区的高危青年提供一整套包括食品券、课后辅导、经济支持和职业规划的支持，鼓励和促进他们完成高中学业，以及升读“高中后”课程。

根据 Pathways 2022 年报，Pathways 在加拿大的教学点从2020年的20个增长至2022年的31个，已为超过19000名学生提供 Pathways 课程。2020—2021学年，参加 Pathways 课程的高中生毕业率为76%，升读“高中后”课程的毕业生达69%。作为政府资助项目，Pathways 2/3 的收入依靠政府拨款。

加拿大就业和社会发展部（Employment and Social Development Canada）2019年发布的报告呈现了对 Pathways 项目的评价方式：综合三个评估报告内容对项目进行评价。[17] 第一，2016～2017年，按双方签署的协议对教育途径进行评估，该评估集中在一般性的评估事宜、项目效果、项目设计和授课方面。第二，2018年，作为课题研究，由多伦多大学的拉维奇亚（Adam M. Lavecchia）等学者为加拿大就业和社会发展部撰写研究报告，以最早开展该项目的教学点（Regent Park）为案例，通过将所有符合该计划资格的青少年的结果与多伦多其他公共住房站点的青少年的结果进行比较，跟踪分析项目对学生收入和就业的影响。第三，加拿大就业和社会发展部所属的政策研究部门评估学生完成高中课程和“高中后”课程对个人和社会带来的益处。

对加拿大 Pathways 的评估，不仅评估其提高高中生毕业率和“高中后”升学率的成效，而且还评估其在经济层面和社会层面带来的影响。报告指出，中学辍学生更容易面临潜在危险，包括失业、低收入、经济依赖、不稳定婚姻、早孕、药物滥用、身体不健康、犯罪等情况。

3. 优势和挑战

加拿大 Pathways 项目评估具有以下两点优势。第一，项目评估的多维度应用。不仅评估 Pathways 对高中生毕业率和“高中后”升学率影响情况，还评估对增加学生就业和增加工作收入的情况，甚至量化评估该项目对个人和国家的成本收益。第二，定性与定量的成本效益评价。从个人和政府角度，分析该项目能产生的“净收益”。对个人而言，长期收益包括增加工作收入、提高技能、减少对政府福利的依赖；对于政府的社会效益包括减少犯罪、改善健康、增加公民参与（投票选举）等，长期收益包括增加税收收入、减少就业援助开支，甚至减少法律、社会福利和医疗救助的开支。

Pathways 目标具有长期性和社会性的特点，在短期内很难完全呈现社会和经济效果。另外，该项目能否应用到其他国家，不仅需要进一步评估其内部运作机制和成功的原因，还需要研究是否能够开发统一的评价工具。

二　加拿大职业教育评价

（一）加拿大职业教育评价概况

1. 加拿大职业教育体系概述

加拿大并没有全国性的统一职业教育系统，各省职业教育系统管理呈多样化样态。总体来看，加拿大职业教育主要有三种形式：中学阶段开设的职业教育类课程；高中后阶段的职业技术教育，主要机构包括社区大学、职业学院、私立培训机构、私立学院（Private for Profit College）；企业学徒制项目[18]。

加拿大职业教育的学历认证类别覆盖范围广、学制灵活、自主选择性强，主要包括以下四种：一年制的证书项目，相当于联合国教科文组织国际教育标准分类第四级（ISCED level4）；两年制的技术文凭（ISCED level5）；三年制的文凭（ISCED level5）；公司和职业院校联合培养的学徒制的职业技能资格认证（学习者一般具有高中毕业生学历，学制为 2～5 年）。

2. 加拿大职业教育评价概览

加拿大职业教育评价的目标是完善职业教育质量保障体系，形式主要分为职业教育评估和认证两种。职业教育评估侧重职业教育质量在制度、效果层面的评估，用于职业教育质量改进。职业认证虽是评估的一种类型，但更强调职业身份认证，特点是职业领域的成员参与认证标准制定过程，属于同行评审的评估类别。从认证目标来看，是为职业教育质量提供公开的保障，以得到行业和公众信任[19]。

从职业教育评价的管理机构来看，可分为各省教育主管部门、非政府组织（例如加拿大社区学院协会）、其他职业教育服务机构；机构层级覆盖国际、国家、省级、校级。从加拿大职业教育评价的客体来看，可分为学生评价、教师评价、学校评价、系统评价四个维度。下面按照教育评价的客体，根据职业教育评价机构层级的多样性，选取加拿大职业教育评价的特色项目和机制进行分析和评述。

（二）加拿大职业教育学生评价

1. 学生评价概述

加拿大职业教育学生评价的特色是职业教育成果认证机制和行业认证机制。根据学历类别的不同，学生在完成学习项目或学位后会获得相应的职业证书或文凭。值得一提的是，如果学生打算获得学士学位，可选择转入大学继续学习；以加拿大社区大学为例，大部分院校提供职业文凭和学士学位项目申请，很大程度上为学生在高等职业教育和高等教育之间的过渡提供便利条件。学徒制和职业资格认证是加拿大职业教育评价的亮点，其中以加拿大学徒理事会（CCDA）管理的跨省红印章计划（Red Seal Program）为典型案例。红印章计划为加拿大56个行业技能制定考核标准，完成职业教育或学徒培训的学生可以在完成红印章考试后获得认证，该认证代表其职业能力在全国范围内符合行业卓越标准[20]，为从业者提供更好的工作、工资待遇和职业发展机会。下面选取红印章计划作为加拿大职业教育学生评价的特色项目，从核心能力体系构建、职业标准更新两个维度对红印章计划进行梳理，并对其优势进行分析。

2. 学生评价项目介绍：红印章计划

红印章计划将学徒所需掌握的核心能力分为以下六类：基础能力（阅读、写作、口头交流、文件使用），数学能力（测量、计算、数据分析、做预算等），协作能力（协调工作、团队合作等），适应能力（根据职业环境和工作变化做出调整、解决复杂问题的能力），数字能力（使用数字系统、软件、应用程序等），可持续学习能力（参与职业培训等继续教育）[21]。根据世界银行对国际劳动力市场所需横向技能的分类，可以看出红印章计划对学徒核心能力的考察覆盖以下横向技能：高级认知技能（例如解决复杂问题的能力）、社会行为技能（例如团队工作能力）、预测和适应能力（比如推理能力和决策力）、数字技能[22]。

红印章计划的核心框架是职业标准的设计。自1952年红印章计划创立以来，随着行业发展和利益相关者需求变化，其职业标准设计经历了两个阶段的更新：国家职业分析（NOA）和红印章职业标准（RSOS）。NOA是各省和地区开展红印章考试和建立学徒培训计划的基础性文件，确定了各省和地区技术工人所需完成的工作任务，NOA根据行业的动态变化会定期更新。红印章职业标准（RSOS）于2015年推出，随着此标准的开发和更新，未来将取代NOA。RSOS在设计开发过程中增加了行业参与度，并开发线上学习资源、学习评价等自主学习产品。新标准的设计过程引入更广泛的专业知识代表：雇主、培训提供者、国家标准机构、行业专家，以确保考核标准与各行业的前沿实践保持一致。具体来看，RSOS 在原有标准上进行了以下三方面的调整：一是考虑行业绩效预期；二是对标学校本位培训和工作本位培训的学习目标和成果，保证各类职业培训产出标准的一致性；三是支持其他形式的学习评价[23]。

3. 项目优势分析

红印章计划作为加拿大现代学徒制改革的重要组成部分，具备较强的职业认证体系稳定性和前瞻性。具体来看，加拿大学徒理事会在战略愿景和任务目标中，强调学徒制的高技能性和从业流动性，红印章计划作为全国范围内通用、行业覆盖度高、考核标准更新度高的认证机制，代表全国性行业从业能力的最高水准。在自我定位方面，加拿大学徒理事会秉承行业驱动、客户为中心、创新这三个元素，在红印章计划的标准制定上积极应对行业技术更新需求，增加企业和培训机构的参与度[24]。根据本项目组对国际劳工组织、经合组织、教科文组织等主要国际组织近五年来职业教育政策报告的分析，发现：国际组织倡导国际上职业教育体系设计的稳定性和创新性，以应对劳动力市场需求、工作性质变革、外界环境突变等。加拿大学徒理事会的红印章计划和战略设计，既从宏观上保证了职业认证机制核心价值的稳定性，又从微观层面通过开发红印章学习平台和产品、多样化辅助评估功能的创新来增强红印章计划的创新性。

（三）加拿大职业教育教师评价

1. 教师评价概述

根据加拿大国家职业分类标准，职业教育教师可分为两类：职业教育教师（包括中学阶段的职业课程教师和职业院校教师）和行业或公司的培训师[25]。各省和各院校对职业教育教师的聘用要求和标准并不统一，但一般要求具有大学学历和两年及以上的教师工作经历。以魁北克省为例，教师入职标准有以下三种：四年制的教育学学历，三年制的职业教育学历，以及与所教授专业相关的工作或3000小时的教学经历。对于公司或行业培训师的聘用，各省要求不一，对学历没有硬性要求，但需要有所教授行业的技能认证，例如省内执业证书（Certified Journey Person）或红印章跨省执业证书。加拿大职业教师评价一般包括以下四种类型：教师资格认证、教师聘用、教师工作评估或质量监测、师资培养与职业发展。本文聚焦加拿大学徒制行业培训师的师资培养项目，从中窥探项目优势特色。

2. 教师评价项目介绍：学徒制行业培训师的师资培养项目

学徒制行业培训师的师资培养项目，一般由企业、行业联盟、当地政府学徒制负责部门自行举办。值得注意的是，加拿大全国性非营利组织——加拿大学徒制论坛（CAF-FCA），通过整合行业、省/地区学徒当局部门等学徒制利益相关者资源优势，通过实证研究、讨论、策略制定等方式促进泛加拿大学徒制的师资培训发展。2013年，加拿大学徒制论坛开展对学徒制培训师的职业培训质量（Effective Journeyperson Apprenticeship Mentoring on-the-job）调查项目，研究发现，高质量的学徒制指导主要体现为培训师具备以下四方面能力：领导力、教学水平、与年轻人工作的意愿、高负荷工作抗压能力[26]。在该项目影响下，新不伦瑞克省（New Brunswick）开展新不伦瑞克导师学徒计划（New Brunswick Mentor Apprentice Program，NB-MAP）。该计划由新不伦瑞克行业工会（NBBTU）与新不伦瑞克政府（GNB）合作发起，通过举办为行业和企业学徒制导师的师资培养工作坊打造高质量导师团队，目的是有效传递行业技能。工作坊采取小班互动的讨论课和指导实践模式，通过确定技能—链接技能—展示技能—提供实践—给予反馈—评估进展—自我评估的七步法培训[27]，在提高行业指导效率的同时，通过提升培训师软技能，促进学徒制的多元化和包容性发展。

3. 项目优势分析

一般没有固定的培训体系来监测学徒制培训师的职业发展质量情况。加拿大的学徒制培训师的职业发展项目，通过非政府组织、行业协会、政府之间的多方合作，从培训师的职业发展质量评估、职业发展项目设置、培训项目政策支持方面出发，将社会、市场、企业需求有机融合；培训师职业发展项目一方面服务于学徒制学生的需求，另一方面在多方利益相关者参与下提升学徒制培训师的职业水平和与行业动态需求的契合度。

（四）加拿大职业教育学校评价

1. 学校评价概述

加拿大职业教育学校评价主体主要包括以下五种类别：各省高等教育管理部门（例如 Ontario Ministry of Training, Colleges and Universities, MTCU）；职业院校联盟和专业认证机构；院校自身；全国性非政府组织（例如加拿大社区学院协会 ACCC、行业协会等）；加拿大《麦克林》杂志大学排名（按照职业教育的专业类别为院校排名）[28]。下面选取加拿大职业教育学校外部评价特色体系——关键绩效指标评估（Key Performance Indicators, KPI），以安大略省职业与应用技术学院关键绩效指标评估（Ontario Colleges of Applied Arts and Technology key Performance Indicators，简称“KPI”）为案例，进行评价指标梳理和优势分析。

2. 学校评价项目介绍：安大略省职业与应用技术学院关键绩效指标评估

KPI 评估由安大略省大专院校及职业培训部（The Ministry of Training, Colleges and Universities, MTCU）发起，每年进行一次，是对安大略省 24 所职业与应用技术学院的综合性评估。KPI 评估包括以下五个指标，即毕业生毕业率、毕业生就业率、毕业生满意度、雇主满意度、在校生满意度[29]。该评估采取外部评估方式，由第三方调研公司收集数据和分析指标，各项指标的数据收集采取问卷调查和访谈的方式。其中，毕业率是指毕业生按期毕业的比例；就业率主要考察毕业生在毕业 6 个月后的就业比例；毕业生满意度是指毕业生在毕业 6 个月后对自己职业教育经历和工作岗位所需能力的适配度调查，主要采取电话访谈的方式进行；雇主满意度是指雇主对毕业生员工职业准备情况的反馈，采取电话访谈雇主的方式；在校生满意度主要考察学生对职业课程设置、专业能力培养、授课教师满意度的反馈。第三方调研公司的数据统计分析反馈给大专院校及职业培训部后，各个学院的指标数据会公开发布，KPI 评估结果对各职业学院的公众影响力、学生择校、行业招聘、政府的支持等方面均有较大影响[30]。

3. 项目优势与不足

从 KPI 指标设置来看，毕业生毕业率和就业率主要用来衡量职业教育的人才培养效率，毕业生满意度、雇主满意度、在校生满意度主要评估职业教育人才培养的质量。从调查的具体对象来看，包括在校生、毕业生、雇主，涉及职业教育的主要利益相关者。根据教育评估学者韦唐(E. Vedung)[31]对主要评估模式的类别划分，KPI 评估属于经济模式的利益相关者模式评估，其优势体现在以下两点：一是应用性，即利益相关者的需求被评估指标考虑进来，而不是处于孤立地位，同时评估结果能够满足利益相关者的信息需求，从而提高了评估结果的实践性。二是价值多元性，各个利益相关者会根据自己的价值观进行评判，而评估者本身并不做任何价值判断。然而，KPI 指标模式也存在不足，例如评估成本高、资源消耗量大、评估周期长等。

(五) 加拿大职业教育系统评价

1. 系统评价概述

对加拿大职业教育系统进行评价的全球性权威评估机构是经济合作与发展组织（以下简称“经合组织”）。经合组织定期对成员国（以及部分非成员国）职业教育系统进行评价，主要包括两类。

一类是教育系统指标计划（the Indicators of Education Systems）。经合组织根据教育投入—产出—成果—影响的教育评估框架，构建以教育产出和学习效果、教育参与度、财政投入、教育环境为核心维度的 25 个二级指标和 83 个三级指标[32]，并通过每年发布《教育概览》（Education at A Glance）公布教育评价研究结果。在全球新冠疫情影响经济、就业、劳动力市场的背景下，2020 年《教育概览》重点关注各国职业教育系统在疫情期间的稳定性和复原力。因此，该报告在对教育参与度进行评估时，侧重统计各国学生参与各级各类职业教育的数量。此外，该报告新增各国职业教育系统差异（即指标 B7-How do vocational education systems differ around the world）的评估维度。然而，由于报告中关于加拿大的指标数据大多采用经合组织成员国平均数据，故在此不将《教育概览》的评估指标作为特色系统评估项目进行分析。

另一类是经合组织的全球职业教育评估项目——“学校之外的技能”（Skills Beyond School），该项目聚焦高中后（Post-secondary）阶段的职业教育，按照国别进行项目评估研究，并发布各国高等职业教育评估报告。下文根据经合组织 2015 年发布的对加拿大高中后阶段职业教育系统评价研究报告，对加拿大高等职业教育系统评价结果进行综述，并对国际组织职业教育系统评价国际比较研究中的优势和挑战进行分析。

2. 加拿大高等职业教育系统评价项目介绍：经合组织全球职业教育评估项目“学校之外的技能”

经合组织对成员国经济体的高中后职业教育系统重点关注，是由于高等职业教育更能够反映职业教育系统与技术发展、就业市场所需专业技能需求之间的供需关系。经合组织对加拿大高中后阶段的职业教育系统评价，主要采取描述性评估，从高等职业教育的治理、资金、技能供需匹配、质量保障体系、教育公平和准入五个方面开展，分析其优势和挑战。

根据经合组织的分析报告[33]，加拿大高等职业教育系统的突出优势体现在以下两方面：第一，加拿大学徒制度在提供行业技能方面发挥重要作用。加拿大学徒制具有权威性、普遍性、灵活性特点。加拿大红印章计划作为含金量极高的跨省学徒制行业认证，为加拿大技术行业提供了国家级标准，并为行业人员跨省就业提供便利。此外，由于加拿大学徒制度属于省级管理制，各省之间的学徒制度设计结合所在地区的行业特点，可进行制度创新并在辖区内共享。第二，加拿大高等职业教育系统对弱势群体（加拿大原住民、残疾人、失业者等）的机构性支持。由于加拿大原住民的历史性问题，原住民年轻人群体的高中毕业率不及加拿大主流群体高中毕业率平均值的 1/3；然而，原住民学生在学徒制和职业院校阶段得到大力政策支持。在资金支持方面，加拿大政府在2010~2015年共投资17亿加元以提高就业能力，每年花费超过2亿加元支持各省职业教育计划帮助残疾人获得就业技能。此外，加拿大政府推出加拿大学徒资助和支持计划（Canada Apprenticeship Grants and Supports）和就业保险（Employment Insurance），用来鼓励学徒人员和失业人员通过职业技能学习实现职业价值，加强职业教育公平。

根据经合组织的分析，加拿大高等职业教育面临的挑战有以下三点：学徒制毕业生缺少高级别专业技术认证渠道，这影响了学徒在行业发展中的级别晋升；学徒制的优势地位仅限于例如建筑行业和制造业等部分行业，未做到行业全覆盖；职业院校和大学、各职业院校之间的学分转换问题始终存在，这也是经合组织其他成员国职业教育系统存在的问题。

3. 项目挑战和对策

由于各国的职业教育系统和制度存在较大差异，指标数据收集标准难以统一，部分国家的职业教育系统数据采集工作存在困难，对各个国家的职业教育系统评估一直是国际教育评估机构致力于解决的问题。经合组织针对这一现象，进一步对职业教育系统评估指标进行开发：根据以往主要国际组织开发的职业教育指标，结合数字经济对职业教育的影响，提炼各国职业教育评估指标最大公约数，并于2020年发布全球职业教育系统评估指标报告。新指标聚焦职业教育系统的国际可比性，设定以下五个核心维度：职业教育系统体制、技能发展、学生参与度、学习类型渠道、学习资源[34]。新指标的提出为数字经济时代各国职业教育系统国际比较研究和大数据教育决策建议提供数据支持。

三 加拿大高等教育评价

（一）加拿大高等教育评价概况

1. 加拿大高等教育体系概述

在加拿大的教育体系中，学生完成12年级（Grade 12）的学习后，选择继续接受的教育被称为高等教育（Post-secondary Education）。加拿大的高等教育学校可分为两种：大学（Universities）和学院（Colleges 或 Institutes）。其中，学院可细分为多种类型：学院（Colleges），社区学院（Community Colleges，应用艺术学院（Colleges of Applied Arts）或应用技术学院（Colleges of Applied Technology），科学技术学院（Institutes of Technology or Science），职业学院（Career Colleges），以及魁北克省特有的普通与职业教育学院（Collèges d' Enseignement Général et Professionnel，CEGEP）。加拿大各个省份和地区自主规定教育标准及相关事项。一般来说，加拿大高校根据其性质不同，给其毕业生颁发的“证明”主要分为四种：学位（Degrees），文凭（Diplomas），证书（Certificates）和合格证（Qualifications）[35]。

2. 加拿大高等教育评价概览

加拿大实行的是教育分权体制，各省和地区的政府部门负责管理本省或本地区的高等教育事务[36]。以安大略省为例，2005 年安大略省政府成立安大略省高等教育质量委员会（Higher Education Quality Council of Ontario，HEQCO），最重要的任务就是对高校进行评估，通过实证研究不断改善省内的高等教育质量保障体系，并为政府教育部门提供政策建议。下面将从学生学习成果评价、教师评价、学校评价三个层面对加拿大高等教育评价进行梳理。

（二）加拿大高等教育学生学习成果评价

1. 学生学习成果评价概述

学生的学习成果，是指学生从高等教育中所取得的收获，也就是学生在接受高等教育后，应了解并能够做到什么，既指代高等教育系统水平上的结果，亦指当学习者完成一个学习单元时在课程或者专业学习过程中取得的能力水平。具体来讲，学生学习成果“除了包括标准测验所能测出的能力之外，还包括在某一学科领域内的认识、理解、理性思考的能力以及学生在人际交往、公民意识、社会和跨文化交际等方面的知识水平和行动能力”[37]。

学习成果评价可以追溯到成果导向教育（Outcomes-based Education，OBE）理念，最早由美国学者斯派迪（William G. Spady）于 1981 年提出。该理念认为学生在学习结束后真正拥有的能力应是教学的重点。OBE 的提出促使重视学科内容学习的传统课程发展方式转向重视学生学习行为与能力增长的课程发展方式[38]。2005 年，加拿大公共政策领域专家芬尼（Ross Finnie）和亚瑟（Alex Usher）提出，“学习产出”（Learning Outputs）和“最终成果”（Final Outcomes）应成为高等教育质量评价框架的重要组成部分，引发了高等教育质量评价改革，高校开始对学习成果评价的方法和手段进行专门探索[39]。2012 年，安大略省审计长办公室将学生成果作为判断教学质量的一项指标，安大略省培训、学院和大学部（Ontario Ministry of Training，Colleges and Universities，OMTCU）开始对学习成果持续关注，并决定选取若干试点高校开展评价实践。2014 年，加拿大总理给新任 OMTCU 部长的委任书中，指出学习成果评价应成为该部门的首要任务。显然，学习成果评价正逐步成为安大略省高等教育领域的政策性举措，在高校质量评价和保障方面发挥日趋重要的作用[40]。

为确保高校学生学习成果评估工作有效开展，加拿大制定了大量关于学生学习成果的文件，为高校学生学习成果评估搭建了一个基本框架，约束并引导各高校学生学习成果。2007 年，加拿大教育部长理事会（Council of Ministers of Education，CME）颁布《加拿大学位资格框架》（Canadian Degree Qualifications Framework，CDQF），从“知识的深度与广度”（Depth and Breadth of Knowledge），“研究与方法论方面的知识”（Knowledge of Methodologies and Research），“知识的应用”（Application of Knowledge），“沟通技能”（Communication Skills），“对知识局限性的认知”（Awareness of Limits of Knowledge），以及“专业能力（自主性）”（Professional Capacity/Autonomy）等六个维度对学士、硕士和博士三级学位的预期学习成果制定了标准[41]。之后，加拿大各省（地区）的高等教育质量管理机构，如安大略省大学质量保证委员会（Ontario Universities Council on Quality Assurance），纷纷在 CDQF 的基础上制定了当地的学位水平标准，明确了不同学位水平的学生预期学习成果。2012 年 12 月，HEQCO 成立了学习成果评估联盟（Learning Outcomes Assessment Consortium，LOAC），安大略省的六所高校，即多伦多大学、圭尔夫大学、女王大学、德汉姆学院、汉博理工学院和乔治布朗学院参与其中，探索学习成果评估的工具和技术[42]。2014 年，HEQCO 主席魏恩加滕（Harvey P. Weingarten）基于安大略省高等教育发展情况，提出了“学习成果类型”（Learning Outcomes Typology），将学生学习成果分成了四类：基本认知技能（Basic Cognitive Skills），学科专业技能（Discipline-specific Skills），高阶认知技能（Higher-order Cognitive Skills）和可迁移技能（Transferable Skills）[43]（见图 1）。

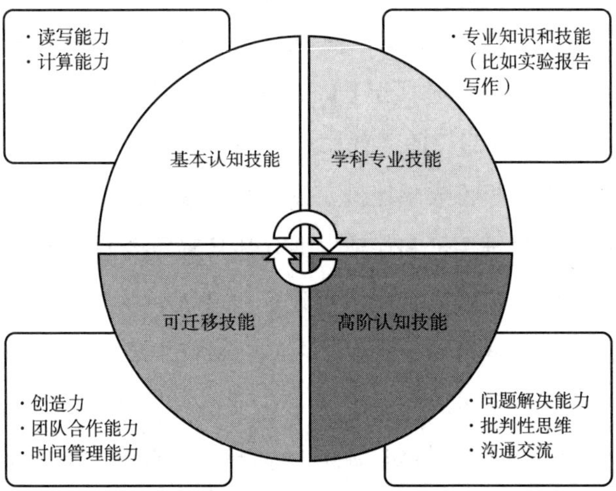

图 1 学习成果类型[44]

资料来源：HEQCO. HEQCO's Guide to Developing Course and Program Learning Outcomes [EB/OL]. [2018] https://heqco.ca/data-and-resources/learning-outcomes-resource-room/defining-learning-outcomes-skills/。

2. 学生学习成果评价工具

目前，加拿大已形成了适用于不同高校、不同类型学习成果的多元化学生学习成果评估方法体系。最常用的评估方法主要有标准化测试（Standardized Tests）、评价量规（Rubrics）以及问卷调查（Questionnaires）

等三种。

（1）标准化测试

标准化测试是指直接通过统一标准化考试来评价学生是否掌握了一定的知识或技能[45]。在加拿大，具有代表性的标准化测试有高校学习评估+（Collegiate Learning Assessment Plus，CLA +）、批判性思维评估测试（Critical Thinking Assessment Test，CAT）、HEIghten 测试（HEIghten TM Test）等（见表2）。

表2　加拿大高等教育学生学习成果评价常用的三种标准化测试

测试名称	测试题型	考察技能	测试时长	测试形式	研发机构
CLA+	简答题：开放性问题，多以现实场景或问题为素材 选择题：包含科学推理与数字推理、思辨性阅读与评价以及驳论题	批判性思维 思辨性阅读 问题解决 分析推理 科学推理 数字推理 有效沟通	90分钟	机考	美国教育援助委员会
CAT	简答题：开放性问题，多以现实场景或问题为素材	创造性思维 信息评价 问题解决 沟通交流	60分钟	笔考	美国田纳西理工大学
HEIghten 测试	简答题：测试社会知识与传统知识 写作题：根据所给材料写议论文	批判性思维 分析能力 综合能力	45分钟	机考	美国教育考试服务中心

资料来源：根据文献资料[46][47]整理绘制。

（2）评价量规

评价量规（Rubric）是一种结构化的学习成果评价工具，通常以二维表格形式呈现，即由评价指标、评价标准及评价等级相结合组成的矩阵。评价量规是加拿大高校学生学习成果评估比较常用的工具，它融定性评价和定量评价于一体，可用于评估学生知识、技能、态度等方面的认知性和非认知性学习成果[48]。最具代表性的量规是 VALUE 量规（Valid Assessment of Learning in Undergraduate Education Rubrics）。VALUE 量规由美国学院和大学协会（Association of American College and Universities, AAC&U）研发，是一个根据学生课程、专业要求个性化定制的量表，旨在评价学生的智力和实践技能（如批判性思维），个人责任感与社会责任感（如伦理推理，Ethical Reasoning），综合应用学习能力[49]。

（3）问卷调查

面向在校大学生、校友、雇主等不同群体开展问卷调查，是加拿大使用最广泛的高校学生学习成果评估方法，它属于间接性评估，重在评估学生的非认知学习成果和一般性能力。在加拿大，典型的调查问卷有加拿大全国大学生学习投入调查（National Survey of Student Engagement, NSSE）[50]。NSSE 由美国皮尤慈善信托基金会（Pew Charitable Trusts）发起，是一个针对四年制本科院校学生投入高层次学习和发展程度的年度调查，目的是提高学校对学生学习质量的重视程度，提升教学质量。NSSE 的调查对象为四年制本科院校的一年级与四年级学生，抽样人数依各校总人数而定，一年级、四年级各占一半。因其旨在调查所有攻读学士学位的本科生的学习经验，采集的样本兼顾普通学生和成人学生，全日制与非全日制学生，通勤、住校及远程授课生。接受调查的学生应至少在学校就读两个学期。此抽取方法可通过调查比较入学两个学期的新生与拥有丰富在校经历的老生在学习质量和经验上的差异，具体呈现学生的整体学习经验[51]。为量化大学对学习的促进程度，NSSE 提出了五项评价指标：学业挑战性（Level of Academic Challenge）、师生互动频率（Student Faculty Interaction）、学习积极性和合作性（Active and Collaborative Learning）、校园环境支持度（Supportive Campus Environment）、教育经历丰富度（Enriching Educational Experiences）[52]。

3. 学生学习成果评价的作用

HEQCO 曾将学生学习成果评价誉为加拿大高等教育质量评价的“变革者”（Game Changer），认为通过评价学生学习成果判断高校的教学水平和专业质量、证明高等院校在人才培养方面的增值价值的做法，改变了高等教育质量评价的游戏规则，甚至是高等教育运行体系的设计[53]。总体而言，高校学生学习成果评价主要具有三个方面的作用[54]：其一，直观地体现高校教学水平和专业质量，回应各利益相关者对高等教育机构的问责和对质量的关注；其二，促进高等教育质量的提高与教学体系的发展，将高等教育的重点从教师的“教”转向学生的“学”；其三，应对学生流动性增强和学生群体结构变化所带来的挑战。随着高等教育入学率的提升，高等教育机构中学生群体也越来越多样化，所带来最明显的变化就是学生需求多样化和学生流动性增强。消除学生流动的障碍其中一个非常重要的问题就是实现不同地区不同机构之间的学分互认，实施学分转移的前提是进行学习成果认证。通过学习成果认证，先前的学业成果才能量化为“学分”，才能进行学分的累计、互认与转移[55]。

4. 学生学习成果评价的总体特点

加拿大高校学生学习成果评价主要表现出三大特点[56]。其一，加拿大高校的学生学习成果评价在一定程度上是由自上而下的力量主导。其二，加拿大各高校通常以项目制方式开发和开展学生学习成果评价。其中安大略省的六所高校在学习成果评价项目的建设思路和过程中表现出了高度一致性，通常分为五个阶段：基础分析、评估工具的开发与设计、试点评估、数据分析和工具修正以及评估推广[57]。其三，在加拿大的学生学习成果评估中，教育中介组织广泛参与，主要通过政策建议、学术研讨、评估认证要求、提供专项资金、开发评估工具等方式发挥作用。

（三）加拿大高等教育教师评价

1. 教师评价概述

根据加拿大联邦宪法，加拿大将高等教育管理权限下放给各省[58]。虽然联邦政府在支持大学研究和学生资助方面发挥重要作用，但加拿大高等教育体系涉及十个省级系统，有不同的体系结构和监管安排。加拿大高等教育可以理解为10个省和3个地区高等教育的总和。以安大略省为例，该省是加拿大高等教育规模最大的省份，高等教育注册人数超过 76 万，有 20 所公立大学，24 所应用艺术和技术学院，以及一些私立大学、神学机构和私立职业学院。

以下将从教师评价标准、评价方法、评价结果使用三方面对加拿大高等教育教师评价进行梳理。第一，教师评价标准。加拿大高校教师的评价标准包括教学、研究和社会服务三个方面，在教师评价体系中所占比例一般是教学 40%、研究 40%、社会服务 20%[59]。各类高校具体的评价标准因学校主要职能的不同而有所差异。第二，教师评价方法。加拿大高校教师评价方法的特色是“三角原则”[60][61]：①教师自我评价，即按照学校对其要求自我评价教学、科研、社会服务情况；②同事和同行评价，即教师之间相互评价；③学生评价，即学生对教师教学等情况的评价。加拿大维多利亚大学称这种评价方法为自我评价、同事或同行评价、学生评价相结合的“三角原则”。三方面力量在教师评价中所占比重基本均等。校长、院系主任根据“三角原则”，综合三方面意见确定考核等次。第三，教师评价结果的使用。加拿大高校教师评价的结果是教师聘任、晋升、加薪的重要依据。在各级教师职务聘任和晋升时，都要对教师进行综合评价，评价结果不合格则不能聘任或晋升。教师评价结果也是决定能否加薪和加薪幅度的依据。如休斯敦大学规定，评价合格者的工资可以增加 2%～4%，少数优秀者可有 10%的增幅。

2. 教师激励制度

加拿大高校为吸引优秀人才建立了一系列完整有效的激励制度[62]，包括：特聘教授制度、晋升制度、终身教授制度、知识产权所有权和开发收益分享制度、学术休假制度。终身教授制度是加拿大高校激励制度中重要的组成部分，受聘终身教授是对被聘者高质量教学和科研水平的充分肯定，获得终身教授的教师将被永久聘任直到退休或自愿离职。特聘教授制度是向具有广泛社会声望的教师颁发的荣誉头衔。知识产权所有权和开发收益分享制度是指对于教师利用学校资源及设备所开发的知识产权，实施知识产权所有权和开发收益分享，学校承认开发者拥有独家版权，同时多数大学同意发明者独享或愿意与发明者分享专利，所开发的产品商业化后如有收入，根据发明者和学校的贡献按比例进行分成。学术休假制度是一项为了提高教师科研水平而制定的激励制度，在学术休假期间，教师可全身心地投入到出书、研究、短期进修等学术活动中，免除教学任务。

3. 教师评价项目分析：多伦多大学“教学档案”评价制度

与评价大学教师的科研成果比较，评价大学教师的教学成果较为困难，而以教学档案（Teaching Dossier）为工具的教学评价制度填补了大学教师教学评价的空白。[63]教学档案评价最早由加拿大大学教师协会于1985年发起，此后逐步在加拿大、美国、澳大利亚、英国和部分欧洲国家使用。[64]

在加拿大，不同大学的教学档案评价制度不尽相同。例如，温莎大学（University of Windsor）将教学档案评价作为教师自愿执行的项目，即使教师没有向大学提交教学档案相关材料，也不会为教师带来负面评价。但有些大学，比如多伦多大学（University of Toronto）将教学档案评价作为大学教师聘用和晋升申请考核的重要依据。下面以多伦多大学的“教学档案”评价制度为典型案例，从评价指南、评价功能、评价步骤三方面进行梳理。

多伦多大学在校级层面出台以教学档案为工具的教学评价总体指南，同时允许各院系根据自身情况出台具体指南，并规定以院系指南作为教师教学评价的准则。多伦多大学的教师教学评价指南强调，作为评估教学的一种手段，教学档案模式并不存在统一的方法来定义教学的有效性。教师可根据学科情况弹性使用各种教学方法，在教学过程中证明和记录教学方法的有效性。

从功能角度划分，多伦多大学的教学档案包含教学方法、教学过程、教学结果三个部分。第一，描述教师用了哪些教学方法，例如教学理念陈述；第二，记录教师为提高教学质量而做出的努力，例如开展的教学质量提升活动和教学技能发展计划。第三，提供教学有效性和教学成果的相关证明，例如在教学会议上的演讲或教学出版物。由此可见，它不仅是教师教学评价的工具，还能作为教师专业发展的资源。

多伦多大学“教学档案”评价一般包括以下三个步骤。第一，教师个人负责建立和更新教学档案。与终身制/教学研究型（Tenure Stream）教师相比，教学型（Teaching Stream）教师需提供更多支撑材料，包括同事评价、学生评价；如果涉及职务晋升评价，还需提供校外同行评价名单。第二，院系主任为确保评价材料收集完整，会进一步收集包括内部评价、外部评价、学生评价的材料。第三，院系成立教学评估委员会评价教师的教学材料，进行课堂观摩（或录播），出具评价报告。

总体来看，多伦多大学“教学档案”评价制度具备以下优势。首先，该模式注重教学过程和教学反思，教师在准备教学档案资料（方法、结果、过程）时，可以进行自我反思、自我分析、自我发展，从而提升教学水平。其次，该模式形成自我评价、系内评价、院级评价、学校评价、校外评价的多层次教学评价体系，更客观地评价教师的教学成果。然而，由于“教学档案”评价制度将评价标准和评价流程的制定和执行权限下放至各院系，并且从评价类型来看属于质性评价，如何保证院系评委评价决策的质量和公平性，是该评价体制面临的挑战。

（四）加拿大高等教育学校评价

1. 学校评价概述

加拿大联邦政府没有统一的教育部，没有国家层面负责教育的机构，教育权分散到各省自行管辖。[65]各省、地区政府自行制定有关教育的法律法规，对本省、地区的教育拥有独立管理权，不过省教育部对高等教育的管理也是引领性、辅助性的，并不对高校进行过多干涉[66]。

加拿大的高等教育评估与其他国家不同，没有学校鉴定，只有专业鉴定。虽没有全国性的高等教育评鉴体系，但各省政府通过设置专业和专业标准，或者对学校申报专业和标准进行审批保证了教育质量。每所加拿大的大学在学术自由和自治上享有高度权力，包括在内部质量保障进程

(IQAP) 中决定自身质量的程序与标准，自我制定标准后，要通过外部评审和调查途径，最终由大学委员会决定批准或拒绝方案、政策是否符合省域的质量保障框架 (QAF)，既保证了质量，又做到了相对公平，而且各类型都有针对性的标准。

各校通过自评和同行评议的办法对其专业进行质量评价。参评人员包括内部人员、外部学术专家及学生、教师、毕业校友和社区代表等，最后提交安大略省大学委员会复核。评价结果要对社会公开，而且评价结果有时会成为政府财政拨款的依据。这种做法为加拿大大学建设提供了保障，权力得到相互制约，体现评价的公平性[67]。

2. 高校质量保障体系

加拿大政府通过中介机构对专业进行评估，硕士和博士点每年评估一次，聘请各大学的教授来进行。评估主要看教学计划以及学校制定的目标任务完成情况，学校首先要向中介机构报告自评情况，评估不合格的要停办。加拿大对各高校的评价主要基于高校定位和自身制定的发展规划，针对性较强。特别注重行业评价与同行专家评价。

高校的质量保障体系主要分为以下三个类别：内部质量保障、政府质量保障和外部质量保障。内部质量保障，指大学内部制定质量监控制度与程序，实施周期性的质量自我评价与完善体系；政府质量保障，主要指政府机构主导的基于法律法规进行的质量评估与监控；外部质量保障，指以行业协会、认证机构、学术组织等为主导进行的第三方质量评估与监控。大学通过内部约束和外部约束的双重保障较好地实现大学运行的高质量[68]。

加拿大高校的学校评价包括以下五个步骤[69]。

(1) 专业自评。在自评阶段，高校需提交一份自评报告，要求内容广泛，具有反思性和前瞻性，并包含批判分析。自评报告的内容包括：专业的学习结果与高校使命和学位水平期望的一致性，及毕业生达到学习结果的方式；与专业相关的数据及考核标准；数据的完备性；评审标准和质量指标；以往评价中关注的问题与建议；在自评过程中发现的需改进的领域；有望加强的领域；直接促进每个受评专业的学术质量的学术服务；参与自评的教职员工和学生，及听取他们意见的方式；其他相关人士（如毕业生及行业、专业、实践培训项目和雇主代表等）的意见。

（2）外部评价并提交专业质量改进报告。外部评价通常由评价委员会开展。评价委员会评价本科生专业时至少包括一位外部评价专家，评价研究生专业时至少包括两位外部评价专家。若同时评价本科专业和研究生专业，则需要两位外部评价专家。评价委员会所有成员公平对待被评价的专业。评价专家通常为具有专业管理经验的副教授或正教授，活跃于各自领域并享有声誉。评价委员会的评价及报告，要对自评报告和评价标准的内容进行反馈。除自评报告以外，评价委员会还会收到其他报告和信息，如实地考察的情况，包括评价专家是如何会见学生和教职员工的；有关职业类专业，评价委员会评估雇员和专业协会的意见是如何采集的。

（3）高校内部对自评、外部评价报告等提出的专业质量改进意见进行反馈。被评价专业的系主任或学术主管需要对自评报告中的建议、评价委员会提出的建议及被评专业针对评价委员会报告的反馈逐一做出回应。回应的内容包括为了满足建议的要求，在组织、政策或管理方面会发生的变更，用于支持实施建议的资源、资金及实施建议的时间表。

（4）汇总高校意见，起草最终评价报告。最终评价报告提供高校对于外部评价和内部反馈及评价的综合意见，内容包括：专业的明显优势，专业改进和提升的机会，优先实施的建议，适合网上发布的一份高校执行概要，也可以包括一份有关人事变动的保密文件。最终评价报告通常还包含一份实施计划，明确由谁来负责批准最终评价报告所列的建议，由谁来负责提供实施建议所需的资源，由谁来负责实施建议，及实施和监督建议的时间表。最终评价报告（删除保密的部分）及相关实施计划会被递交到专业、大学理事会及质量委员会。包含评价结果及相关实施计划的高校执行概要在高校网站上发布，并抄送至质量委员会和高校管理机构，要求为及时落实各项建议提供保障。自评所用信息、自评报告、评价委员会的报告以及对评价委员会报告的具体反馈等信息在一定程度上会向公众开放。

（5）针对评价及建议实施过程中的主要问题进行跟踪后续报告，将评价结果公布于学校网站，并进行持续跟踪与监督。

参考文献：

[1] Love, Arnold J. Understanding Approaches to Evaluation. In International Encyclopedia of Education [M]. Elsevier, 2010: 798-806.

[2] 陈玉琨．教育评价学 [M]．北京：人民教育出版社．1999：9-10.

[3] 黄光扬．论基础教育考试评价改革的六个重要关系 [J]．中国教育学刊．2002 (05)：52-54.

[4] 李桂山．朱珂冰．加拿大多元文化新视野 [M]．北京：机械工业出版社．2012：112-113.

[5] [7] [8] [9] [19] 周洪宇主编．加拿大教育治理研究 [M]．武汉：湖北教育出版社．2020：79，81，82，84，110.

[6] About EQAO. EQAO [EB/OL]. [2022-11-11]. https://www-eqao-com.translate.goog/?_x_tr_sl=auto&_x_tr_tl=zh-CN&_x_tr_hl=zh-CN.

[10] Government of Ontario [EB/OL]. [2022-12-17]. https://files.ontario.ca/edu-teacher-performance-appraisal-manual-en-03-10-2022.pdf.

[11] Ed Dandalt & Stephane Brutus, Teacher Performance Appraisal Regulation: A Policy Case Analysis [EB/OL]. [2022-11-17]. https://journals.sagepub.com/doi/pdf/10.1177/0192636520911197.

[12] Sachin Maharaj, Canadian Journal of Educational Administration and Policy [EB/OL]. [2022-12-17]. https://files.eric.ed.gov/fulltext/EJ1021929.pdf.

[13] Fraser Institute: School Rankings [EB/OL]. [2022-11-16]. http://alberta.compareschoolrankings.org/elementary/SchoolsByRankLocationName.aspx.

[14] Fraser Institute: School Rankings. Report Card on Ontario's Secondary Schools 2020 [EB/OL]. [2022-11-16]. https://www.compareschoolrankings.org/pdf/ontario-secondary-school-rankings-2020-13482.pdf.

[15] Fraser Institute: School Rankings. Report Card on Ontario's Elementary Schools 2020 [EB/OL]. [2022-11-16]. https://www.compareschoolrankings.org/pdf/ontario-elementary-school-rankings-2020.pdf.

[16] A J Love. Understanding Approaches to Evaluation. Educational Evaluation - Purposes and Models of Educational Evaluation [R]. 2010: 797.

[17] Employment and Social Development Canada, Evaluation of Pathways to Education

[EB/OL]. [2022-12-13]. https://www.canada.ca/en/employment-social-development/corporate/reports/evaluations/pathways-education-re port.html#h5.1.

[18] UNESCO-UNEVOC. World TVET Database Canada [EB/OL]. [2022-12-17]. https://unevoc.unesco.org/wtdb/worldtvetdatabase_ can_ en.pdf.

[20] Red Seal. The Red Seal Program [EB/OL]. [2022-11-11]. https://www.red-seal.ca/eng/about/pr.4gr.1m.shtml.

[21] Red Seal. Essential Skills [EB/OL]. [2022-11-11]. https://www.red-seal.ca/eng/resources/.2ss.2nt.3.1l.shtml.

[22] World bank. The World Development Report 2019: The Changing Nature of Work [EB/OL]. [2022-07-19]. https://openknowledge.worldbank.org/handle/10986/30435.

[23] Red Seal. Enhanced Red Seal Standards [EB/OL]. [2022-11-12]. https://www.red-seal.ca/eng/initiatives/str.2ngth.2n.3ng.shtml.

[24] Canadian Council of Directors of Apprenticeship (CCDA) -Strategic Plan 2022-2027 [EB/OL]. [2022-11-12]. https://www.red-seal.ca/eng/about/str.1t.2g.3c.shtml.

[25] College and Other Vocational Instructors [EB/OL]. [2022-11-13]. https://www.jobbank.gc.ca/marketreport/oc cupation/22989/ca.

[26] CAF-FCA. Effective Journeyperson Apprenticeship Mentoring on-the-job [EB/OL]. [2022-12-17]. http://en.copian.ca/library/learning/caf/effective_ journeyperson_ mentoring/effective_ journeyperson_ mentoring.pdf.

[27] NBMAP. About NBMAP [EB/OL]. [2022-11-13]. https://nb-map.ca/nbmap/about-nbmap/.

[28] 中国教育发展战略协会人才发展专业委员会．加拿大的高等教育质量保障体系 [EB/OL]. [2022-11-15]. https://www.acabridge.cn/rencai/xueshu/zjgd/201909/t20190924_ 1684396.shtml.

[29] Ministry of Colleges and Universities. Policy Directive on Key Performance Indicators [EB/OL]. [2022-11-17]. https://www.ontario.ca/page/policy-directive-key-performance-indicators#section-1.

[30] Vivian Chan. The Efficacy of Key Performance Indicators in Ontario Universities as Perceived by Key I nformants [J]. Canadian Journal of Higher Education. 2015, 45 (4): 440-456.

[31] Vedung, E. Public Policy and Program Evaluation [S]. Transaction Publishers. 1997.

[32] OECD. Education at a Glance 2020 [EB/OL]. [2022-11-13]. https://www.oecd-ilibrary.org/education/educati on-at-a-glance-2020_ 69096873-en.

[33] OECD. A Skills Beyond School Commentary on Canada [EB/OL]. [2022-12-

17]. https://www.oecd.org/education/a-skills-beyond-school-commentary-on-canada.pdf.

[34] OECD. Improving Evidence on VET-Comparative Data and Indicators [EB/OL]. [2022-10-13]. https://www.oecd-ilibrary.org/docserver/d43dbf09-en. pdf? expires = 1669381971&id = id&accname = guest& checksum = A8939AA9E8C11223E1E116D79E868D8A.

[35] Government of Canada. Education in Canada: Post-secondary [EB/OL]. [2022-01-11]. https://www.canada.ca/en/immigration-refugees-citizenship/services/new-immigrants/new-life-canada/education/types-school/post-secondary.html#s1.

[36] [42] [45] [48] [50] [54] [56] 蒋家琼，郑惠文，龚慧云．加拿大高校学生学习成果评估的内容、方法及启示 [J]. 大学教育科学，2020 (3): 111-116.

[37] [40] 陈凡．大学生可迁移技能评价：方法和影响机制——以加拿大女王大学为例 [J]. 外国教育研究，2017，44 (3): 38-47.

[38] 徐联恩，林明吟．成果导向教育的教育改革及其在美国的实践经验 [J]. 教育政策论坛，2005 (2): 55-74.

[39] Rose Finnie, Alex Usher. Measuring the Quality of Post-secondary Education: Concepts Current Practices and A Strategic Plan [EB/OL]. [2005-04]. https://www.researchgate.net/publication/228847392 Measuring the Quality of Post-secondary Education Concepts Current Practices and A Strategic Plan.

[41] Council of Ministers of Education, Canada. Ministerial Statement on Quality Assurance of Degree Educ Ation in Canada [EB/OL]. [2007-04-02]. https://cmec. ca/9/Publication.html? year = 2007&search = Canadian% 20 Degree% 20Qualifications%20Framework.

[43] HEQCO. Managing for Quality: Classifying Learning Outcomes [EB/OL]. [2014-02-13]. https://heqco.ca/h arvey-p-weingarten-managing-for-quality-classifying-learning-outcomes/.

[44] HEQCO. HEQCO's Guide to Developing Course and Program Learning Outcomes [EB/OL]. [2018]. https://heqco.ca/data-and-resources/learning-outcomes-resource-room/defining-learning-outcomes-skills/.

[46] [49] HEQCO. Learning from the Queen's University Assessment Experience: Considerations for Selecting an Qppropriate Skills Measurement Tool [EB/OL]. [2018]. https://heqco.ca/data-and-resources/learning-outcomes-r esource-room/assessing-learning-outcomes-skills/.

[47] 吴智泉，张公鹏．“大学生学习评价”(CLA+) 工具——方法、应用、标准 [J]. 黑龙江教育 (高教研究与评估)，2019 (4): 11-15.

[51] 罗晓燕，陈洁瑜．以学生学习为中心的高等教育质量评估——美国 NSSE“全国学生学习投入调查”解析［J］．比较教育研究，2007（10）：50-54.

[52] NSSE. Annual Survey Results [EB/OL]. [2006-11-09]. https://oir. uark. edu/surveys/nsse/nsse-2005. php.

[53] HEQCO. Learning Outcomes: The Game Changer in Higher Education [EB/OL]. [2014-01-21]. https://heq co. ca/harvey-p-weingarten-learning-outcomes-the-game-changer-in-higher-education/.

[55] 赵耸婷，许明．加拿大高等教育学分累积与转移制度探析［J］．外国教育研究，2015，42（12）：67-78.

[57] 陈凡．加拿大高校学生学习成果评价：理念和实现路径——基于安大略省6所院校的实践［J］．外国教育研究，2016，43（4）：49-58.

[58] Jones G A. An Introduction to Higher Education in Canada [J]. Higher Education Across Nations, 2014, 1: 1-38.

[59] 王光彦．美、加高校教师评价制度研究［J］．教育发展研究，2007（20）：48-53.

[60] 张桂荣．中美高校教师管理制度比较研究［D］．哈尔滨理工大学硕士学位论文，2011.

[61] 马敬华．美、英、加三国高校教师绩效评价比较研究［J］．高等农业教育，2015（8）：125-127.

[62] 戴者华，师淑云．加拿大高校教师绩效评估和激励制度简介［J］．南通大学学报：教育科学版，2007，23（3）：44-46.

[63] Canadian Association of University Teachers, CAUT Teaching Dossier [EB/OL]. https://www. caut. ca/docs/default - source/professional - advice/teaching - dossier. pdf.

[64] University of Windsor, Five Days to Build Your Teaching Portfolio [EB/OL]. https://www. uwindsor. ca/ctl/sites/uwindsor. ca. ctl/files/tda - resource - booklet-2021. pdf.

[65] 杨邦勇．加拿大高等教育治理模式的特点与借鉴——以阿尔伯塔大学为例［J］．福建工程学院学报，2017，15（5）：467-472.

[66] [67] 刘宏艳．加拿大高等教育质量保障机制——以安大略省为例［J］．课外语文，2018（7）：195+158.

[68] 郭涛，谢琨．加拿大高等教育质量保障体系研究［J］．法学教育研究，2018，22（3）：294-306.

[69] 刘莉，李毅，刘勤．加拿大安大略省高等教育质量保障框架及其思考［J］．清华大学教育研究，2016，37（4）：110-116.

Canada's Education Evaluation Research

Liu Chen

Abstract: Canada's education has been taken lead in the world as a whole. With regard to the good practice, the emphasis on evaluation of education quality plays a key role. Canada's education evaluation system featuring the balance of diversity and inclusion is based on the real needs of the country while converging European classic studies and America's modern education. This report addresses three research tasks: First, define the education evaluation as a concept; Second, identify the key dimensions of Canada's education evaluation; Third, analyze the policies, strategies and experience of Canada's education evaluation in the aspects of basic education, vocational education and higher education. Drawn upon these findings, what can be learnt from Canada's education evaluation is discussed through major objects, system evaluation, school/university evaluation, faculty evaluation and student evaluation.

Keywords: Canada; Basic Education Evaluation; Vocational Education Evaluation; Higher Education Evaluation

新西兰教育评价研究报告

王颖怡[*]

摘　要： 本文基于新西兰教育部、新西兰评估研究所近五年的年度工作报告和有关新西兰教育评价的政府文件、学术论文、专著、新闻事例，介绍了近五年来新西兰教育评价的基本情况、发展趋势及理论创新。尤其是新冠疫情暴发后，教育形式因时而变，教育评估工作者因势利导，本文通过考察和分析疫情时期趋于信息化和数字化的教育现状，对新西兰教育评价存在的问题进行了反思，并就如何构建更加科学有效的评价模式进行思考与探讨。期待能从国家层面构建一套更加合理和一致的评价标准，同时赋力提高教师专业水平和评价能力，以及将教育评价结果有效运用到改善和促进新西兰教育事业的良性发展上。

关键词： 新西兰教育　教育评价　教育评价体系

新西兰的教育体系秉承了西方的教育思想和教育传统，又基于本土文化和教育经验，形成了独特的教育理念和实践。新西兰教育体系的核心理念是以学习者为中心，教育不是以传授学生知识为最终目标，而是帮助学

* 王颖怡，重庆市教育科学研究院助理研究员，硕士，梅西大学在读博士研究生。

生全面发展，激发学生的学习潜力和学习兴趣，培养学生自主学习和勇于创新的能力。新西兰作为一个移民国家，其教育体系充分考虑了学生的多元性，尊重每个学生的个性差异，鼓励学生接纳和认可不同的文化背景和观点，高度重视教育公平。因此，其教育评价体系也具有很大的灵活性和自主性。

一　新西兰教育体系介绍

新西兰是个移民国家，受英国、太平洋岛国和亚洲文化的多重影响，文化多元、包容度高。英语和毛利语是它的两大官方语言。新西兰的教育承袭了传统的英联邦教育体制，在传统英式教育的基础上又进行改革与创新，教育分为早教、小学、中学和高等教育几个阶段。

中国		年龄（岁）	新西兰		
博士学位（3年+） 硕士学位（2~3年） 学士学位（4年+） 高等专科（3年）	大学	+18	Higher Education		博士学位（3年+） 硕士学位（1~2年） 硕士前专业文凭（1年） 学士学位（3年+）
高三	高中/中专（高考）	17	Year13	Senior Secondary Education	NCEA Level 3
高二		16	Year12		NCEA Level 2
高一		15	Year11		NCEA Level 1
初三	初中（中考）	14	Year10		
初二		13	Year9		
初一		12	Year8	Secondary Education	
六年级	小学	11	Year7		
五年级		10	Year6	Primary Education	
四年级		9	Year5		
三年级		8	Year4		
二年级		7	Year3		
一年级		6	Year2		
幼儿园		5	Year1		
		4	Early Childhood Education		
		3			
		2			
		1			

□ 法定受教育年龄段　■ 年龄时间轴

图 1　中国和新西兰教育体系对比

资料来源：Ministry of Education. Types of Schools and Year Levels. https：//www. education. govt. nz/school/new－zealands－network－of－schools/about/types－of－schools－and－year levels/#Levels。

早教主要针对0到5周岁的孩子，新西兰的早教在国际上享有盛誉，其理念是为儿童在正式上学前提供教育和照顾，目前全国约有4000多家获得许可的幼儿教育服务机构，包括幼儿园、托儿中心、游戏中心、家庭托儿所和游戏小组，家长综合孩子和家庭情况选择入学年龄和合适的早教机构。

新西兰的法定受教育年龄是5到16周岁，这个年龄段的孩子必须到学校接受教育。从小学到高中一共13个年级，其中小学6年、初中2年、高中5年。新西兰中小学课程设置在国家、学校和课堂三个层面进行诠释。国家大纲搭建框架，为所有学校制定共同的发展方向，也给予学校灵活设计和分享课程的权力。学校的课程设置也赋予了授课教师自由调整以满足本班学生需求、兴趣和才能的自由。教育部的大纲规定了中小学课程的八个基本教学领域：英语、艺术、卫生健康和体育、语言文化、数学和统计学、自然科学、社会科学和科技。小学到初中、初中到高中都不实行升学考试，依据就近入学原则，学生在其住址所属学区上学。

高中5年的前2年是基础学科，所有课程基本一样。但从15岁开始，也就是法定受教育年龄的Year11，学生进入差异化的高中阶段学习。目前新西兰主流的高中课程有三种：NCEA、CIE（A Level）、IB，学生根据自身意愿选择课程体系。为满足学生需求，很多高中也是多个课程体系并行，但90%以上的高中都会采用NCEA（National Certificate of Educational Achievement，国家资格证书）[1]。NCEA是从2002年开始实施的中学生成绩评鉴系统，其目的不是改变现有教育课程，而是用一种比以往更有效的成绩评鉴方式提升中学生技能，回应社会所需。它舍弃了以考试为主的传统模式，创新了一种通过内部考核，其中包含测试成绩、平时成绩及实验和全国统一考试的标准评定认证方式，对学生的学业水平进行认证，并颁发认证证书。NCEA分为三个等级，11年级到13年级，每年完成一个等级，依次修读NCEA1~3级，并获得证书。NCEA涵盖了61个科目课程，学生可以根据自己的兴趣爱好和未来专业发展方向选择课程，广泛的课程有助于学生取得理想的成绩，也可以通过课程选择来发现自己的兴趣和特长所在[2]。NCEA 被世界各国广泛认可，受海外高校承认，作为大学的入学依据。除了学制不同外，新西兰学校的办学方式与办学特色也比较多样，常见的有公立、私立，男校、女校，混合学校、教会学校等。

二　新西兰教育评价概况

（一）评价主体

基于这样一个灵活包容的教育体制，新西兰的教育评价体系也较为完整与合理，从评价主体来看，教育系统内部，教育评估办公室（Education Review Office，ERO）负责评价工作，它独立于教育部之外、由教育部长直接负责，主要职能包括监督保证中小学校教学质量；提供中小学和学前教育机构有关教育和托护的总结报告；管理幼儿教育执行情况；监测与评估高等教育生源质量、学习成果与就业情况，并向公众发布年度报告。根据不同的评价对象，教育评估办公室的评估主要分为：教育评估、学校家庭评估、系统评估、契约评估。除了教育评估办公室外，新西兰学术资格审定局（The New Zealand Qualifications Authority）和新西兰教师理事会（The New Zealand Teachers Council）、新西兰大学委员会（Universities New Zealand）也参与官方教育评价工作，它们还可以对教育中出现的失误进行问责，并敦促整改，同时为学校教育提供高质量评价支持服务。独立于教育系统外部的评估机构由大学和民间机构组成。比如，奥克兰大学主持了高等教育考试创新评价项目（Evaluation Research on Testing Innovations in Higher Education）、奥塔哥大学主持了国家教育监控项目（National Education Monitor Project）。民间机构有教育中心（The Education Hub）、新西兰评价研究所（The New Zealand Assessment Institute）、新西兰教育研究理事会（New Zealand Council for Educational Research）。这些组织机构以第三方的视角聚焦不同阶段、不同领域的教育评价[3]。

新西兰的这些评价主体分属于不同机构，各自独立运转，评价任务既有交叉又各有侧重。总的来说，教育系统内部评价重点监督各行政区相关学校教育政策的执行情况，也会对本区学校进行横向比较。大学和民间机构则通过合同委托的形式对某些重点或特殊领域进行评价。民间机构还有一个重要任务是开发各种评价工具，主要包括学校以及家长使用的各个水平阶段的学业测评工具。除了国家、行政区、学区、大学、民间组织参与外，每所学校、学校校长、任课教师、学生家长、学生本人等教育各环节的参与者都是教育评价的主体，共同构成了一个全方位的评价体系，对新西兰的教育发挥着重要的监督作用。

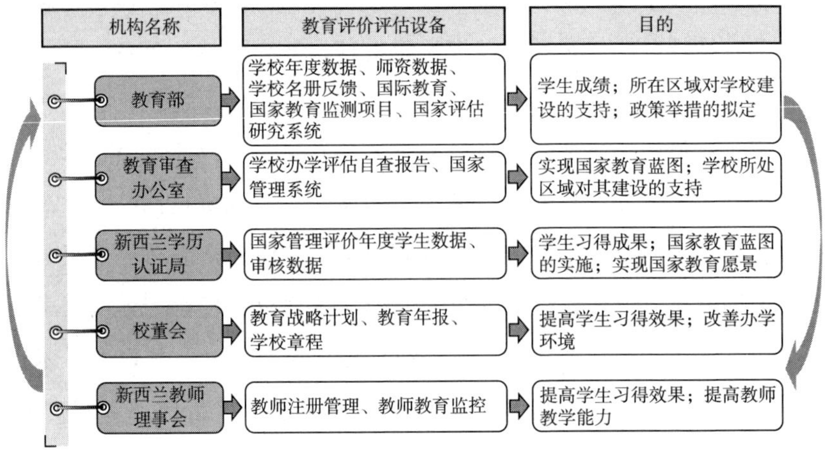

图 2　新西兰参与教育评价评估的主要机构和工具

资料来源：National Assessment Strategy. https：//www. tki. org. nz/r/assessment/strategy_ e. php。

（二）评价内容及方式

新西兰的教育评价内容及方式主要由四个部分构成。

一是学生评价。在学校的前十年，所有的学生评估（国家教育监测项目 NEMP 和国际学习除外）都在学校内部进行。没有统一的全国考试，学校可以自由制定自己的评估政策和做法。在内部评价方面，教师会根据一系列数据对学生的表现做出全面的判断并报告；在外部评价方面，对学生预期能力的评价主要参考国家课程文件、读写和数学能力以及最新的国家标准。在评价工作中，老师可以使用一套国家认可的评价工具。到了中学教育的高段，即 11～13 年级，NCEA 评鉴系统是统一的评价工具。当然，为确保评价结果的可靠性，NCEA 评鉴也是由学校、教师进行的内部评价和新西兰资格证书管理局进行的外部评价两个部分综合产生。

二是教师评价。新西兰的教师评价分两种情况，一种是注册教师，是指获得教师资格证或已经取得教师资格且到规定期限成功换取新的教师资格证书的人员；另一种是聘用教师，为了便于学校管理，校方会通过薪资晋升和专业学习发展等方式聘用一部分工作者。新西兰教师理事会负责全国幼儿早期教育、中小学教师资格注册认证，审核初任教师培训课程，开展相关科研，通过其法定职能促进教师的职业发展和高质量教学。

新西兰重视师资培养，强调教师的资历和专业的标准。担任幼儿早期教育、中小学的教师必须是本科毕业并经过教师教育培训。教师首先要符合上述标准的要求并经过两年实习合格后方才能够成为注册教师，每 5 年要重新申请和审核才能重新颁发注册教师证书。此外，教师评价作为学校绩效管理的一个重要部分，学校内部每年强制性地要求至少进行一次教师评价[4]。对教师的评价主要聚焦于支持和发展两方面，这也是帮助教师职业生涯发展的有效手段。无论是注册教师还是聘用教师，都要参与一年至少一次的考核评价，学校领导在此项工作中起着关键作用。

三是学校评价。新西兰学校的管理机构为理事会。理事会成员包括学校校长、社区志愿者、学生家长代表以及学校员工代表，中学的理事会还要求有学生代表。理事会的具体职能是：研究并制定学校的目标和任务，不断完善学校的各项制度，管理经费开销，负责向社区和教育部提交报告。新西兰的学校评价由理事会负责，其评价方式主要有两种：一种是学校理事会对自身的管理方式、教师授课、学生学习等相关情况进行持续的内部审查，并每年向社区和教育部报告结果；另一种是接受教育评估办公室平均每三年一次的校外评审。校外评审的频率与学校的绩效成正比。一所表现良好、内部审查能力强的学校相较于问题多的学校，接受校外评审的频次会少很多。学校理事会的内部自查和外部评审过程相互补充，以提升学校的自我管理能力和完善其自我管理方式。为了提高教育质量，学校的内部审查和校外评审综合结果都会纳入学校战略规划和年度报告并在教育部网站公布。

四是系统评价。系统评价由教育部和教育评估办公室共同承担。教育部制定了一项教育评价指标框架，以持续监测全国教育的现状及发展趋势。教育开展情况的相关信息由一些教育评价工具收集：国际和国内学生评价为小学和中学教育关键阶段学生学习成果提供高质量信息；学校通过一年两次的学校名册报表提供生源、行政管理和教育背景等数据信息；教育评估办公室通过开展多次全国专项审查汇集有关特殊教育和优先事项的信息（见表 1）。最后，将上述结果在网站上公布[5]。

表 1　新西兰参与教育评价的主要机构及成果

关注焦点	相关信息	评价结论公布
新西兰教育评价系统	教育指标框架情况年度报告	新西兰国家教育
	学校教育情况年度报告	新西兰学校教育
	教育部年度统计报告	新西兰教育统计
人口与统计	中央教育监测预报	季度移民报告 师资支持 学籍预估 学籍概况
国际比较	新西兰在国际评估研究中的表现	PISA、PIRLS、TIMSS 等评估结果
国家教育监测	新西兰学生在四至八年级课程学习中的学习成绩与态度	国家教育监测
国家评估	关于特定教育举措和数据的评估研究成果	学生计算能力评估项目报告 扫盲项目进展报告
教育综合研究	最优综合论证项目（BES）对影响学生各综合学习效果的论证	BES 项目团队公开出版和发表的论文清单
文献综述	教育领域特殊政策和感兴趣的项目	学生性别差异研究 双语教育研究 中学教育研究
委托项目报告	某些特殊领域的教育政策 教育行业普遍关注的项目	中学生学习动力和成果研究 教师社会地位研究

资料来源：Organisation for Economic Co-operation and Development. OECD review on evaluation and assessment on frameworks on improving school outcomes. https：//www. oecd. org/edu/evaluationpolicy。

三 新西兰教育评价的重要进展

（一）评价理论及制度创新

新西兰的教育宗旨是提供一个公平和成果卓越的教育体系。其教育愿景是让新西兰人有强烈的民族和文化认同感，具备追求卓越的自我渴望，有机会、有选择成为最好的自己，成为创建强大公民社会的积极参与者，具备生产力、自我价值和社会竞争力。新西兰的教育评价也围绕其宗旨和愿景展开，关注教育公平、确保教育成果是教育评价的核心内容。新西兰教育将技术和创造力融合进学科课程中，致力于培养学生具备批判性思维，擅长解决问题，保持终身学习的习惯。同时，他们也致力于打造卓越的教育体系，为学生提供真正塑造他们未来竞争力的教育资源，让学生能够驾驭因全球化和颠覆性趋势所带来的影响，他们认为这恰恰是适应未来世界的重要能力。新西兰的教育评价工作者认为，如果教育评价工作和评价体系的整体设计不能帮助促进课堂实践和学生的学习，那评价工作就毫无价值。因此，确保评价工作和评价体系构建与课堂实践相联系，是设计评价工作的重要因素之一。

新西兰各地实践的差异产生了一个问题，即在学校自我管理的背景下，评价标准的一致性与不同地区、不同学校的评价标准的多样性存在冲突，这导致评价标准很难统一。因此，新西兰教育评价系统被认为是一个高度信任的评价模式，它非常依赖学校管理者和教师的判断。然而，教育评价在实践中的多样性和整个教育评价系统的一致性之间始终存在难以调和的紧张关系。让学校拥有办学和评价的自主权有助于创造一种开明多元的育人环境，但正是这种高度自由的管理模式，也造成了每所学校的评价结果与统一的、公认的评价系统很难完全契合。这就需要将国家课程、学习进度、最新的国家标准作为明确的目标和参考点提供给大家。在实际评价中，各办学机构可能会因为担心其办学自主性、主动性、多样性被削弱而抵制这样一种自上而下的国家标准。因此，只有构建一个科学有效的评价标准和评价体系，并有效推广，才能确保国家标准的信度和效度。这也要求国家标准的评价体系必须紧密联系课堂实践，同时也要满足教育各个环节参与者的需求，这也是新西兰教育评价体系顶层设计者面临的最大挑战。

新西兰教育评价的理论与制度在进入 21 世纪后，出现过两次大的调整与创新。

第一次是 2002 年为适应新世纪人才需求实施 NCEA 评鉴制度。NCEA 的结构和大学学位比较类似，一份 NCEA 证书，可以反映出证书所有者的出路选择及专长所在。NCEA 根据“要求标准”（Standard-based System）设计，也就是说：在这个等级中，学生应该要知道些什么或是应该会做些什么？只要达到了这个标准，就算通过了这个学科的门槛，通过“标准”的学生，因程度不同分为达标（Achieve）、良好（Merit）、优秀（Excellent）三个不同的等级[6]。学生及教师可据此了解标准并预先做准备。NCEA 评鉴制度的推行，也影响了早教对受教育者的启蒙引导和大学教育对受教育者的专业学习延伸和未来职业选择。

第二次是世界经济合作与发展组织在 2009 年底启动了《关于改善学校成果的评价和评估框架的审查》，旨在回应成员国和世界其他国家对教育评价和评估问题的强烈兴趣，同时展现各国教育评价程序设计、执行和成果运用的真实现状，分析不同评价方法的优缺点，并提供改进建议。该审查着眼于各国为提高学生成绩而使用的教育评价框架的各个组成部分，包括学生评价、教师评价、学校评价和系统评价，分析的重点是法定受教育阶段，即中小学教育水平。新西兰作为经合组织的成员国之一，于 2011 年发布了《经合组织教育评价与评估回顾》（OECD Reviews of Evaluation and Assessment in Education），经合组织审查小组的结论是：新西兰的教育评价和评价体系建立在教育系统不同层次之间的高度信任和合作的基础之上，评价工作开展情况良好[7]。为了进一步加强总体评价、确保评价工作的一致性和评价框架的合理性，经合组织审查小组提出了几点建议：一是进一步加强评价和考核不同组成部分之间的一致性；二是考虑建立区域支持结构，以增加学校之间的连通性；三是继续加强学校评价和考核能力建设；四是鼓励系统的本地评估方法。近些年，新西兰教育评价理论及制度创新重点围绕上述几点建议进行探索。

2020年初，新冠疫情在全球范围大暴发，这给各国教育系统带来巨大冲击。新西兰的教育，尤其是作为国家第五大出口行业的国际教育，在这场疫情中损失惨重。据不完全统计，边境关闭时期新西兰高等教育的损失超过4亿纽币。教育评价工作者对依托不同教学媒介的线上教育、虚拟课堂、混合课堂（Hybrid）进行数据分析与评估[8]。早教和中小学教育评价除了关注传统的阅读、听说能力的习得效果外，也开始聚焦疫情期间孩子的身心健康。[9]对于留在新西兰的国际学生，各大学和政府一直在努力保障他们的学习机会和身心健康。撰写本报告时，新西兰官方尚未公布疫情期间教育评价的相关数据，但通过分析教育部近5年的年度报告可知，疫情对新西兰的教育产生了长期且严重的影响。新西兰的很多教育工作者认为，疫情后教育评价将迎来又一次的理论与制度创新。结果是否如大家所想，尚无定论，但不得不承认，这一国际关注的突发公共卫生事件，正在深刻地改变着世界各国的各行各业，教育和教育评价也面临着新的挑战。

（二）评价的特殊性及优缺点

新西兰作为英联邦国家之一，虽然承袭了英国的教育体系，但由于其特殊的被殖民历史和移民国家背景，教育评价也逐渐形成了自己的特点：一是强调学习成果。新西兰的教育强调教学过程，教育评价强调学习成果，而不是教学过程。学校的重点是提高学生的学习能力，发展他们的技能和知识，以及培养他们独立思考的能力。二是重视学生参与。新西兰教育评价重视学生参与，允许学生参与教学和评估过程，以便发现自己的学习进步和需要改进的地方。三是强调实践。新西兰教育评价强调实践，提倡学生参与实践活动，以培养他们的实践能力和解决问题的能力。四是评价标准灵活，充分尊重和信任教育管理者和教师，以一种开放包容的态度对待各区、各学段，甚至是各所学校的教育评估。五是重视自我反思。新西兰教育评价重视自我反思，鼓励学生反思自己的行为，思考自己的学习进步，并给予自己相应的改进建议。

其优势体现在以下几个方面：一是在教育评价和评价框架上，新西兰的教育评价和学习考核评估基于对学生、教师和学校管理者的高度信任。强调评价和考核的改进功能，其评价和评估工作是对学习者多样化需求的响应，评价政策和方式的改进也是基于实践操作后的数据和结论。二是学生评价方面。评价的目的是提高学习效能，评价工作以教师的专业素养为基础，以其专业发展为支撑。

虽然这样一种灵活包容的评价模式让新西兰的教育充满了生机与活力，但也存在一些问题。首先，评价标准不统一，尤其是小学和中学的低段，虽然教师、家长和学生本人可以借助相应的评估系统对教师教学、学生学习效果进行自我评估，但当地方教育行政部门和学校管理者把形成性评价和总结性评价结果运用于同年龄层次学生之间的比较时，也会受到一些反对党、媒体、家长的反对，甚至在指责执政党时以此为突破口进行政治攻击。其次，由于新西兰目前的教育评价结果主要用于改进和问责，这就需要继续扩大对不同学生群体的数据收集范围，最大限度地确保评价结果的公正性和评价方式改进后的广泛适用性。最后，对评价结果的应用与推广的实践不够。反观近五年新西兰教育评价年度学术研讨会成果，一些国家委托评价项目团队、民间评价机构、大学学者创造性地运用评价结果，开展试点探索，产生了不少优秀的案例，但尚未形成具有极大突破性和推广性的成绩。

四　新西兰教育评价发展趋势

虽然新西兰教育评价结构比较系统与完整，但结合近五年新西兰教育部和教育评估机构的年度工作报告发现，尤其是新冠疫情暴发后，传统教育模式受到极大的冲击与挑战，新西兰的教育专家、学者也开始思考与探讨如何构建更加科学有效的评价模式。

（一）进一步有效运用评价结果

新西兰教育部高度重视教育评价工作，对国家教育目标、国家标准、资格认定、学校内部审查、教师资格、学生学习效果、社会期望等每个具体部分的评价都比较完善。但是，这种各自为政的操作方式，也给教育工作带来一些麻烦。尤其是在疫情暴发以后，教师如何凭一己之力将文化背景大相径庭的学生们汇集起来，既确保标准、形成范式，又尊重个体、彰显个性？在此背景下，应探索将不同学段、领域、性质、角度的评价方式和结果连接起来，评价工作也基于学校和各区教育行政部门的数据和案例进行，重点探索如何应对不同文化背景学生的多样化需求，进而拟定有实践价值的政策文件或书面战略计划，旨在从国家层面引导教育评价工作的开展。

（二）加强对教师评价能力的培养

新西兰的教育评价充分肯定了教师的职业操守和专业能力。放权给教师个人并不是一种危险的行为，因为教师在实际的评估操作中需要借助一系列评估工具，由这些评估工具综合起来的数据反而是较为客观与公正的。它能辅助教师做出专业的判断，给出科学的评价结论。这样的评价手段有效避免了应试教育造成的评价片面、功利学习、学生抢跑、教育焦虑等社会问题。当然，它也不可避免地存在弊端，比如因为教师的专业程度、能力强弱存在个人差异，即使是全面的、综合的教育评价也会出现一些公平性和一致性的问题。这就要求不断提升教师职业素养、育人水平和评价能力，开发和运用更加科学、客观的评价工具。

（三）促进理论与实践的一致

对学校管理者和教师高度信任、充分放权，是新西兰教育评价的独特之处。教师不仅能积极参与学校办学与管理的内部审查，对自己教学效果评价有一定主动权，还承担着学生评价的主要责任。这种权力下放的模式激发了教育工作者的主动性与和创造力，也不可避免地导致教育评价标准出现偏差。NCEA 评鉴制度实施以后，国家课程体系逐渐固定，教育评价的整体构架也日趋成熟，教育部通过整合学校内部审查年度报告和评价监督机构年度数据，形成教育系统内部评价结论，国家教育评估办公室在此基础上开展外部验证，最终对全国的教育评价工作形成指导性意见。要保证指导性意见的可行性，规避评价标准不一致的问题，除了持续加强对教师能力的提高外，还需继续探索教育评价结果的实践与应用，这关系着能否将理论付诸实践，更是开展评价工作的意义所在。

解读分析新西兰教育评价方面的报告、文献、资料，给中国的教育工作者很多启示。首先，教育评价需要厘清评价工作的理论基础、价值取向和目标任务。其次，充分借助评价的导向作用，在评价工作中最大限度地兼顾参与教育各个环节的每一类人群，以及处于不同年龄、家庭和文化背景的受教育者，充分考虑与尊重学生的个性特长，追求公平正义，实现共赢。同时，不断研究与开发适合教育工作不同身份、不同学段、不同学科领域的评价工具，并将评价结果有效运用于教育领域综合改革，是每个教育工作者需要不断思考与探寻的问题。

参考文献：

[1] The Ministry of Education of New Zealand. The OECD Review on Evaluation and Assessment Frameworks for Improving School Outcomes [R]. The OECD or its Member countries. Ministry of Education of New Zealand, 2010. www. education counts. govt. nz/publications.

[2] Statistics New Zealand. National Population Estimates2009 [DB/OL]. www. stats. govt. nz/browse _ for _ stats/population/estimates _ and _ projections/NationalPopulationEstimates_ HOTPJun09qtr. aspx.

[3] 金建生．新西兰基础教育评价研究［J］. 外国教育研究，2008（5）：25-28.

[4] The Ministry of Education of New Zealand. Making An Overall Teacher Judgment [EB/OL]. https：//assessment. tki. org. nz/Overall - teacher - judgment/Making - an-overall-teacher-judgment

[5] New Zealand Assessment Institute. Using Assessment Information to Inform Teaching

and learning [J/OL]. LEARNER PROGRESS. 2023, 01. https: //nzcurriculum. tki. org. nz.

[6] Taylor & Francis. "New Zealand students' Test-taking Motivation: An Experimental Study Examining the Effects of Stakes" [J] Assessment in Education Principles Policy and Practice. 2022, 29 (4): 397-421.

[7] The Ministry of Education of New Zealand. *The* OECD Review on Evaluation and Assessment Frameworks for Improving School Outcomes [R]. The OECD or Its Member Countries. Ministry of Education of New Zealand, 2010. http: // www. educationcounts. govt. nz/publications.

[8] New Zealand Assessment Institute. What is assessment for learning [J]. Assessment Online. 2022, 9.

[9] Associate Professor Jenny Poskitt, Director. College Projects, College of Humanities and Social Sciences, Massey University: COVID's Impact on Adolescent Learning and Assessment [J]. Australian Journal of Middle Years of Schooling. 2022, 23 (1).

New Zealand Education Assessment Research Report

Wang Yingyi

Abstract: This article introduces the overall situation, development trend and theoretical innovation of educational assessment in New Zealand in the past five years based on the annual education reports of the Ministry of Education and the Assessment Institute of New Zealand in the past five years, as well as government documents, academic papers, monographs and news cases related to educational assessment in New Zealand in recent years. In particular, with the outbreak of COVID-19, the way of education changes from time to time, and the education assessment workers are guided by the situation by analyzing the current situation of education which tends to be formalization and digitization during the epidemic, this article reflects on the existing problems of education assessment in New Zealand, and discusses how to build a more scientific and effective assessment model. It is expected that a set of more reasonable and consistent evaluation standards can be established at the national level, and at the same time, it can enhance the professional level and evaluation ability of teachers, and effectively apply the results of education assessment to improve and promote the sound development of New Zealand's education.

Keywords: New Zealand education; education assessment; education assessment system

伊朗教育评价改革发展研究报告

徐 辉 楚 琳*

摘 要： 伊朗在国家教育转型计划的推动下，在专业评价、教师教育评价、课程评价等领域不断做出新的教育评价改革实践。近五年来，伊朗通过高考改革去除教育辅导的方式，力求学生发展的教育过程公平；通过基础教育入学评估，力求学生学业起步的教育起点公平；通过扫盲教育结果评价，力求在扫除文盲的基础上，避免新识字者返盲；通过推动教师评级法出台进程，力求提升教育评价制度化程度。在伊朗教育评价的改革实践探索中，呈现了追求教育评价公平、强调描述性定性评估、丰富教育评价价值和原则、推进教育评价的制度化和常规化的发展趋势。

关键词： 伊朗 教育评价 国家教育转型 改革发展

为满足国家教育转型与发展的内在需求，确保教育质量的稳步提升，伊朗通过教育评价领域的专业评价、教师教育评价、课程评价等，为高等教育、基础教育、扫盲教育和教师教育等多个学制阶段和教育类型的制度化、规范化、公平化与科学化发展提供了有效保障。通过对伊朗教育评价

* 徐辉，西南大学教育学部教授，博士生导师；楚琳，北京联合大学师范学院副教授，硕士生导师。

改革发展的研究，可以明确其教育评价的历史发展进程与重要改革措施，揭示其教育评价发展新趋势。

一 伊朗教育评价概况

伊朗的教育系统负责社会知识传播和文化传递，帮助学生建立知识技能基础并发展适当的价值观[1]。伊朗国家教育系统的改革大致上以十年为周期。从20世纪80年代的教育革命、20世纪90年代的教育根本变化、21世纪前十几年的教育根本转变，到2011年至今的国家教育转型计划，都在伊朗教育发展史中取得了相应的改革成果。随着国家教育政策的更新和教育改革的推进，伊朗近几年的教育评价重点关注了专业评价（医学、艺术、农业、工业等），教师教育评价，课程评价（语言教育评价等），学制阶段评价（大学、中小学等）等领域。教育评价的重点任务来源于国家整体教育方略。伊朗教育部长办公室主任霍贾图拉·阿尔玛西在绩效评价专门会议上，强调了改革和更新传统评价和绩效体系的必要性，他表示："我们应该利用过去的经验，通过反思这些经验，审查评价趋势和流程。我们应该创建、修改和更新评价系统的传统程序，以实现其更大的有效性。在可行性研究之后，我们应该反思和审查所有被评价的教育系统组成部分。"[2]

在伊朗国家第六个（2016~2021年）和第七个（2022~2027年）五年规划的导向下，在伊朗国家教育转型计划的推动下，伊朗教育评价改革也在探索中不断前行。例如，伊朗的各级各类大学根据教育管理部门对大学评价发展的导向，积极将自身发展纳入国家教育转型计划之中。新的数据和通信技术的发展、新的教育资源的产生，使得大学的传统角色在不断增加的教育需求中面临挑战。伊朗科技教育部副部长阿姆阿贝迪尼在伊朗大学校长会议上提到，大学的评价是基于国家教育转型计划的，大学必须在这方面采取必要的措施。我们在教育转型计划中要寻找一个综合的教育体系，因此，对大学的改革和评价核心要优化大学综合办学体系、以教授为中心、以项目为中心、关注交叉学科领域、以使命为导向、积极引导大学生成长为文明积极分子。同时，伊朗大学教授的定位正在发生变化，随着经验丰富的教授的增加，根据教授评价指标，伊朗的精英网络正在形成。基于上述要素，将教育评价纳入国家教育转型计划，还需要做到将课程变得专业化和理论化。由此可以发现，在伊朗国家教育转型计划中，教育评价是重要一环，它涉及教育环境、办学体系、学科走向、学生培养目标、教授团体以及课程改革等。基于此，伊朗各级各类教育领域纷纷展开教育评价改革行动。

二　伊朗教育评价重要进展

（一）从高考改革入手，去除教育辅助项目，实现教育评价过程公平：伊朗高等教育评价改革新进展

伊朗现行的高等教育评价程序历史悠久、变革困难、缺乏信息更新、无法提供公开数据，使得高考瓶颈逐渐加深的不公平现象获得格外关注。这些因素使得做出打破现有不公平不平衡的决定变得困难和复杂。因此，此次高等教育评价改革，由伊朗文化改革最高委员会主导，可见改革的必要性和决心。

为了确立包括社会正义在内的教育公平的重要性和评价的综合维度，以重新设计综合教育系统中深度学习和价值评估的路径，并减少以记忆为导向的测试技能，最大限度地降低高考经济行为主体的有效性，组织和改革高等教育考核录取工作被提上了伊朗文化改革最高委员会的议事日程，并于 2022 年初通过了《高考考生组织考核录取政策和标准》的决议，该决议将重点关注国家的长期利益。在此基础上，在努力保持和加强国考优势的同时（例如，出题的完整性保证了考生的公平竞争、减少有组织的舞弊和违规行为的可能性、批改统一标准等），将这些优势延伸到学校的描述性期末考试的评价中。这消除了国考的局限和危害，例如，每年入学考试的成绩有效期短，四个小时的考试时间带来的心理压力和测试框架中内

容评估合理性和丰富性的薄弱等。

此次决议产生涉及的专家和代表包括：学术专家，国家一流大学校长和入学考试机构负责人，科学、研究和技术、教育、卫生、治疗和医学教育部的官员，国家的教育评估组织和教育委员会，健康和治疗研究机构的负责人，以及伊斯兰委员会的一些受人尊敬的代表等。这些专家和代表以研讨一揽子“组织政策和规则”的形式，以伊朗最高委员会的决策为依据，以伊朗国家综合科学计划为指导，制定出高等教育申请人的评价和录取政策。该政策对于打破伊朗高考中阶层间的差异和不公平现象具有深远影响。

当前伊朗的高等教育入学评价和录取程序为了达到测评的差异性，侧重于测试技能和与教育系统并行的非校内培训，导致在培养人才方面产生了社会差距和不平等。在这种情况下，伊朗高考成绩排名靠前的学生，往往来自经济水平和社会处境比较好的家庭。这与最高领袖和决议所强调的公平原则背道而驰。例如，目前伊朗国考排名前 3000 名的考生中，约 80%来自收入最高的社会前三等阶层，只有 20%的学生是来自社会的其他阶层。[3]导致这一统计数据产生的主要原因之一可能是，富裕家庭花费大量资金让他们的孩子通过注册孔库尔（Konkor，伊朗高考）学校、考试班、模拟考试和获得教育辅助书籍所产生的直接影响，很多普通家庭特别是低收入水平家庭是无力支付和无法获得的。通过改变高考测评导向和增加不需要教育辅助项目和测试技能的教育考评内容的比例，将为所有学生提供公平竞争的机会和权利。

我们进一步将伊朗高考录取学生与其家庭收入的数据对比研究可以发现，2019 年伊朗高考成绩在 100 分以下，笔试 GPA 低于 17 分的学生中，有 87%来自最低收入水平前三的家庭[4]。因此，考试书面成绩平均数的无效性导致了经济富裕阶层的最大利益。通过这种方式，他们在教育系统中借助不受学习质量影响的途径提高了考试技能，从而获得了教育机会优势。为了应对和解决该难题，伊朗从国家层面进行了科学规划和改革。对于不同年级、不同学校、不同省份的学生平均成绩的差异，伊朗教育部和相关教育评价机构会在专门建模时将成绩对齐，并考虑学习差距。根据标准化和系统的描述性测试，伊朗教育部在具有高可信度和可靠性的专业机构（国家教育评价机构）的帮助下设计评价和录取过程。在此过程中，通过国家动员和专业行动，期末考试的设计和实施将远离种族和省份偏见的嫌疑以及任何可能的滥用和违规行为。

根据上述问题和教育需求考虑，由于教育概念和内容的重要性和深度性，普通课程的评价已从国家考试的四小时考试过程中删除，突出中学的过程性评价。同时，通识课程对描述性期末考试成绩和学生学业成绩的影响系数做出必要调整。采用这一决定的理由是，改革和重新设计伊斯兰文化支持的课程及其教育过程，以强调课程内容的重要性，增加学生对教育系统的关注和依赖，确保课程的独特性。同时提高教师的作用，尤其是在普通课程的教学中。伊朗的此次教育评价改革决议的目标将在未来四年内以逻辑梯度递进的方式稳步实施，以吸引教育评价改革相关者和志愿者的最大支持，并管理和安抚因接受改革而引起的焦虑。

此外，为了最大限度地实现决议的目标，伊朗教育部和相关机构将在改革实施期间，通过加强学校学习系统的政策落实有效性，增强教师在培养学术人才方面的作用、减少高考相关产业的暴利、减少国考不公平竞争、争取所有关心教育系统的人的支持等方式，综合推进改革落实。同时，为了减少改革阻力，伊朗将改革面对的问题个人化和分解化，将组织考核验收制度的国家行动转化为个别问题，并精确预测因改革所引发的悲观情绪所导致的社会资本减少等，从而有预见性地开展改革工作。总之，此次伊朗高等教育入学评价改革的决策主体级别很高，政策出台过程力求科学合理，改革目标明确，力度显著，改革行为预设周全。当然，改革的成果和效果如何，将随着伊朗教育改革行动的开展，在 2026 年交出答卷。

（二）从入学起点着手，掌握学生综合发展实际，实现教育评价起点效用：伊朗基础教育评价实践新进展

为了促使基础教育从关注学业和分数转变至关注学生的身心和能力的

综合发展，伊朗基础教育在入学起点上便开始越来越重视对新生身心健康和学业准备的双重评估。因为，只有掌握了基础教育学生综合发展数据，才能为基础教育的过程性公平奠定基础。根据基础教育入学的时间安排，对基础教育新生的评估工作会在上一年年末开展。

根据 2023 年基础教育入学工作要求，伊朗各省于 2022 年 12 月便开始了新生评估工作。例如，库尔德斯坦省的新生评估于 2022 年 12 月 24 日开始。该省已经实施了新生身心发展评估计划 20 多年，并在近几年的评估中不断丰富和拓展评估内容，力求科学化和精准化。通过评估形成的学生发展数据库，成为培养学生的有效且直观的参照资料。库尔德斯坦省学龄儿童健康和学业准备评估协调总部领导基础教育新生的评估工作。库尔德斯坦省教育总干事哈西姆・贾拉尔在推进年度基础教育评估工作时强调："学业和心理准备在教育中非常重要，如果一个发展缓慢的学生进入正规学校，而我们又没有掌握这种情况，也没有予以针对性地干预和培养，他将来会因为无法适应而面临退学等问题。"[5] 因此，新生评估计划分为身心发展和学业测评两个部分。在身心发展方面，评估计划对新生进行平衡（静态和动态）、敏捷性、视觉和运动协调以及平板支撑四个部分的八项测试，同时对学生的心理发展做出基础判断。在学业发展方面，评估计划对新生最基本的语言和基础数学做出一个摸底测评。通过实施该计划，该省可以最大范围和尽可能全面地掌握入学新生的发展现状。

需要注意的是，评估计划的构想转化为有效的评估实践，还需要恰当的评估工作方法。库尔德斯坦省教育总干事哈西姆・贾拉尔表示，人们的信任是教育系统开展工作的宝贵财富，家长的满意度应该放在评估计划的首位，应该被优先考虑。因此，在开展评估计划时，一方面，要强调及时回应新生家长的重要性，比如在工作开展过程中，如何表达和告知有问题的孩子的家庭的方式方法是非常重要的。另一方面，评估的便利性和费用合理性也是获得家长配合评估工作的基本条件，家长可以通过评估门户网站系统完成评估，并将数据上传至评估数据库。同时，游牧民族等贫困家庭学生可以免除评估费用。

此外，评估结果出来后，对家长的简单告知并不能成为评估工作的终点。库尔德斯坦医科大学卫生副校长法尔扎姆·比达尔普尔对评估计划提出了建议，他表示：“要通过健康大使、健康中心为家庭提供干预信息，以加快向新生家庭提供学生身心发展的干预服务”“如果在某些情况下存在干预问题和服务短板，评估中心联合医疗卫生等部门需要组织培训课程，并有效帮助提高工作人员的服务质量。[6]”

总之，规划教育投入、及时诊断新生身体和运动缺陷、把握学生学业现状、评估新生入学准备状态、通过及时教育干预的方式进行早期诊断，是实施新生考核计划的主要目标。新生评估方案的主要任务是保证教育系统的质量。学龄儿童健康和学业准备评估协调总部负责认真规划和监督、收集评估信息、开展人力资源培训、提供评估设施，确保评估工作的顺利开展。在此基础上，伊朗基础教育评价实践将从学业竞争，逐步转变至评估新生的身心健康和学业准备情况，并通过评估导向，将教育系统的人才培养思路从记忆型和机械性知识获取，转变至个人能力的增长、自信心的增强、运用所学知识与技能解决现实问题等培养目标上。

（三）从扫盲结果开始，统筹文盲和新识字者，发挥教育评价结果效用：伊朗扫盲教育评价结果新进展

伊朗政府通过集中支持成人教育特别是扫盲教育来解决辍学率问题。同时，参加国家高等教育入学考试的申请人数和完成大学预科课程的申请人数之间所存在的差异，表明了继续教育机会为学生提供了通往高等教育的替代途径。[7]为了检验国家扫盲战略实施效果，把握扫盲工作进展，提高扫盲效果，伊朗的俾路支斯坦省、戈勒斯坦省、库尔德斯坦省、西阿塞拜疆省以及科吉卢耶-博韦艾哈迈德省等正在制定并着手实施一项加快推进落实扫盲工作的计划。该计划将在文盲人数和扫盲人数之间设计一个模型，然后对各省在扫盲工作中的表现进行详细评价。

根据扫盲工作评估的初步结果，伊朗教育部副部长阿卜迪表示：“伊朗 10~49 岁人口中，97%的人口识字，约有 170.7 万人被认为是完全文

盲。根据《扫盲运动执行条例》第一条，我们有义务完成扫盲学生的初级课程。”目前，伊朗城乡文盲率和男女文盲率均有显著改善，城乡文盲率从伊朗革命胜利初期的34.5%，降低到了1995年的12.3%和2022年的11%；男女文盲率也从革命胜利之初的23.4%降到1995年的6.8%和2022年的6.1%[8]。

教育评价的重点任务来源于国家整体教育方略，在伊朗大力推进扫盲教育背景下，语言课程评价是伊朗教育评价领域中的重点内容。伊朗扫盲工作所面临的一个重大问题是接受扫盲教育后的学生重返文盲问题。因此，扫盲教育要着力落实初级语言课程和加强与巩固课程。值得注意的是，在伊朗扫盲教育过程中，形成了一个新的群体即新识字者，该群体包括接受了扫盲教育但没有完成全部扫盲课程，或者没有接受扫盲巩固课程的人。为了落实扫盲学生计划，伊朗政府设计了各种相配套的激励方案，包括将扫盲所支付的费用的20%返还给识字学生。不在学费承保范围内的，政府将尽可能地予以补偿。

此外，伊朗扫盲运动当下和将来的战略立足点均是以人为本，旨在革新过去无差别的扫盲教育，创造适宜的教育内容才能增强扫盲的动力。因此，在扫盲运动的新生态系统中，将利用退休人员、学生、慈善家和志愿者等，以便最大限度地利用多个群体的多种能力来丰富扫盲课程。同时，伊朗还推出了“伊朗虚拟学校”，使用新的虚拟教育模式为被遗漏的文盲学生提供课程服务。总之，伊朗对于扫盲教育的扫盲期、过渡期和巩固期的研究以及以学校为导向和加速扫盲形式的创新等，为扫盲运动的开展和扫盲教育的落实提供了持续的理论与技术支持。伊朗扫盲教育将在国家第七个发展计划的导向下，依托国家教育培训评价部门，在对扫盲人数、区域、性别、知识获取程度、课程进度等进行课程评估和统计的基础上，以评价结果为根据，不断革新扫盲教育思路和方法。

（四）从评价制度出发，推进出台教师评级法，发挥教育评价制度效用：伊朗教师教育评价制度新进展

适当且持续地实施教师评级制度，激励教育人力资源动态、科学和专

业的改进，最终有益于整个教育系统的改善。基于伊朗教育体制根本变革政策文件，教师评级计划是提高教师专业能力必须实施的重要内容之一。在 2018 年 12 月 3 日的教育部部长级会议上，根据伊朗第六个五年发展规划法，批准了教师评级制度，形成了教师评级系统[9]。所涉及的职务分类主体包括各级各类教师、教务培训员、教育单位顾问、后勤卫生保健员、教育单位的管理人员和副职等。教师评级制度是根据对教师资格和表现的系统评价，确定教师的五个级别。等级晋升的得分情况是根据教育技能和能力、培训课程、服务年限以及相关教育经验来计算。

教师评级制度是伊朗教育根本变革文件的重点规划内容之一，批准该制度的目的是提高教育人力资源的社会地位和专业能力，强调教师的作用，最终提高教育质量。基于教师评级系统，教师资格按照一般资格和专业资格进行评价，一般资格是根据适用的就业法规所规定的一般就业条件，专业资格包括与专业内容相关的领域、学位、学科知识，教学方法，职业道德、教育和研究能力，以及基于教育应用和问题导向的技能。受评估者取得资格，符合相关条件，便可晋升至更高职级，享受制度待遇。此外，为了监督教师评级制度的良好实施并找出优势、障碍和相关问题，由伊朗教育部、国家计划和预算组织以及国家行政和就业组织的代表组成的工作组，负责在相关法律法规的框架内，通过教育部向部长会议提交拟议的解决方案。

教师评级制度的实施能在很大程度上帮助教师稳定地各司其职，提升创造动力、加强自信心，提高学术和教育水平。制度会促使教育工作者试图通过获得不同的和可预测的技能来不断更新自己，进一步提升教育系统的活力。同时，制度的持续性和系统性实施，可以更有效地实现预期目标。所有的教育设施、社会机会、专业资格和激励因素共同发挥着提高教师地位的有效作用。

然而，随着教师评级制度的实施，诸多措施却未能落实。例如，政府向教育工作者承诺提升增加工作量后的待遇，但是在 2019 年的预算中却没有为教师评级系统的实施提供信贷。同时，教师评级制度的实施方式并不明确，只是提出了一些笼统的说法，没有详细的实施细节。基于该制度存在的问题，要求修改教师评级制度的呼声越来越高，将教师评级制度修改并出台为《教师评级法》，以提升其规范性和权威性的做法被提上日程。

伊朗政府推进《教师评级法》出台还基于两个方面的考虑。一是伊朗教师评级系统自实施以来，虽然在协调教育资源和规范教师方面起到一定作用，但是由于评级标准缺乏科学性、评级实践不规范等，教师评级系统没有真正发挥其作用和意义。伊斯兰委员会教育与研究委员会曾多次提出改革教师评级制的建议，但是改革进展缓慢。二是伊朗第十三届政府在接管国家行政时，面临着前任政府留下的大量内外债务。为了能够稳定教育发展，让教师安心在课堂上教育学生，不担心生计和其他问题，保障教师良好的生活状态，使其专注学生的教育而不用顾及其他。伊斯兰委员会决定在本届政府的帮助下实施拖延多年且在上届政府任期中未能改革落实的教师评级制度，并将认真跟进评级改革计划，力争早日批准和落实。

即将发布的新《教师评级法》规定，法律颁布后聘用的新教师要进行评级。经审计委员会批准后，将为教师们开通评级系统，对教师们进行综合测评。教育部规划与资源开发部也对外介绍了新入职教师在招聘考试中被录用和评价的规范。伊斯兰委员会在教师评级法的评价标准上，强调必须特别关注教育质量，一切评级应该根据教育质量落实。总之，伊朗第十三届政府将教师教育评价改革视为重要工作之一，教师评级制度的评价标准和实施方案也将逐步制定实施。伊朗《教师评级法》也将重点考虑教师的实际权利，优化教师的地位和处境，以教师教育改革促进教育变革，以教育变革效果推进社会改革。

三　伊朗教育评价发展趋势

（一）追求教育评价公平，改善教师处境，以教育变革推动社会发展

2021 年 6 月 19 日，伊朗第十三届总统宣誓就职。此后第十三届政府

开启了多项改革。政府表明，与人民沟通问题不是一个口号，而是第十三届政府的一个鲜明特点，这实际上表明这届政府要成为实干政府。

在教育领域，伊朗有97.1万名教育工作人员、3.8万名教育退休人员和1620万名学生。在2022年，尽管经历了新冠疫情造成的虚拟教育高压期和面授教育中断两年的艰辛，但伊朗学校还是尽可能地为学生提供了教育，同时根据教育需求情况，还采取必要措施提供所需的教育基础设施。伊朗教育部负责规划和资源开发的副部长萨迪格·萨塔里·法尔德表示，教育预算在政府一般预算中的比重将稳步提高。2021年政府一般预算中教育领域的份额约为10%，2022年约为12.9%，而对于2023年来说，约为11.2%，但是2023年的数据只是保底数据，政府预计这个数字将会达到15%[10]。教育系统的预算占所有系统预算的15%，可见伊朗第十三届政府对教育的重视程度。

为了能够提升伊朗教育质量，改善教师队伍综合素质，加深教师教育制度化程度，伊朗政府以追求公正为导向，开始大力推进《教师评级法》的出台。伊朗政府之所以从教师评价制度改革出发，可以从伊朗各方的立场中找到原因。在谈到教师在教育系统中的作用和地位时，伊朗教育部长优素福·努里曾说："教育工作者在学生的教育中扮演着重要的角色，他们处于教育领域政策和制度落实的最前沿。"[11]伊斯兰委员会代表穆罕默德·贾瓦德·阿斯卡里提到："如果我们能在教育领域取得有利条件，我们肯定也会在其他领域取得有利条件。就像德国和日本这些国家，发展的第一步是改革和发展教育体制，加强教育，所以他们所取得的成就和发展是从教育开始的。[12]"伊朗议会的立场是，维护教师在社会中的尊严和地位是议会的优先事项之一，因此议会竭尽全力地推行教师评级计划。因为，一个应该在课堂上冷静地教育学生的老师，不应该让其受困于生活中的烦恼和问题，进而阻止他完成他的主要使命。所以，应为其提供生活便利，使其能够安心继续工作。总之，伊朗力求通过增强教师教育评价的公平性，逐步改善教师的地位，进而提升教育在社会变革中的贡献度和推动力。

（二）强调描述性定性评价作用，提升素质学习效果

伊朗当下的教育理念已经从实施素质教育，发展至强调素质学习。如果说在素质教育的时代，强调要努力让高质量的教育发生，那么今天的伊朗教育，正在努力确保所涉及的所有教育要素提供高质量学习的可能性。在过去的评价方法中，教师完成一次教授，与之配套的是一次试卷测试。在纸笔测验的方法中，涉及知识和认知信息的检验，每一位获得平均分或者最高分的学生，都认为自己在过去一段时间的学业完成得很好。但在评价实践中，学生的综合发展信息并不能通过一个分数衡量出来，因为需要不同角度的评价勾勒出学生发展的整体信息。如今，考试已经不再是原来意义上的考试了，老师们需要设计他们认为适合学生的考试，包括实践考试、纸笔考试、展示活动等。然而无论形式如何，都需要通过描述性定性评价的方法来展现出学生的发展进度。在描述性定性评价中，老师会试图欣赏学生们的努力，同时找出学生们学习上的不足。例如，学习识字的教育理念便在评价改革中发生了变化。在过去，识字仅指阅读和写作的发展，但在新的评价理念下，它变成了对识字理解度和技术运用的评判。因此，为了提高学生的能力，广泛的教育评价活动与整个教育教学进程融为一体。

描述性定性评价是一种教育评价方式，它旨在通过强调形成性和过程性测量方法来识别学生的能力，并根据这些特征提供适宜的教育服务。实施描述性定性评价，要注重技能导向的作业，强调阅读书籍和加强阅读技能，开展形式多样的教育项目、游戏和学习内容，以及发挥教育引导者的有效作用。可以说，在描述性定性评价中，教师试图评价孩子们的努力和进步，并帮助学生找出他在学习过程中的局限性和缺点，进而尝试修复和改善它们。虽然伊朗的描述性评价计划最早出现于 2002 年，但是随着实践和不断改革，描述性评价已经越来越丰富、严谨和体系化。该评价会向教师提供一套工具，帮助教师在教育过程中使用。例如，基础教育阶段的教师们都会有两个描述性表格和报告样本，这些样本描述表会详细描述学生

的表现，并与家长共享信息，进而提出恰当的干预和帮助学生的策略。

描述性评价的主要目标可以被认为是通过消除因举行考试和数字反馈而引起的不良焦虑来改善学生的学习条件。这体现出，伊朗教育在寻求转型，教育系统的理论基础、目标、内容、方法和其他组成部分也在不断地探索和实践中发生着广泛变化。

（三）教育评价的价值定位与原则日趋丰富和完善

教育服务质量评价是提高教育服务质量的重要措施，确定教育服务质量的差距，采取适当的策略消除或减少差距，是制定教育质量改进计划的一般方式[13]。在教育质量评价的具体实践中，还需要遵循一定的价值定位和评价原则，以保障评价的科学性和有效性。伊朗教育评价的基本原则包括评价要具备综合性，要运用持续和多元的方法，避免异质非标准比较，发挥合作性和发展性，增加评价透明度，持续改进评价流程和方案，不断开展评价创新等。随着教育评价改革发展的需要，其评价价值原则会不断丰富和科学化。除了评价的基本原则外，教育评价体系中的价值原则还包括评价的全面性，采用连贯和综合的方法，根据每个教育管理机构批准的项目和活动进行评价，督促执行机构自我评价的原则，评价新技术的使用和基于网络的教育系统创建效果，把握评价执行机构的绩效，发展和扩展评价合作。基于上述价值定位和评价原则，由伊朗最高教育委员会（监测与教育战略改革有关的方案执行情况[14]）、教育部教育系统评估与质量保障中心、各级各类教育监督与评估委员会，以及高校的研究与技术发展评估办公室等组成的评估主体，审查和评估各类教育评价计划和评价活动，把握和推动伊朗教育评价的改革与发展。

（四）推进教育评价的制度化和常规化发展

教育评价的制度化程度和周期性常规化地实施，可以提高评价效率和规范性。有代表性的是针对基础教育的新生评估项目，伊朗从 1972 年便在国内开始实施该项目，并且每年都经过分析和回顾，取得了很好的改进效果。该项目每年由教育部、卫生、治疗和医学部门合作开展。由于学生智商发展和身体健康情况对其学习发展和接受教育的效果具有重要影响，因此评估项目分为两个实施部分，即身体健康评估领域的初级和专业诊断，以及儿童在进入小学和学前班时的学业准备。在这个项目中，评估专家和工作者在视觉、听觉、学业准备、智力发展等方面对新生进行评估。例如，伊朗厄尔布尔士省有超过 4.3 万名新生在进入小学和学前班前需要在评估基地接受评估[15]。该省每年会安排八个评估活动基地来实施新生评估计划。训练有素的评估专家和身心健康相关部门的工作人员，会对符合进入小学一年级和学前班要求的学生进行评估。学生家长只需携带必要的身份和入学报名文件在离居住地最近的评估点为孩子注册，并在评估后自行登录线上评估数据库便可获得评估信息。总之，这种周期性和日渐成熟的评估计划会帮助伊朗教育部门掌握更加全面的评估信息。伊朗教育部门也将在不断追求教育评价的制度化和常规化实施中推动教育评价成果的产出。

参考文献：

[1] Shahrnaz Bakhshalizadeh, Abdol'azim Karimi. Islamic Republic of Iran: Overview of the Education System [R]. Ministry of Education, Research Institute for Education. 2019: 1.

[2] پرورش و آموزش عملکرد ارزیابی سنتی نظام حال ضرورت. ایسنا [N/EB]. (خبر کد 36503115 | انتشار: 9 آذر 1401) https://36503115. khabarban. com/

[3] [4] علم و آموزش ایران، خبرپاسخ نامه ای برای بدنه فرهنگی البرز و ادامه کار و توسعه رخ ص [N]. 2022-12-21. سازمان خبرگزاری جمهوری اسلامی (ایرنا). دبه سو صمر کوکن

[5] [6] جدنسن. آموزش و پرورش دستان کرده آمادگی اجرای طرح سنجش آموزان و آموزش است [N]. 2022-12-14. سازمان خبرگزاری جمهوری اسلامی ایران.

[7] Bellin, William G.. The Islamic Republic of Iran: Its Educational System and Methods of Evaluation [M]. Educational Credential Evaluators, Inc.. 2014: 21.

[8] قم-ایرنا. 300 هزار فرزند دوره های آموزی وادروس کشور پذیرش دند [N] ایرنا 2022-12-02.

[9] مرو-ایرنا. دبه رتبه بندی نام المان رتبه ایران ارتباط نظام آموزش در مروو ب [N/OL]. (2018-12-

08) [2023-01-27] https: //irna. ir/xjwHhj.

[10] استیافتهافزایشدراد21گذوتمسالبمنسبتپرورشوآموزش1402بودجه.فرستاریالدق [N/OL]. (2022-02-03) [2023-0125]. https: //irna. ir/xjLyYJ.

[11] میسازندخیرینراکشورمدارسازنیمی.ایرنا-روت [N/OL] (2022 - 12 - 29) [2023-01-24] https: //irna. ir/xjLxtm.

[12] گزینیبومیاویویتباانسانینیرویجذب:پرورشوآموزشوزیرماون.ایرنا-ویراز میشودانجام [N/OL]. (2022-12-25) [2023-01-26]. https: //irna. ir/xjLvC2.

[13] Abdolreza Gilavand, Elham Maraghi. Assessing the Quality of Educational Services of Iranian Universities of Medical Sciences Based on the SERVQUAL Evaluation Model: A Systematic Review and Meta-Analysis [J]. Iran J Med Sci. 2019 Jul; 44 (4): 273-284.

[14] Shahrnaz Bakhshalizadeh. Islamic Republic of Iran [R]. Ministry of Education, Research Institute for Education. 2021: 2.

[15] ایبرزدرابتدایتحصیلیماطعایزامات.ایرنا-کرج [N/OL]. (2018-09-03) [2023-01-29]. https: //irna. ir/xjvkdW.

Research Report on the Reform and Development of Education Evaluation in Iran

Xu Hui, Chu Lin

Abstract: Under the promotion of the national education transformation plan, Iran's education evaluation reform has continuously made new reform practices in the fields of professional evaluation, teacher education evaluation, curriculum evaluation, and other evaluation. In the past five years, Iran has implemented reforms in the college entrance examination, eliminated educational tutoring, and strived for a fair educational process for student development; Strive for a fair educational starting point for students to start their studies through basic education admission assessments; By evaluating the results of literacy education, Iran strive to prevent new literate individuals from returning to blindness on the basis of eradicating illiteracy; By promoting the process of introducing the

Teacher Rating Law, Iran aim to enhance the institutionalization of educational evaluation. In the exploration of educational evaluation reform in Iran, there has been a trend of pursuing educational evaluation fairness, emphasizing descriptive qualitative evaluation, enriching the value and principles of educational evaluation, and promoting the institutionalization and normalization of educational evaluation.

Keywords: Iran; Educational Evaluation; National Education Transformation; Reform and Development

图书在版编目(CIP)数据

全球教育评价研究报告. No. 1 / 刘云生主编；胡方，田海林，贾玲副主编. --北京：社会科学文献出版社，2024. 5

ISBN 978-7-5228-3499-3

Ⅰ. ①全… Ⅱ. ①刘… ②胡… ③田… ④贾… Ⅲ. ①教育评估-研究报告-世界 Ⅳ. ①G40-058. 1

中国国家版本馆 CIP 数据核字（2024）第 072560 号

全球教育评价研究报告 No. 1

主　　编 / 刘云生
副 主 编 / 胡　方　田海林　贾　玲

出 版 人 / 冀祥德
责任编辑 / 陈晴钰
责任印制 / 王京美

出　　版 / 社会科学文献出版社 · 皮书分社（010）59367127
地址：北京市北三环中路甲 29 号院华龙大厦　邮编：100029
网址：www. ssap. com. cn
发　　行 / 社会科学文献出版社（010）59367028
印　　装 / 三河市龙林印务有限公司

规　　格 / 开　本：787mm×1092mm　1/16
印　张：31　字　数：452 千字
版　　次 / 2024 年 5 月第 1 版　2024 年 5 月第 1 次印刷
书　　号 / ISBN 978-7-5228-3499-3
定　　价 / 118. 00 元

读者服务电话：4008918866